图1　宽城行政区划示意图

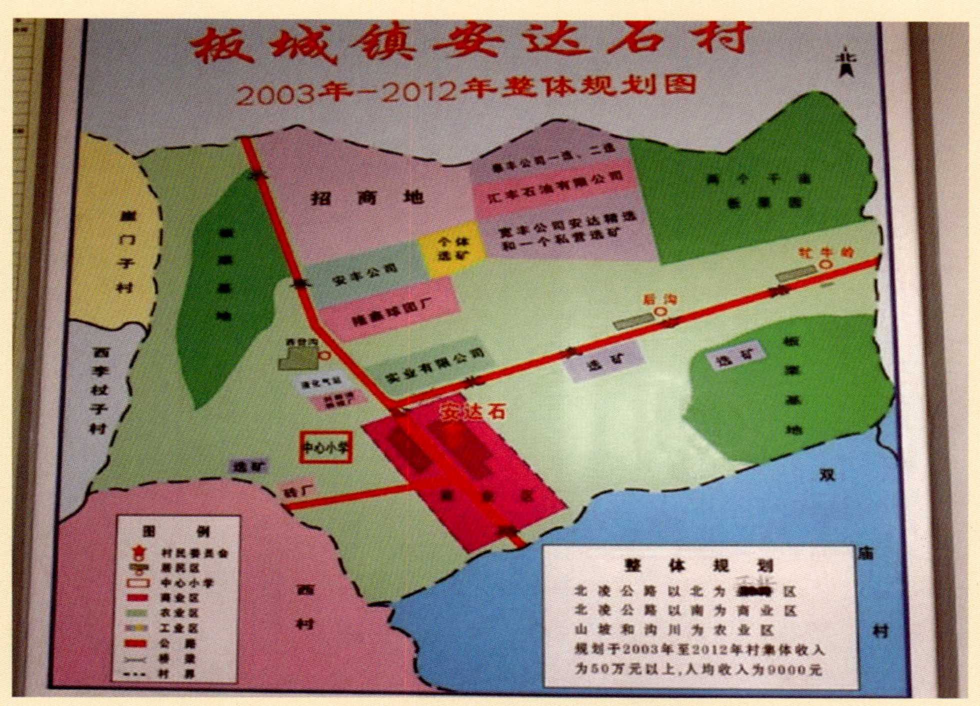

图2　安达石村整体规划示意图

图3　远山下的安达石村

图4　穿越村中心的承秦公路

图5　安达石村村民中心

图6　村里最大的饭店

图7　安达石村党支部获得的锦旗

图8　安达石村获“五个好”村级党组织称号

图9　调研组带队老师张春敏与安达石村党支部书记公培海座谈

图10　调研组在安达石村村委会门前合影

图11　调研组与宽城满族自治县相关科局领导座谈

图12　调研组与安达石村村委会成员座谈

图13　绿树掩映下的民居

图14　村里的景色

图15　安达石村150余年历史的板栗树

图16　村民家后院的菜园子

图18　地质小水库

图17　依然在使用的石碾

图19　传统土炕

图20　改良的土炕与现代客厅的结合

图21　正在修建的车间

图22　驻安达石村厂房外部

图23　车间内部

图24　某选矿企业旁被污染的河流

图25　安达石村边的关帝庙

图26　安达石村满族祖辈留下来的纪念碑

图27　村边的清代庄头大院石碑

图28　村民门口的石墩

图29　秧歌队的乐器

图30　秧歌队旗帜

图31　新小学

实用新型

专利证书

第 9148 号

实用新型名称：手摇油印机

设计人：韩俊山

专利号（申请号）：86 2 09452.6

专利申请日：1986年11月21日

专利权人：韩俊山

该实用新型已由本局依照中华人民共和国专利法进行初步审查（依法未进行新颖性、创造性、实用性审查），决定授予专利权。

中华人民共和国专利局局长

1988年 1月 28日

图32 村民韩俊山获得的专利证书

图33 泰丰矿业有限责任公司总经理段秀合

图34　规划中的泰丰集团大厦

图35　与惠丰公司的董事长刘翠芹在工地合影

图36　与年轻党员张立国家合影

图37　调研组成员与苏显金家合影

中国民族经济村庄调查丛书

安达石村调查

（满族）

张春敏　主　编

赵振清　副主编

北　京

图书在版编目（CIP）数据

安达石村调查/张春敏，赵振清主编．
北京：中国经济出版社，2014.5
（中央民族大学“985”工程中国民族经济村庄调查丛书）
ISBN 978-7-5136-1784-0

Ⅰ.①安… Ⅱ.①张…②赵… Ⅲ.①乡村—满族—民族经济—调查报告—宽城满族自治县 Ⅳ.F327.224

中国版本图书馆 CIP 数据核字（2012）第 193641 号

出版发行：中国经济出版社（100037·北京市西城区百万庄北街3号）
网　　址：www.economyph.com
责任编辑：余静宜（电话：010-68359421）
责任印制：马小宾
封面设计：华子图文设计
经　　销：各地新华书店
承　　印：北京市媛明印刷厂
开　　本：170mm×240mm　1/16　**印张**：24.25　**彩插**：1　**字数**：368千字
版　　次：2014年5月第1版
印　　次：2014年5月第1次印刷
书　　号：ISBN 978-7-5136-1784-0　**定价**：58.00元

中央民族大学

“211 工程”中国少数民族经济发展研究项目

“985 工程”中国民族地区经济社会发展哲学社会科学创新基地

本书写作分工

张春敏　主编、前言、后记及统稿

赵振清　副主编

马生军　第一章，第十章第一、二、三、四节，第十六章第一、二、三节

肖志家　第二章第一、二节，第十章第五、六、七节，第十八章第一、二节

杨　怡　第二章第三、四节，第十章第八、九、十节，第十八章第三、四节

杨郑军　第三章第一、二、三、四节，第十一章第一、二、三节，第十五章

邹连坪　第三章第五节，第十一章四、五节，第十二章第一、二节，第十四章

王金素　第四章，第十二章第三、四、五、六节，第十六章四、五、六节

王　力　第五章第一、二、三节，第十三章，第十七章第一、二节

郭德启　第五章第四、五节，第十九章第一、二、三节

赵明昭　第六章，第十七章第三、四、五节，第十九章第四、五、六节

孙云杰　第九章

张　浩　第八章

孙亮亮　第七章第一、二节

覃　娜　第七章第三节

潘　陆　第七章第四节

人　物：马生军　肖志家　杨　怡　杨郑军　邹连坪　王金素　王　力　赵明昭

总　序

村庄，是农民的聚居地，也是农民生产和生活的社会形式。村庄形成于农业文明时代，在中国最为典型和普遍，迄今依然是中国基本的社会单位。所有中国人，或是生于长于村庄，或是父祖辈来自村庄。村庄是中华民族的根基，是我们走向现代化的立脚点和必须改变其内容和形式的地方。认知中国的现实和历史，一个重要环节，就是了解村庄。

中国的民族经济，包括以下层次：一是以中华民族为主体的经济，二是中华民族五十六个支民族的经济，三是少数民族地区的经济。不论从哪个层次研究，都必须涉及村庄这个基本单位。以往的民族经济研究和行政管理研究，对于村庄的关注，主要是在总体性的统计及对策方面，鲜有对某一村庄的专注的系统调查。这种情况使我们所从事的理论探讨总显得有些飘浮，言不及意，大而不当。反思许久，不能不下决心从小处做起，将村庄调查作为根基，扎实做去。恰“985”项目实施，经费有所保障，故组织本创新基地近百名教师带二百余博士、硕士研究生和高年级本科生，结十五个调查组，计划用六七年的暑、寒假，从五十六个支民族中各选一二典型村庄，深入调查，总百余村，每村一书，为中国民族经济三个层次研究，为政府行政决策，提供基础资料。

百村，不及中国村庄万分之一。我们的村庄调查虽只是抽样性质，但却是探根摸底，力求深入、真实、详细。二〇〇八年夏各组分赴河北、内蒙古、宁夏、云南、广西调查点，历经一月左右，获初步资料。因为首次，困难颇多，思路和方法也要不断调整，秋、冬写作时又各自补充调查。时间虽短，但师生与村官、村民情谊颇深，既为调查提供条件，又为后续补充予以协助。各地党、政机构，对调查全力配合。无此，则调查难以进行。这套丛书，实为共同努力之成果，并赖中国经济出版社黄允成社长、孙岩主任鼎力支持，得以出版。本调查还要持续数年，望读者批评，我们再努力。

劉永佶

二〇〇九年三月十八日

前言

自2008年中央民族大学启动“985村庄”调研项目以来，目前在少数民族地区进行各民族的调研已达50余处。调研对象主要分为这样几类：一是牧区，这里的少数民族主要以游牧作为主要生产方式，如内蒙古自治区巴音塔拉嘎查，其生产方式随着草场承包有了很大的变化①，进而在生活方式和民族文化存在形式等方面产生了一系列生活方式和文化的变迁。② 二是农区，包括高原和山区。这类地区在村庄调研中比较广泛，由于所在地区的自然条件和历史条件差异较大，呈现出不同的图景。少数民族人民大多从事传统种植业和少量经济作物种植，生产方式与汉族地区之间的区别不大。三是平原商贸区，如唐山的夏庄③，主要以回族的民族特色产业如屠宰业为主要产业，呈现出少数民族商业的特殊性。四是林区，如鄂温克族的④敖鲁古雅猎民新村。

2008年12月，我的硕士研究生、时任宽城县板城镇党委书记的赵振清同学和我提到硕士论文选题的时候，给我介绍了宽城在开采资源方面的一些经验，想以此作为硕士论文的选题。为了进一步了解情况，他邀请我赴宽城作了初步调研，和县里的相关领导进行了较为详细的座谈。通过这次调研，我萌生了一个想法：在宽城寻找一个典型的从传统农村向现代小城镇变化的矿区典型，展示这一区域的少数民族的发展状态，这种类型的少数民族地区，在全国很多少数民族地区也具有一定的代表性。按此想法，最终选择了宽城满族自治县板城镇安达石村作为2009年村庄调研的对象。自2009年7月到

① 参见杨思远主编．巴音图嘎调查［M］．北京：中国经济出版社，2009.

② 李澜．巴音塔拉嘎查调查［M］．北京：中国经济出版社，2010.

③ 刘永佶．夏庄调查［M］．北京：中国经济出版社，2009.

④ 黄建英．敖鲁古雅——鄂温克族猎民新村［M］．北京：中国经济出版社，2009.

2010 年 4 月，我先后带领学生 3 次赴安达石，对这一满乡的矿区小城镇进行了详细调研。

安达石村所在的板城满族乡在县境中部，乡人民政府驻地板城，位于县城东 14 公里处。安达石村地处该镇西南方向，为承秦公路、北凌公路两条公路交界处。其北望东杖子，南眺双庙，东邻岔沟，西与西李杖子接壤，西北有崖门子村、西南有西村、东南有南沟环绕。该村属于因资源开发而兴起的小型工矿业村。与其他类型的村庄相比，存在一定的特殊性，即虽在山区，但已经发展成为小城镇，生产方式处于从传统种植业向工业过渡期；既不同于纯粹以矿业资源为主的开发模式，也不同于平原地区的城镇化模式，是工矿业的发展模式。这种模式和当地政府的政策直接相关，在笔者调研过类似的村庄中，并没有呈现出这种特征。

在中国很多资源富集的地区，尤其是矿业资源富集的地区，近年来随着这些资源价格的迅速提高，加之法律监管漏洞以及管理问题，很多矿业资源富集地区，追求短期利益，没有科学规划，不能形成集约开采，尤其是没有形成产业链条，乱采乱挖，使得很多地区陷入了“资源诅咒”：环境破坏严重、社会秩序混乱、产业发展没有可持续性。所在地周边农民的生产方式并没有得到根本转变，甚至陷入难以生存的境地。在宽城满族自治县，政府主导资源开发，摒弃完全依赖市场的思路，避免无序开发，实施集约经营，逐步发展规模经济，开创了以采矿业为龙头、以冶炼业为核心、以设备制造业为延伸的产业链条，带动了服务业和农业的发展。在调研过程中，安达石村泰丰矿业有限责任公司总经理段秀和向我们提到：“以前上边领导不重视工业，主抓农业，搞桑蚕养殖、‘三位一体’养猪，结果越抓越穷，而转向工业之后，情况得到了好转。上级领导把工业抓上去，谁给重点项目捣乱，就重点整治谁。金融危机导致各县财政收入大幅缩水，而宽城满族自治县的财政收入却依然上涨，因为钢厂依赖的原料铁精粉价格下降了，钢厂的利润就增长了，县里依然有利税收入，领导有才、敢干、目光长远，把最初的矿场一点点发展成了一条产业链，这样即使能源枯竭了依然可以发展。”位于山沟沟的安达石村，其工矿业发展的模式反映在经济结构和文化习俗变迁的各个方面。

第一，在产业结构方面，从传统的以农业为主的产业结构演变到现在以工业为主的产业结构。到 2009 年，全村主要工业企业有 8 家，资产总规模达

2.7亿元，所有者权益1.7亿元。在世界经济危机影响下，2009年主要企业总收入超过57000万元，但主营业务成本居高不下，仅实现总利润413万元，上缴税收100万元。安达石村能在短短不到几年的时间引进这么多企业，在安达石的历史上是头一次，即使在宽城县100多个农村也是罕见的，这与村里提供的优惠条件密切相关，首先，地理位置优越交通发达，这是得天独厚的优势；其次，村民觉悟比较高，对企业进村建厂非常理解；再有，村委会做出许多政策让步，如地以租赁为主，一亩地玉米0.6元以下租金500元，玉米0.6元以上租金800元。安达石村的工业产品以铁精粉为主，其工业主要分布在村北一带，按照村里2003—2012年整体规划图的设计，工业区规划在“北陵”公路以北、“承秦”公路以东，位于“承秦”公路，出海公路与安汤公路交界处。北部工业区与南部的商业区相互呼应，形成带动作用。

由于工矿业发展使得大量外地农民工进入到安达石村，也带动了周边的农业和各种服务业的发展。在农业方面，商品化种植速度加快，现代农业设施开始起步，大棚蔬菜成为村民收入的重要来源；村民张德财建起了总建筑面积约有4900平方米的生猪养殖场。以工矿业为龙头的产业链初步形成。

第二，就业结构的变化。从产值看，并不能反映出当地农民收入的变化，因为投资者大多都是外来民营企业家，对于本地农户来说，明显的变化是就业结构。2000年后，村里的劳动力多数都在附近的工厂打工，而且村委会也想方设法为村民创造就业机会。在采访兆丰总经理赵宝刚时，他告诉我们，兆丰钢厂雇佣工人基本也都从本地招募，这从一定程度上解决了从农业中赋闲下来的农民的就业问题。村里的老干部李俊山也跟我们谈道：“自从安达石村开始发展工矿业，前来投资的企业越来越多，这为村民提供了更多的就业机会。在发展矿业之前，宽城县几乎没有什么企业，村民只能离乡背井，到外地打工。现在当地大部分村民都在安达石村的企业里打工。”

安达铁精选有限公司总经理王益娟认为安达石村的投资环境不错。因为村里的领导逐渐意识到：企业在村里投资建厂并不是坏事，不仅能为村民提供更多的就业机会，还能带动村里其他副业的发展，间接增加农民的收入，因此对公司选择在安达石建厂都非常支持。安达公司现在123人中有40多人都是安达石村本地的村民，占了安达公司1/3的比例。

全村从业人数780人，其中农业从业人数43人，占5.5%；工业从业人数465人，占59.6%；建筑业从业人数81人，占10.4%；服务业从业人数

191 人，占 24.5%。已经呈现现代小城镇的就业结构特征。

在调研中，我们关注的还有失地农民的就业问题。农民在小农经济中，依靠承包的土地可以维持生计，一旦失去土地后农民也就失去了后续生活的保障。目前，安达石村的失地农民中，一部分受教育程度较高，受周边企业的影响，有了较强的市场观念。他们充分利用资源开发带来的市场机会，在自身的努力和政府的支持下，从事与资源开发相关的服务如运输业等，收入也有了一定的保证。进驻的企业也会优先安排失地农民进厂工作，这样一来企业与村民之间的关系也变得较为和谐。

第三，收入结构发生了变化。在调研时我们发现，安达石村呈现了这样几个特征：一是平均收入较高，家庭年均十万元以上的不在少数；收入差距较大。根源在于收入来源不同。以资本投入为来源的家庭，通过参与企业入股和矿业开发，直接能获得不菲的收入，属于资本性收入范畴；还有一部分作为高级管理者参与企业的经营，管理报酬较高，同时，以经营饭店等方式获得收入，生活都较为稳定。而普通打工者的收入和这些人差距较大，最高者达数十倍。二是贫困家庭收入较低的原因比较单一，主要有两种原因：因病致贫和缺乏劳动力。三是收入来源多元化，单纯从事农业劳动的家庭较少，很少有单独以务农为业的人。大多数家庭或打工，或有小店，兼营农业。

第四，集体经济充当了重要的社会保障功能。村集体在有了积蓄以后，可以实施新型农村社会保障体系建设。村里韩会计给我们介绍：“2009 年村里安装自来水，村里出 4 万多元，村民出 3 万多元，上级按 1:1 再给拨 3 万多元，这样的工作主要安排村里的老弱病残人员去做，解决了一部分人员的就业问题。雇用村民一天 85 元，管饭，雇用大工一天要 100 元。村里经济发展的同时也带动了村民的就业。”

第五，随着生产方式的变化产生了新的组织形式。比如，访谈中我们得知，安达石村还成立了工会，这在农村还是一个新事物，这使我们感到农民工的权利越来越被得到重视。村工会主要负责各类企业职工入会、农民工源头入会、维护职工特别是农民工的合法权益等事务，以及更好地服务于基层职工群众。村工会的成立对于安达石村这样的工业化村庄具有很大意义。

村里的公书记给我们介绍：“村工会下面具体有工会委员会（一般为 3～7 人）、女职工委员会和工会经费审查委员会。村（社区）工会主席经民主选举产生，一般由村党支部书记兼任，提倡在大学生村官中选拔村工会副主席。

对于即将到辖区外务工的人员，我们会及时吸收他们入会，对于已经到辖区外务工的人员，要与本人取得联系，尽快吸收入会，办理会籍转移手续。对于辖区内各类企业招收的务工人员，要督促企业发展他们加入工会；企业未建会的，村工会要先吸收他们入会，再督促企业依法建会。村工会需要及时了解和掌握外出务工人员劳动权益等情况，如发现侵权现象及时帮助解决或向上级工会和劳动保障部门反映。”

村工会的工作方针是“组织起来，切实维权”，以科学发展观为指导，把加强村（社区）工会工作作为当前工会基层组织工作的重要内容，遵循“多措并举、全面覆盖、打牢基础、巩固基层”的原则。各乡镇总工会建立了对村工会的管理和考核机制，对村工会的工作人员实行责任考核办法，推行基层工会和会员（代表）评议村工会工作人员制度，满意度不到70%以上的工作人员，取消其当年评先资格。对被上级工会评为先进的村工会工作人员，要给予精神和物质奖励。

在农业方面，针对板栗丰收但价格上不去的现状，村里公书记在座谈时提出，关键原因：一是没有进行农民在产业上的联合；二是没有形成规模经济，掌握不了物流环节，缺少仓库，农民在和企业的价格谈判中处于劣势。为此，安达石村开始逐步组织板栗合作社，计划建立几座大规模的仓库，将来有条件再建立自己的加工厂。

在新的生产方式冲击下，环境的恶化、产业的可持续发展以及贫富差距带来的社会问题在安达石村也一直存在。政府和村里虽然非常重视环保，大多调研的企业也采取了针对性措施，但安达石村的河水，依然非常浑浊，建设社会主义新矿村，依然还有一段很长的路要走。除此之外，新的生产方式对少数民族的劳动者的文化意识也有冲击。积极的一面是大家的商品意识强了，消极的一面是传统文化对人们的制约越来越差，新的文化体系没有建立起来，一切向“钱”看的现象充斥着每一个角落。比如，传统的亲戚之间通过血缘和地域为纽带，构建了互相协助的社会体系，这种社会关系通过各种活动维系起来，比如节日、重大活动等。现在，在这些地区，虽然也有节日以及各种活动来维系，但这种维系的背后，金钱越来越成为这一关系的主导，这种现实和传统的满族文化中的讲面子、攀比意识凸出结合在一起，已经成为满族农村的一个怪相。比如，在当地，人从生下来，到过九天、满月、生日、定亲、结婚，每一个环节都成了经济交易，大部分的收入都成了这种交易的费用。很多家庭拿出年收入的一半甚至以上来维持这种交往。频繁的礼节性交往，使得大部分资金进入消费渠道，由于攀比，使得这些资金沉淀起来，很多成为消费性支出，而没有转变为投资性支出，抑制了扩大再生产。这种“穷大方”“穷体面”“比排场”的做法和“生活恶习”过多地消耗了家庭的财富，严重地影响了人们生活水平的提高，甚至出现了有的贫困户刚刚脱贫，由于婚丧嫁娶大操大办又返贫的现象。这些现象严重影响了人们的生产生活和文化生活，阻碍了民族地区社会经济和文化的发展。①

经过调研，我们看到了一个山村因为资源出现而产生的生产方式、生活方式和文化的变迁，本书通过白描手法展示了他们变迁的轨迹。在 2010 年 3 月，我们调研结束时，我曾经和安达石村党支部书记公培海说，“再过 5 年，到 2015 年的时候，我们争取再来这里做一次调研，再看看这几年的变化”。

① 张春敏．民族地区经济体制研究［M］．北京：中国社会科学文献出版社，2011.

目　录

第一部分　村庄

一、安达石村概况

（一）安达石村简介

1. 区位

安达石村位于河北省宽城满族自治县板城镇境内。隶属宽城满族自治县地处河北省东北部，承德市东南部。地理位置位于东经118°10′35″～119°10′45″，北连平泉县，南接迁西县，西邻兴隆县，东南与青龙县、西北与承德县毗邻，东北与辽宁省凌源市接壤。总面积1932平方公里，其中山地面积1615平方公里。地势西南低，东北高，平均海拔300～500米，属山地丘陵地貌区。县境内有千米以上山峰9座，主要河流3条。

安达石村所在的板城满族乡在县境中部，乡人民政府驻地下板城，位于县城东14公里处。安达石村地处该镇西南方向，为承秦公路、北凌公路两条公路交界处。其北望东杖子，南眺双庙，东邻岔沟，西与西李杖子接壤，西北有崖门子村、西南有西村、东南有南沟环绕。

安达石村由安达石大庄、小岔沟、牤牛岭和后沟这四个自然村组成。

2. 自然条件

（1）地质地貌

安达石村位于燕山山脉沉降带的东南端，由于新构造时期滨海平原的下陷，促使地层变形，古地槽区褶皱断裂，同时受都山背斜、平顶山背斜的影响，在燕山山脉余脉上，形成北东方向群山密集不对称的背斜式带状山。宽城县境内地势东北高西南低，最高山峰为都山，海拔1846.3米。全县以低山丘陵为主。滦河在县域西南部穿过，滦河水系对山体进行了强烈切割，使得地形起伏较大，沟谷纵横，地质灾害较活跃。

安达石村所处地貌阴坡缓，阳坡陡，村域周边海拔 200～1000 米左右，地壳出露较为全面。主要组成物质为太古界的花岗岩、片麻岩；古元界震旦系的黑色页岩、紫红色石英岩、沙泥质灰岩、白云岩；寒武纪的角砾岩、豹皮色石灰岩、紫红色页岩、角砾状石灰岩；奥陶系石灰岩；二迭系的紫红色砂岩；侏罗系的安山岩、砂质凝灰岩；第三系的砂砾岩，第四系的砂砾石黄土。现代的地貌过程由于出露地表的岩石不同，侵蚀、风化过程分异，在干湿交替、剥蚀强烈、河流下切力强、侧侵作用下，构成山势陡峭，谷窄水急，农耕地块狭小的自然景观。随之形成了中山、低山、丘陵等不同的地貌单元。

（2）气候

安达石村属暖温带，大陆性季风区。其气候类型组合为暖温带、半湿带、半干旱、大陆性、季风型的燕山山地、丘陵气候。特点为季风性强，季节性强，季节差异及光、温、水的地域差异明显，光、热、水同季。

春季：由于北方冷空气流减弱，天气回暖快，所以月气温变化较大，大风频繁，风力及风速较大。地面蒸发快，天气干燥，降水少。多发生春旱。

夏季：天气炎热。大约全年降水的 80% 集中在 6、7、8 三个月。初夏季节时常干旱。夏季气温最高，湿度较大，多暴雨，局部地区常有冰雹，最高气温 39℃。

秋季：气温变化大。降温快，天气凉爽。有时霜降早临，常造成农业减产。

冬季：北方冷空气侵入，干燥寒冷，降水较少，多风，为全年最长、最冷的季节。冰冻期长达 3～4 个月。最低气温 -23℃。

总之，安达石村夏季炎热多雨，春秋寒暖适中，冬季雪少干燥。

气温与地热：年平均气温 8.6℃，最冷月 1 月份～-8.9℃。极端最低气温 -23℃（1969 年 2 月 4 日），气温年较差 32.7℃，表土 10 厘米地温年平均 10℃，最热的 7 月份 25.1℃，最低的 1 月份 -5.9℃。11 月中旬（小雪前后）封冻，3 月中旬（春分前后）解冻，冻土期长达 120 天，最大冻土深度 1 米左右。

热量与日照：历年日平均气温稳定通过大于或等于 10℃ 积温，安达石所在的中部地区 35.43℃。稳定通过大于 5℃ 的积温平均 37.83℃，历年平均全年日照 2825 小时，日照百分率为 64%。全年太阳总辐射为 132.9 千卡/平方厘米，其中大于或等于10℃的太阳辐射总量为105.4千卡/平方厘米。期间的太阳辐射总量为84.3千卡/平方厘米。

降水与蒸发：历年平均降水量为662.5毫米，季节分布和年际变化极不均匀。年最大降水量1056.9毫米（1978年），最小降水量460.1毫米（1971年）。月最大降水量491.5毫米（1969年8月）。日最大降水量为131.7毫米（1978年7月6日）。雨量集中在夏季，占全年的75%，春季占4%，秋季占9%，冬季占2%。

由于宽城满族自治县地处多雨中心边缘，加上燕山迎风坡的影响，形成降水由西南向东北递减的分布趋势。西南部的独石沟、桲罗台、峪耳崖、大地一线以南，年降水量为750~780毫米；向北至孟子岭、亮甲台一线减至700毫米；安达石村所处宽城至苇子沟一线650毫米，李家窝铺、偏崖子600毫米，大石柱子550毫米。

年平均降雪日为19天，最大雪深18厘米（1979年2月24日），最长积雪天数25天（1973年1月21日—2月24日）。

所在辖区水蒸发量大于降水量。年平均蒸发量为1588.9毫米，以4、5、6月最大，可达到221.1~236.1毫米；1月和12月最小，只有34.3~35.5毫米。在雨季（7—8月）降雨量超过蒸发量。

相对湿度：年平均相对湿度57%以上，一年内有明显的高点和低点。春末夏初雨季到来之前，随气温逐步升高形成最低点；6月中旬以后，7—8月形成最高点。历年1—2月相对湿度最低，为43%~44%；7—8月最高，为77%~79%；9月以后，随气温下降，降雨量减少，相对湿度也逐步下降。

风：历年风向频率是：春、秋、冬以西北风为主，夏季以偏南风为主。风力最大为5~6级，偶有7级，年平均风速为1.7米/秒。

霜：年平均霜日为201.6天（按日均最低大于或等于2℃计算）。年最长达217天（1974—1976年）。初霜日平均在每年10月1日前后，最早为9月19日，最晚为10月13日。终霜日平均在4月20日前后，最早为4月6日，最晚为5月6日。历年平均无霜期164.6天，最长的184天（1975—1976年），最短的为148天（1968—1969年）。受地形、气温的影响，各地初霜日不同，安达石村所在的板城镇辖区平均为10月1日—2日；从终霜日看，平均在4月16日—20日；从无霜期看，安达石村一带平均为160天左右。

（3）土壤

根据土壤形成的环境条件、成土过程和土壤属性，安达石村所属地区土壤可分为 4 个土类、11 个亚类、54 个土属、102 个土种。

亚高山草甸土：垂直分布在都山阴坡海拔 1500 米以上，森林郁闭线以上的亚高山草甸，土层 20 ~ 50 厘米，土色发黑，在土层中有 5 ~ 15 厘米的有机质层，因气候寒冷，有机养分积累多，有机含量达 10% 以上。但没有木本植被，均是生长期短的草本植物，不能生长作物，PH 值 6.5 ~ 5，呈酸性。

棕壤：主要分布在海拔 600 ~ 700 米以上，土层 30 ~ 100 厘米。有机质含量荒山平均为 8.16%，耕地平均为 1.3%；呈酸性，PH 值 6.5 ~ 5，海拔越往下酸性越大，土层上部为棕黑色、下部为浅棕色，具有凉温较湿润的气候条件。适种中早熟品种的玉米、高粱、谷子、大豆等杂粮作物。

褐土：水平分布在棕壤带以下的低山、丘陵、黄土台地及沟谷平川地，土层 30 ~ 100 厘米不等，属中性土壤。

草甸土：分布在河流沿岸的低洼地，地下水 2 米以内，常年返潮，季节性积水。

耕地土壤养分的平均值：有机质、全氮、碱解氮属中、下等水平，速效磷属中等水平，速效钾属上等水平。土壤养分概况为：低氮、缺磷、高钾。养分含量多少与土层厚度成正比，与土壤质地精细、砾石含量大小成反比。

（4）植被

由于地貌地型、自然条件和土壤种类的影响，安达石村所在的宽城满族自治县植被结构复杂，资源丰富，品种繁多。大体为荒漠草甸植被、森林植被、森林草原植被、草甸植被四大类。山地植被明显地反映出不同气候带的差异。从全县看，由于受长期的人为因素影响，原始植被均已破坏，现在植物均属天然次生和人工植被。

荒漠草甸植被：在都山主峰及海拔 1500 米以上的地带。因气候寒冷，难以生长木本的乔木和灌木，主要生长耐寒的植物，主要有苔草、萎陵菜、蒿草、野罂粟、针茅草等，覆盖度在 95% 以上。

森林植被：在海拔 1500 米以下，600 ~ 700 米以上，典型植被有：乔木、辽东栎（小叶椁椤）、桦树、槲角枫（色树）、黄柏、落叶松；灌木，胡榛、胡杖子（横条）、六道木、刺五加；藤本植物，猕猴桃、山葡萄；低等植物，蕨菜、卷柏、狼毒等。植物覆盖率阳坡 85%，阴坡 60%。

森林草原植被：在森林植被以下的广大低山、丘陵地带，生长着半干旱植被。典型的自然植被有乔木，山杨、蒙古栎（大叶柠椤）、栓皮栎（青信子）、侧柏、油松；灌木，山杏、荆梢、山枣、乡线菊（蚂蚱腿）；草本植物，野豌豆、黄麦草、艾蒿、苍耳子、车前子、铁杆蒿、黄蒿、白草、早熟禾、猫尾草、鹅冠草、大蓟、小蓟、羊胡草；人工栽植的有槐、椿、油桧、洋槐等用材林和苹果、梨、桃、山楂、板栗、核桃、花椒、桑树等经济树木。

草甸植被：在河流沿岸地势低洼、地下水在3米以内的草甸土、沼泽土上，生长着喜湿的草甸植被，主要有簸箕柳、芦苇、三棱草、木贼等。

（5）水文和水资源

安达石村所处的宽城县属滦河流域。滦河（古时称濡水。发源于丰宁县骆驼沟蒙古族乡孤村东南2206公尺的小梁山南坡），由北向南流经县境西部，境内全长36公里（为潘家口水库库区）。其一级支流有瀑河、长河、青龙河，为常年河，2至3级支流在5平方公里以上的有120条，其中10平方公里以上的47条，均为季节河。上述河流有流短水急，水位变化大和径流分配悬殊的特点。全县多年平均径流深190.4毫米，平均径流量3.717亿立方米。（其中地表径流3.149亿立方米，地下径流0.568亿立方米）

安达石村所处的宽城满族自治县自产水为3.717亿立方米，入境客水20.47亿立方米，水资源量为24.187亿立方米。年蒸发量9.21亿立方米。年均径流系数为0.288，平均每平方公里产水模数19.04万立方米。按自产水计算，平均每人用水量1720立方米。全县用水量为0.3075亿立方米，其中农林业用水2047万立方米，工业用水652万立方米，人畜用水376万立方米，水的利用率为8.3%。全县水能资源理论储量为25856千瓦。可开发利用的为7420千瓦。

受降水影响，水资源年内分配悬殊，年际变化和地区差异较大，每年的7月上旬到8月下旬降水量占全年的70%，容易造成洪涝灾害和严重的水土流失。由于分配不平衡，常造成严重春旱或农作物的卡脖旱。因此，该县属于缺水县。

安达石村所在县境内流域仅有塘坝6座，控制面积650亩；渠道18条，控制面积925座；平泉水文站有大庆水库一座，控制面积82平方公里，蓄水量1368立方米，可灌溉农田1万亩；共有水文站5处，其中板城镇板城村有一处。国家重点水利工程——潘家口水库位于县境西部，总水面积111平方公里。

鉴于宽城县的水文、水资源状况，安达石村本身河流又较少，所以其水资源比较紧缺，又由于其距离水系较远，因而没有筑造塘坝、设立水文站的自然条件。

(6) *矿产资源*

安达石村所处的板城镇，矿藏丰富，但受构造地貌控制，并由成矿过程中的矿物来源、构造、围岩等条件决定，矿藏具有种类多、矿体少等特点。初步探明有开采价值的矿藏主要有金、煤、铁、珍珠岩、大理岩、石灰岩、高岭土、膨润土及耐火黏土等。

①*金属矿藏*

黄金：分布在都山岩体外围西侧的两个狭长地带，即华尖—东大地—亮甲台一线和白草林—峪耳崖—安达石—板城—苇子沟—汤道河—李家窝铺一线，均受北向东的华夏系控制，处片麻岩或花岗岩（岩浆侵入）与震旦系的石灰岩、白云岩等碱性沉积岩结交地带的石英脉中，多为金脉。镇内有金脉166条，矿石储量196万吨，金属储量16.025吨。现有金矿点21处，矿化点7个。部署峪耳崖金矿和县办花尖金矿为境内两个较大金矿，有100多年的开采历史。在峪耳崖金矿、华尖金矿外围及长河流域沿线河沙中富集沙金。

铁：主要为磁铁石英岩型变质贫铁矿，系都山复背斜西侧成矿带，分布在峪耳崖、崖门子等地，矿床产于前震旦系片麻岩中，呈条带状、条纹状和片麻状，以磁铁矿、赤铁矿为主，有害杂质硫、磷含量甚低。现有矿点12处。矿化点12处。勘探储量为1.3亿吨，品味在34%以上。有豆子沟、北大岭两处中型矿床。豆子沟储量5212.5万吨，北大岭储量2780万吨。其中北大岭位于安达石村。此外，还有碾子峪、孤山子的岩浆型含磷钒钛磁铁矿和沉积型砂铁矿，孟子岭棒槌崖的热液型接触交待型含铜磁铁矿。

此外，还有锰（在东大地东沟）、铜（在大桑园、棒槌崖、碾子峪、孤山子、亮甲台、苇子沟、小桲罗树、峪耳崖、板城沟等地）、铅锌（在沙窝店等地），金铂（在北五沟、汤杖子等地）等矿藏。

②*非金属矿藏*

煤：主要分布在北起缸窑沟、大马沟、老亮子，向西至北局子西冰窖、塌山，向东至汤道河大煤岭一带。境内有国营缸沟窑煤矿和塌山煤矿，开采历史悠久。据地质条件分析，本县原煤质量受两个时代地层控制：缸窑沟—

带的古生界石炭系中上统、本溪组、太原组地层中的煤层，为优质礁瘦煤。其规模较大，储量多，位于缸窑沟复式向斜之中；塌山、平顶山一带的中生界侏罗纪北票组地层中的煤层，为柴煤或肥气煤，易燃、灰分大。

珍珠岩：在化皮溜子南山至塌山一带的中生界侏罗纪系地层上部富存珍珠岩。岩脉有一定规模，长达十几公里。总储量为696.59吨，质量较好，可作膨润珍珠岩粉，是超轻绝热的建筑材料。

大理石：在王长沟、汤道河等地的火成岩与灰岩接触地带，因蚀变产生大理石。以汉白玉、墨玉、雪花白为主，是建筑装饰用的好材料，并可进行大理石板加工。总储量为7600万立方米。

石灰石：分布在宽城山后、缸窑沟门子、老亮子一带的奥陶系豹皮状灰岩中。厚度几十米。现有矿点3处，规模较大。

高岭土：分布在化皮溜子东南山一带的中生界侏罗纪上统张家口组地层之中，由火山凝灰岩蚀变风化生成。矿带最长十几公里，宽几十米，初算储量为92万吨。

膨润土：分布在龙须沟、王家店、梁前院、黄土梁子一带，系侏罗纪火山凝灰岩蚀变而成，呈层状，有一定规模。

耐火黏土：分布在缸窑沟、龙须门一带，石灰系地层接触带的风化壳，蚀变成为耐火黏土，主要用于陶瓷工业。

此外，还有冰洲石（在石洞沟、西安峪、大汉沟、大东峪、老亮子等地）、硅石（在马尾沟）、玛瑙（在大前坡峪）、花岗岩（在苇子沟、冰沟）等。

安达石所处的宽城满族自治县矿产资源总的特点是：矿产种类多，矿产点少；小型矿床多，大型矿床少；共伴生矿床多，单一矿床少；超贫矿多，富矿少；矿产分布不均衡，矿种分布相对集中，矿床规模差异较大。

安达石村处于山丘地带，且处在白草林—峪耳崖—安达石—板城—苇子沟—汤道河—李家窝铺一线，因而产铁、黄金，还有少量石灰岩，尤其是安达石大庄、牤牛岭和后沟这三个自然村。

（7）自然灾害

安达石村受侵扰的自然灾害主要有旱涝、大风、冰雹和霜冻。

旱涝：安达石村所处的宽城满族自治县旱涝出现频繁，据1965—1978年气象资料分析，正常年份占48%，加上偏旱偏涝年份占54%。涝灾占14%，旱年31%，其中大旱年占3%。干旱为宽城满族自治县主要灾害之一，具有明显的8～10年一遇的周期，且有连续两年的特点。春旱频率由西向东增高。夏旱全县较普遍，出现频率为30%～40%。其伏旱（卡脖旱）影响作物抽穗开花，对农作物危害很大。

大风：以平均风速≥12米/秒或瞬时风速≥17米/秒为大风标准，年均日为19天。春季最多，占53%，夏季次之，占19%，秋季占16%，冬季占13%。其瞬时大风达28米/秒，出现在1976年5月24日。大风对晚秋作物危害较大，常造成谷子、玉米、高粱的大面积倒伏。

冰雹：历年平均降雹日数为3天，最多为5天，是安达石村乃至全县主要灾害性天气之一。其降雹路线为：一条自县西经塌山至孟子岭、椁罗台、碾子峪；一条来自县西北（入境分为两路：一路经缸窑沟、宽城而后南下，至孟子岭汇合成雹窝。一路向东经柳树底下、板城、苇子沟到偏崖子）；一条来自县东北，经大石柱子南下。冰雹对农作物和果树有较大危害。

霜冻：秋季早霜冻，除亮甲台常造成高粱等作物不成熟外，对包括安达石在内的其他地区大田作物和果树影响不大。春季晚霜冻，往往对春播农作物幼苗和果树花蕾造成危害。

3. **人口**

（1）人口结构

由于我国医疗卫生事业的发展，从1966年开始，安达石村人口死亡率开始持续下降。1973年以后，党和政府推行计划生育政策，年内出生人口得到控制。但是，由于1950年至1960年生育高峰中出生的人口陆续进入结婚、生育期，加之新《婚姻法》实行后，结婚年龄比原提倡晚婚年龄降低了，结婚、生育人数成倍增长，人口发展形成高峰。如今，安达石全村人口已达1455人，出生率1%，死亡率0.86%，出生性别比5∶4，老龄人口比率0.13%，劳动年龄比411∶393。学龄人口比30%。（一年级72人，二年级89，三年级81，四五六年级各60、63、70人，学校总人数435人）

（2）人口分布

安达石村人口呈现小集中、大分散的格局。4个自然村中，即500人以上的自然村1个；500人以下的自然村3个。（如表1－1所示）

表 1－1　　安达石自然村构成及人数

自然村名称	人数（人）
安达石大庄	600
后沟	430
小岔沟	310
牤牛岭	115

（3）人口构成

安达石村为各民族混居，主要是满族和汉族。其中，满族 1100 人，汉族 345 人。此外还有少数回族和蒙古族居民，各 5 人左右。全村满汉人口构成平均为 13/40，在各自然村中，除后沟稍偏高为 4/5，其他自然村汉满比例均为 2/3。如表 1－2 所示。

表 1－2　　安达石村汉满比例

自然村名称①	汉满比例
安达石大庄	2/3
后沟	4/5
小岔沟	2/3
牤牛岭	2/3
平均比例	13/40

（4）简单就业结构

在所有适龄劳动力人口中，安达石村已经参加工作的男女人数比大约为 5∶4（411∶363）。他们大多在当地矿企工作，另有 90 户左右的个体工商户。男性主要从事重体力、危险系数较大的工作，女性主要从事轻体力活。

4. 基础设施

安达石村交通发达，为承秦公路 S251 段、北凌公路 S358 段、承秦公路 S252 段三条省道的交界。除此之外，还有 5 条用于矿石运输和村村通的乡村

① 自然村按总人口数从大到小排序。

主干道。

村里有卫生所1个、专职药房1个。卫生所由村民张玉付个人承包。由于政策规定一村一个卫生所，所以这个卫生所就是安达石村卫生所。张玉付为主治医师，其家人为卫生所其他工作人员。这个卫生所主治感冒、发烧和腹泻等日常病，疑难杂症要转到镇或县医院。随着村民对医疗条件要求的提高，卫生所规模正在不断扩大。

安达石村有幼儿园1所、小学1所。2008年，由台塑集团的王永庆（投资50万）和县、镇及其周边8村共同投资800万兴建明德小学。2009年竣工，占地18000平方米，分为14个班，共有学生435人、教师70人。其中，生活教师7人，食堂27人，教学20人，管理7人，还有特岗教师9人。

此外，村里还修建了文化广场供大家休闲健身。广场上除了有健身器械，还有秧歌队扭秧歌。

5. 经济发展水平

安达石村民的主要收入来自矿石加工、运输以及种植板栗。近年来，村民的生活水平有了很大提高。2008年6月份之前，经济呈持续增长态势。2008年下半年，由于受经济危机的影响，收入有所下降。自2009年下半年起，随着经济的回暖，安达石村经济也有所复苏。

（二）村庄起源

1. 村名的由来

安达石村历史悠久，其村名得自这样一个传说。

据说，在很久以前，在村子与外界唯一相通的小路上有一颗巨石。这颗巨石硕大无比，将这条路死死挡住，过往的行人都得绕道而行，而路两边是沟，也只能容许一头牛绕过。村民们想尽了各种办法都不能将它打碎，于是将这颗石头起名为难打石。久而久之，这块石头就成了这个村的标志。随后，村子就改名为难打石村，最后取谐音为安达石村。这只是一个民间传说，没有确凿的史料记载。

民间的老百姓也有一些说法，有的说清军入关，走在安达石村的时候，由于这块难打石挡住了去路，耗费了大量人力、物力终于将这块大石砸碎了；还有的说是抗日的时候被炸碎了。这些都不重要，重要的是从那以后这个村子就叫安达石村。

2. 民族起源

（1）满族

满族进入宽城县本境，开始于清顺治八年，而大批移入定居，则在康乾年间。其祖先主要为：随清军入关的旗丁；奉皇命出冷口、喜峰口圈地的功勋将士；“分丁拔户”的皇粮庄头；驿马站驿丞、驿丁；汛地官员及眷属；在牛心山、峪耳崖金矿开矿的官员、眷属及矿工。

安达石村的满族起源于清朝时期的皇粮庄头——苏庄头（当地人称之为大地主）。迁徙过来后，世代繁衍，再加上与汉人通婚，形成今天的格局①。

（2）汉族

早在元代以前就有少数人定居在此地。清代，大批汉人移入本地。主要为：按照清政府“借地养民”解决灾民生计的政策，从山东、山西、河南等地出关逃荒定居的汉人灾民；被“招垦入境”耕种的汉人佃户；经商落户的商贾及眷属。

安达石村的汉族多由山东和河北唐山迁徙过来，具体是由于上述何种原因来此已无具体史料考证。

（3）其他民族

此外，安达石村回族和蒙古族居民均属于外地女孩嫁入本村。

3. 族称演变

满族是祖国大家庭中老资格成员之一，历史悠久。根据古籍中的记载②，满族的先人最早被称为肃慎人。满族人是肃慎的后裔，在不同的历史时期，其称谓发生过若干次变化。三国时称“挹娄”③，北魏时称“勿吉”④，隋、唐

---

① 由于国家对少数民族各方面的优惠政策，满汉通婚后，孩子多选择满族，所以满族比例较高。

② 《淮南子》中有“东方多君子之国，信哉，莫古于肃慎。”《竹书纪笔》中有“帝舜有虞氏，肃慎氏来朝，贡弓矢。”《史记》（卷1，页43）中记载“禹定九州时，周边各族各以其职来贡，其中包括肃慎。”“《后汉书》（卷75，页2808）有公元前533年，周朝在列举其疆土四至时，称“肃慎、燕、亳，吾北土也”。

③ 《三国志》（卷30，页848）中有这样记载：“中原人以挹娄貂为御寒珍品。”

④ 《魏书》（卷100，页2219）上曾记述：公元493年（北魏太和十七年）勿吉人推翻了扶余奴隶主政权，一部分勿吉人南迁到松花江中游扶余故地。

时叫“靺鞨”[1]，公元903年（唐昭宗天复三年），又叫“女真”，历经宋、辽、金、元、明各朝代一直沿用，其中辽兴宗耶律宗真，为了避他的名讳，曾一度称女真为“女直”。公元1635年（明崇祯八年、后金天聪九年），废“女真”称号，定族名为“满洲”。公元1911年（清宣统三年）辛亥革命后，简称为“满族”。

4. **主要姓氏及其分布**

安达石村主要有以下几个姓氏：

苏姓来自清朝的苏庄头（大地主），属于正黄旗，世代繁衍，如今为村里第一大姓。

李、张多来自山东，刘姓多来自唐山地区。大概是民国和抗日战争时期迁来，慢慢发展壮大起来的。

除此之外还有杜、胡、杨、元姓等。

村民多在本地打工，所以几乎无外迁。

苏、刘姓多分布在后沟，李、胡分布在小岔沟居多，安达石大庄多姓张、刘、苏、李、杨、元，牤牛岭主要有张、杜、李三个姓。

（三）村庄变迁

1. 行政建制的演变

安达石村位于宽城县板城镇境内，其所属宽城县历史悠久。

宽城古为卢龙塞外，是通往漠北辽东的交通要道。追至元代，始有宽河驿设置。是元大都（今北京）去漠北辽东驿馆之一。1387年（明洪武二十年），大将军冯胜率师出松亭关筑宽河城（旧城墙基宽1.2丈，顶宽0.8丈，高1.5丈，周围812丈；城墙外有壕沟，深1.5丈），建宽河卫，宽河遂名宽河城。1389年（明洪武二十二年），废宽河卫，建宽河千户所，1403年（明永乐元年）又将宽河千户所迁往遵化。后，宽河城演变为宽城。

清初，设宽城汛和驿马站。彼时山路拓宽为驿路，车马可北上八沟、哈达，南下遵化、唐山。宽城成为喜口峰外的交通要道与物资集散地。

---

① 《隋书》（卷81，页1821）中：隋炀帝授靺鞨首领突地稽为“紫金光禄大夫，辽西太守”，唐太宗封突地稽为“右卫将军”，并“赐姓李氏”。

中华民国成立后，平泉县在宽城设有区公所、巡警分局和税务分局。1933 年 3 月，宽城被日军占领，先后建立了伪警察署、村公所和协和会等，并驻有日军守备队。1935 年，将宽城划归伪青龙县所辖。

1945 年 8 月 11 日，宽城解放。新中国成立后为区政府驻地。并先后为青平办事处、青西县、青平县、热南 17 专署和军分区驻地。1949 年 7 月，宽城划归青龙县，仍为区政府驻地。

1963 年 1 月，青宽分治，宽城县人民委员会驻宽城，宽城遂为全县政治、经济、文化中心。

1989 年 6 月，经国务院批准撤销宽城县，成立宽城满族自治县。

1990 年 3 月，宽城县人民政府改称宽城满族自治县人民政府。

新中国成立前，安达石并不是一个独立的村，而是与西村、双庙合称为安达石自然村。20 世纪 70 年代，随着双庙与西村相继划出，安达石成为独立的村，属板城镇管辖。现安达石村委会成员如表 1－3 所示。

表 1－3　**安达石村村委会成员**

职务	姓名	性别	民族	出生日期（年）	任职时间（年）
书记	公培海	男	汉族	1963	2000 年至今
村主任	宋文有	男	满族	1965	2003 年至今
会计	韩俊志	男	汉族	1958	2003 年至今
妇女主任	刘翠芹	女	满族	1954	1994 年至今

2. 行政管辖变化

安达石村所属板城满族乡在境县中部，乡人民政府驻地下板城。该地 1956 年建下板城乡，1958 年改乡为社（上游人民公社），属青龙县。1963 年 1 月划归宽城县，1984 年 1 月改社建乡，1986 年 5 月改为满族乡。全乡辖 9 个行政村，58 个自然村，3068 户，12567 人。

新中国成立前，安达石村与西村、双庙属安达石自然村辖内。1958 年，双庙率先被划分出，建立了独立的自然村。20 世纪 70 年代，西村也被划分出去（西村仅百余户人口），成为一个独立的自然村。至此，安达石村正式形成，下辖牤牛岭、后沟、小岔沟、安达石大庄 4 个自然村，现面积为 15980 亩。

3. 经济生活总体变化

中华民国初年，安达石村所在宽城县工商业属于繁荣时期，但也只有缫丝、酿酒、皮革、铁木器、酱醋等手工作坊和饮食、旅店、首饰、成衣、及日用品等店铺。如今，县内有医药、机械、印刷、服装、针织、食品、加工等多种工业企业和百货、五金、香烟等商业企业及招待所、旅馆、照相等多种服务行业。

新中国成立前，县内文化卫生事业萧条，只有1所小学和5家药铺。如今，有2所小学、2所中学。并先后建立起了文化馆、图书馆、电影院、职工俱乐部和广播电视设施，人民文化生活丰富多彩。卫生事业不断发展，县医院和县中医院设备较全，病床位达200张。

新中国成立前，宽城交通不便，只能通行车马。如今，交通四通八达。宽邦公路、青平大公路经过这里，每天车辆往来不断。

经过30多年的建设，特别是近四五年来，变化更是日新月异。重新拓宽了街道，变土路为沥青渣油路；家家户户用上了自来水；幢幢楼房拔地而起，城镇面貌大有改观。

随着县城的发展，安达石村的面貌也焕然一新。以前，由于没有电视，村民娱乐活动少，很早就睡觉了。近年来随着收入的提高，村民娱乐活动增多，看电视、打麻将，年轻人上网，有车的还去县里娱乐。

二、经济关系及变迁

（一）生产方式的变迁

1. 产业的变化

在1979年以前，安达石村乃至整个宽城满族自治县都属于贫困村（县），1982年实行个人承包制后，农民人均生活水平一年比一年提高，但是由于经济基础太差，到20世纪80年代末，宽城县的整体经济在河北的140多个县中仍然排在倒数几名，安达石村的经济状况也不好。

20世纪90年代初，安达石村开始实施“向阳沟果园扩建”项目，当时县里特别支持这个项目，主要是将原来荒废的果树挖掉，再将周围的荒地能挖的挖开，种上县里出资购买的栗子树苗，过几年树苗长大后，果园就有了可观的收成，一直到前几年才承包给私人。同期村里还修建河套大坝，修好后种植杨树、栗子树、山楂树。1996年在县里的扶持下，着手“三位一体”养猪项目，“三位一体”指的是养猪、点灯、做饭综合在一起，即用猪粪生产沼气来点灯、做饭。

2000年以后，安达石村整体投资环境得到明显改善，政府对企业在政策资金等各方面大力扶持，在本地投资的主导下，配合大量外部投资的进入，宽城满族自治县出现了一批以铁矿为主，下游产业为辅的本地企业。在政府的重点保护下，不到10年的时间这些本地企业迅速发展成为一批实力雄厚的集团企业。到我们这次去当地调研为止，宽城满族自治县已经形成了10家实力雄厚的大型集团，成为当地经济发展的火车头，有力带动了当地经济的发展，宽城的经济发生翻天覆地的变化，在整个河北140多个县的排名中，从20世纪90年代的倒数第二迅速上升到前二十。安达石村也是其中受益者之一。就在这几年，安达石村的经济实现了飞速发展，地处承秦出海高速公路与安汤公路的交界处，又邻近几大铁矿开采地（其中最有名的北大岭铁矿紧靠安达石村），在有利的地理环境优势下，很多企业选择在安达石村落户，安达石村走上了以工业（铁粉精选、团球）为主，服务业和农业为辅的致富之路。

1998年以前，铁矿主要由私人或者小型企业开采，利润空间较小。国际金融危机爆发前，大量小型铁矿企业进行了兼并重组，企业规模变大，伴随着危机之后铁精粉价格的大幅度上涨（从不到200元/吨上涨到500元/吨），铁矿企业快速完成了资本积累。在政府的鼓励扶持下，宽城满族自治县11个大集团迅速从小型铁矿企业成长起来，这为宽城县产业协调发展奠定了坚实的基础。目前，这些集团涉及的产业有铁矿开采、钢铁冶炼、运输、餐饮、建筑、旅游等，并与当地的国有企业（主要涉及石油、电力等）相配合，带动了宽城满族自治县产业的协调发展。

在农业方面，宽城满族自治县政府围绕“以板栗为主的优质果品业，以‘三位一体’养猪为主的畜牧水产业，以桑蚕、玉米制种为主的特色种养业”，鼓励各企业投资农产品项目，并给予相应的优惠政策。在政府的鼓励下，剑峰矿业集团投资成立了金州养殖有限公司，年繁育水貂、貉子各2万只，后又投资实施了水产品系列开发项目；恒泰集团投资建成了承德栗康源食品有限公司，具有年加工万吨板栗的规模，为农民的板栗种植免除后顾之忧；富隆集团投资了佳禾农产品开发有限公司项目，主要从事奶牛养殖、粮食收购与加工等农牧产品的生产研究与开发。截至2008年底，全县拥有亿元以上农业特色主导产业2个，龙头企业7家，农产品生产基地9家。这些产业在安达石村都起到了不同程度的辐射带动作用。

村委会的韩会计给我们介绍，20世纪80年代至90年代前期，宽城工业以国有、乡（镇）村企业为主，个体私营企业为补充。90年代中后期，乡村企业和私营企业迅速发展，成为全县工业的主体。进入21世纪，民营企业迅速发展，县属国有企业和乡村企业纷纷被兼并、出售、租赁或解体，被民营企业所取代。安达石村能在短短不到几年的时间引进这么多企业，这在安达石的历史上是头一次，即使在宽城县一百多个农村也是罕见的，这与村里提供的优惠条件密切相关。首先地理位置优越、交通发达，这是得天独厚的优势；其次村民觉悟比较高，对企业进村建厂非常理解；再有，村委会做出许多政策让步，如地以租赁为主，当玉米0.6元/斤以下时一亩地租金500元，玉米0.6元/斤以上租金800元。

泰丰矿业有限责任公司总经理段秀和也和我们提到："以前上边领导不重视工业，主抓农业，搞桑蚕养殖、"三位一体"养猪，结果越抓越穷，而转向工业之后，情况得到了好转。上级领导把工业抓上去，谁给重点项目捣乱，就重点整治谁。金融危机导致各县财政收入大幅缩水，而宽城县的财政收入却依然上涨，这是因为钢厂依赖的原料铁精粉价格下降了，钢厂的利润就增长了，县里依然有利税收入，领导有才、敢干、目光长远，把最初的矿场一点点发展成了一条产业链，这样即使能源枯竭了依然可以发展。"

2. 就业的变化

改革前，安达石村的劳动力主要从事农业生产，务工、经商及从政者较少。改革后，随着工商企业的兴办和各种服务业的发展，劳动力就业门路得到了极大的拓展。到2000年以后，村里的劳动力多数都在附近的工厂打工。而且村委会也会想方设法为村民创造就业机会。韩会计给我们介绍："今年村里安装自来水，村里出4万多元，村民出3万多元，上级按1:1再给拨3万多元，这样的工作主要安排村里的老弱病残人员去做，解决了一部分人员的就业问题。雇用村民一天85元，管饭，雇用大工一天要100元。村里经济发展的同时也促进了村民的就业。"

在采访兆丰总经理赵宝刚时，他告诉我们，兆丰钢厂雇佣工人基本也都从本地招募，从一定程度上解决了从农业中赋闲下来的农民的就业问题。村里的老干部李俊山也跟我们谈道："自从安达石村开始发展工矿业，前来投资的企业越来越多，这为村民提供了更多的就业机会。在发展矿业之前，宽城县几乎没有什么企业，村民只能离乡背井，到外地打工。现在当地大部分村民都在安达石村的企业打工。"

安达铁精选有限公司总经理王益娟认为安达石村的投资环境不错。因为村里的领导逐渐意识到，企业在村里投资建厂并不是坏事，不仅能为村民提供更多的就业机会，还能带动村里其他副业的发展，间接增加农民的收入，因此对公司选择在安达石建厂都非常支持。安达公司现在 123 名职工中有 40 多人都是安达石村本地的村民，占了安达公司职工人数的 1/3。

此外值得我们关注的还有失地农民的就业问题。农民在小农经济中，依靠承包的土地可以维持生计，一旦失去土地后农民也就失去了后续生活的保障。目前，安达石村的失地农民中，一部分受教育程度较高，受周边企业的影响，有了较强的市场观念。他们充分利用资源开发带来的市场机会，在自身努力和政府的支持下，从事与资源开发相关的服务如运输业等，收入也有了一定的保证。进驻的企业也会优先安排失地农民进厂工作，这样一来企业与村民之间的关系也得到缓和。

（二）生产制度的变迁

土地是农业最基本的生产资料。土地制度是制约农业和农村经济发展最根本的制度，农村土地产权制度是农村土地制度的核心。任何一个国家和地区农村经济的现代化都离不开产权制度的完善与现代化。新中国成立前，安达石村人数极少的地主、富农阶级拥有大量的土地，而广大贫雇农占有的土地很少。有土地的地主、富农通过出租土地，向农民收取地租（地租多少按土地的等级收取）。同时，地主阶级还通过雇工、放粮、放债等多种方式剥削农民。广大农民只能省吃俭用，过着饥寒交迫的贫苦生活。遇到灾荒，沿街乞讨者随处可见。

1946 年 1 月，在中国共产党和人民政府领导下，青西全境减租减息斗争开始。减租的具体办法是："二五减租""三期五交租"。即出租人一律按原租额减收25%，减租以后地租不超过土地产品收获量的37.5%。减息，取消了高利贷这种民间借贷的形式。通过减租、减息的方式，废除了不合理租制，削弱了封建剥削制度，减轻了农民的负担，使广大农民得到了喘息的机会。

1. 土地改革

1946年斗争时，将一部分地主的土地没收，分给无地或少地的贫苦农民。1947年6月，青龙县县委书记杨光在宽城开始搞土地复查试点，继而在全县推行。同年11月，贯彻《中国土地法大纲》，青龙县组成土地改革工作队，在农村扎根串联，和贫苦农民交朋友，并进行广泛的宣传发动群众，组织起了各村的“贫农团”，本着“依靠贫农、雇农，团结中农，中立富农，孤立地主阶级”的路线，掀起了轰轰烈烈的土地平分的高潮。安达石村的土地平分工作于1948年春天结束，每个村民都分得了同等、同量的土地。同年12月，颁发了土地执照。

经过土地改革，无地和少地的贫苦农民不但分得了土地，还分得了一些其他生产、生活资料，如牲畜、生产工具，等等。同时，全面废除农民向地主、富农所借的一切旧债。从此，安达石村废除了封建剥削制度，解放了生产力。

2. 农业合作化

（1）互助组

新中国成立后，党和政府号召在解放区发展互助合作。土地改革后，农民分得了土地，生产积极性空前高涨。但个别地方的农户，由于刚刚翻身，经济基础薄弱，生产工具不足，有田也无力耕种，甚至将新分得的土地转卖给他人，出现了贫富两极分化的现象。为了帮助人民彻底翻身，发展生产，走共同致富的道路，党和政府引导农民在“自愿、互利、民主”的原则下组织起来，发展互助组。1950年，互助组逐渐发展起来，到1952年年底，今宽城境内共建起互助组2552个，入组农户14447户，占总农户的62%。到1954年年底，互助组发展到2104个，入组农户达18002户，占总农户的78%。

在“自愿、互利、民主”原则下建立起来的互助组，为松散的农业生产联合经营体。土地仍为私有，种子自筹，产品自得，劳力、牲畜凭工找价。通过互助合作，克服了单干时的人力、畜力、物力等不足，大多数互助组的粮食产量和副业收入都有所增加。

（2）初级社

1952年2月，青龙县将两个互助组试办为初级农业生产合作社。随后，孤山子、骆驼厂等地初级社相继而起，至1955年，宽城境内初级社达到335个，入社农户8497户，占总农户的35%。

初级社是较为固定的农业生产联合经营体。土地以入股形式参加分红，人力、财力统一支配，生产统一安排，实行集体劳动，评工记酬，产品按土地四成、劳动力六成的分配原则进行分配。初级社的建立，较互助组更加显示了集体农业生产的优势，80%的初级社增产、增收。

（3）高级社

1954年9月，三异井村在初级社的基础上，办起了全县第一个高级农业生产合作社。至1956年，宽城境内办起了58个高级社，入社农户20720户，占总农户的80%。1957年，继续掀起合作高潮，宽城境内高级社达132个，入社农户达22462户，占总农合的87%，基本上完成了对农业的社会主义改造。

高级社的土地全部归集体所有，牲畜、农具作价归社，实行各尽所能，按劳分配，采用定额记酬或小段包工的办法，并实行奖惩制度。

3. 人民公社

1958年8月下旬，掀起大办人民公社的宣传高潮。9月，撤销了区、乡、村建制，实行“政社合一”，青龙县全县实行了人民公社化。宽城境内，将原来的132个高级社按原区范围合并为4个大公社，即宽城红旗人民公社、板城上游人民公社、汤道河飞跃人民公社、峪耳崖钢铁人民公社。辖30个战区，109个大队，1530个生产队。当时，为完成工农业生产“大跃进”的指标，在生产上，统一指挥，搞大兵团作战；在生活上，大办集体食堂，实行口粮供给制；在分配上，贫富拉平，实行统一核算。同时取消社员自留地和家庭副业。关闭了集贸市场，严重地挫伤了群众的生产积极性。1959年起，粮食减产，社员口粮减少，农民处于“低指标、瓜菜代”的困难时期。

1961年，青龙县建区分社。宽城境内建4个区，将4个大公社分为20个公社，辖155个大队，1167个生产队。1962年，贯彻中共中央《农村人民公社条例》（60条）和《关于改变农村人民公社基本核算问题的指示》，确定了三级（公社、大队、生产队）所有，队（生产队）为基础的集体所有制，以生产队为核算单位，并实行了土地、耕畜、劳力、农具的四固定，农业生产逐步恢复发展。

“文化大革命”期间，在“农业学大寨”中，推行“自报公议”的大寨评工记分法，少数大队还实行大队核算。同时，“左”的东西盛行，造成了劳动上的“大呼隆”，分配上的“大锅饭”，种植上的“一刀切”，农业生产受到严重影响。1984 年 1 月，取消人民公社，恢复乡、村建制。

4. 农业生产责任制

1978 年底，中共十一届三中全会以后，农村开始进行经济体制改革。1979 年春，本县塌山公社清河口、清河塘大队开始实行联产到组责任制。1980 年，农村开始推行小段包工、包产到组、联产到劳、家庭承包等多种形式的责任制。在各种形式的责任制中，家庭联产承包（大包干）农业生产责任制，以方法简便、责任明确、利益直接、效果显著等优势受到大多数群众的青睐。1981 年 10 月，中共宽城县委发出《关于土地包干到户，多种经营承包责任制试行办法》，从此，全面推行家庭联产承包责任制的生产队 2211 个，占生产队总数的 97%。至 1983 年，全县全部实行了家庭联产承包责任制。

家庭联产承包责任制，坚持土地共有，种植、管理、收获均以户为单位自主经营。农民有了生产自主权，克服了过去的管理过分集中，劳动上的“大呼隆”和分配上的“大锅饭”，调动了群众的生产积极性，促进了农业生产的发展。

随着农业生产责任制的实行，农村经济开始向专业化、商品化方向发展，剩余劳动力开始从事专业性生产，开始出现各种重点户和专业户。为支持农村出现的专业化生产，1983 年 3 月，中共宽城县委制订了《发展专业户、重点户和多种形式合作经济的意见》，年底，全县专业户、重点户发展到 6487 户，占总农户的 14.8%，各种联合体达到 244 个，还出现了一批专业村。农村经济体制改革以后，农村出现的剩余劳动力没有全部转移到其他行业中去。生产队的固定财产作价平分到户，使生产队一级的经济名存实亡。由于联合性服务组织不健全，农户在实施农业新技术、植物保护、农田基本建设方面困难较多。

5. 完整的农民集体土地所有权

由于家庭联产承包责任制下的农户土地产权不完整，土地产权不明晰，使得土地使用者不能够依照法定程序自由地有偿转让、出租、抵押土地，影响了土地资源在市场经济条件下的合理配置和优化。

2003 年，随着《中华人民共和国农村土地承包法》正式实施，为稳定和完善以家庭承包经营为基础，统分结合的双层经营体制，依法保障农民土地承包经营的各项权利，安达石村农民土地使用权也以法律形式固定下来，农民拥有了土地的处分权，可以以转包、出租、互换等各种形式出让土地，农民的集体土地所有权进一步完整，农户间的土地交易更加频繁。同时，允许集体土地使用权的有偿流转和“四荒”使用权的拍卖，使农村经济体制不断完善。

在采访老干部张俊华的过程中，我们了解到，随着企业不断涌入安达石村，张家将 3 亩 2 分耕地包给了企业，按照每年每亩地 800 元的价格，张俊华每年可获得租金 2560 元。关于这点，张俊华非常满意。他给我们算了一笔账，经过精耕细作的旱地基本每亩可收获玉米 1000 斤，按照每斤玉米 0.6 元计算，再刨除每亩 100 多元的种子、化肥支出，每亩获利在 400～500 元。张俊华认为从个人角度讲，把耕地包给企业还是很划算的。

（三）劳动力权利及其变化

1. 农民工的劳动力所有权

安达石村在实行“联产承包责任制”后，将劳动力从集体转归家庭所有，这样，劳动力剩余问题就日益尖锐。如果农民只在其家庭承包的小块土地上劳动，剩余的劳动时间就非常明显，除一部分农民从事专业养殖和种植外，大部分青壮年农民选择了打工。因承包而释放出来的劳动力所有权不再由集体和国家掌控，集体和国家也不可能为之提供就业条件，这样就迫使农民自己去找出卖劳动力使用权的机会。而名存实亡的“集体”已不再具有对农民外出“打工”的约束力，除督促耕作承包地和收缴税费外，村民委员会和村民小组并不限制农民劳动力的使用与流动。至于政府，为了发展经济，支持私有和外来资本企业，也鼓励农民出卖劳动力使用权。20 世纪 90 年代，安达石农民不断入城打工，成为农民工这个特殊群体中的一部分。

农民工，即出卖劳动力的使用权以换取必要的生活资料，其劳动力价格以工资形式表现。也正是在“打工”中对劳动力使用权的出卖，使农民劳动力的所有权得以充分表现。安达石村在承包制初期，由于人民公社还存在，对于农民的“打工”还有所限制，特别是在承包到组的情况下，农民还不能任意外出“打工”。取消人民公社以后，这些限制基本上不存在了，是否能够出卖劳动力使用权，主要取决于农民个人的身体素质和技能，以及购买劳动力使用权的市场条件。

从形式上看，农民的劳动力所有权与城市居民的劳动力所有权是平等的，但由于身份上的差别，其权利又是极其不平等的。“农民”的身份使得农民工的劳动力所有权内容较城市劳动者要少，进而使其劳动力使用权的价格低于劳动力市场价格。中国农民工劳动力使用权的廉价，是举世闻名的。农民工以自己超廉价的劳动力创造了私企和外企的超额利润，但是其劳动权利却得不到任何法律保障。虽然法律规定了“劳动者的权利”，但是对于农民工的劳动权的各项规定却是极不充分的。

安达石村在实行“联产承包责任制”后，随着农村改革的深入发展，矿工业不断壮大，大部分青壮年劳动力选择在本地企业打工，甚至还有外地人到本地企业来打工。从有关法律、政策规定看，农民在从事个体工商业、合伙、独资、入股等经济权利方面，与城市居民并无区别，但由于户籍的限制，他们仍受“农民”身份的束缚，从而影响到其相关经济权力和利益。在这一点上，“农民工”作为劳动力使用权的出卖者，因身份的限制，所受损害更大。

总之，受其“农民”身份和自身素质技能的限制，在没有充分法律保障的情况下，在安达石村本地企业打工的农民工和外出打工的农民工仍然只能作为个体性的廉价劳动力使用权的出卖者。所以，政府应重视对农村成年人口的职业技能培训、适应农村需要兴办一些实用技术培训学校，提高农民劳动技能，使农民成为适应时代发展的现代劳动者。

2. 民主选举制度的变迁

新中国成立初期，各界人民代表会议行使人民代表大会职权，青龙县于1949—1953年先后召开4届各界人民代表大会。1954年人民代表大会制度建立后，到1962年，青龙县先后召开5届人民代表大会。宽城县建立后，于1963年9月召开第一届人民代表大会。因文化大革命，人民代表大会停止活动长达18年之久，到1981年恢复，并建立常务委员会。

自1953年3月1日中央人民政府公布《中华人民共和国人民代表大会及地方各级人民代表大会选举法》后，全国人民代表大会于1979年、1982年、1983年对选举法进行3次修正。1981年以来，宽城县已经进行了3次县、乡、镇的普选工作。

依照选举法和有关规定，候选人代表需经过各方协商，根据多数选民意见确定。然后，由选民以选区为单位，采用无记名投票和差额选举（代表候选人名额多于应选代表名额的1/2 至一倍）的办法选举代表，通过代表资格审查委员会审查，依法确认代表资格。县、乡、镇领导成员的选举，由代表采取无记名投票和差额选举的方法进行。以往的选举方式是“直选”，即由村民和党员直接选举。目前安达石村的选举制度是“两推一选”，即由村民和党员推荐候选人，然后由党员直选。

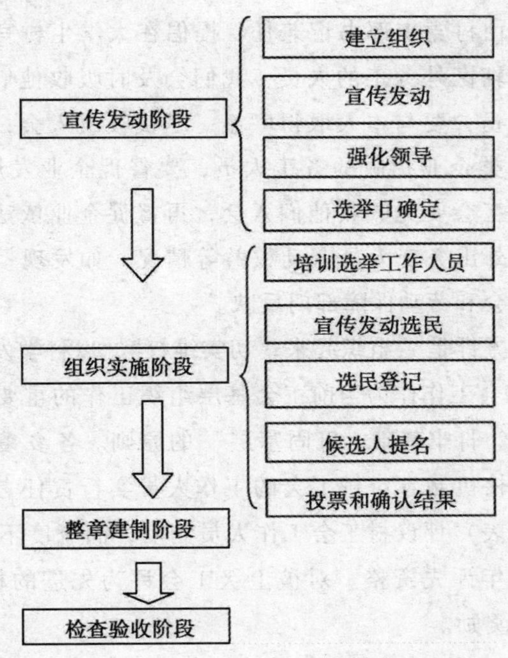

图 2－1 村委会换届选举实施方案

安达石村第八届村民委员会的选举于 2008 年 12 月至 2009 年 1 月进行。依照县委政府的统一部署，结合板城镇实际情况开展换届选举工作。村民委员会换届选举坚持以邓小平理论和“三个代表”重要思想为指导，深入贯彻落实科学发展观。坚持党在农村基层组织领导核心的原则；坚持公开、公正、公平和直接、差额、无记名投票的原则；坚持依法选举，民主、竞争、有序的原则。

3. 工会的成立

访谈中我们得知，安达石村还成立了工会，这在农村还是一个新事物，这让我们感到农民工的权利越来越被得到重视。村工会主要负责各类企业职工入会、农民工源头入会、维护职工特别是农民工的合法权益，以及更好地服务于基层职工群众。村工会的成立对于安达石村这样的工业化村庄具有很大意义。

村里的公培海书记给我们介绍："村工会下面具体有工会委员会（一般为3～7人）、女职工委员会和工会经费审查委员会。村（社区）工会主席经民主选举产生，一般由村党支部书记兼任，提倡在大学生村官中选拔村工会副主席。对于即将到辖区外务工的人员，我们会及时吸收他们入会，对于已经到辖区外务工的人员，要与本人取得联系，尽快吸收入会，办理会籍转移手续。对于辖区内各类企业招收的务工人员，要督促企业发展他们加入工会；企业未建会的，村工会要先吸收他们入会，再督促企业依法建会。村工会需要及时了解和掌握外出务工人员劳动权益等情况，如发现侵权现象便及时帮助解决或向上级工会和劳动保障部门反映。"

村工会的工作方针是"组织起来，切实维权"，以科学发展观为指导，把加强村（社区）工会工作作为当前工会基层组织工作的重要内容，遵循"多措并举、全面覆盖、打牢基础、巩固基层"的原则。各乡镇总工会建立了对村工会的管理和考核机制，对村工会的工作人员实行责任考核办法，推行基层工会和会员（代表）评议村工会工作人员制度，满意度不到70%以上的工作人员，取消其当年评先资格。对被上级工会评为先进的村工会工作人员，要给予精神和物质奖励。

（四）经济管理制度的变化

1. 财务管理制度

村委会的韩会计负责财务管理工作，他在这个岗位已经连任三届了，这方面的工作很熟悉，他给我们详细介绍了安达石村的财务制度。在过去，村里的账目收支由村里决定，账本在村里，镇里只负责审计工作。也就是村里先开销后审查，通俗的说是"先斩后奏"。这样的财务管理制度存在较大弊端，很容易造成工作失误。

从2007年开始，村里开始实行报账制度。具体来说就是对村级财务实行以会计委托制为核心的“五统一”管理工作。“五统一”即在坚持村级集体资产所有权、资金使用权、财务审批权、财务监督权不变的前提下，受村经济合作社的委托，以镇为单位实行统一财务制度、统一审核记账、统一票据、统一财务公布的时间、统一建档管理。镇里面设有村级账务代理室，隶属镇农经办办公室管理，配备专职代理会计，负责各村的票据审核和会计核算等工作，村里面也必须要配备一名报账员即村级出纳员。村级财务人员实行回避制度，现职村干部的直系亲属不得担任财务人员，村级财务人员要自觉接受村镇级账务代理中心的工作管理和业务指导。

村里的财会人员主要工作有：管理村级财务收支、财务管理、村级统计、文书档案、各业承包合同管理和土地征用结算等工作，并协助村干部将财务情况上墙公布，接受村民监督。村级财务人员的任免和调换，由镇村级财务代理中心提出意见，村两委会集体讨论决定，同时将讨论结果报镇村级财务代理中心备案，并按规定办理交接手续，编制交接清单，并由村镇级财务代理中心和村主要干部现场监督。

村里的财务活动实行预决算管理。预决算包括年度综合预决算和单项预决算，财务预决算必须报镇村级财务代理室备案。各类票证有专人保管，建

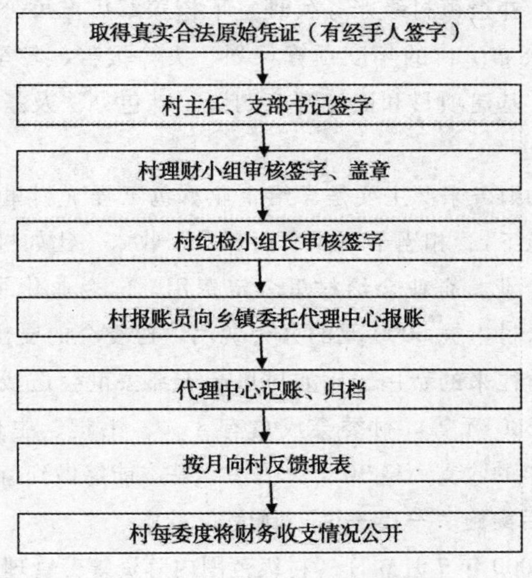

图2－2　村级财务管理制度

立登记簿，进行登记管理。村级收据统一使用“板城镇农村合作经济组织专用收款收据”。严格执行权、账、钱分管制度。财务审批人只管审批不管钱，会计只管账不管钱，出纳管钱不管账和物，非出纳人员不得保管现金。村委会要加强库存现金限额管理，库存现金严格控制在2000元以内，超过款项要及时存入银行，村委会禁止小金库和账外账，村集体企业账目归村监督。村干部因工作需要预领资金时，须经村财务负责人批准。预领资金一般控制在1000元以下。

从效果上看，鉴于村级财务监督、审计和对违规行为的处罚机制不健全，该体制较从前的体制有一定的好处：它有助于确保村级财务账目的妥善保存和防范有问题村干部毁账和涂改账目，并在一定程度上限制村干部可能乱开支的行为。但这一体制也有明显的弊端：它意味着村民自治制度被悬置以及事实的被管治。还有一个弊端是，由于缺乏信息对称性，乡镇政府代理会计对村级支出难以进行有效监督和控制。这是因为，如果村干部通过提供不实票据报账，镇级会计很难核实。

此外，村里还建立村民主理财小组。它是经村民大会或村民代表会议选举产生的。村民主理财小组成员一般为5~7人，村党支部和村委会干部不能兼任民主理财小组成员。村里实行财务公开，村级财务公布表须经村民主理财小组审核签名，并报镇村级账务代理室审核盖章后方可公开。村里的财务需要按季度上墙公布。村的年度预算计划、决算报告、各季财务收支明细、村干部工资补贴、基建项目和固定资产购置、承包办法及指标等项目要逐项及时公开。

目前村委会的财务来源主要是靠给企业承包工程（村里向上级申请工程项目，委托企业施工），相当于一种“捆绑式”收入。比如村委会将申请的自来水项目承包给企业，企业会给村里一定费用。向企业化缘收入基本没有。此外上级每年会给村里拨6000元的办公费用。村委会的支出主要有路灯费、道路维修费，人情往来的费用，比如村里老干部去世会送钱，村委会对考上大学的学生奖励300元等。村委会成员有8人，书记、主任每年的收入是8000元，村里每年的收支大概30万元左右，基本能够做到持平。

2. 税费改革后实施“一事一议”制度

根据农业部2000年7月6日《村级范围内筹资筹劳管理暂行规定》，“一事一议”筹资筹劳是指村民委员会在村级范围内（除农民依法纳税外）向农民筹集资金和要求农民出工的行为。该规定明确了“一事一议”需要召开村民会议通过。2005年7月5日《村级一事一议筹资筹劳管理办法》（试行）则放宽到“一事一议”由村民会议或者村民代表会议决定。村级“一事一议”程序可杜绝政府和村级组织对其权利的可能滥用，包括两者在征收农业税时的搭车收费，以及其他“乱集资，乱摊派，乱收费”，但同时也大大增加了公共决策成本，尤其是村民会议难以举行。①

3. 村务公开制度

我们采访了村委会的公培海书记，他耐心地给我们介绍了村务公开制度。1999年5月，根据《河北省村务公开条例》规定，公开内容增加到12项，2004年拓展到19项。统一公开程序，主要包括村委会、村会计认真列出公开清单，由村务公开监督小组、民主理财小组审核同意后，方可公开。每次村务公开后，党支部和村委会要及时召开党员大会、村民会议和村民代表大会，广泛听取群众反映的意见，认真接受群众的咨询，及时解决公开中暴露出来的问题；统一公开时间，根据公开的内容和需要，每季度至少公开一次。涉及群众切身利益的重大事项要随时公开；统一公开形式，各村都在便于群众观看的地方设置固定的公开栏。此外，还可以采取发放明白纸、召开村民大会或村民代表大会宣布公开结果等辅助形式；统一公开管理，乡村两级建立村务公开档案，建立村务公开定期检查制度，以确保村务公开的及时性和真实性。

三、农业

农业是一个古老的产业，是通过人类劳动去实现植物和动物的再生产来获得物质资料的社会物质生产部门。农业发展与自然界存在着高度的依存性，不同的自然条件决定了不同区域农业产业结构的差异。随着家庭联产承包责任制的不断完善，安达石村的产业结构发生了深刻变化，尤其从2003年铁矿企业驻村以后，安达石逐渐由单纯的农业经济发展转变为以工业为主，商业为辅，其次农业的经济格局，逐步由“单一经营”向“多元化”发展，特别

① 中国农村发展研究报告 NO.6. 中国37个村庄的治理状况与问题调研［M］. 北京：社会科学文献出版社，2008：202.

是随着二、三产业的快速发展，大批农村劳力务工经商或从事服务业，农业劳动力大为下降，农业发展逐渐不被村民所重视。自2008年的金融海啸之后，村中多数铁矿企业生产的铁矿石滞销甚至停产，农业的基础地位被重新认识。以公培海书记为首的当地领导班子提出“无农不稳，无工不富”的口号，认为经济发展不能过度依赖自然资源的开采，要走可持续发展的道路，任何时候都应该将农业生产放在首位。

表3-1 **2009年安达石乡村从业人员情况** 单位：人

从业类型	农业	工业	建筑业	服务业
从业人数	43	465	81	191

数据来源：2009年安达石农林牧渔统计报表。

（一）土地

自古以来，土地是农业中不可替代的基本生产资料，土地的肥沃程度、地理位置的不同，同样劳动投入获得的产出是不同的。由于宽城县特殊的地质结构和土壤条件，尤其适合板栗的种植，因此宽城成为河北省林果基地县，特别是长城沿线的板栗成为全国地理性标志产品。在安达石，家家户户也都种植着板栗。

1. 地质条件

安达石处于燕山山脉沉降带东南端，东西构造带与华夏构造带的复合部位，地层、地质构造复杂。由于地壳升降运动，河流切割受岩石构造的制约，形成山地间丘陵、河谷阶地地貌。山地中的岩石主要有麻粒岩、片麻岩及浅粒岩等。地层中富含铁、金等金属矿藏。

2. 土质条件

安达石特殊的地质条件，造就了它特殊的土壤条件。安达石村的地质层中含有大量的麻粒岩和片麻岩，土壤中主要含有砂土、褐土、棕壤3个土类，土类中又以砂土为主，约占全村土地面积的60%，褐土占30%，其次棕壤。板栗生长要求的土壤母质以片麻岩等风化较疏松的砂质、砾质淋溶褐土为宜。土类中的褐土土层较厚，结构疏松，有机质含量高，pH值在5.6~7之间，呈中性和微酸性反应，且多含砾石，通气透水性好，为板栗生长提供了优越的地理条件。

3. 气候条件

安达石村位于河北省宽城县中部板城镇南端，属东部季风区暖温带半湿润地区，季风型的燕山山地、丘陵气候。村中，大陆性季风气候显著，四季分明，冬季寒冷少雪；春季干燥多风；夏季炎热多雨；秋季晴朗，昼暖夜凉，这种气候为栗树栽培和发展提供了优越的条件，主要表现为气温适宜，日照时间长，热量充足，降水丰富。历年年平均气温为9.4℃。7月平均最高气温24.4℃。极端最高气温40.3℃，1月气温最低，平均－8.2℃，极端最低气温－25.5℃。山地气温随着高度的增加而降低，并且昼夜温差大，白天气温高，夜间温度低，这种气温条件有利于光合作用，适宜板栗生长，有利于糖分向栗实中积累。同时，板栗是喜光的阳性树种，生育期间要求充足的光照：安达石的年太阳辐射量为每平方米5200～5400兆焦，年日照时数为2400小时以上，平均日照7.4小时，年日照百分率在55%以上。光照比较充足，为栗树生长、栗果内部有机质的转化等提供了重要保障。

4. 土地结构

土地结构是指各种土地类型在某一区域单位中的组合方式、比例和彼此间的相互联系所构成的格局。用通俗的话说，即山区是“七山一水二分田”，黄土丘陵沟壑区是“一川二沟三坡四峁梁”，而安达石村为“八分山丘两分谷地”。全村的总面积有15980亩，安达石村的山地和坡地就占了总面积的80%，其中山地占30%，其余平地和水域各占10%。

5. 土地利用

2009年年末，全村土地面积15980亩，分农用地、建设用地、未利用地3种类型。农用地总面积为10106亩，占全村土地总面积的63%。其中耕地1346亩，占农用地面积的13.31%；园地2600亩，占农用地面积的25.72%；林地59967亩，占农用地面积59.33%；其他农用地164亩，占农用地面积的1.62%。建设用地122176.4亩，占土地总面积的4.22%。其中建制镇用地3619.8亩，占建设用地面积的2.96%。农村居民点用地272.30亩，占建设用地面积的37.42%；独立工矿用地41.27亩，占建设用地面积的6.12%；交通用地360.78亩，占建设用地面积的53.5%。未利用地674.35亩，占土地总面积的32.78%。

22年以来，安达石在完善家庭联产承包责任制的过程中，规定了土地承包期30年不变的土地经营政策，并签订了承包合同，发放了土地经营证书。同时，允许集体土地使用权的有偿流转和“四荒”使用权的拍卖，使农村经济体制不断完善。2000年以前，安达石的土地利用和管理都没有发生太大的变化，而从2000年企业陆续入村以后，企业用地打破了原有的利用格局。面对企业的征山、占地问题，村里很快成立了矛盾调解委员会，建立和完善了民企矛盾纠纷排查调处机制，要求工矿企业用地必须经过严格的审批、审查制度，同时办理正规的手续，并与当地村民签订正式的用地合同。在签订的合同中，多为土地租赁合同，一次性征地占地、征地的企业较少。采用租赁制度，土地的“所有权”仍然属于村民，只是土地的使用权暂时过渡给了企业，企业在支付租金的同时，还要承担起恢复原始地貌的责任。在村领导的协调下，很多企业甚至还为被征地的农户提供到企业工作的机会，近几年来，安达石村的村民没发生过一起因占地而引发的上访事件。

虽然安达石的农业一度不被重视，但随着改革的进行，农业产业结构还是发生了巨大的变化，农业由吃饭型向增收型转变，粮食作物种植面积逐渐减少，种子、蔬菜、药材等经济作物和林果、桑蚕以及畜禽等养殖业向规模化产业化发展，并形成安达石农业的主导产业和特色产业，改变了以粮食为主的产业格局。同时，安达石农作物品种不断引进更新，农业生产技术大面积推广应用，农业产业化结构已初步形成。

（二）经济作物

安达石村最典型的经济作物莫过于板栗，而选择村里适宜种植的经济作物却始终处于探索之中。勤劳、聪慧的安达石人，在致富的道路上不断尝试，即使失败也不放弃，山楂、苹果等都在这个探索过程中留下了自己的印迹。

1986年工程造林开始后，板栗、山楂种植同时在安达石迅速发展。当时生产大队统一购买了山楂树苗发给村民，动员大家种植，平均每户能分到70~80株，由于山楂树的种植省时省力，只需要简单的修剪，又有县林业局技术员的指导，于是家家户户开始争相种植，甚至一时出现了“山楂热”。但好景不长，1991年秋开始，山楂市场价格骤跌，每公斤降至0.1~0.2元，因此栽培量迅速减少，随之发生大量砍伐山楂树的现象，仅2004年就被砍掉30余万株，多数山楂园也被毁。而同时，由于板栗价格逐年上升，农民栽果以板栗为多，板栗栽培在全村迅速发展。到2005年，安达石几乎没有农户种植山楂。物极必反，因山楂数量的大量减少，目前山楂的价格又略有回升。

苹果原为村里的大宗果品，但由于苹果腐烂病的发展和漫延，果树逐渐死亡，20世纪90年代苹果栽培逐渐减少，1996—2009年苹果面积徘徊不前。2002年以后，大多数苹果园被改造成板栗、梨等果园。主要因为苹果树对种植技术要求较高，剪枝和嫁接技术相对于普通老百姓而言较难；其次苹果树抵御病虫害的能力较弱，一年四季需要不断地打药和浇水，耗费的人力、物力较多。到2009年，全村只有韩秀东和郭树红两户仍然种植苹果，共种有500亩，年产苹果约417吨。

黄芩是具有药用价值的中草药，近几年，安达石约有20~30户居民从事黄芩的种植。在安达石，晒干后的黄芩能卖到3元/斤，新鲜的只卖1元/斤。由于黄芩三年一收，村民们种的黄芩都还埋在地里，种植以来还未曾收获，因此种植黄芩的经济效益目前还未知。

当地大枣的销售价格较高，种植技术也较简单，并且不需要太多投入。于是从2009年起，安达石唯一的林业技术员李俊合开始在自家的果园里尝试种植大枣，目前枣树已开始结果，长成的果实约有拇指般大小。来年，如果大枣种植成功，李俊合希望能够把自己的种植技术在全村推广，让其他村民也尝试种植大枣。

（三）种植作物

进入20世纪90年代以来，随着农村经济的发展，农民根据市场情况决定粮食、蔬菜的种植面积，种植业内部结构发生较大变化。

1. 粮食作物

在安达石村，高粱、玉米、谷子是村里三大主栽作物，大豆、甘薯、杂粮等为搭配种植作物。20世纪80年代，全村的谷物种植面积约有1342亩，其中高粱占全村谷物种植面积的38%，玉米为36%，谷子为26%，三大粮食作物的种植面积在安达石呈现了“三足鼎立”的态势。随着农村经济发展和饮食习惯的改变，这种平分秋色的局面逐渐改变为玉米种植的“一枝独秀”。到2009年粮谷播种总面积仅为1174亩，其中高粱、玉米、谷子三大作物播种面积分别为13亩、779亩和103亩，高粱的种植面积只占全部播种面积的1.1%。这三大粮食作物特别是高粱、玉米种植面积变化悬殊的主要原因可以归结为两点：一是饮食结构的变化。随着生活水平的提高，人们食用细粮的比例逐年增加，农民开始用大豆、玉米或小米兑换大米或面粉食用，吃高粱米等粗粮为主的岁月已经成为过去。二是基于经济效益的考虑。种玉米比种高粱、谷子省工省力，便于耕作。同时，玉米比高粱的商品价值高，销售市场好。特别是进入21世纪后，农民所收玉米大部分被卖掉、换作细粮或作为猪饲料。

表3－2　2009年安达石粮食作物生产情况

作物类型	粮食作物	谷物	豆类	薯类
播种面积（亩）	1174	919	202	53
总产量（吨）	455	398	43	14
单产（公斤/亩）	388	433	213	264

数据来源：2009年安达石农林牧渔统计报表。

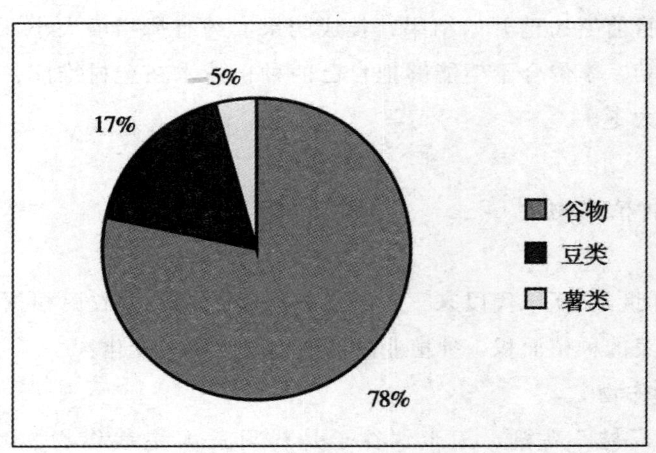

图3－1　2009年安达石粮食作物播种面积饼状图

20年间，安达石的豆类和薯类作物作为搭配种植，并没有发生太大的变化。到2009年，安达石豆类的播种面积共有202亩，其中以大豆为主，其播种面积共有175亩，占豆类总播种面积的86.63%。绿豆、红小豆、其他杂豆的种植面积分别为5亩、17亩、5亩，相对于大豆的种植面积都较少。2009

年，薯类的播种面积共有53亩，其中红薯和马铃薯分别为26亩和27亩，各占薯类总播种面积的49.06%和49.94%。

2. 蔬菜

自20世纪90年代开始，安达石蔬菜品种大约每3~5年会更新换代一次。由于基建、道路占用菜地和外地蔬菜的涌进，如今居民种菜的已经很少。全村除商品菜外，只有少数农户零星种植，也仅仅是自产自用。到2005年，安达石实现了全村商品菜品种的更新换代。到2009年，全村蔬菜种植面积仅为170亩，年产量691吨。村民种植的叶菜类主要以大白菜为主，年播种面积在38亩左右，占叶菜类播种面积的59.38%。瓜菜类播种面积为33亩，主要种植黄瓜和西葫芦，播种面积分别为13亩和18亩。块根菜类播种面积为21亩，主要种植萝卜和胡萝卜，分别为16亩和4亩。茄果类蔬菜主要包括茄子、西红柿、青椒，播种面积分别为7亩、3亩、6亩。葱蒜类播种面积为25亩，其中大葱的播种面积为13亩，占总播种面积的52%。

1992年以前蔬菜种植以露地种植为主。1993年秋，为解决宽城县居民"菜篮子"问题，县政府决定在下河西村始建日光温室大棚36个。2005年底，全县日光温室大棚已发展到1403个，种植面积2700亩。由于安达石村处于宽凌公路和承秦出海路交界处，地处四村八乡的中心，虽然安达石并不是县里的种菜大户，但是四季也能吃到多种"反季节"的大棚蔬菜。

表3-3　2009年安达石蔬菜的生产情况

项目	蔬菜	叶菜类	瓜菜类	块根块茎类	茄果菜类	葱蒜菜类	菜用豆类
播种面积（亩）	170	64	33	21	17	25	10
面积比（%）	100	37.65	19.41	12.35	10.00	14.71	5.88
产量（吨）	691	326	103	93	55	80	3
单产（吨/亩）	4065	5094	3121	4429	3235	3200	2

数据来源：2009年安达石农林牧渔统计报表。

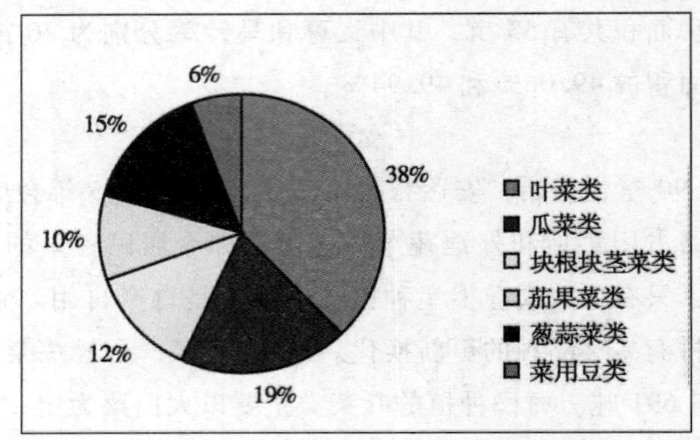

图 3-2　2009 年安达石蔬菜种植情况

3. 养殖业

安达石传统养殖的家畜有牛、马、驴、骡、猪、羊、兔等，家禽有鸡、鸭、鹅等。20 世纪 80 年代后，农户养殖主要以猪、牛、羊、禽为主。当地的一些村民也尝试过养殖貂、貉子、蜜蜂等，可惜都没有成功。近几年，随着农村经济发展，农户纷纷开始多元化经营，农村劳动力开始向第二、三产业输出，许多家庭不再饲养家禽，还有个别户甚至不愿意养猪。

长期以来，饲养马、骡、驴主要以提供农业动力为目的。实行家庭联产承包责任制后，随着农业作业方式的改变，马属家畜的役用作用逐渐被小型农业机械取代，全村役用的马、骡存栏只有 4 头。由于马属家畜饲养量的减少，大量畜配种站已于 20 世纪 90 年代初消失。

安达石农户养殖的牛多为本地黄牛，属蒙古牛后裔。1990 年在汤道河、板城等乡镇采用人工输精的办法，以西门塔尔、夏洛来为父本改良本地黄牛。2005 年只有下河西 1 户农民采用人工输精办法从事黄牛改良工作，但由于本地黄牛饲养量很少，改良成效甚微。21 世纪初，随着退耕还林、还草、防沙治沙生态工程的实施，牛等大牲畜开始提倡舍饲圈养。随着商品经济的发展，养牛业由过去的提供农业动力、积肥为主转变为以商品生产为主。2009 年，安达石只有张长百和张洪贵两户村民专门从事肉牛和奶牛的养殖。他们两户的养牛场都离村子较远，共饲养了 17 头肉牛和 77 头奶牛。

20 世纪 80 年代后期，养猪为“过年”的传统习惯逐渐向商品化发展。1997 年，宽城县进行“三位一体”生态养猪试点成功并开始在全县推广，安达石的村民也在县农业局科技人员的帮助下进行试点。2009 年，沼气、养猪、无公害蔬菜“三位一体”的生态农业产业基本形成，但这种农村庭院生态养猪都属于分散养殖，并没有向规模养殖场（户）发展，也没有向机械化、规模化、工厂化方向发展。2008 年，安达石的村民张德财决定打破这一局面。张德财之前主要从事运输业，经营着 3 辆大货车，负责为村里的铁矿企业运输铁矿石或者铁砂粉。由于 2008 年村里的铁矿企业受国际金融危机的影响，纷纷减产甚至停产，张德财的货车也“赋闲”在家，经济的不景气促使张德财开始“另辟蹊径”，他把货车交给儿子打理，自己开始搞起了生猪养殖。张德财的养殖计划并不局限于一般的“小打小闹”，他投资在建的生猪养殖场规模很大，建在安达石的一个偏僻山沟里，总建筑面积预计约有 4900 平方米。整个养殖场坐西朝东，东临村里的柏油马路，中心有五排猪舍，每排两栋。他还计划在猪舍的西面建一个 100 立方米的蓄水池，东边建一个 100 立方米的沼气池，预计猪舍建成之后能够同时饲养 2000 头生猪。由于养殖场仍没有竣工，整个养殖场的运营也刚刚起步，但就其规模而言已是安达石村最大的养殖场了。

安达石养殖的家禽以鸡为主，传统品种为本地柴鸡。20 世纪 90 年代起，艾维因、爱拔益加肉鸡等相继被引入本县，还曾从乐亭、玉田引进雏鹅，但没有发展起来。家禽一直为户养，近年来，开始向规模化方向发展。在安达石，专门从事规模化养鸡的农户只有张玉明一户。张玉明的养鸡场就建在自家的后院，是一间约有 60 平方米的小平房。屋内靠墙四面都放着鸡笼，鸡笼有 3 层，每层都饲养着鸡，3 层鸡笼大约养着 4000 只鸡。据张玉明介绍，他们是从村里的市场上购买了小鸡仔进行培育，当喂到 4 个月，小鸡就开始下蛋。正常情况下，每个月只卖鸡蛋就能达到 2 万元的毛利。由于张玉明养鸡的大部分饲料都来自于自家种的玉米，没有添加任何激素，所以张玉明家鸡蛋的蛋壳尤其的红，每次拉到安达石的市集上很快就会卖光，甚至有村民都慕名直接前来订购鸡蛋。

（四）生产工具

人与动物最本质的区别在于生产工具的使用。随着科技的发展，一些传统的农业生产工具渐渐退出历史的舞台，而从铁器时代就存在的锄头、镐等生产工具沿着历史的长河留传下来，然而在历史的沉淀基础之上，科技不遗余力地改变着我们的生活，使农业生产不断向机械化、产业化发展，增产、增收和效益明显的新机具、新技术不断被引入，掀起农业生产新的篇章。

由于农村没有人再使用役畜耕地，七寸步犁等畜引犁已经渐渐消失。现在的主要生产工具有人力播种机和少量的拖拉机、机引犁和旋耕机。拖拉机主要用于耕地和农村运输。小型人力播种机20世纪发展较快，现在几乎家家户户都有一台小型人力播种机。到2009年，安达石有大型拖拉机1台，小型拖拉机4台，当年实际机耕地面积达到755亩，占全村实际耕种面积的64.31%，机械播种面积达到730亩，占全村播种面积的62.18%。

在安达石，排灌机械主要有电动机、柴油机和农用水泵。近10年来这些农用工具的使用发展较快。2009年全村共有电动机7台，柴油机4台，农用水泵15台，节水灌溉机械1套。

农副产品加工机械主要有碾米机、磨面机、脱粒机、粉碎机等，这些多用电动粉碎机代替了传统的石碾和石磨。在安达石，传统的驴拉石磨的画面已经渐渐成为人们的记忆。20世纪80年代，这些农副产品加工机械主要集中在少数农户中，而且为其他农户有偿加工。到了20世纪90年代，随着生活水平的提高，购买农副产品加工机械的农民逐步增多，现在大部分村民都购买了磨面机和粉碎机。2009年，安达石粉碎机达到53台，磨面机达到29台。

农用运输工具主要有单轮手轮车和小型拖拉机，20世纪90年代有人开始用三轮、四轮车，但多数为小商贩从事蔬菜等农副产品的运输或贩卖。在安达石，几乎家家户户都有独轮小推车，少数村民购买了小型拖拉机，有的村民甚至购买了农用小卡车。

在农用机械的管理方面。1988年10月，宽城县将农机股、农机监理、农机培训学校合并成立农机服务中心。县农机服务中心负责全县机手培训、农机监理、安全教育、农机新技术推广与应用等农机管理工作，各乡镇设有农机管理站，配有农机员2~3人，负责本乡农机管理工作。1987年以前，农用车辆及驾驶员年检由监理站负责，1988年后改由农业部门负责。20世纪90年代后期，各乡镇农机管理站相继被撤销。2004年开始，农用车及驾驶员由交警队年检，拖拉机及驾驶员由相关农业部门年检。

20世纪80年代，安达石的村民主要通过县农机公司购买农用机械。县农机公司主要经营拖拉机、农用车、柴油机、电动机、水泵及管带等农业机械及其配件。20 世纪 90 年代始，农机经营逐渐市场化，进入 21 世纪，农机公司经营极其困难。因此，县农机公司于 2004 年 6 月开始改制，职工全部与原企业解除劳动关系，职工领取一次性经济补偿，实现国有资产和职工身份“双退出”。2005 年底改制结束，县农机公司正式解体。现在，安达石的村民都是通过市场直接购买新型的农用机械使用。一般都是由村里懂些技术的两、三家农户先行购买，使用之后，的确提高了劳动效率，然后便在全村推广开来。据村民介绍，现在家家户户使用的人力播种机就是这样推广开来的。

（五）耕作方式

农业经过上千年的发展，其耕作方式从根本上并未发生太大的变化，仍然是传统的播种、施肥、除草与收割。20 世纪 90 年代以后，随着化肥和农药的大量使用，农业生产中的一些具体耕作方式发生了明显的变化。首先，农作物的耕作栽培与施肥方式逐步改变了长期的三耪一耘和以施农家肥为主、化肥为辅的耕作与施肥方法。现在，安达石的农民耪地大多 1 到 2 遍，甚至有的只使用除草剂，不再耪地，有的不再耘土防伏。大多数村民们开始进行复种和间混套种，这样既省时省工，还有助于提高农业产量。同时，农民不再积农家肥，人粪尿和牲畜粪便只用于房前屋后院内或离家较近的“自留地”。大田全靠化肥，种地时使用复合化肥，追肥使用尿素，以解决农家肥不足的问题。其次，开始对农田作物进行集中管理，改变了以前大田作物管理粗放的局面。除此之外，安达石农业的耕作方式几乎没有变化。

总体上，安达石的农业生产基础还比较薄弱，农业机械化、产业化的水平较低，归根结底是由于村民们对农业重要性的认识不足。村里大部分村民从事农业劳作仅仅出于自给自足的目的，对农业基础设施的投入严重不足。公培海书记认为安达石的农业发展目前存在三个有利因素和三个不利因素。首先，现在村民的收入与以前相比大大提高，村民兜里都有了余钱；其次，安达石村处于宽凌公路和承秦出海路交界处，地处四村八乡中心，交通极其便利，有利于当地农产品的外销；第三，安达石未利用的土地还有很多，开发潜力巨大。而不利因素主要是多数村民重工轻农，只顾眼前利益，经济观念守旧，最重要的是目前安达石的经济还是以工矿企业为主，农业发展严重滞后。不管是有利因素还是不利因素，农业发展没有坦途，勤劳的安达石村民虽然经历过失败，但总在不断地探索和尝试，他们终将会走上一条属于自己的致富之路！

四、工业

人们的传统观念认为，民族地区虽然享受国家财税各方面的特殊照顾，但是经济发展比较落后。从民族自治县（市）到乡镇，到村庄，经济发展水平有着明显的层级跳跃，与县、镇的经济相比，民族村庄经济要显得更为落后，生产方式要显得更加传统才对。然而，越来越多的事实证明，这种将“民族地区”与“落后地区”等同起来的偏见正在经受史无前例的冲击。从目前已经出版的“中国民族经济村庄调查”系列丛书中，我们可以看到许多民族地区，尤其是民族村庄以各种形式致富的例子。本书所考察的安达石村又是一例。只不过其经济发展方式不同而已，其不同之处在于，安达石村的发展不靠民族特色，不靠牧业，也不靠手工业，而是依赖自己的优势，成为一个以农业为基础，以工业为主的经济强村。

（一）工业总体概况

新中国成立后，安达石村具有较长的工业发展历史，在发展历程中，曾经走过不少弯路，甚至出现过倒退。由于安达石村具备特有的工业发展条件，21世纪初，投资环境得到改善，现代工业正在逐步发展。

1. 工业发展历程

（1）20世纪70年代至80年代初，社队企业时期

这一时期，安达石村立足本地资源，出现了一批社队企业，主要生产“国家需要，市场需要，财政收入不多的产品”①，如日用陶瓷、机制砖瓦、木制家具以及满族手绣、纺纱等。这段时期工业体现出集体投资，集体管理，集体生产的特点，企业按计划生产，少负或者不负盈亏。

---

① 宽城县档案局，全宗号：1，案卷号：394，第38页。

（2）20世纪80年代中期至90年代末，转型改制时期

从20世纪80年代中期起，安达石村出现过一些农民个体选矿企业，但由于经营规模小，管理不规范，技术含量低等各种原因，都未取得较好业绩，最终不得不以停产而告终，这一时期，农村工业处于转型过程中“青黄不接”的停滞期。

（3）21世纪初至今，现代工业时期

自从2003年安达石村的落地企业数打破零的历史以后，安达石村的工业发展历程先后经历了三个阶段。第一阶段（2003—2005年）为起步萌芽期，这个阶段村里招商引资的成功例子不多，企业缺少参考对象，对村里的投资环境和招商政策不了解，不愿贸然进入；第二阶段（2005—2009年）为快速膨胀期，由于安达石村地理位置优越，招商政策稳定，村委会和村民支持，以及矿石需求的增加，先进入的企业尝到甜头，吸引了更多的投资，这个阶段安达石村的落地企业迅速增加；第三阶段（2009年至今）为逐步精减期，受国际铁矿石市场萎缩的影响，矿石需求低靡不振，有些企业由于亏损，维持不了正常经营而濒临倒闭，加上县政府和镇政府在全县范围内加大了整顿违法违规企业的力度，这一阶段村里对违法违规的小企业进行淘汰，对证照齐全的大企业进行扶持，企业家数量在逐步减少，而平均企业规模却在逐步壮大。到目前为止，安达石村保留下的8家规模企业，是村里工业的主要支柱，也形成了村里的基本产业格局。

2. 工业发展条件

在十年前，我们考察的这个村庄是河北省最穷县里最穷的村之一，当时村民人均年收入不到2000元，村里的主要经济来源除了基础设施落后的农业以外，仅有一些满族传统的手工业，如手绣、纺纱织布等，以及零星的服务性商铺。十年后的今天，安达石村的人均年收入涨了三倍，2009年的统计数据为人均6500元，村里集体年收入21万元。每一个地方经济的迅速发展，必然依靠其独特的优势，以下分析安达石村工业形成和发展的条件。

安达石村是个以山地为主的小农村，位于宽城县板城镇南端，群山迭起，延绵不断。农地里种玉米，山地里种栗子树，由于面积有限，并没有形成太大的规模，曾经尝试过种植经济果园，由于气候技术等原因，以荒废而告终，在发展农业产业上，安达石村不具备自然优势。安达石村所属的板城镇是个矿产资源比较丰富的镇，主要矿藏有铁矿和金矿。在20世纪90年代末，与

安达石村邻近的一些村，由于资源优势，通过引进企业开矿，带动相关行业发展，先后走上了致富道路。比如，与安达石村相邻的西村，地里环境和安达石相差不大，但是村里有几处矿藏资源，开了一个大型铁矿，叫“北大岭”铁矿，逐渐成为当地的富裕村。而安达石村却没有这么好的运气，虽然邻近资源丰富地区，却是一个资源很贫乏的小山村，甚至被称为“有山不出矿、树小不结果、贫地不产粮，‘无依无靠’的穷山村”[①]，受资源因素的限制，安达石村不具有发展采矿业的天然优势。

安达石村的特色既不在于农业生产的自然优势，又不在于矿藏储备的天然优势，而在于其所处的特殊地理位置，当然也离不开人的因素。人的因素在本书其他章节有所阐述，本节主要强调地理因素。

安达石村地处“承秦”公路与“北陵”公路交叉口，“承秦”公路是当地矿产资源运往唐山等地的必由之路，“北陵”公路则通往板城镇，从宽城县到板城镇需要经过安达石村，从承德到秦皇岛、唐山等地也要经过安达石村。于是，安达石村成了许多重要物资流通的必经之地。目前正在建设的“承秦”高速公路，途经安达石村，将为安达石村的交通提升一个平台。交通对一个地方经济的发展具有至关重要的作用，农村交通落后可能成为“农村工业化进程缓慢的主要原因”[②]，相反，农村交通的发达也可以成为农村工业发展的主要动力。

安达石村得益于优越的交通地理位置，在最近七年里，村委会调整思路，通过招商引资，先后引进一批规模企业，打破了村里多年来无企业的历史。在美国金融危机爆发前，村里企业数最多时达 16 家，村里商铺最多时达 100 多家。

3. 工业总体现状

安达石村位于宽城满族自治县的中部，在介绍安达石村的工业总体现状之前，有必要先简单介绍一下宽城县的工业情况。

宽城县主要工业产品有铁精粉、黄金、原煤、水泥、建筑陶瓷 200 余种。冶金、黄金、建材、轻化工是全县工业的支柱产业。全县工业总产值 270 亿

---

① 王宝财，李福泉，曾建军．“儒生”领头雁［N］．承德日报，2009 - 05 - 04.

② 贺定光，夏飞．论高速公路对我国农村工业发展的影响作用［J］．湖南商学院学报（双月刊），2005（9）．

元，实现利润42亿元，民营企业总数8000余家，民营集团企业11家。年产铁精粉950万吨，生铁75.3万吨，带钢119万吨，钢坯53.8万吨。矿产资源种类多、储量大，开采价值高。主要矿藏有金、铁、煤、铜、锌、高岭土、珍珠岩、石灰岩、大理石等30多种。现已探明黄金矿脉200余条，年产成品金3.29吨，连续21年为全国黄金万两县之一，是全国黄金重点产区之一。铁矿探明储量达23亿吨，现已形成年生产950万吨铁精粉的规模，跻身全国十大铁精粉生产基地。同时探明高岭土储量900万吨，煤炭储量1000万吨，珍珠岩储量100万吨，花岗岩储量2.6亿立方米以上。石灰石资源遍布全县。

2008年宽城县全年完成生产总值124.9亿元，增长22.4%；全社会固定资产投资38.8亿元，增长25%；全部财政收入155689万元，增长38.4%；城镇居民人均可支配收入12061元，农民人均纯收入4477元，分别增长16.5%和10.9%。经济总量和综合实力继续保持全市首位，全省县域排名在2007年第13位的基础上提升到第12位。

安达石村的工业产品以铁精粉为主，其工业主要分布在村北一带，按照村里2003—2012年整体规划图的设计，工业区规划在“北陵”公路以北，“承秦”公路以东，位于“承秦”公路出海公路与安汤公路交界处。北部工业区与南部的商业区相互呼应，形成带动作用。

全村主要工业企业有8家，资产总规模达2.7亿元，所有者权益1.7亿元。即使在世界经济危机影响下，2009年主要企业总收入超过57000万元，但主营业务成本居高不下，仅实现总利润413万元，上缴税收100万元。

到2009年底，在安达石村落地的规模企业为8家（不含即将或者已经被淘汰的个体小精选厂），主要涉及铁矿精选、球团生产、石油储存以及相关服务业等行业，由于第二产业的发展，带动第三产业繁荣，催生了一批相关服务业的发展，村里大大小小的商铺有90多家。金融危机之后，受矿石价格波动和上级政府产业政策调整的影响，村里淘汰了部分违法违规企业，村里的企业数量从16家缩减至12家，后来又进一步精简至目前的8家。

由于被整顿的企业多为规模小或盈利差的企业，这部分企业的存在既影响村里的环境，又影响着正常的市场秩序，所以，这部分企业被淘汰后，村里的人均收入不降反升。如表4-1所示，2009年，受经济危机影响，村里集体年收入为21万元，村民人均纯收入为6500元。安达石村逐步形成了以矿石加工为主，配套产业为辅的农村工业模式，在价值链形成和延伸上，都走在当地农村的前列。

表 4－1　　安达石村近三年人均收入与集体收入变动情况

年份 收入	2007 年	2008 年	2009 年
人均收入（元）	5331	6176	6524
集体收入（元）	196696	211931	210814

（二）企业介绍

安达石村地处资源丰富地区，虽然到目前为止，本村并没有发现重大矿藏资源。但是，凭借本村优越的交通条件与招商环境，已经发展起一批以铁矿精选为主的规模企业，是目前本村落地工业的主要支撑。但这些企业的经营状况很不乐观，面临一系列问题。随着一批新企业的落地、建厂以及投产，安达石村的工业将得到进一步的发展。本节重点介绍安达石村已经落地的几家主要企业，并就这些企业的现状提出一些问题与不足。

1. 主要企业

2008 年世界经济危机的爆发，影响到国内基础建材产品市场，对安达石村的主要工业企业造成了不同程度的冲击，尤其是矿业企业。在危机爆发前，企业以高价购入铁矿石，加工成铁精粉后大部分囤积在企业内部，遭遇危机之后，由于对市场信心不足和经营现金流动压力，企业纷纷以低价清仓，5 家主要矿业企业中，有 2 家企业出现亏损，另外 3 家企业利润大幅下降。由于利润下降，导致企业负债率上升。如泰丰利华铁精粉加工有限公司，2009 年全年亏损 240.70 万元，年末负债 999.56 万元，高于所有者权益 719.73 万元，企业资产负债率高达 58%。危机导致多数企业停产半年甚至更长时间，一些企业不得不宣布破产倒闭。到 2009 年末，安达石村落地规模企业从 16 家减少到 8 家（包括 3 家已建成仍未投产的企业），下面就落地的主要企业分别做简要介绍。

（1）宽城利华铁粉加工有限公司（简称“利华铁粉公司”）

利华铁粉公司位于宽城县板城镇安达石村甲沟，是宽城泰丰矿业集团公司下属的私营成员企业（铁精粉供销长期合作关系），始建于2006年9月15日，注册资金300万元，总投资1000万元，从开工到竣工历时7个月，于2007年4月15日首次试运营成功，公司开垦了无树无地的荒沟6636平方米，生产车间位于厂区东侧，办公生活区位于厂区北侧和西侧，运矿公路半包围状环绕厂区东南侧，中间有宽敞的精粉停放场地。

利华铁粉公司距承秦、清平乐、北陵公路只有100米，距遵化小铁路安达石站不到500米，是通往京、津、唐、秦（秦皇岛）、承（承德）、辽（辽宁）宁等省市必经之路，这极大方便了原料的购入与铁精粉销售发运。公司在职工人74人，其中中层干部10人。主要经营范围为铁粉加工和购销，铁矿粉年生产能力20万吨，2009年实际生产15万吨，亏损240万元。

（2）满鑫矿业有限公司（简称“满鑫矿业公司”）

满鑫矿业公司位于安达石村甲沟，与利华精粉公司相邻，两家公司同时开工建设，总投资800万元，2007年3月正式投产，在职工人35人，其中管理人员5人，铁矿粉年生产能力15万吨，2009年实际生产13万吨，亏损327万元，其他情况与利华精粉公司相似。

（3）安丰矿业有限公司（简称“安丰矿业公司”）

安丰矿业公司位于“承秦”公路与“北陵”公路交叉口以北100米处，2000年建立，注册资金300万元，总资产1600万元，在职工人46人，管理层10人，设计铁精粉年生产能力10万吨，2009年实际生产10万吨，总利润200万元。

（4）安达铁粉精选厂（简称“安达精选厂”）

安达精选厂位于“承秦”公路与“北陵”公路丁字交叉口西北200米处，2003年10月开工建立，2004年5月投产，注册资金200万元，最初铁矿粉年生产能力20万吨，投产后市场行情较好，2008年追加磁选设备一套，年生产能力增加10万吨，企业年生产能力达30万吨，2008年上半年总利润519.3万元，下半年亏损392.4万元，全年总利润126.9万元，2009年实际生产铁精粉20万吨，总利润131.9万元。

（5）隆兴球团厂

隆兴球团厂位于“承秦”公路与“北陵”公路交叉口以北50米处，2000年建立，注册资金1180万，总资产3000万元，全厂占地20多亩，经营范围主要涉及铁精粉生产与加工，从平泉购买矿山，收购铁矿石，在厂内加工成铁精粉，进一步加工烧制铁球，对外出售。由于球团烧制设备老化，从2008年起，该套工序停产，生产的铁精粉直接对外出售，厂房设计铁精粉年生产能力20万吨，2009年实际年产量19万吨，盈利648万元。

(6) 宽城惠丰石油销售有限公司（简称“惠丰石油公司”）

惠丰石油公司位于安达石村工业园区，总投资1.6亿元，2008年开工建设，占地80多亩，周围配套70多亩山地为消防用地。公司建设仓储大型油罐12个，总储量为2.3万立方米，配套建设一条长1.2公里的铁路专用线、安全、消防及装罐运输设施。目前公司主体工程已全部完工，铁路支线正在办理相关手续，预计2010年8月底正式投入运营。预计年销售量10万吨，每年实现利润8000万元，解决50余人就业。

新希望养猪场与海安商贸有限公司处在筹建期，在此略述。

下表是安达石村主要企业部分重要财务指标的最新数据。

表4-2 **2009年主要企业部分财务数据表** 单位：万元

项目 / 厂名	资产	负债	所有者权益	主营业务收入	主营业务成本	总利润
利华铁粉	1719.29	999.56	719.73	5702.30	5674.44	-240.70
满鑫矿业	1375.43	775.48	599.95	4276.73	4296.31	-326.74
安丰矿业	1623.46	1100.65	516.93	8201.79	6382.48	201.89
安达精选厂	1659.30	-11.80	1671.1	16200.40	15852.50	131.90
隆兴球团厂	3000.00	820.00	2180.00	22800.00	19064.00	647.53
惠丰石油公司	16000.00	6400.00	9600.00	-	-	-
新希望猪场	963.00	200.00	763.00	-	-	-
海安商贸公司	600.00	100.00	500.00	-	-	-
合计	26940.46	10395.69	16550.71	57181.22	51269.73	413.88

2. 面临的问题

在企业发展壮大的同时，面临着一些问题，这些问题的出现既有市场的原因，也有企业的原因，处理不好这些问题，不仅会对企业的短期盈利产生影响，而且会制约企业的长期发展，甚至威胁到企业的存亡。目前，村里的企业主要面临以下问题：

(1) 矿石来源不稳定，价格波动压力大

前面介绍的主要企业中，有5家是与铁粉精选相关的企业，这些企业主要靠赚取铁精粉与铁矿石的差价而生，既不参与上游产业的采矿，又不参与下游钢铁加工，产业链条比较单一，企业资产规模有限。在需要铁矿石的时候，没有实力收购附近的独立矿山，只能从较远的地方收购一些零散矿石，矿石来源得不到保证。由于矿石来源不稳定，一方面，增加了运输距离和成本，无形中增加了企业生产成本压力；另一方面，矿石的收购价格波动频繁，市场风险增加，不利于企业参与市场竞争。

自2008年下半年以来，铁精粉的价格从2000多元/吨，下跌至几百元/吨，之后，市场萎靡不振，铁精粉价格起伏不定，波动频率加快，升降幅度增大，有时候甚至一天一个价，对企业现金流动和盈利带来许多不确定因素。

(2) 设备陈旧老化，更新动力不足

通过进入企业实地调查，笔者发现，走访的多数企业厂房成新度不高，少则已经使用了3～4年，多则6～7年之久，而比较理想的更新周期应该是3年左右。由于设备老化严重，生产能力下降，维修成本增加，单位能耗增加，导致企业成本负担加重，正如表4－2中所示，虽然企业的销售额很大，总利润却不高，甚至出现亏损，销售毛利率仅为2%，这与设备老化而引起成本上升不无关系。

因为不知道未来市场需求会怎样变化，也无法判断政府未来的政策走向，面对亏损，企业并没有要大规模更新设备的决心，而是持观望态度，维持现状，或压缩产量，走一步看一步，见机行事。因此，2009年，多数企业处于实际产量低于设计产能的状态，如图4－1所示。

(3) 科研能力不够，缺乏长期目标

企业多采用现成技术，企业一方面没有科技研究的需要，需要新的技术，可以通过采购新设备来实现，另一方面，没有科研的能力。大部分企业内部分三块，一是厂房区，二是办公区，三是食堂生活区，基本没有科研用地，也没有设立科研组织或机构。企业多以短期盈利为目的，而对通过科技创新实现长期发展表示不关心。由于产业链条单一，生产流程短，价值链短，利润空间很有限，随着竞争日趋激烈，市场逐渐饱和，加之国家对基础产业政策的调整，以后的利润空间将进一步缩小。从企业的长期发展来看，这种缺乏长期目标的策略对企业未来的发展十分不利。

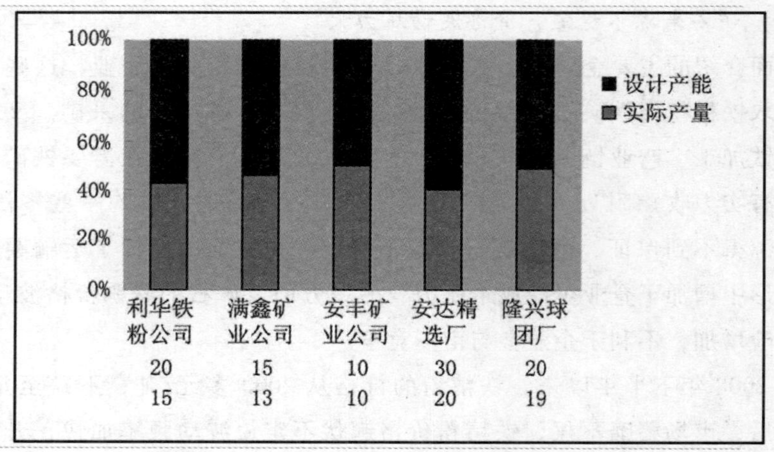

图 4-1　2009 年 5 家主要精选企业的设计产能与实际产量（单位：万吨）

（4）环境保护意识不够，可持续发展难以维持

安达石村的工业污染主要来源于两个主体，一个是其他村的铁矿企业，在河道上游排放含碎矿粉的浑浊污水；另一个是本村的落地铁矿精选企业，是农村空气和地表水的主要污染源。铁矿石加工对空气的污染主要为粉尘污染，对地表水的污染主要为水中含固体漂浮物，引起河水浑浊，二者均无毒，不会导致直接的中毒、疾病等重大安全事件。但由于政策法规上存在一些漏洞，大多数企业选择向环保局交排污费，而不愿意在控制污染源上做过多投资，然而工业污染已经给这个小村的自然环境带来很大压力，直接影响着村民的生活质量。在被污染前，河水是村民生活用水的主要来源，如洗菜、洗衣、喂牲口等。被污染后，河水常年是浑浊的，村民的生活用水不得不改用地下水或自来水，河里的污水同时影响着农村的环境美观，河水的正社会效应变为负社会效应。

落地企业要想长远发展，必须处理好与当地农民的利益关系，而农民除了想获取经济利益外，另一个重要利益就是拥有一个宜居的环境。企业不重视环境保护，导致环境污染，随着环境压力越来越大，企业与农民之间的利益冲突必然不断激化，这种利益冲突最终必然会转化为企业增加运营成本，阻碍企业可持续发展。

五、特色产业

（一）民族文化旅游

隶属满族自治县的安达石村村民大都是满族人，其中苏家是大户，也是清朝时期这一带的庄头。庄头也就是清朝时期不同区域内为皇室纳税的代理，由曾经在重大战役中战功卓著的人担任。庄头是一个特殊岗位，他不仅为宫廷征粮，同时也负责处理该区域的具体民间事物，皇帝安排庄头也带有一定的奖励性质。庄头这个职务的出现代表了一定历史阶段内政治和社会的变化及组成内容。由于年代久远，苏家庄头的居所已经消失，只留下一块残缺的石碑屹立在山坡上，昭示着那段历史。不过，地处宽城椴树沟的计庄头老院被完整保存了下来，我们可以通过对计庄头大院的描述窥见当年苏家庄头的气派。

计庄头大院坐落在北纬40°39′，东经118°45′，位于宽城满族自治县板城镇椴树沟村内，宽凌公路北侧200米处，距县城30公里，距都山森林望海公园20公里。原总占地面积100余亩，其中内院占地约10亩，主体建筑四十余间，另有门房、门楼、亭堂、角门、牲口棚等附属建筑10余处，后花园一处。内院建筑为中轴对称三进院落。其中3/4房屋和两个门楼保存基本完好。后花园和大规模外院现已无存。

大院周边被近现代民居所包围，大多数建筑都不高，距宽凌公路有“村村通”公路相连，至大院西100米处下车步行即到，交通比较方便。由大院向北约1公里处为承德兆丰集团隆丰矿业公司所在地，由于相距较远，其经营活动尚未对计庄头大院构成直接影响。

计庄头大院至今已存在200余年，历经战争、“文革”等破坏，仍有2/3的建筑被保存下来，说明当地村民具有较高的保护意识。第三栋建筑新中国成立后一直为村集体所有，另两栋分别为村民个人所有并一直使用至今，这也是未遭人为破坏的一个重要因素。

至今，该村尚有末代庄头计秉斋的学生健在，还有在大院内居住过半个世纪的老村民等三十几人，对大院的历史有着丰富的口述资料。

计家庄头内院建筑具体分布：

第一栋7间门房，另有角楼，为本组建筑第一进院落（1943年日伪军“集家并村”时角楼被其占据，后拆毁）。

第二栋9间正房，为当时账房；东西厢房各4间（20世纪50年代拆毁），为管家和账房先生住处。现9间正房基本完好，分两户居住。户主分别为高翠英和张文学。留存文物有清代、民国时期的八仙桌、万字碗橱等。为第二进院落。

第三栋正房5间。类似公堂，中厅正上方曾经悬挂牌匾，为当时解决民间纠纷、处理公务及接待官差的场所。东西正房各2间为客房。二、三栋之间有墙相隔，墙中间原有一四角吊柱亭式门建筑（毁于20世纪50年代末）。现为村委会所用。

第四栋为庄头主宅，其中5间正房庄头自住，两侧共4间耳房为丫鬟、仆人住处，东西厢房各5间为厨房和仓房。现5间主房、两间耳房由村民姜永学居住。保存现状基本完好。东厢房、西耳房由村民张玉山翻修后居住。西厢房已拆除。

计庄头大院为承德附近少见的保存基本完整的清代古民居院落，整组建筑中轴线清晰，满族特色突出，高脊大瓦，前廊后厦，花山重檐，雕梁画栋，功能齐全，东西对称，层层递进。主体建筑高大宏伟，东西厢房错落有致。

这处古民居为我们今天了解清代统治者入关初期的一些统治政策和庄头的设置情况，以及庄头与宫廷和地方之间的关系，提供了珍贵的实物资料。

这组建筑的材料都是当时民居建筑中的上好材料。因为庄头的特殊地位，可以用上好的红松做梁架结构，用质量上乘的砖瓦沙石黏土作为建筑材料。特别是建筑装饰突出反映了主人在社会中的地位和当时中国建筑的高超技艺。

第一栋建筑共7间正房（现已改建翻修为现代民居，其中部分梁架还在使用），为本组建筑第一进院落（原西侧有一角楼，作为负责内院安全的警卫设施，1943年日伪军“集家并村”时被其占据，后拆毁）。

第二栋建筑的门楼在历史上十分重要，现保存的门簪和门墩都是清代民居建筑的重要装饰物。门簪为莲花夸张变形木雕，西门簪圆形正面雕有“晋五鹿”，为楷书正体凸雕；东门簪圆形正面为楷书凸雕“汉洗双鱼”四字。此门下部两侧有异型抱鼓石，每个抱鼓石由上、中、下三部分组成，呈四面方型立柱体，均雕刻有花鸟高浮雕图案。其中东边的抱鼓石顶部卧有一个可爱的小兽，西侧立面有凤凰戏牡丹高浮雕图案，与这个图案相对应的是在门墩正立面阴刻楷书七绝牡丹诗一首，内容为："牡丹花国已称王，出水芙蓉耀众芳，独向晚秋伸劲节，如何傲得满天霜。"

西边抱鼓石东侧面为喜鹊登梅高浮雕两组，与这个画面相呼应的是正立面阴刻楷书七绝梅花诗一首，内容为："梅花数点凌寒古，独报几希天地心，问得万千谁耐冷，雪霜终古不能侵。"

第二栋中间为门房，这个门房也是通往后边建筑的通道，在这个门房上方整齐排列四个六菱型门簪，自东往西分别刻有"礼、乐、雍、容"四个楷书大字。

此门东西墀头为两块精美的方型砖雕，东边为"福"字，西边为"寿"字，均为楷书，浑圆有力，非常醒目。

门房屋顶的正脊高于东西正房，在门房屋脊和东西两侧正房脊头连接部位分别有菱形镂空砖雕一组。

室内门窗均是历史原物，在东四间的西屋为两间一明格局，靠南的通炕之上完整保存了原始的四扇木制雕花隔扇。除这件重要的实物外，现主人还保存几件清代时期的木制家具。其中碗橱柜门为万字镂空图案，不仅造型别致，而且具有通风的功能。

第三栋正房结构严谨、对称，在四个踏步台阶之上，迎面矗立四个整齐高大的明柱，给人一种戒备森严的感觉。历史上这里曾经是公堂，现在这里是村部，功能相同，时代各异。建筑为前出廊结构，主体建筑保存完整，门窗地面屋顶基本保持原始状态。

在厅堂外部东西两侧墀头均为方形砖雕，周围一圈回纹图案，东侧砖雕为蟾宫折桂典故，西边为嫦娥奔月典故。东西博缝头均为莲花砖雕。厅堂后墙中间有一小门，基本保持原始状态，此门和前边及后边的中门都处在中轴线上。小门外边有砖砌的重檐门楼式装饰，与正房后墙融为一体。目前村部正在进行内部简易整修，我们使劲叮嘱，在整修期间尽量保持历史原貌。

第四栋为内院的主体建筑，也是庄头的主宅核心部分，为四合院结构。这组建筑建立在一个高敞的平台之上，建筑高大，视野开阔。东西厢房和东西耳房是丫鬟、仆人住房及仓库，属一般性建筑。内院的精华部分都集中在这组建筑的门楼和正房。

门楼设计得非常精致和气派，均为异型烧制砖及构件。后檐方椽头（上层）均有一万字浮雕。东西两侧前后博缝头为旋花砖雕图案。门楼顶部及门框门扇用材均为优质红松，至今仍坚固完整。约10厘米的实木门扇上，镶嵌有完整的镂空花纹的金属门环。门楼墙柱底部为坚硬的石材，中间及顶部均为青砖勾缝。

这进院落最先映入眼帘的是门前的两个精美的抱鼓石，这两个抱鼓石既是两件价值不菲的艺术品，也是代表主人身份地位的重要标志。两个抱鼓石均为上好的青石石材，已经200多年了，石材的表面仍然有明显的光泽。两个抱鼓石由上、中、下三部分组成，底部扁方型，与里边的门墩连接。两个抱鼓石外部均有动物图案，东边是狗和马，西边是鹿和马。两个抱鼓石内侧均为高浮雕花卉图案，东边为牡丹，西边为菊花，外侧为旋花图案。顶部各雕有一尊卧狮。抱鼓石上下过渡的中间部分为高浮雕莲花图案，所有图案画面清晰，线条流畅，造型优美。

正房为高举架，宽度跨五间砖木大房，是主人原来的住所，当年肯定雕梁画栋，至今仍然保留着与众不同的气势和风貌。

从门楼进入，迎面可以看到高大的五间正房矗立在五级青石台阶和120公分的明台之上，这组建筑高于周围所有建筑，历史上作为四合院和内院的主要建筑，这里曾经是统领全院和本地的指挥中心，一般的老百姓当年是绝不允许进入这里的。

屋顶是由曾经用碌碡碾过不碎的、质量绝对有保证的布纹青瓦佤成。正脊两边脊头微翘，线条流畅明快，除少部分外层白灰脱落外，其余均没有任何缺损和变形，使我们在相隔数百年之后仍能通过这组完整的建筑，感受到当年主人建造房屋时的实力和对工程质量的严谨要求。在正房东西两侧的墀头上各有一精美的方形砖雕。东面砖雕有两只仙鹤，寓意松鹤延年；西边的砖雕有两只小鹿，寓意福禄双全。东西博缝头各有一圆形菊花砖雕，造型优美生动，增加了这组建筑的艺术观赏价值。正房的窗户格外宽敞，是由上好木材精心制作的，下部为一马三箭，上部为步步锦棂条的支摘窗。这些窗扇及构件除彩画脱落外，全部完整的保存了下来，并开合自如。正房的屋门各部件全部是实木结构，制作精细。数百年的使用，至今也没有任何变形。

进入中厅室内，抬头可见到完整的梁架结构，可能是对这组建筑的尊崇心理，我们静静地站在中厅，似乎觉得整个屋顶古老实木结构的梁架，放射出了耀眼的光泽。整个屋顶为五檩五嵌结构，选材严谨，此建筑上所有木材都浑圆笔直，四面刨光，应该是当年最优秀工匠们的心血的结晶。这些檩子、椽子和房柁，有圆有方，有序排列，呈现出建筑艺术的韵律美。中厅北面原有四扇闪屏门，将中厅分割为两部分，同时使得中厅更为严谨。闪屏门上方，有一小阁楼，结构独特，非常复杂，原来是存放祖宗牌位的地方。

中厅后门及东西屋门都装有门匣，但中厅的门匣格外清晰和醒目。这种门匣的设置充分体现了清代民居的典型特色。

东屋室内的炕是原始的，没有任何改动，通过这个炕的内部构造可以看到清代满族南北炕的痕迹。炕沿内侧开有木槽，主要是为进入夏季，增加隔板以解决天气炎热所用，也是民间的“冬天炕夏天床”的俗称。

西屋也是原始结构，两间一明开间，虽无后窗，但宽敞明亮。地铺青条砖，东西通炕，长达 9 米，可以同时容纳十几人居住。西屋朝南的一面墙，全部为一马三箭支摘窗组成，这些宽阔敞亮的窗户既是房间的重要组成部分，也起到提升房间档次、对整组建筑进行装饰的效果。如果全部打开，远山近景一览无余。

（二）建筑业

满族的先人为了适应游猎生活，夏天住“撮罗子”，汉语称马架子或窝棚，冬天住半穴式的地窨子。

定居以后，住房的条件不断改善。“口袋房，万字炕，烟囱出在地面上”。这句俗语形象、集中地反映了满族民居独特的建筑风格。满族住宅多为三合院，由正房和东西厢房组成，大户人家正房为 5 间，小户人家为 3 间。3 间房的中间为堂屋兼灶房，左右两间为居室。一般西屋比东屋大些，西屋住长辈和供祖。东西屋均三面有炕，除南、北炕外，靠山墙还有“腕子炕”。西屋“腕子炕”墙上摆放祭祖板。每间屋的北面有一个窗户，南面有两个窗户。窗户是木制，花格图案不一，上下开合。满族的窗户分上、下两扇，高丽纸糊在窗户外面，糊之前，把盐水和油搅拌而成的比较稀的糊状物喷在高丽纸上，这样就可以防止被雨浸湿。

清代满族建筑有其独特的装饰艺术手法，具体表现在，石雕：主要在每进院落的门楼处，表现为抱鼓石和门墩石，内容为寓意春秋往复、寒暑交替的花鸟浮雕图案以及牡丹诗句和咏梅诗句；木雕：主要为建筑装饰、构件，如变形莲花门簪，浮雕文字等。另外，一马三箭、步步锦、套方等形式的花格支摘窗也颇具特色；砖雕：主要表现在博缝头、池头、脊头等建筑构件上。

新中国成立以后，当地满族不断汉化，其建筑风格也不断融入汉族特色，只有屋顶的脊头被保留了下来。尤其是近年来，不断有企业入住安达石村，大量村民农闲时就可以到企业里打工，赚取数额可观的工资，这样，村民的物质生活得到改善，村里的房子也翻新了一大批。

前些年的老房子一般只有三间，中间一间屋是堂屋，里面有土砖结构的炉灶，用来做饭，两侧是睡觉的卧室。这些年新盖的房子则效仿城市楼房的户型，客厅、厨房、餐厅和卫生间样样齐全，一些富裕的家庭甚至盖起了二层的小楼。听村里公书记估算，新建9米长4米宽的四间房大概需要14万元左右。建楼房成本相对要高一些，钢筋混凝土结构的5间楼房一般也要30万元左右，再加上7万左右的装修费用，一共要花费将近37万元。

村里一共有4个已成规模的建筑队，队长分别是胡长全、李印、郭中金、项风林。其中，胡长全的建筑队比较大，有将近70个人，常年在外承包商品楼的建筑和装修，很少承揽村子里的工程；李印的建筑队和郭中金的建筑队规模差不多，都是10多个人的规模；项风林的建筑队规模最小，只有不到10个人。除去胡长全，剩下的3个建筑队几乎承包了村里和附近几个村庄的全部工程，包括民房建设、修筑堤坝、修补院墙、修建猪圈等。建筑队无论大小，都是工种齐全，有机械工、钢丝工和砖瓦匠等。建筑队的工人大都来自安达石村，只有少数来自本县的其他乡镇，比如平原县和汤道河镇等。

（三）商业

1. 饭店

安达石村一共有16家饭店，有鑫雨饭店、双利饭店、牛肉饭店、利军包子铺、合肥正味包子铺、山西饺子刀削面等，分布在安达石村的主干公路两侧，以二层白楼为主。饭店的经营者80%来自外地，每年的正月十五以后就回来开张，一直忙到腊月底才关门回家。由于地处交通要道，往来的车辆比较多，安达石村的饭店生意都比较红火，稍微大一些的饭店一年利润能达到10万~20万元不等，像包子铺等饭菜比较单一的小饭店一年净利润也有

4 万~5 万元。

村子里的饭店都不是很大，菜色品种比较多的饭店也就雇两个厨师，再加上 7~8 个员工就忙得过来了，其他的小吃店则只有 2 个或 3 个人就足够了，有些店甚至只是夫妻二人在经营，男老板负责做饭，老板娘负责招呼客人。厨师一般都是成年男子，工作的技术含量比较高，工资也比较高，一个月能有 3000~5000 元；其他员工有中年妇女也有年轻的女孩子，活计比较简单，工资也就相对低一些，一个月也有 1100~1200 元。在一些不发达到二级城市，饭店服务员的工资也不过如此，这从一定程度上反映了当地的经济水平。

2. 超市

安达石村一共有 5 家超市，8 家小卖部和 2 家蔬菜专营店，和饭店一样，主要分布在安达石村主干路的两侧，有万佳商场、百利祥超市、明阳小百货等。因为地处村庄，所谓的超市也不会很大，也就是经营的产品比较全一些，包括烟酒茶糖、水果礼品、日用百货等。相对来说小卖部则更小一些，经营一些日常用的佐料、给孩子吃的零食等。蔬菜店则很明确，主要是经营人们日常食用的青菜、熟食和肉类等。

3. 集市

按照农历，安达石村每逢初三、初八、十三、十八、二十三、二十八举行集市。集市上大约有 200 个摊位，主要经营日用百货、衣服鞋帽、棉被、农具、杂粮、蔬菜和肉等。卖货的和买货的都以附近村民为主，一般不会出现外县的村民。集市上的大部分商贩常年在各个集市上贩卖货物，并以此为生；还有一部分商贩只是临时贩卖一些自家剩余的农产品，像蔬菜和水果等。

村委会派人负责集市的管理，每次集市向商贩收取一定的管理费用，一般依据占地大小收费，面积较大的收费 5 元，依次递减，最少收费 1 元。这些费用最后交由村集体统一支配。

（四）运输业

安达石村的运输专业户一共有 30 户，其中出租车 23 辆，每辆车的价钱在 7 万~10 万元不等。安达石村虽然也有通往县城的公交车，但车辆破旧，很少有人搭乘，人们外出不是开自家的车就是打车，打车去一趟县城车费一般是 50 元。这样，出租车的年收入还算可观，每年能有 5 万~6 万元不等。

大部分车主只从事出租行业，没活的时候就把车停在路边，等别人来找；也有一部分车主还经营着其他的生意，跑出租只是兼营，拉的都是老主顾，电话联系就好，不用一直在路边等候。

由于村里以及附近有几个铁粉厂和其他的铁矿加工厂，安达石村里还有7户人家购有福田汽车公司的“金刚王”大型货车，出租给企业跑长途拉运铁粉等。为方便货车主和客户联系，村里的路边开设了一个私营的配运站，名字叫“北方货运中心”。货车主只需到配运站进行登记，缴纳100元的信息费用，企业需要货车拉货的时候告知配运站即可，货运站为双方都提供了便利。

由于是跑长途，一个货车要雇用两个司机来驾驶，每位司机的月薪在3000元左右。这样，货车主花费20万~30万元购买货车，除去支付将近4万元的工人工资，每年的收入还在10万元左右。

（五）其他产业

村内有一加油站。位于县城东侧14公里承德至秦皇岛与北营房至凌源两条省道的（板城镇安达石）丁字路口处。周边有一家大型钢铁集团公司和几十家大、中、小型铁矿和铁选厂。该加油站距正在建设中的遵化至小寺沟铁路的安达石火车站800米，距正在建设中的承秦高速公路收费站3公里，高速公路收费站至本加油站路口的连接线先期已于日前竣工，全路段两侧已安装了路灯。上下高速的车辆进出宽城县城和铁金矿区及进出火车站的车辆均需通过该加油站。加油站占地40000多平方米，卧式地埋油罐5具，总储量50立方米，加油机8台8枪。

六、教育与科技

教育水平和科技实力是体现一个地区软实力的两个重要标准。教育质量受当地经济发展情况制约，又会反过来影响当地经济的发展；科技也已被多次证明是经济发展的决定性因素。因此，本章将详细介绍安达石村的教育和科技概况。

（一）教育概况

权威性的《辞海》中这样写道：所谓教育，广义是指以影响人身心发展为直接目的的社会活动；狭义是指由专职人员和专门机构进行的学校教育。教育是一项塑造人的艺术工程，它不仅仅是单纯的书本知识的识记，更重要的是教育者要对受教育者的情感态度和价值观进行培养。其实，教育的意义就是生命的意义，生活的意义。教育是作为个体的人与社会发展必不可少的方式，受社会政治、经济、文化等方面的制约，也对社会整体及其诸多方面产生影响。随着安达石村经济的不断发展和当地政府的重视，安达石村的教育状况也有了较大程度的改善。

1. 学校概况

安达石村现有小学一所，幼儿园一所，暂无中学，学生小学毕业后多就读于板城镇中学或到宽城县就读。下面就小学和幼儿园情况分别论述。

（1）小学

①发展历程

20 世纪 60 年代中期，安达石村在村口建立了安达石小学，至今依然在使用。共有砖瓦结构平房两排，前面一排为教室，后面一排为教师办公室，条件比较简陋。2009 年以前，安达石小学在这里度过了四十余个春秋，学生主要来自安达石村和邻近的双庙、西村，其中安达石小学承办 1 ~ 3 年级，双庙小学承办 4 ~ 6 年级，西村学生前往这两个小学学习。在 2008 年搬迁之前，共有学生 171 人。

由于条件简陋、教育质量偏低，随着经济发展，越来越多的村民呼吁要求改进教育质量。2008 年，通过省政府的积极争取，安达石村获得了台湾著名企业家、台塑集团创办人王永庆先生的 50 万捐助，在此基础上，宽城县和板城镇政府共同出资 800 余万在原安达石小学附近建立了今天的明德小学，同时安达石村在和周边村庄协调上也付出了很多努力。明德小学于 2008 年始建，2009 年建成，不仅吸收安达石村、西村和双庙的学生，而且周边另外 5 个村庄的学生也在接收范围内，分别是崖门子村、东杖子村、西李杖子村、荞麦峪村和尖山子村。这些村庄之前均有小学，但为了集中教学资源，现均合并在明德小学。明德小学现有教师 34 人，其中专职教师 20 人，学生 435

人，男女生比例约为1.2:1，班级14个，其中一年级有2个班，共有学生72人；二年级有3个班，共有学生89人；三年级有3个班，共有学生81人；四年级、五年级和六年级各有2个班，每年级有60余人。

②硬件概况

明德小学是一所寄宿制中心小学，占地面积18000平方米，有三层教学楼一栋，各种教室齐全，除常规教室外，还有音乐教室、美术教室、劳技器材室、卫生室（备有各种常用药材，但无值班医生，主要由不远处的安达石村卫生所的医师前来免费就诊）、阅览室、图书室、计算机房（年内财政局会配套电脑，并有建校园网的计划）、多媒体教室（1个）、语文、数学研讨室等，其中图书室藏书10000册，包括教辅用书、科普读物等，多为县财政局配给，另有部分社会捐献，以后还会不断丰富，图书管理员由老师轮流担任。

学校另有三层宿舍楼一栋，宿舍43间，床位344个，每间共有4个上下铺，每人有一个柜子。我们9月1日采访时，只差解决通电问题即可入住，李校长表示9月5日开学前一定会解决。宿舍楼内有食堂2个，位于二、三层，每层有卖饭窗口一个，刷饭卡消费，盥洗池6个。采访之日桌椅正在配备中，两个食堂能同时容纳约200人就餐，为了节省空间，提高效率，食堂采取一楼做饭，将饭菜通过升降机运送到二、三楼的做法。食堂现有管理员1名，采购员1名，准备再招6名操作工，但必须通过卫生防疫部门体检，取得健康证方可，工资为600元/月。

学校另有一个篮球场（采访之日正在硬化土地，安放篮球架）。除此之外，学校还有一个保安室。鉴于最近几年校园暴力有逐渐增多的趋势，学生安全受到威胁，县政府十分重视，由县财政局出资从县保安公司聘用两人前来做安保工作。整个学校的采暖设备为暖气，每个教室和宿舍都配有暖气片。

投资800余万兴建一个乡村小学，足见当地政府对教育的重视，真正做到了“最好的房子是校舍，最好的条件给孩子”，他们为老师和同学们提供了一个高质量的教学环境，也解决了安达石村和周边村庄多年来孩子教育的难题。

③学校管理

明德小学的现任校长是李怀祥，也是我们采访的主要对象，他向我们详细介绍了明德小学现有的各项管理制度。明德小学的目标就是：为学生提供一个既紧张严肃又活泼向上，同时又能感受到家一样温暖的环境。所以除了常规的教学管理制度，学校还制订了以下一些管理制度。

教师全程跟班制度：由于小学生年龄较小，自理能力较差，而且为了预防大孩子欺负小孩子的现象发生，学校决定实施教师全程跟班制度，从早到晚班主任或值班老师要全程和同学们在一起，不管是课下还是晚自习。每晚均有老师住在学校教师宿舍值夜班，实行编班、轮流值守方式。通过这种方式也可以加强老师与学生之间的互动，增进了解，避免校园暴力等事件的发生。

晚自习制度：由于留宿学生较多，为丰富同学们的课余生活，学校实行晚自习制度。每晚值班老师除了指导未完成作业的学生写作业外，还会在多媒体教室为同学们播放动画片、教育片等，学校现有 4 台大电视，基本能满足学生的需求。

住宿、接送制度：由于 8 个村庄距离学校远近不一，最远者十余公里，而且学校决定免除学生们的住宿费，所以有住宿需求的同学较多，但是床位有限，学校决定优先解决距离较远的学生住宿问题，这部分学生属于住宿制，附近的学生实行走读制。除此之外还实行门卡制度，进出校门必须刷卡，刷卡机根据数据库自动识别走读生和住宿生，住宿生禁止在非节假日走出校门，只有在每周六、日和节假日才能由家长接走；对于走读生，学校也建议家长接送，严禁学生骑车上学，因为路上矿车较多，发生危险的概率大。

食堂收费制度：学校为减轻学生负担，食堂饭菜不以营利为目的，一律按成本价销售，基本不赚钱。同时对于学生的饭卡，学校建议家长定时把钱直接充到饭卡，避免学生手头有余钱，以防丢失和学生乱花钱。

贫困生补助制度：学校免收书本费、学杂费和住宿费，大大降低了上学成本。对于少数家庭困难学生，学校还会按时发放生活费，以资助他们的学习和生活，保障了贫困学生受教育的权利。

④经费来源

2010 年，宽城县根据中央、省、市部署，继续实施农村义务教育经费保障机制改革，全部免除了义务教育阶段中小学生学杂费、教科书费。因此明德小学的经费主要来自县财政局根据在校生人数等编制的预算拨款，这部分资金主要用于采购教学科研设备、补贴住宿费和教师工资等。除了这个最主要来源之外，明德小学在一些分项资金上还有一些来源。

贫困寄宿学生生活费补贴资金来源：每年由团委、妇联向镇政府上报学校的贫困学生名额，然后由镇政府出面到各企业拉捐助，以资助这些贫困学生。

食堂操作工工资来源：主要来自县财政局下拨的公积经费，同时少量来自学生的伙食费。

保安工资：由于保安是由县政府委派的，所以保安工资来自县财政。

(2) 幼儿园

①幼儿园概况

安达石村幼儿园是公办幼儿园，成立于2005年，距今已有5年历史，校址即原安达石小学。现有教师7名，班级5个，其中小班1个，中班和大班各2个，除王立国园长外，其余老师，一人带一个班，每班有学生30人左右(我们采访时，幼儿园刚开学，目前送过来的学生有130余人，后续还会有所增加，今年上半年共有学生163人)，其中男生占60%左右。由于是公办幼儿园，所以收费比较低，学校学费为每人每月50元，而板城镇有2所私立幼儿园，条件较好，中午不用家长接送，收费标准为每人每月360元，一般是有钱人或者搬迁到镇里的村民子女才会去那里上学。

②学校硬件

如上所述，原安达石小学历史久远，房屋简陋，仅有两排砖瓦结构平房，前面一排为教室，后面一排为教师办公室，教学设施破旧，教室和办公室均没有暖气，取暖设施仅为房屋正中一个用水泥砖筑起的炉子。个人觉得，相对一些幼儿来说，这有一定的安全隐患。我们前去采访时发现教室的墙壁已经有些斑驳，只有墙壁上贴着的一些“幼儿口算训练图”“争夺小红花”“学学做做玩玩乐乐”等标语还比较醒目。

③特殊制度

尽管学校的硬件设施不够完善，但是老师对学生的负责态度没有半点减退，学校规定家长在接送孩子时必须是专人接送，人员变更时必须提前通知学校，而且学校为学生家长配备了接卡和送卡，每次接送孩子时必须出示。这一措施有效地避免了孩子被坏人领走或丢失的可能性，虽然会给家长增添一些不便，但是学校是本着对学生负责的态度，相信家长也都是理解的。

(3) 存在问题

尽管最近几年，安达石村的教育状况发生了很大的变化，但依然存在一些不足。

首先，安达石村幼儿园的硬件落后。虽然应村民要求设立了幼儿园，但是幼儿园的建设还远远落后于要求。而且据王立国园长介绍，县教育局短期内也没有明确翻新幼儿园的计划，这在一定程度上挫伤了大家的积极性，也不利于吸引更多的师资和学生。

其次，明德小学的硬件配套不完善。尽管当地政府对明德小学的教育很重视，明德小学的领导班子也很努力，但是明德小学在教学硬件上依然存在一些问题。没有语音室；计算机房的电脑没到位；实验室没有器械；图书室藏书不足；操场设施不够齐全；食堂容纳就餐人数和供应能力有限等，这些在一定程度上都会限制明德小学的发展，但不是主要矛盾，主要矛盾在于师资力量，这将在第二个部分详细论述。

最后，两个学校在管理制度上还存在一些欠缺。比如两个学校在激励学生方面没有太多措施，当然，这和九年义务教育不让排名，没有升学压力有关系，但学校育人的本质不能变。除此之外，两个学校的课程都不够丰富，没有反映满族风俗和民族历史的课程，也没有英语课，不能多方面激发孩子学习的兴趣。

2. 师资概况

(1) 明德小学

①教师分配

明德小学现有教师 34 人，其中教学老师 20 人，生活老师 7 人，管理层 7 人。由于学校刚刚成立，今年县教育局调派了 9 名特岗教师前来执教（已包括在教学老师内），均为省编，其中 6 人为刚毕业大学生，分别来自承德民族师范高等专科学校、唐山师范学院、唐山理工学院等；其余 3 人为已有执教经验的中青年教师。剩余的 11 名教学老师多来自原各村小学，生活老师也是原各村小学中年龄较长、较有耐心的老师。学校为离家较远的教师提供教师宿舍。一线老师中，35 岁以下占绝大多数，李怀祥校长说，43 周岁的他，在其中属于年龄偏大者。而教师的民族也多为满族。

但相对于 435 名小学生来说，20 名教学教师显然有些偏少。不过学校并没有自由招聘的权利，因为教师经费是由县财政局支出，县财政局根据学生在校人数合编安排人事到局里，再由局里根据情况分配到学校，但是当前农村教师偏少，所以造成了如今生多师少的局面。

②教授课程

除了常规的语文、数学外，明德小学还教授音乐、美术和体育，但14个班现在仅配备一个体育老师，一个音乐老师，负担沉重，所以这些课程班主任也会负担一部分。由于没有英语师资，所以暂时没有开设英语课。不过李怀祥校长说，他们正讨论在校本课程中增加关于满族风俗、民族历史的课程。

③教师职责

我们在第一部分介绍学校管理制度时已经提到教师全程跟班制度和晚自习制度，意即教学老师们除了常规教学科研任务外，还要在课下和晚自习负责监督和引导学生，和他们一起互动，组织活动，同时还要在晚上轮流值守夜班，所以负担不可谓不重。生活老师的负担也不轻，由于小学生年龄较小，不能自理，所以学校在每层宿舍楼配备了1~2名生活老师，负责培养学生们的自理能力，教会他们刷牙、洗脸、叠床、甚至上厕所等，使他们养成良好的生活习惯，这需要极大的耐心和细心。不过明德小学的教师凭借满腔的热诚，很有信心很好履行他们的职责。

④工资待遇

明德小学的工资待遇基本分3类。李怀祥校长从教已经25年，所有工资为3000元左右；教导主任的全部工资大概为2700~2800元；而2001年毕业，被学校招聘过来的教师和新来的特岗教师工资大概为2400元或以上。

⑤教师培训

由于目前的老师刚刚聚合，又来自不同的地方，有以前各村小学调来的，也有新调来的特岗教师，教师素质参差不齐，在去年全县学校教学水平评比中，明德小学的名次属于中等偏下。因此李怀祥校长表示要加强教师学习和培训，多组织教师参加上级的业务培训，同时学校自己也要实行一些激励机制促进教师水平的提高。

（2）安达石幼儿园

①教师分配

安达石幼儿园现有教师7人，除王立国园长外，其余6人负责教学，大多数来自以前的安达石小学，非专业幼儿教师，只有一名是县里派来的专职幼师。有一名教师由于身体原因常年请病假，所以幼儿园打算再招人，现在是每人负责一个班，每班30人，由此可见教师的匮乏。

②教师职责

作为幼儿园教师，除了教学以外，更多的是照顾幼儿的生活，由于每个人要照看30余名孩子，负担沉重，这也极大地考验了教师们的耐心，有时过于繁忙，王立国园长也要经常照顾孩子。由于老师来自各村，有的老师家距离学校较远，为了不影响早晨8点开园，6点多就要搭车出门，十分辛苦。幼儿园的课程从上午8点到11点10分，然后开始送孩子回家，中午老师自己吃饭，其余时间写教案或参加政治业务学习，下午2点又要接孩子们上课，直到下午4点半放学，又要送孩子们回家，大概要等到5点才能送完，之后老师才能回家，幼儿园的老师们也十分辛苦。

③工资待遇

王立国园长1994年毕业后，来安达石小学从教1年，之后调到西村做负责人，2005年安达石幼儿园成立时就调了过来，直至今日，王立国园长的工资全部加起来大概为2900元；其余小学编的公办老师工资大概为2500元左右；幼儿园另有一名教育局任命的教师，由于是合同工，每年要和教育局签合同，除上三险外，工资仅600元每月，正是由于工资的低廉、任务的繁重，所以留不住人，也导致了幼儿园教师的匮乏。

(3) 存在问题

相比以前，安达石村的教师队伍壮大了不少，但相比学生人数来说，依然处于供不应求的状态，这直接导致每名教师的负担增加了不少。如果只凭借教师的热忱和爱岗敬业精神，总有一天，教师们会累垮，所以当务之急是增加教师人手，但是分派教师的权利又在县财政局，所以学校只能积极争取，同时要求财政局改善教师的待遇，至少要同工同酬，这样才能留住教师。

除了教师人数不足外，另一个突出问题是教师队伍的教学素质亟待提高，县和市教育局要多组织乡镇教师培训，提高他们的业务水平。同时应分派更多有经验的中青年教师支援乡镇教学事业。

3. **学生概况**

(1) 明德小学

①学生基本情况

明德小学现有学生435人，来自8个村庄，男女生比例约为1.1:1，85%~90%的学生是满族，但生活习俗与汉族并无区别。其中来自安达石村的学生约100人，相比20年前的200~300人减少了很多，这主要是由于国家实行计划生育政策严格控制了人口，但最近一些年又是一个小的人口高峰，所以一、二年级各有安达石村学生20~30人，三至六年级总共40余人。由于安达石村村民多在本地务农或打工，很少迁出，所以也很少有学生在外读小学。自实行农村免费九年义务教育以来，小学升初中已放弃考试，所以升学率基本一直在100%，但受以前教学质量的限制，学生成绩并不是很突出。

②学生存在的问题

首先，低年级的住宿学生存在想家、贪玩、自理能力差等问题，这些主要靠生活老师予以指导和帮助。除此之外，还有一个每个学校都无法回避的问题：差生问题。李怀祥校长分析了导致学生学习成绩差的几个原因：首先是有一部分家长有不良嗜好，如酗酒、赌博、打架等，从而忽视了孩子的教育，也使他们沾染了一些恶习；其次是社会上的一些不良环境影响了学生，比如村里的网吧使部分同学染上网瘾，无法自拔；但是李怀祥校长坦诚学生成绩差的主要责任还是在学校，家长把学生交给学校，学校就要多负责，以后他们会从多方面采取措施来帮助这些差生。

(2) 安达石幼儿园

安达石幼儿园现有学生130余人，待学生都来报到时，约有150余人，男生比例偏高，约占60%，每天学习约5个半小时。

(3) 高中生、大学生及以上群体

据公书记介绍，现在安达石村有高中生20~30人，多在板城镇或宽城县高中就读。为了鼓励村里学生好好学习，考上大学，由村委会出资赞助每名考上大学者300元。此外，安达石村还培养了韩光月等3名硕士，并有李吕永一人留学美国。而且安达石村还走出了两位教授，一位是力学教授胡立军，另一位在南京教书。

不管是当地政府还是当地村民，对教育都持鼎力支持的态度，相信在不久的将来，安达石村的教育水平会更上一个新台阶，从安达石村也会走出更多的人才。

（二）科技概况

邓小平提出“科学技术是第一生产力”，因为科学技术对经济发展起首要变革作用，科学技术在生产力诸多要素中起着第一位的作用，由此可见科学技术的重要性。近年来，宽城县将科技工作纳入国民经济计划，科学技术被广泛应用于经济建设和各项社会事业。随着农业常规技术和工业技术的进步，传统低产的农、林、畜品种被优质高产的产品所替代，先进机械设备和电脑广泛用于工业生产和各项事业之中。安达石村在这个大环境中受益良多，具体表现在农、林、畜科技推广和工业科技应用两方面，下面分别论述。

1. 农林畜科技推广

随着工业企业的不断增加，安达石村的村民收入来源逐渐从过去的“以种地为主，靠天吃饭”转变为“以打工为主，种地为辅”。但是我们依然不能忘记县农业局和林业局曾经推广的一些技术，这些技术曾经帮助无数村民度过了艰难困苦的日子，走向了小康。而且本届村委会对农业、林业技术依然十分重视，定期邀请县或镇里的专家前来推广新技术和新的种植品种。

由村委会邀请县或镇的有关农林专家在村委会会议室举行专题的培训，有时是这些专家根据县里指示主动过来为大家开设培训课程。村委会会提前几天通过大喇叭通知村民将于某日在村委会会议室举行某个专题的培训，培训的内容和意义；在指定日期，专家会在村会议室播放培训视频并进行理论讲解；最后专家会带着村民到地里进行实地讲解，并对出现的问题进行现场指导。

安达石村的技术员是李俊合同志，也是我们就科技问题采访的主要对象，他通过林业局专家的指导和自学学会了很多林业技术，尤其擅长板栗和山楂树的种植技术，同时在大枣的嫁接方面也自学了很多技术，并准备在不久的将来向村民推广山枣嫁接赞皇大枣和金丝小枣技术。通过对李俊合的采访，我们得知在过去的 20 余年里，安达石村共推广了以下一些技术。

(1) 农业技术推广项目

①地膜覆盖栽培技术

1990年承德地区财政拨专款40万元，专项扶持大田地膜玉米生产，重点在宽城、龙须门、板城等14个乡镇推行地膜制种和大田玉米地膜覆盖2万亩，并与保险公司签订农作物灾情保险合同。虽然安达石村当年遭受雹灾，但仍获得较好收成。大田玉米平均每亩增产142公斤，以后，每年地膜覆盖面积均有稳步增加。玉米是安达石村的主要经济作物，通过玉米增产，解决了村民的吃饭问题，并且每年均有剩余，意义重大。

②玉米矮化栽培技术

为防止出现当时栽培面积较大的京杂6号等大株型、高产品种玉米的倒伏现象，宽城县1990年引进试验、示范玉米矮化栽培新技术。主要采取适期早播、扒土晒根、喷施“矮壮素”化学试剂、隔行去雄等综合措施，可使高秆玉米株下降50~60厘米，以确保“抗倒增产”。此技术在安达石村推广后，1992年即可使玉米亩增产达40公斤/亩。

③旱稻高产栽培技术

2000年，从中国农业大学引进旱稻新品种及其配套高产栽培技术，在安达石村示范栽培150亩，平均亩产达500公斤，与常规种植旱稻相比每亩增产100公斤。

④黄芩种植技术

2006年县扶贫办开始在板城镇安达石村推广黄芩种植技术，试图通过经济作物的种植提高村民的收入。为吸引更多的农户种植黄芩，县扶贫办免费发放原价十几元一斤的黄芩种子，待3~5年黄芩成熟后，县扶贫办会组织商贩前来收购，价格保证在每斤3元以上，于是安达石村约有30户农民种植了黄芩，总面积约30余亩。村妇女主任刘翠芹也种植了两三亩，由于至今黄芩还没有长大，还需再等1~2年，因此村民尚无经济收益，他们觉得种黄芩和种庄稼没有太大区别。

(2) 林业技术推广项目

安达石村最主要的经济作物就是板栗树，至今已有数百年的种植历史。安达石村地处长城沿线，海拔410~924米，属山地丘陵地貌。气候类型为暖温带季风气候区，一年四季分明，雨、热、光同季，年均气温9.4℃，而且土壤中富含铁等矿物质，十分适合种板栗和山楂。这里种植的板栗更大更甜，长城沿线的板栗为全国地理性标志产品，深受日本消费者的青睐。因此板栗种植技术的推广对当地具有重要的经济意义。

①板栗种植技术

板栗种植技术包括板栗修剪、嫁接和板栗新品种推广。

板栗修剪、板栗抟枝是在每年的一月份，通过钩镰来剪枝，这在技术上很好操作，操作要求不高。

板栗嫁接是在每年的阳历 4 月末，从好的品种上打下来枝条接到相对较差的品种上，通过这种方式改良品种，这种技术需要矿物质肥的配合，对环境要求高。

②山楂种植技术

1985 年以前兴隆县山楂发展已成规模，主要品种有“大金星”、“小金星”。每市斤价格一元多。宽城县曾组织乡村干部前去参观，并召开全县果树生产大会，号召全县大力发展以山楂为主的果树生产。1985—1987 年开始大量栽培，并出现“山楂热”，当时安达石村的山楂种植面积也仅次于板栗树，至 1991 年全县栽培面积达到 3300 公顷。但好景不长，1991 年秋开始，山楂市场价格骤跌，每公斤降至 0.1～0.2 元，因此栽培量迅速减少，砍山楂树的现象随之大量发生，仅 2004 年就被砍掉 40 余万株，多数山楂园被毁。安达石村也纷纷将山楂树砍掉，改种板栗、山杏等经济作物，至今平均每家仅余 70～80棵，只有后沟种植的多一些，但由于村大队免费供应山楂树苗，而且因山楂树的大量减少，目前山楂价格略有回升，达到每斤0.5～0.6 元。并且收山楂比较省时省力，相信以后种植山楂树的面积会逐步增加。

(3) 养殖业技术推广项目——“三位一体”生态养猪技术

1997 年宽城县开始在板城镇推行“三位一体”生态养猪技术（用人、猪粪便产沼气，沼气做饭、用残渣液做肥料生产无公害绿色蔬菜），这是一个节能新项目，宽城县每年都派专人前来指导学习，该项目在安达石村的负责人为张德财。但由于养猪的村民较少，推广并不是很普遍，仅少数村民采用。

(4) 推广经济效果

李俊合告诉我们，大部分技术的推广对村民的增产增收都发挥了重要作用，尤其是板栗技术和玉米相关技术。以板栗技术为例，他作为村里的板栗种植大户，收入的变化具有的一定的代表性。

20 世纪六七十年代，由于没人传播板栗技术，大家只是种植当地土品种，收益很低，每棵树仅能收 20～30 斤板栗，而如今，在采取了诸多新技术后，每棵板栗树能产 100 多斤，翻了四、五倍。以前人们都是种植板栗和苹果，后来随着板栗、山楂价格的上升，逐渐变为种植板栗和山楂。1984 年，李俊合通过卖板栗赚了 90 元，这在当时是一个不小的数目，因此，他记忆犹新，从此坚定了种植板栗树的决心。2000 年，李俊合的板栗树产量接近 1000 斤，这一年他的收入是 4000 元（这时的板栗价格还比较高）；2009 年，由于采用最新的技术，板栗的产量增加到 2000 余斤，通过卖板栗的收入是 7000～8000 元。实际上由于政府征用交通用地和企业征地，他的种植面积减少了很多，但因为产量的大幅度提高，仍然促进了总产量的提升。李俊合表示他会一直将板栗种植下去，并向村民推广最新的技术，以达到增产增效的目的。

2. 工业科技应用

安达石村的基本工作方针是"以工为主，以商为辅，以工业反哺农业"，由此可见工业在安达石村经济中的地位。由于安达石村及周边县镇富含铁矿，且平均品位较高，所以安达石村的工业产品以铁精粉为主。到 2009 年底，在安达石村落地的规模企业为 8 家（不含即将或者已经被淘汰的个体小精选厂），主要涉及铁矿精选、球团生产和石油储存。生产铁精粉的具体流程为：采矿（获得铁矿石）→选矿（矿石好可省此步）→运输到精粉厂→矿石破碎（采用破碎机，或者雷蒙机）→传送带传送进球磨机（磨精粉开始了）→过磁选机（选铁粉去尾渣）→要求细度反抽上高频筛→产出铁粉（品位的高低和矿石品位高低有直接关系）。因此，在这些企业中，比较典型的工业科技应用为"磁团聚"。

磁性矿物如磁铁矿在离开磁场时存在剩磁，磁性颗粒之间就会由于剩磁而发生磁团聚，如磁链和磁团，它对选别、分级以及过滤作业都有不利影响，解决这一问题的途径之一就是脱磁。而在磁选过程中同样会发生磁团聚，这是由于磁性颗粒在外磁场作用下强烈聚集形成磁团，在磁团内，除磁性颗粒本身外，还包裹着品位低的单体脉石及脉石连生体，从而降低了精矿的品位。要提高磁选机精矿产品的质量，就要破坏磁团，使被夹杂于其中的单体脉石或连生体从中分离出来，破坏力可以是机械力也可以是流体力。重选法就是破坏磁团的方法之一。重选法就是利用不同矿物颗粒磁性和密度等性质的差异，综合磁团聚力、剪切力和重力等多种力进行分选的。分选时采用高浓度分选制度，一方面可增加磁团聚的磁性诱导作用，降低所必需的磁化强度，提高磁团聚的稳定性与均匀性；另一方面使分选矿浆处于重介质的分选作用下。同时还不断对矿浆施加剪切作用力，以打破磁团聚。这样使颗粒形成“分散—团聚—分散”的反复状态，从而使磁团不断得以净化。目前磁选设备有磁团聚重选机和改进的筒式磁选机①。

安达石村的5家铁粉厂和1家球团厂均有一套或数套磁团聚重选机，每台投资约30万元，除满鑫矿业有限公司（15万）和安丰矿业有限公司（10万）外，铁精粉年生产能力均为20万吨或以上，其中安达铁粉精选厂的生产能力达到了30万吨。但在2009年遭遇经济危机后，由于对市场信心不足和经营现金流压力，企业纷纷以低价清仓，5家主要矿业企业中，有2家企业出现亏损，另外3家企业利润大幅下降。本地的这些企业中，除个别大厂的分厂是从本地采矿，自炼自提铁精粉外，其他企业多从周边县、市购买矿石加工生产，然后再销往周边省市。例如隆兴球团厂从平泉购买矿山，收购铁矿石，在厂内加工成铁精粉，进一步加工烧制铁球，对外出售，主要销往唐山等地。

七、安达石村社会保障

（一）医疗和卫生保障

1. 安达石村新农合建设

据村委负责人介绍，截至2010年9月，安达石村民参合率是100%。新型农村合作医疗建设的核心是新农合保费的缴纳。宽城满族自治县2007年新农合筹资标准为：中央财政补助资金20元、省级财政补助资金11元、市级财政补助资金6元、县级财政补助资金3元、个人缴费10元。2009年新农合筹资标准为：中央财政补助资金40元、省级财政补助资金22元、市级财政补助资金12元、县级财政补助资金6元、个人缴费20元。从新农合筹资标准政策来看，个人缴费是新农合保费缴纳的核心。安达石村委积极与驻村企业

① 磁团聚，百度百科 http：//baike. baidu. com/view/2635156. htm。

沟通，倡议企业向安达石村民献爱心，号召驻村企业为村民承担新农合保费中的个人缴费部分。几年来，安达石村民的新农合保费中的个人缴费部分基本上都由驻村企业和安达石村委承担。

在各级财政逐年增大补助标准，人均参合资金总量增大的前提下，2007—2009 年，将补偿比分别由原来的乡级 50%、县级 37%、县外 30% 提高到乡级 75%、县级 60%、市级定点 45%、市外非定点 40%。补偿封顶线也由 2007 年的 15000 元增长到 2009 年的 30000 元。同时将住院分娩、住院剖腹产和大量一次性医疗耗材列入补偿范围，仅此三项每年就将多补偿 170 万元。简便补偿程序，县内补偿一律由定点医疗机构先行垫付，实现出院即报，门诊补偿实行属地报销。板城镇中心卫生院，2007 年总补偿 6 万元，2008 年总补偿 23.12 万元，2009 年至今补偿 7.73 万元。2007—2009 年板城镇住院补偿上万元人数合计 22 人。

2. **安达石村卫生所**

安达石是板城镇的人口大村。良好的医疗卫生条件是安达石村民的基本生活需求。宽城县板城安达石卫生所是该村唯一的诊疗机构。位于村中心的安达石卫生所创立于 1990 年，现已有近二十余年医疗卫生史。在创立之初，该所为集体企业，所有人为安达石村全体村民。按照我国集体所有制的管理体制，该所由村民委员会行使所有权。随着我国卫生医疗体制改革的深入，为增强安达石卫生所医疗服务水平、提高医护人员责任意识，安达石村卫生所管理体制变更为集体所有、个人承包的经营模式。经过二十余年的风雨历程，安达石村卫生所现已发展为拥有 8 名医护人员、年纯收入 3 万余元的诊所。安达石村卫生所为提高医疗服务水平，不仅增加了医护人员数量，还注重提高医护人员素质。在册的八名医护人员中，全部考取了医师资格证书；医护人员全部科班出身，大专与中专的学历结构比为 1:1。日常医疗服务中，安达石村卫生所出诊方式是上门服务与诊所问诊相结合。上门服务得益于近年来通信工具，诸如固定电话、手机等的快速发展。一般来说，但凡村民患病卧床不起时，卫生所医生都会背上药箱、骑上摩托车到患者家里去看病。出诊医生会根据患者病情、诊所医疗水平，对其进行医治或建议到镇卫生院或县级医院就医。对于病情较轻、病情简单的患者，出诊医生一般会开处方以药片治疗；较重者，则以静脉注射或滴注治疗。由于诊所的医疗条件有限，诊所能够有效治疗的疾病只限于感冒、咳嗽、气管炎、一般的心脑血管疾病、一般炎症、腹泻等。近年来，随着医疗管理体制改革的逐步深入，医药市场逐步放开。与医改前相比，诊所常备药品由原来较为单一的感冒冲剂、感冒颗粒、安乃近、安痛定、安神补脑液、清开灵等普通药品增加至具备心脑血管治疗功能的灯盏、红花、胞二磷等特效药品。不仅如此，随着经济发展水平的逐步提高和村民精神享受要求的提高，卫生所还可以应村民需求购进一些保健用品。总之，安达石卫生所以其较高医疗水平、较好医疗服务、便民服务方式成为保障安达石村民健康的顶梁柱。

3. 安达石村特困群体医疗救助

城镇、农村医疗救助是我国新增加的对城乡特困群体救助的新举措，它体现了党和国家对这一群体的重视和关心。2004 年省政府确定宽城满族自治县为农村医疗救助试点县。当年本县通过采取向商业保险机构投保的形式，板城镇被确定为特困群体医疗救助试点之一。后因该种救助形式投入较高，回报较低终止。2005 年 9 月 27 日宽城满族自治县人民政府四届二十二次常务会议上通过了《宽城满族自治县城镇居民特困群体医疗救助管理办法（试行)》和《宽城满族自治县农村居民特困群体医疗救助管理办法（试行)》，分别于 2005 年 8 月 1 日和 2005 年 7 月 1 日起实施。当年共为城镇 286 人，农村 698 户、1076 人解决医药费 18 万元和 29.9 万元。目前，医疗救助制度在解决部分特困群体医疗方面做出了重要贡献。2010 年，安达石村享受农村特困群体医疗救助的村民共有 3 人，如表 7－1 所示。

表 7－1　**2010 年农村特困群体医疗救助登记表**

姓名	性别	类别	病种	治疗单位	住院时间	新农合报销后余额（元）	二次救助金额（元）
庞福林	男	农村低保	脑血管	板城镇中心医院	2010.2.24	1320.39	306
李长明	男	五保户	肺炎	板城镇中心医院	2010.6.30	624.9	310
段青发	男	五保户	高血压	宽城县医院	2010.7.19	1191.29	590

（二）五保户

安达石村所在的板城镇共有 30 位五保户老人，全都住进了新建成的板城镇敬老院。据介绍，板城镇目前共有 3600 余位 60 岁以上的老人，占全镇人口总数的16.9%，其中五保对象124人。此前，全镇仅有一座只能供养12人的福利性敬老院，大部分五保老人无法入住养老。去年初，该镇多方筹集资金120万元，建设板城镇敬老院。据了解，建成后的板城镇敬老院占地3000平方米，可容纳120人同时入住。院内不仅各种生活用品齐全，还建有活动室，内设有电视、报刊、棋类、麻将等娱乐项目。另外，板城镇敬老院配备了专职医生和11名工作人员，照顾那些生活不能自理的老人。五保老人入住后，每人享受的扶养标准是：不低于该镇低保户每月200元的生活水平，每月可享受约30元的小病医疗费，大病实行农村合作医疗统筹。

（三）就业

宽城满族自治县以发展劳务经济为核心，大力提高本地农村劳动力的就业水平。坚持技能培训与劳务输出相结合，把“阳光工程”落到实处。该县把“阳光工程”的目标任务分散到各乡镇人民政府和各培训基地，并签订了目标责任状，同时将“阳光工程”办公室经费列入财政预算。在实际工作中，充分发挥县、乡、村三级劳动保障网络作用，扩大培训规模，提高培训质量，增强培训的针对性和实效性，取得了良好效果。宽城满族自治县以项目建设为抓手，强力推进就业再就业工作。

2006年9月的一天，村民李满向公培海通报了泰丰公司要新建一个精选厂正在选址的信息。公培海立刻放下手头事，直接找到公司老板把村里基本情况作了介绍。同时提出了“凡在安达石村投资建厂的企业，村里协助企业教育培训本村进厂工作的员工遵守厂规厂纪，争做文明员工；村委会竭尽全力为企业提供零距离服务，保证做到随叫随到；村‘两委’协助企业开展工作，尽‘地主’之谊，定期走访，征求意见，实现服务制度化、常态化的‘三个无偿相助’的举措”。这三条一出，让企业老板既惊喜又称道。结果，只用了20分钟，村企两家就达成了协议。随后，相继有北大岭铁矿、隆鑫集团、安丰公司等16家企业慕名前来在安达石村建厂兴业。村里先后有500名青壮年劳力到企业上班，每人每月最低工资都在1500元以上。①

---

① 公培海——宽城县安达石村党支部书记［EB/OL］长城网 http://www.hebei.com.cn/zzywzx/ztk/zz_cdxncdtrpx/nctp/201005/t20100510_1583837.shtml.

另外，安达石村积极引进项目，促进多途径就业。近些年来，宽城满族自治县的工业发展迅速，县里制订了以工补农，依托资源优势加快农业结构调整的政策，重点扶持桑蚕、板栗、网箱养鱼、绒山羊养殖和“三位一体”养猪等产业化项目建设。到2009年，五大扶贫产业发展势头强劲，发展了以农户庭院为基地，开发“三位一体”养、沼、种生态农业项目。其中，安达石村就是8个示范基地之一，也是示范效果最好的一个村。到2009年，全县共建成“三位一体”沼气池1.8万个，实现综合利用1万户，每年可产沼气450万立方米。全县已有6200户依靠“三位一体”养、沼、种生态农业开发工程走上脱贫致富路。[①]

（四）安达石村低保

1997年10月，宽城满族自治县人民政府出台了《农村最低生活保障线救助暂行办法》，确定当年农村最低生活保障线为400元，救助资金由县、乡(镇)、村3:2:5的比例分担，后因资金短缺于2000年停止。2005年10月，县政府出台《农村居民最低生活保障制度实施办法（试行）》，确定当年农村最低生活保障线为625元，救助资金由上级拨款和本县财政匹配。2005年全县共有492户、1230人纳入农村低保，当年发放低保资金18万元。2007年，重点开展了农村低保扩面提标工作，月人均补助标准达到25元。新增农村低保对象507户1472人，注销111户412人，全年共有农村低保对象1508户4118人，发放低保金122.3万元。2008年，为落实省市会议精神，从4月份起，农村低保进行了大范围的扩面提标工作，低保人数由4000人增加到9069人，占全县农业人口的5%，并为农村低保对象每月发放物价补贴10元，人均月补差标准由30元提高到40元，全年已发放农村低保金376.5万元。2009年上半年，从4月1日开始，农村低保标准由每人每年700元提高到1110元，人均补差达到58元，高于市定52元的标准。

---

① 侯志华．宽城五大扶贫产业成规模［EB/OL］中国民族报，http://www.mzb.com.cn/zgmzb/html/2002－03/26/content_ 47276.htm.

八、经济政策

新中国成立之后，在颁布《中华人民共和国民族区域自治法》的同时，国家还制订了一系列对少数民族地区的优惠政策，包括财政税收优惠政策、扶贫开发政策等，对少数民族地区进行扶持。1989 年，国务院批准成立宽城县满族自治县，从此，宽城县享受了国家有关少数民族地区经济发展的各项优惠政策，这为宽城县的发展提供了便利。

宽城县曾经为“国家级贫困县”之一，2000 年在全市八县中排名倒数第一。2000 年之后，经过几年的发展竟跃居全市首位，在全省县级排位由“九五”期末的后 30 位跃升至 2004 年的第 35 位。2008 年，宽城县完成国内生产总值 124. 9 亿元，社会消费品零售额完成 13. 6 亿元，人均 GDP 突破 5 万元，实现全部财政收入 15. 56 亿元。社会事业取得显著成绩，被评为“全国科技先进县”、“全国文化先进县”、“全省基层组织建设先进县”等。宽城县之所以发展如此迅速，一方面得益于其蕴藏丰富的矿产资源，另一方面还依赖于宽城县政府因地制宜的经济政策以及对相应政策的贯彻落实。

在宽城县开明的经济政策的带动下，近年来安达石村经济飞速发展，村民的生活水平有了大幅度提高。

(一) 发展政策

1. 工业政策

宽城县政府一直重视本县的工业发展，积极引进国内外投资，对各种项目给予相应的优惠政策，并以对在招商引资中做出突出贡献的单位和个人进行奖励的方式鼓励招商引资。安达石村村委也积极落实相应的发展政策，积极开放思想，引进投资，为安达石村营造出良好的投资氛围，目前在安达石村投资的外来企业有近十家，其中还包括一些大的投资集团，如宽丰、兆丰等。

在手续程序方面，尽量简化，实行外来投资项目第一责任人及一个窗口对外的制度，按照“能放尽放、权责统一”的原则，减少和规范行政管理手续，简化办事程序。对投资规模大、发展潜力大的企业实行一事一议、特事特办。并对大的投资项目采取一事一议的办法，研究确定针对投资企业的优惠政策，协调解决企业在生产经营中遇到的各种问题，这为投资宽城的企业节省了很多烦琐程序。

在土地政策方面也实行优惠，凡是外来投资的企业，需要办理的土地相关证件都尽快给予办理，材料备齐后7个工作日内必须办理完毕。对外来投资农业、基础设施、高新技术等重点鼓励类项目用地，地价都按照国家有关规定的最低价执行；非营利性、公益性事业项目符合国家《划拨用地目录》的，直接以划拨方式提供土地，这为许多的投资项目节约了不少成本。

在财政方面，县委给予一些重点企业大力扶持。主要针对外来的、大型的或者优势型企业进行减税、免税或者奖励等扶持，比如：在《宽城满族自治县鼓励国内外客商投资的优惠政策（试行）》的文件中规定，“所有在我县兴办的外商固定资产投资1000万元以上或年纳税额县财政实际留成部分100万元以上的各类企业，三年内免征县政府有权减免的一切行政事业性收费”；“对经过确认的外来优势企业采取奖励措施。从开始经营起三年内财政将企业增值税纳税额度形成地方一般预算收入的10%奖励给企业，用于企业技术研发、产品改造升级”。

在对企业实行优惠政策的同时，县委还开展“五个一”（指各乡镇、县直属各部门、各机关团体和各有关单位围绕该县实施“开放活县”和开展“二次创业”的目标，积极开展外联活动，每年实现至少跑办一个项目、争取一笔资金、引进一项技术、承办一项大型活动、邀请一批高层领导考察调研的目标）等活动，动员全县积极开展外联，促进全县上下转变思想观念，增强开放意识，提高开放能力。因为有政府的大力支持，各级部门的配合落实，各地企业都争相涌向宽城县。

安达石村在县委、板城乡政府的领导下，积极响应党的号召，落实党的政策，并根据自己的特点，因地制宜，探索出适合本村的发展模式。改革开放之后，安达石村首先把集体的铁矿承包给村里的个人，当时的铁矿只限于初级的开采，并不需任何技术含量——从市场上购买相应的开采设备，把矿石挖出来、打碎，卖到附近的加工厂即可。由于只是负责初级的开采，进入的门槛低，开采铁矿的人越来越多，疯狂的竞争导致铁矿利润很低，加工厂也会故意压低价格。更重要的是这样的开采模式，利益并不能覆盖大多数村民，只能导致少数人的暴富。

步入21世纪后，安达石村委也开始转变观念，积极引进外来投资。2000年，第一家外来铁矿企业——隆鑫球厂进入安达石村，简单的矿石采集升级到铁精粉加工，这能够为安达石村民提供很多工作岗位，为村民带来了可观的工资收入。

到目前为止，定居安达石村的铁精粉加工厂有近10家，如利华一选、利华二选（满鑫矿业）、隆鑫球厂、安达精选、北大岭铁矿等，他们都为安达石的经济发展做出了重大贡献。目前，安达石村乡村从业人员总数为775人，而在铁矿企业上班的人数达到500人左右，占从业人员总数的1/3，平均工资约2000元/月，为村民提供了约100万的工资收入。除此之外，铁矿企业的发展也带动了其他产业的发展，如餐饮业、运输业等。

为了让村里的企业形成良性循环，安达石村委积极引进一些相关产业，相互促进，良性循环。比如，安达石村有一个加油站、一个液化气站，为企业提供了许多便利；为了让废弃物重复利用，安达石村建立了两家砖厂，利用选矿伪砂作为原料，与水泥混合挤压生成水泥砖。2009年引进惠丰石油销售公司，计划年销售石油十万吨，安达石附近村镇的石油都由惠丰来提供。目前，安达石村的企业已初具规模，形成了良好的投资氛围，这为后来的投资者提供了便利，这也成为后来很多企业落脚安达石村的重要原因。

2. 农业政策

作为一个“山多人多地少”的小县，宽城县各级政府考虑最多的是如何避免劣势，把更多的农产品加工升值，加快农民的增收步伐。因此，宽城县积极引进各种农产品企业，增加农产品的附加值，以此增加农民的收入。

2008年，农业产业化经营水平得到了提高，至年底有亿元以上的农业特色主导产业两个，龙头企业7家，农产品生产基地9家，农业产业经营总量完成6.92亿元。龙头企业健康发展，其中新希望农牧公司新建种猪场4个、改建养猪场1个，栗康源公司万吨板栗深加工项目开工建设，佳禾奶牛养殖场稳步扩大，朝阳公司果品加工项目建成投产。这些企业的发展对安达石村的农业也起到了促进作用。

安达石村人多地少，人均只有六分多地，由于气候干旱，雨水较少，村民每年只能种一季玉米。目前安达市村几乎没有任何灌溉设备，只能靠天收成，产量较低，这极大地限制了其农业的发展。另一方面，村民并不能把玉米作为主食，得把收获的玉米换成大米或面粉，这样村民不得不再被中间商剥削一次，更减少了农民的收入。改革开放之后，土地虽然承包到每家每户，但由于土地少，还得上缴公益粮和农业税等，也只能基本上解决农民的温饱问题。2005 年，宽城县积极响应国家的政策，免除了一切农业税，为农村减少了不少负担。

（二）扶贫扶持政策

在产业开发方面，宽城先后投入了 8470 多万扶贫资金，发展了“京东板栗”、“栽桑养蚕”、“三位一体”养猪三大主导产业，同时扶持发展了“绒山羊、玉米制种、优质水果、蔬菜”等特色项目。1994 年至 2001 年期间，全县完成了板栗种植 200 万株，良种改接 40 万株。安达石村也积极响应县委的号召，大力鼓励村民种植板栗。目前，安达石村种植板栗约 800 余亩，为村民提供了不少收入。

其次，宽城县注重加强对龙头企业的扶持，走产业化扶贫之路。先后投入了扶贫资金 1123 万元，扶持了板栗加工厂、桑蚕公司、种子公司、蔬菜公司、新能源公司等涉农龙头企业，逐步形成产前、产中、产后一条龙服务，促进了产业的发展。宽城县涉农龙头企业的发展，使安达石村村民得到了不少实惠。板栗加工厂的建设，解决了安达石村板栗销路难的问题，也改变了以前价格不稳定，甚至增产不增收的局面，目前的“京东板栗”的销路已经由国内拓展到国外，呈现供不应求的局面。种子公司、蔬菜公司也给安达石村提供了方便，近年来玉米种子、蔬菜得到改良，农作物的产量提高了许多，而且节省了村民在农活上投入的劳动时间，使村民可以腾出时间到企业里上班。

在矿产资源开采加工企业方面，宽城也先后投入了 4380 多万元扶持发展了 48 个富县企业，总共安排了 1 万多劳动力的就业，同时还带动了 4000 多人从事运输业、餐饮业等。进入 21 世纪以来，在政府政策的鼓励之下，先后有近 10 家铁矿开采加工企业进入安达石村，解决了村中 400 多剩余劳动力的就业问题。由于企业的发展，村中的餐饮、运输等服务行业也相应地发展起来。目前，安达石村约有 20 家商店，近十家餐馆，每年为安达石村提供了可观的收入，同时在饭馆也提供了不少就业岗位，解决了不少村民的就业问题。

除此之外，县委还投入了551万元发展资金，修坝、打机井、修水渠解决灌溉饮水问题，并架桥、修乡村公路等，改善了各村的交通状况。安达石村人多地少，几乎无任何灌溉设施，完全“靠天吃饭”。近年来，几乎每户村民家中都打起了地下水井，保证了村民饮用水的质量，但是目前在农业灌溉上的投入有待增加。安达石村位于省道承秦公路旁边，交通便利，近年来在发展资金的引导下，安达石村的交通状况得到了进一步的改善，水泥路通到了每户人家的房屋前。而且安达石村附近邻村有纵横交错的公路网，这为安达石村的发展带来了不少便利。

（三）救济政策

宽城县经过近年来经济飞速发展，人民的生活水平普遍得到了提高，农民年人均纯收入从2004年的2258元增加到了2008年的4477元。但目前，宽城县仍然有不少贫困人口，为了保障他们的基本生活，宽城县制订了相应的最低生活保障制度。

根据河北省人民政府《关于建立和完善农村居民最低生活保障制度的通知》的规定，结合宽城县实际情况，宽城县县委制订了相应的最低生活保障的实施办法。此规定本着“起点低、覆盖广”、“政府保障和劳动自救相结合”和“公开、公平、公正”的原则，将共同生活的家庭成员年人均纯收入低于户籍所在地居民最低生活保障标准，并持有本地居民常住户口的居民均纳入保障范围。实施办法中指出，有劳动能力的保障对象应当首先发展生产、艰苦奋斗、自食其力，通过劳动增加收入，逐步改善生活状况，发挥家庭保障作用。

企业的快速发展带动了安达石村的经济，村民的收入逐渐增加，生活水平得到了提高。但有的家庭由于缺少劳动力，生活仍然贫困，处于低保线之下。近年来，民政局加大了对最低生活保障的投入，扩大最低生活保障的覆盖面。经过调查审批，2010年4月安达石村14户共15人新纳入到最低生活保障的范围，根据当地政府的规定，凡纳入低保的农民每月享受210元的补助，如一家有两口人则享受360元的补助。

九、文化生活与风俗习惯

自 1644 年清军入主中原后，满族文化与汉族文化就开始了不断融合的过程。历经三百余年到现在，满族的文化已在各个方面呈现出汉化的特征。在安达石村，满族的语言、宗教信仰、风俗习惯等各方面虽然还保留一些满族的特色，但大部分都已经与汉族相差无几。加之安达石村的大部分满族人是从山东迁移过来的，因此在生活习俗等一些方面甚至还略带有山东的地方特色。

（一）语言和宗教

1. 语言特色

据史书记载，满语是在蒙古文的基础上加以改进而成的一种竖直书写的拼音文字，属于阿尔泰语系。满语共有 6 个元音，19 个辅音。元音分阳、阴、中三性，同性元音互相和谐，辅音也有和谐现象，主从复句比较发达。

满族入主中原后，随着满汉交往的增加，许多满族人学会了汉语。为了表示对汉族文化的尊重，康熙、乾隆巡视各地时也用汉字题诗赐字。从嘉庆开始，满语便呈现出衰落的趋势。辛亥革命以后，满族人开始全面使用汉语，到现在能够掌握满语的人已经很少了。

安达石村的村民也一样，虽然是满族，但是交流语言均为汉语，村民中没有人会说满语。在村民的日常用语中，还有极少部分保留着满语的词汇，如“爸爸”喊做“玛玛”（mama，声调为四声），再如崖门子乡中的“崖”字，发音为“涅”，缘于满语的发音。目前，在该村依然使用的一些语言，依然还有满族语言的特点。比如，乌拉巴图——温水，喇忽——忘记，苏啦——闲散，哈喇——变味，噶列——唱，派拉——不卫生，这些词语显现了满族文化的痕迹。

通过调研，我们把安达石村当地较为常用的俗语总结如下：

帮完末了：最后、结束。[副词]（这工程大家好好干，帮完末了大家多分点儿。）

包圆：全部。[动词]（今天的活计咱们包圆儿了。）

薄啦嘎叽：特别薄。[形容词]（薄啦嘎叽的酒，多喝几杯啊。）

暴乎天儿：暴风雨。[名词]（西北方向来暴乎天儿了。）

鼻了不愣（leng）：指人不服管教。[形容词、贬义]（这孩子你批评他，他鼻了不愣的。）

宾着业着：辛苦劳动、不容易。[形容词、褒义]（父母宾着业着一辈子，为了过日子啊。）

勃了咕了：死亡。[动词]（刘老猫昨天勃了咕了。）

不远遐儿：很近。[形容词]（县城距离我们不远遐儿。）

不招歇看：不讨人喜欢。[动词]（那个人古怪，不招歇看。）

布咯呗：把碎布条粘在一起，用来做鞋底的物品。[名词]（用布络区打布咯呗，做出各种各样的鞋，这是早年青龙农村妇女常干的活计，女孩子从小就学习做鞋，先从打布咯呗开始。）

菜巴结（jie）：调皮、惹事、顽皮。[形容词]（这孩子菜巴结。）

槽烂：因受某种折磨而憔悴。[形容词]（小娟，几个月没见，你怎么槽烂这样的啊？）

唱落（lao）子：农村演出戏剧。[名词]

趁怨：幸灾乐祸。[动词]（人家出了交通事故多惨啊，咱们谁也不能趁怨啊。）

吃挂物（wu）：受牵连。[动词、贬义]（小屋长期脱岗，年终考核降级，小高也吃挂物了。）

打目愣（mu leng）：小睡一会儿。[动词]

丢秀：小巧秀丽。[形容词、褒义]（这姑娘长得真丢秀。）

兜齿子儿：面额大下巴、牙齿反咬合，俗称地包天。[名词]

咯扎（zha）：满族饮食，用绿豆磨浆摊成煎饼状，烩成浓汤。[名词]

海了号了：口语，很多、特别多。[形容词]（今天是五一，去祖山旅游的海了号了。）

猴打棒：舞台、院落、街道、广场独特的民间传统舞蹈。[名词]

还片（pian）儿：① 动手回击。[动词]（他打我，我就还片儿。）；② 动嘴回击。[动词]（她骂我，我就还片儿。）

竟央儿：故意。[副词、贬义]（他什么都清楚，竟央儿装不知道。）

没须护：没注意。[动词]（没须护，小三跑他姥姥家去了。）

夜个：昨天。[名词]

预不当（dang）：试试、防备。（别看今天晴，预不当把伞带上。）（我上街预不当地转转，没成想遇到老同学了。）

咋揍的：讽刺语，怎么生下的啊？[疑问句]（你一个大人和小孩打架？咋揍的。）在农村常用，多是没有恶意惊讶的意思，也有讥讽的含义。

2. 宗教信仰

满族的原始宗教是萨满教。萨满教是原始的多神教，崇拜自然万物，把天神视为至尊，同时祭星、祭山神、祭貂神等。满族入关后，随着与汉族文化的不断融合，萨满教渐渐脱离了满族人的日常生活。到现在，安达石村已经鲜有人知道萨满教了，他们的头脑中被深深地烙上了佛教文化和儒家思想的印记。

（二）风俗习惯

风俗习惯往往是人们在生活过程中经过漫长的摸索和实践逐渐积累形成的，这是一个历史的积淀过程，也是一个选择过程。风俗习惯的特点，能反映一个民族的特点，所以，研究风俗习惯是理解一个民族的重要一环。满族的风俗习惯花样繁多、内容丰富。目前，安达石村还保留着很多满族的独特习俗，生活、节令、礼仪、庙会等风俗都颇具特色。

1. 生活习俗

（1）饮食特点

安达石村村民的饮食充分反映了中国北方饮食的特点，同时又保留了民族的特色。村民的口味以咸香为主，早上喝粥，中午、晚上主要是主食和配菜。以前农忙时一日两餐，现在都是一日三餐。

早年主食原料以当地盛产的小米、高粱米和玉米为主，随着经济条件的改善，现在增添了大米、小麦等。主食花样较多，特色的有饽饽、豆包、油炸糕、煎饼等。满族的饽饽可谓是历史悠久，清代即为宫廷主食。饽饽是用黏高粱、黏玉米磨成面粉制作的，有豆面饽饽、年糕饽饽等。豆包是用黏米磨成粉包上馅料蒸制而成，有豆馅和蔬菜馅，如萝卜丝馅的豆包就相当可口。油炸糕是村民喜爱的美食，也是满族的传统特色，是将黏米、高粱米磨成粉包上馅料炸制而成的，有豆馅、菜馅、芝麻馅等种类。这样的主食花样家家都会做，尤其是过节时，都会做很多存在大缸里，能吃好些日子。安达石村村民也喜吃煎饼，这也许与他们中一些人是从山东迁移过来的有关系。煎饼主料是玉米仁和小米的粉，调成糊状，早年是放在专用灶具上摊出的薄煎饼，现在的煎饼都是机器做出来的，所以现在家里不会自己做煎饼了，都是去买来吃。

安达石村的村民喜欢喝粥，往年生活困难时，往往是一日三餐必有粥。如今，经济条件改善了，喝粥作为一种习惯保存下来，成为早餐中必不可少的一道美味。村民喜欢在粥里放些耙豆、大枣等，煮粥时细火慢熬，据说这样做出来的粥营养丰富、口感更好。

安达石村的蔬菜花样也较多，村里房屋建筑都有一个宽敞的后院，是家里的蔬菜园子。里面有各种各样的时令果蔬，其中最具特色的是青瓜。青瓜近似于圆柱形，皮呈青色，较为光滑，个头很大，重的能达到七八十斤，早年这也是主要的蔬菜之一。现在经济条件得到改善，蔬菜品种大为增加，村民自家种的青瓜也都吃不完，剩下的就用来喂猪了。

安达石村现在还保留着满族的特色菜，主要有酸菜、水豆腐、冻豆腐、炖干菜丝等。

北方冬天寒冷，没有新鲜蔬菜，民间就流传做酸菜。据传用腌渍的方法储存蔬菜，始于清顺治年间。酸菜一般是用秋天的大白菜做的。把大白菜放在锅里用热水烫好，然后用凉水清洗干净，切成长丝状，用手攥干水分，放在大缸里，盖上盖子，压上石头。等十多天酸菜就可以食用了，酸菜炖肉是一道美味佳肴。这样做的酸菜可以吃到来年四五月份，是村民冬天食用的主要蔬菜。

水豆腐也是安达石村的特色菜。做法是将大豆放在水里泡大，然后拿到村中央公用的磨坊里用磨碾碎，再用机器打成浆状，放在锅里烧开，点上卤水，等豆浆呈豆脑状，再放到兜包里挤压，把浆水挤出去，这个过程称作“抛浆”，抛浆后水豆腐就做成了。这种水豆腐做出来比豆腐要软，比起豆腐脑来更加成块，吃起来嫩而不碎，相当可口。

冻豆腐是在豆腐基础上做成的，时节在冬天，把做好的豆腐切成大块状，放在院子里冻一晚上就做成了。吃的时候用水泡一下冻好的豆腐，切成小块，加上干菜和肉一起炖着吃，由于冻豆腐的质地松软，非常容易入味，所以也是安达石村村民的最爱。

干菜丝也是储备过冬用的蔬菜。在夏秋季节时，把葫芦、青瓜等用专门的工具削成长丝，有的村民削瓜丝的技术很高，偌大的一只葫芦，削完后只是一整条缠绕悬挂的葫芦丝。这些瓜丝放在通风处晒干后，就可以储存起来。冬天吃的时候放在水里浸泡一会儿，然后用来炖肉或者蒸包子，别具风味。

在安达石村的整个调研过程中，调研小组几乎每顿都能吃到特色主食、蔬菜蘸酱、水豆腐、酸菜粉条，充分感受到了北方特有的饮食文化。

（2）服饰特点

满族民族服饰以高雅华丽著称，在中华民族服饰文化中独树一帜，从反映清朝皇宫生活的电视剧中可见一斑。满族服饰对中国的服饰文化发展也产生过很大的影响，代表东方特色之美的旗袍就是由满族服饰发展而来的。“旗袍”一词可以溯源到满族的八旗历史，据说自从努尔哈赤建立八旗制度以后，“旗人”的叫法就流传开来，而“旗人”的装束也就被称为“旗袍”。清朝时，旗袍的式样是无领、大襟、束腰、四面开衩，据说这样的衣服穿着既合体，又有利于骑马奔射，这就是最早的“旗袍”。由于女性大多都是在深宫大院，不需要骑马狩猎，因此，女式的“旗袍”就发生了变化，由束腰渐渐变成宽大款，并镶有数道花边，流行“十八镶”。到了20世纪，为了更加彰显女性的身材美，旗袍又多加改进，继而发展成为现代的具有东方色彩的旗袍。

安达石村村民中的满族苏姓村民属于正黄旗，想必他们祖先的穿着肯定充分彰显早期“旗袍”的特色。当然，现在村里已经找不到清朝式样的服饰了。谈起民族服装，村民们会建议我们到秧歌队里看戏服，在他们眼中，满族的民族服装已经是很久远的事情了。而式样改进后的旗袍，作为一种时尚元素，在村里倒是时不时地会看见。

（3）建筑特色

以前安达石村村民的住房主要是青砖瓦、木梁、石土墙，地面为土面，院内立有影壁，还有供神用的“索罗杆”。房屋结构为西、中、东三间，大门朝南开，西间称西上屋，中间称堂屋，东间称东下屋。西上屋设南、西、北三面炕，西炕为贵，北炕为大，南炕为小，来客住西炕，长辈多住北炕，晚辈住南炕。

现在村里的房屋大多改为高地基、高举架、砖混墙、钢木梁，玻璃窗代替了木纸窗，红缸瓦代替了小青瓦。有些人家地基很高，需要上十多个台阶才能到达院子大门。院子大门进去是一条通往房屋正门的水泥路，水泥路两侧会种植一些花卉或者蔬菜。在房屋前面会建一块与房屋一样长、宽约两米的水泥地坝，地坝上铺着明亮的地砖，看起来很干净。

现代房屋的结构也向着宽结构、多居室的方向发展，厨房和卧室隔离开，有的还设有洗浴间，安装了太阳能热水器。条件富裕的家庭建起了两到三层的小楼，修建了砖院墙和气派的院门，并安上了铁大门或者防盗门。屋内也是地砖装修，干净时尚。户住房面积由原来的45平方米左右增加到90平方米、甚至100多平方米。

村里的住房还有一特色是每家每户都有一个后院，类似于清宫里的后花园，只是少数人家会养殖花卉，大部分人家种植蔬菜瓜果。夏天园子里枝繁叶茂，豆角、青瓜、丝瓜、葫芦等藤蔓顺着架子缠绕，形成了一道绿色的屏障，屏障的里面结满了茄子、西红柿等，好不热闹。这个蔬菜园子是一家人食用蔬菜的来源。村民说，自己家种的蔬菜喷洒农药较少，吃着放心。有的人家后院还有一个用砖砌的小屋子，是锅炉房，冬天用来烧暖气取暖。另外后院还会有一口井，用石头盖着井口，装有电水泵，定期从井里抽水储存到旁边的铁罐里，满足生活用水和蔬菜灌溉。

除此之外，房屋的建造也有一些特别的讲究。如房柁的四个角要用臭椿树的椿木，因为这种木头能够散发独特的味道，防虫蛀咬，结实耐用，比松木、杨木效果都要好。而房屋四周墙角则要用柏木，象征平安百岁。

(4) 室内陈设

随着安达石村经济的发展，村民家的室内摆设也在不断地更新换代。火炕上不再铺设苇席，改为地板革，新建房屋有的居室也不再设炕，而是使用木板床或者包箱床。家具也由传统卧式板柜、高低柜等改为组合柜，音响、电视也已为普及型家电。村民的家具多数到镇里的家具厂买，镇里的家具较宽城县城里的要便宜很多。

此外，村民习惯在屋内墙壁上挂一面大镜子，既显得屋内亮堂，又起到装饰作用。这种室内装的镜子在北方农村也很常见。据说这个镜子的摆设是有讲究的，不能摆在北面的墙上，因为土炕是靠着南墙的，东西方向，如果镜子摆在北墙上，就会正好照到睡觉的人，在满族风俗里这是不吉利的。因此，镜子只能摆在东墙和西墙上。

2. 节令习俗

安达石村一年中的节日主要有春节、元宵节、二月二、清明节、端午节和中秋节，与汉族的习俗基本相同。此外，村里还有每年四月二十八日的庙会最为隆重。节日期间一般都要组织扭秧歌、舞龙灯等传统活动。

（1）春节

在安达石村有一亘古不变的习俗，就是逢年过节，必定杀猪，过年时每家要杀两到三头猪，象征着新的一年生活富足。春节时亲戚、朋友、在外打工的家人都回来了，要在一起吃猪肉。而猪的内脏，则要留着招待重要的客人。过年吃不完的猪肉要洒满盐腌制起来，这样保存的猪肉可以存放两到三年之久。除了杀猪，村民们还要准备各类的主食糕点，如蒸饽饽、炸油糕、摊煎饼等。以前过年，饽饽要蒸两三缸，冻起来，吃的时候热着吃，能吃很久。现在生活水平提高了，主食都可以直接买到，家里蒸的饽饽也就少了，有些人家过年也不蒸饽饽了，直接买来吃。

除夕晚上要吃饺子，村民们习惯在一个饺子中放一根白线，谁吃着白线就意味着谁能长寿。也有的在一个饺子中放一枚铜钱，吃到的意味着在新的一年里有钱花。大年初一也流行串门拜年，以前是要挨家挨户去拜年的，现在这种拜年的意识变弱了，流行在家里打牌、打麻将等娱乐活动。小孩子的压岁钱还是要给的，以前的数额比较小，现在村民富裕了，大多都是给100元。所以，小孩子过年还是能攒不少压岁钱的。

春节期间村里会扭秧歌、舞龙灯，这些活动要持续三到四天。扭秧歌的都是村里爱好文艺活动的村民，有四五十个人，大都四十岁左右，穿着秧歌队专门买来的戏服，雇人来吹喇叭，场面异常热闹。舞龙灯的以身强力壮的中年男子为主，二十几个人就够了，场面很是宏伟。早年村里还流行唱皮影，村里有7个专门唱皮影的人，可惜现在年龄大了唱不了了。有时候秧歌队、龙灯队会到各个村去拜年，这样一般都会定好日子，然后给村民们和村企业发请帖。秧歌队去表演的时候，企业和村集体就要给他们一些辛苦费，一般会有两三百元。现在安达石村的企业发展壮大了，给辛苦费也会很大方。

（2）元宵节

每年的正月十五是元宵节，这天安达石村也有秧歌队表演，从早上到晚上，好不热闹。以前村民会扎各式各样的花灯，挂在各家门口和村里的路上，把村子里照得红红火火的。现在扎花灯的少了，大多都是燃放各式烟花，点缀喜庆的圆月之夜。此外，一家人团团圆圆地围在桌子吃元宵也是必不可少的。

(3) 其他节日

①二月二

俗称“龙抬头日”。据说，早年满族人有个传统，就是在二月二这天早上，把灶灰撒在院中，灰道弯曲如龙，称作“引龙”。然后在院中举行仪式，祈求风调雨顺。现在安达石村里已经很少有人早上“引龙”了，大都是早上全家人一起吃“龙须面”以代之。

②清明节

安达石村有个风俗，人死后，要在清明节这天给坟墓树碑。此外，年久坟墓出现塌陷、长草的，也都是在这天去修理。还要烧纸祭拜。

③端午节

安达石村村民过端午节要吃粽子，这些风俗与汉族相同。

④中秋节

满族人家过中秋节也吃“团圆饭”。月亮初升之际，还要供月。

(4) 庙会

安达石村的庙会在农历四月二十八，是一年中除了春节以外最隆重的日子。在庙会之前，村里负有威望的人会到各个企业去游说，请企业给赞助费，然后村里就利用这笔赞助费请评剧团、歌舞团来表演，表演一般会持续七八天到半个月。在此期间，秧歌队、舞龙灯等都会表演，也都会得到相应的“辛苦费”作为报酬。庙会上人山人海，有的是来看表演、凑热闹的，有的是来烧香拜佛的，还有各地来赶场子的小商小贩们……一向安静的安达石村忽然就人来人往、熙熙攘攘了，据村民说，存放的摩托车都排到了村口外三里地远，足可见前来赶庙会的人之多。

据说这个庙会是古已有之，以前的关羽庙是宋朝时期建造的，规模很大。早年村里人都去庙里烧香拜祭。有时候，天旱少雨，大家都集体去烧香。去的人都把裤腿挽到膝盖处，用柳条编成花环戴在头上，然后一起跪着烧香祭拜，这个过程要十多分钟。在新中国成立后，这个庙被当作旧社会的产物给毁掉了。20 世纪 90 年代以后，村里又投资重建了这座关羽庙，新建的关羽庙分为前殿和后殿，前殿供奉着关羽的神像，后殿供奉着三位娘娘，是娘娘庙。占地规模比以前要小，地理位置也有变动。新庙建成后，庙会的规模一年比一年大，前来烧香拜佛的人也是络绎不绝，庙里香火很是兴旺。

3. **礼仪习俗**

满族的礼仪习俗繁多，讲究也很多。安达石村地处满汉交界，多年的文化融合形成独特的礼仪习俗。在安达石村调研时，村里的“秀才”宋九泉给我们详细介绍了村里婚丧嫁娶等的习俗。

（1）婚嫁流程

定亲：安达石村的年轻人婚姻虽以自由恋爱为主，但定亲时还是按习俗找媒人去说媒，媒人说媒之后再看日子，进行定亲仪式。

定亲当天，女方所有亲戚都到男方家中来，有“认门”之说。男方亲戚也都过来，要给新人见面礼钱。礼钱可多可少，一般不少于100元，但是男方舅舅的礼钱必须要足够多，一般不得少于400元。礼钱要上给媒人，媒人把礼钱汇总后，连同“三金”（即金戒指、金项链、金耳环）一起转交给女方。订亲时的礼钱少则两三千、多则几万，视家族的经济情况而定。

结婚：订亲后，男方家里要盖好新房迎接新娘。由男方定结婚的日子，并写结婚通知书。结婚通知书里要写明白结婚的日子、时辰、伴娘的属相等。结婚通知书要找特定属相的人送到女方手中。女方接到结婚通知书后，要找符合属相要求的全人（儿女双全，有丈夫）做伴娘，伴娘一个即可。

结婚当天，新郎带着婚车队按照预计好的时辰去接新娘，接回来进村口的时候，守在村口的人便开始放鞭炮。婚车到家门口，新娘下车走的第一步之前，要有人把糖块塞到新娘嘴里，这叫“甜嘴”。新娘进大门口时，要由新郎抱进去。女方陪送新娘的人必须是双数，一般8个、10个、12个均可。男方要请陪送新娘的人进屋喝迎亲酒，吃干果。等到迎亲酒撤了后，再开始炒菜准备正席。等到新郎新娘按良辰吉时拜堂后，正席就开始了。正席前面几道菜是硬菜，包括鸡、鸭、鱼、肘子等，热菜10个，凉菜10个或者8个。最后一道菜是丸子，表示菜已经上齐了的意思。正席婚宴一般有一两百人之多。

按安达石村的结婚风俗，婚礼要办三天。婚礼的前一天是男方亲戚的报道日，男方亲戚要提前一天住到男方家里，婚礼当天男方亲戚才给新人上礼钱。这个礼钱也有讲究。礼单上第一笔礼钱要登记女方父亲的礼，第二笔礼钱是男方外公或者舅舅的礼。第三笔以后才是来宾随机登记的。婚礼当天举办拜堂仪式，设办正席。婚礼后一天，新郎要陪新娘回娘家，在新娘家要设宴请客。这样，一个婚礼要连续三天办完。现在，村里都嫌三天太麻烦，于是把三天的事情合并到结婚当天来办了。具体就是男方亲戚在结婚当天的早上到新郎家，拜堂、正席过后，新郎跟着女方亲戚一起回新娘家，然后在新娘家里吃晚饭，吃完晚饭后再回到新郎家入洞房。

安达石村闹洞房的一般以新郎的兄弟和侄子为主，男孩女孩都有，只要喊新娘为嫂子的人都可以去。洞房当天天黑以后就开始包饺子，煮好后等着闹洞房的人来。一般，闹洞房人一来就蜂拥着把饺子抢完了，这叫“抢饺”，按照村民的风俗，饺子被抢得越多越好，有时候连饺子馅都被连盆端走了。闹洞房的花样也很多，有吃苹果、唱歌等。总之，闹洞房就是闹得越热闹越好。

现代婚礼程序较之以前变得简单，但是花费却是与日俱增。据村里老人讲，过去花个二斗米就能说个媳妇。“文革”前，有人嫁女儿要收八百元彩礼，后来县政府知道后给没收了，而现在结婚至少要几万元。

（2）生寿特点

安达石村在生寿上也很有讲究。小孩出生后，亲戚们不是马上去看孩子，而是在固定的时日去看。具体是第五天、第九天、满月、百日、周岁生日。

第五天：按照安达石村的风俗，小孩出生后的第五天按谐音称为“捂风”，顾名思义，就是要给小孩子挡住风的意思。所以，这天，小孩的姥姥要拿着做好的小被子、小毯子和小衣服去给小孩“捂风”。

第九天：这是孩子出生后庆祝最隆重的一天。这一天所有的亲戚、朋友都会去上礼钱，喝喜酒，“酒”取的是“九”的谐音。礼钱一般是100元，小孩的姥姥要上300元到500元。这天有事不能到场的亲戚，要托人把礼钱带过去，然后在第十二天去小孩家补喝喜酒。

满月：小孩满月这天，小孩家里要送包子给别人吃，意味着小孩的成长“蒸蒸”日上。

百日：小孩百日这天，亲戚们要给小孩买些小玩具，同时在小孩家吃饭喝酒，以示庆祝。

周岁生日：周岁这天，小孩家要煮鸡蛋，煮熟后把鸡蛋放在炕上滚一滚，这叫“滚滚快长大”，意味着小孩在摸爬滚打中快快长大了。

老人过寿也是村里的大事，安达石村的老人过寿最隆重的是六十六岁的大寿，这是他们一生中最大的寿辰，但庆寿不是在生日当天，而是在正月初六这天。这天亲戚朋友都会来祝贺，当然礼钱也是上的，礼钱多少视关系和社会地位而定。按安达石村的风俗，老人七十岁不会庆寿，老人八十岁时会办八十大寿，但是不如六十六岁时隆重。八十大寿要在当年的正月初八办。

(3) 丧葬特点

满族的丧葬以土葬、火葬为主，土葬和火葬历史都很久远。在满族入关前以火葬为主，这主要是由于他们经常迁移。另外，八旗将士在清初战死较多，尸骨不便送回故里，所以多用火葬。满族入关后逐渐发生变化，从火葬与土葬并用发展为以土葬为主。

办丧事时，死者的女儿和儿子要站在灵柩的两侧。亲戚要跪着磕头，儿子负责把亲戚扶起来。吊丧时要撒纸钱，由家里的长子扛引魂幡。孝布是用白色粗棉布做的，要扎在腰上，起到避邪的作用。吊丧回来的人进大门时要吃几粒干果，据说这也是为了避邪。此后，要在特定时间进行祭拜。主要有三天、头七、三七、清明节以及十月初一。三天时，要去圆坟。亲戚朋友去把坟给修圆，再搭上一个小房子。头七这一天，也就是第一个七天，要去上贡品，贡品都是吃的东西，有酒、烟、果子、菜和饭等。三七这一天也要上贡品。在清明节时，要为坟墓树碑。如果是以前的坟墓，有长草或者塌陷，要去清理、修整，并且烧纸钱祭拜。十月初一这一天要去坟前烧纸钱，因为马上要过冬了，送钱买衣服以寄托哀思之情。

另外，如果儿女在外地，可以在端午节、中秋节、春节期间回家时祭拜。

(4) 迷信禁忌

由于历史遗留的习惯等的因素，安达石村也还保留一些迷信的思想，家里有大事如盖房搬家等，都会请风水先生来看一看。

盖房的讲究：盖房子时要请风水先生根据地理方位等因素，查看动土的日子和时辰、位置，连房屋怎么拆、怎么盖等都要请风水先生指点。而在施工期间放中棱子（中柁）的时候要燃放鞭炮。

搬家也有讲究，新房的大门上要贴上红布条，显示一定属相的人不能靠近，具体什么属相不能靠近是要找风水先生给算。到搬家的第四天，所有的亲戚朋友都会带着栗子、花生、五谷杂粮去庆贺，寓意“五谷丰登”。新房宴请宾客开席前也要燃放鞭炮，以图喜庆。

村民还有些禁忌如不能吃猫肉，也不能吃狗肉，这一是跟习惯有关系，二是与原始宗教的崇拜动植物也有一定的关系。总之，类似的禁忌和迷信，可以说是历史遗留的习惯特点。

（三）文化生活

随着安达石村经济的发展，村民的文化生活也日渐丰富起来。我们在安达石村看到了崭新的健身娱乐设施，参观了村里的公共图书室，参与了晚上小广场的热闹舞会，还跟村民学会了满族的传统棋牌游戏。

1. 娱乐设施

一进村口就能看到不远处的小广场里修建好的蓝黄相间的健身设施，有模拟跑步的器械、锻炼臂力的器械、做仰卧起坐的器械等，还有秋千可以摆荡。清晨和傍晚，这里都会非常热闹，有五六十岁的老人在话家常，也有八九岁的孩子在嬉闹，老人们你一言我一语的，在逗笑中就把身体锻炼了。

2. 公共图书室

为了普及有关生产的专业知识，村里成立了公共图书室。我们在安达石村村部的会议室里看到了本村的公共图书架，里面整齐地排列着各色种植类、养殖类书籍，比如养兔手册、养羊手册、养鸡手册，等等。在种植过程中遇到问题的村民，会到图书室来借阅。

3. 文艺生活

村里的文艺生活相当丰富。每到晚上，村口的小广场上就会聚集好多村民，他们有专门来跳舞的，有饭后出来溜达的，摇着蒲扇，聊着家常，笑呵呵的，把一天的忙碌都驱散了。欢快的音乐响起，村民们跟着节奏扭起秧歌、跳起舞来，在这宁静的村庄里显得格外地引人注目。

满族扭秧歌的传统是从历史上就有的，村里有专门的秧歌队。秧歌队不仅有自己的服装，还有一些乐器，如鼓、钹、锣等。逢年过节时他们就会穿上具有民族特色的服装，敲锣打鼓到各个村表演。据说宽城成立满族自治县的时候，安达石村的秧歌队还被邀前去表演庆贺。平时，秧歌队的村民们就来小广场带动大伙儿一起扭秧歌，既能锻炼身体，又能愉悦身心。

第二部分　农户

十、以经营性收入为主要收入来源的农户

（一）多种经营致富的韩俊志家

韩俊志家紧挨着进村公路，二层楼的房子看起来很干净。从正面看外墙上装了三台空调，屋顶的琉璃瓦上摆着一个太阳能热水器。一楼的右边门面开了家汽修店，听说是租出去的，左边门面顶上挂着一个大牌子，上面写着“鑫雨饭庄”。在采访韩俊志前，我们和他有一些接触。我们在安达石调研这些天，中午饭一直都在韩俊志家吃，这里好像是村里唯一可以接待来客的饭店。吃完中饭，韩俊志会领我们去他家二楼的客房，这是他家对外经营的小旅店，中午我们就在这里简单小憩，养足精神好准备下午入户访谈。

今天做完上午的访谈，我们照旧在韩俊志家吃完中饭，在二楼客房躺了会儿，起身各自随领队入户，领队张德林见百忙之中的韩俊志特意为采访腾出时间，就没带我们出去，直接留在韩俊志家采访他，我们在他家二楼的一间小客厅坐下，打开录音笔，拿出笔和记事本开始了访谈。

韩俊志，1958 年出生，汉族，无宗教信仰，坐地户。妻子，满族，1960 年出生。这对他们家有个好处，上面的政策“对汉族好随汉族，对满族好随满族”。当问及满族有什么生活习惯时，他说，“满族汉族的生活习惯都差不多了”。我们接着问，家里现在有几口人？他挠了挠头，好像一下子数不出来，坐在旁边的张德林笑了：“他们家现在六口人，也可以算七口，还有一个在娘肚子里没出世呢！”我们这才反应过来，原来中午吃饭的时候，那个挺着大肚子给我们端菜的年轻妇女就是他的儿媳妇，之前在精选厂上班，今年有了喜就留在家里帮忙经营饭庄。大儿媳妇马上要生二胎，并不见怪，因为在

当地农村允许生两个，两个孩子的家庭也很常见。大儿子在家打理饭庄。小儿子今年刚从河北农业大学毕业，没找工作，正寻思考研。家里还有个小孙子，还没上学，平时在家里由老伴带着。

看见韩俊志家人来人往，一派兴旺气象，我们忍不住称赞了几句，韩俊志只是微微一笑，好像想起了从前的苦日子。小时候过苦日子的时候，公社有个规定叫“三两六钱九”，这是公社给一个人一天的补粮，当时根本吃不饱。读完安达石中学，赶上“学大寨”，搞基本建设，政府号召，“比如说这块高，把它齐（铺）平了变低，那时候做工不给钱，给计工分，一个工算五毛、三毛不等，年终结算，你这一家子一年挣了多少工分，口粮和款，看你家分多少斤谷子，分了多少斤玉米，这些值多少钱，这些钱换算成工分是多少，你挣的工分多了，集体给你补钱，挣的工分少了，你往村子里给钱。那个时候那真是特累，根本吃不饱”。到1982年家庭联产承包，日子才有所好转。党的政策放宽了，在务农的基础上可以搞点副业，韩俊志在建筑队干点小工，那会儿建筑工5元/天，挣的钱买点粮食。上山抓蝎子，一天多的能抓一百二三十个，卖五六分一个。收过废品，最差一天也能赚20多元，比干小工强多了。家里的地种着，粮食基本够吃，院子里种菜，自家够吃就行。

韩俊志从1990年开始做电工，配电营业工，中级工职称。主要工作是收电费、供电以及安全工作，在技术上并不是很难。但是电工的工作，好人不愿干，坏人干不了，少不了得罪人的地方。比如，规定是每户一表，而有的家庭线路不合格，有的户电表不规范，有的户没有电表，多用的电交多少钱农民都不愿给。上面的总表走着，村里亏着不干，就得加大力度收钱，这里也有得罪人的地方。搞电本身是个特殊活，首先安全工作要抓好，再有，老百姓家没电的时候，电工就得去帮忙。当时，电力属于一种技术权威，它属于行政，现在都不行了，电力通过改革成为企业，管理方式改了一大块。

村里的电工之前是老主任当，老主任1989年去经联社当主任，中间有个电工，做了一年调到县供电所去工作，韩俊志才接手。当时要当电工，不是选的，它是农村村委会支部参与，由供电口推荐合适人选，然后通过培训考试，考试合格的，你就可以上任。农村的电工，主要是管理，业务都是自己慢慢摸索，有些地方，好多农村电工，你要给他一套供电设备，什么都能给你安上，你让他在书本上写出来，他不会，都只有实践经验，没有理论。

做电工的工资有多少？每个电工不一样，与所管的电表个数和变压器台数等有关，一个电表是0.7元，全村三百多户，也就两百多元。每台变压器是多少钱，韩俊志也记得不太清楚，还有管低压线路什么的。其次是基本工资650元，浮动工资150元，看你限损超没超。限损是什么意思？简单说，就是从总表到分表线路上损耗的电。总共这些加起来，每月平均有1100多元。1996年收编以前，按照用电量来计工资，那时候每个月还能拿2000多元，收编后按表算，村民用电量都翻了好几倍，工资却还降了。我们给他这样比较的时候，韩俊志还是侃侃而谈，看不出有什么抱怨或不满的情绪。

2003年村里换届选举，韩俊志当选会计后身兼会计和电工二职。采访前，本村的一个“大学生村官”给我们介绍，最近有一次提村主任候选人，韩会计直接放弃自己的候选机会，力挺公培海书记入选。韩俊志说确有此事，因为觉得公培海有文化，干得不错，有这个能力，上面领导信任他。据他讲，板城镇十七个村，旁边村村干部选举都是花钱上的，本地没有这一说，哪也不花钱，都是村民自愿。“我们干了这几年，确实给老百姓干了不少实事。村里的主要的一些费用，我们没跟老百姓收。比如，第一，合作医疗，连着上三年了，国家有扶持政策。前两年每口人10元，我们村将近1500口人，这15000元，没问老百姓要过，去年更多，每口二十，这将近三万，这三年总共是6万多元，这6万多元，我们也没跟老百姓收过；第二，有线电视，每年每户144元，一共是300多户，一年将近5万元，我们这几年都没跟老百姓要过钱；第三，从我们2003年上任以后，村里每考上一个中专或大学的学生，我们奖励300元，表示鼓励，钱不多，主要是种激励作用，促进他们好好学习；第四，我们村有路灯120盏，每年电费一万多元，全是村里想办法；第五，来客招待费，县里是这样规定的，来村子里搞服务的，饭菜可以报销，但是镇里的或者县里的行政干部下乡，这些都不给报；第六，村里街道垃圾清理，村里院子里垃圾都满了，水都走不了了，得找垃圾车把垃圾清走，每年处理费不下两万。”我说，“我看咱们的街道挺干净”。“干净，那是有专人管。”坐在一旁的张德林忍不住附和几声。

说起村里的开支，韩会计是再熟悉不过的了。最近村里投资了15万元建设小广场。2004年建了两层楼的村委会办公楼，总共花了36.6万元，村部的一楼有140多平方米给村里的卫生所用，旁边是村委会的入口，进去就是一个楼梯，顺着楼梯上二楼，右手边进去是一间宽敞明亮的会议室，这也是我们调研团队刚来安达石，村委会接待我们的地方，左手边进去是两间屋的小套房，里屋是村主任办公室，外面这间就是韩俊志平时办公的地方。2005 年村里公路改造，新铺水泥路 3.2 公里，投资 70 多万元，上面补助 18.4 万元，其余自己凑，都没问村民要。

村里每年支出这么多，资金从哪来的呢？韩俊志给我们讲了其中的奥秘。“企业搞建设，大的项目我们做不了，碰到小的工程，比如修个大坝垒个院墙什么的，村里组织人去帮忙，对企业有好处，企业也乐意请，一部分钱给工人开工资，剩余一部分钱给村里。这几年就是这么着，拖拖拉拉（多多少少积攒了点）”。我们没听明白继续问，“是说企业给咱们村出一部分钱吗？”韩俊志答道，“不是，它不给我们出钱。企业到这里来了，得搞建筑啊，企业出钱，我们出力，除去给工人的工资外，我们能得点管理费吧，拿出这些钱干啥？都用在之前提到的村里的开支，有啥说啥，说实在的就是跟企业多磨上一点。”说得我们一边点头，一边乐。

还有一个，就是项目款，韩俊志深有感触地说：“你们接触社会时间太短，不一个个给你们介绍了，这个太不容易了，为什么呢，我们宽城县是小县，204 个村，好比一个项目给某个村，你要争取这个项目，就得付出精力，这是难事。村里能在短短不到两年的时间引进这么多企业，在安达石的历史上是头一次，即使在宽城县一百多个农村也是罕见的，这与村里提供的优惠条件密切相关。首先地理位置好、交通发达，这是得天独厚的优势；其次村民觉悟比较高，对企业进村建厂非常理解；再有，村委会有些地方做出许多政策让步，如地以租赁为主，一亩地玉米 0.6 元/斤以下租金 500 元，玉米 0.6 元/斤以上租金 800 元。”说完地租韩俊志话题一转介绍起村里摊点的情况，我们对扶持政策更感兴趣，于是等他介绍完摊点，又穷追不舍地问起村里还有哪些政策优惠。韩俊志想了片刻，提起水电协调、土地手续相关优惠。看来村里之所以能引进企业，得天独厚的地理位置是一方面，领导扶持政策也显得非常重要。

2003 年韩俊志当会计后，安达石村引进七家企业，都与铁矿有关，主要是一些选铁企业，每个企业名字韩会计都记得清清楚楚，这七家企业简称分别是：利华、一选，二选，安丰铁粉精选，安达精选，隆兴球场，利军矿业选铁。村里有八九十个摊点，包括汽车配件、修理、卖木材、卖液化气、加油站、商店、饭店等，其中百分之八十都是村民自己开的。

韩俊志除了主抓财务、收支、账目，还要协助村主任、村书记搞行政工作。日常工作，除了协助村主任行政工作，还是代办员，代办一些手续，比如说结婚啊，办身份证，迁移户口，办残疾人证什么的。还有电工的活，管五台变压器，出了什么事他都得去。板城镇十七个村，只有十个电工，镇里的电工统一调度。“并不说你是安达石就管安达石的，其他村出了问题，你也得去。”我们问他，“像这种去别的村干活他们会给你报酬吗?”“哪个当地政府不管，也就是说看是天灾还是人为，你比如说，昨天落了个雷，变压器坏了，你去修，这都没报酬，因为电力口给你开着工资呢，这是其一。其二，比方说矿业建某个项目，让你去帮忙，这才给你报酬。”韩俊志答道。

“在村里当会计村里能给发点钱吗?”“县财政给，一般是每年 4000 元，富裕的村子再给补 2800 元，安达石村这几年村委会收入可观，每年都给村干部补。”

韩俊志继续介绍说，“家里有二亩四分地，企业占了一半，当初与企业的合同协议约定，地租与玉米的价钱挂钩。玉米每市斤 0.6 元以下时，一亩地给 500 元/年，0.6 元以上给 800 元，这几年玉米涨价了，企业占用的一亩二分地每年租金有 960 元。这块地是八年前租出去的，一开始是隆兴球厂征用，后来有个叫时发贸易的公司租了一部分，没有拖欠地租的现象”。自留的一亩地一年能产多少玉米?“一亩多地，一年好的能产一千来斤吧，但是我们好几年没种了，都给岳父种了。”“给你补点钱或粮食什么的吗?”“什么都不要，种地赔钱，给亲戚种，只要不荒了就行!”

除此之外，韩俊志还自己经营饭店、旅馆、小卖部。饭店每天都有点生意，但是给现金的不多，一般都是签单，吃完就走了，拿不到现钱。给修车的租出去一个门面，每年租金一万元出头，我们说这个收入还是很可观的，韩俊志开玩笑地说，实际上他们赖着不走，我们嫌“埋汰”，走了我们自己干。

儿媳妇在精选厂工作的时候，一个月能挣 1000 多元，今年请了产假，就在家里给饭庄帮忙。饭店从外面请四个工，一个厨师，一个切菜的，一个做饭的，一个服务员，厨师工资 2000 元，其余的七八百不等，一个月杂七杂八开支有 4000 ~ 5000 元。家里三口人，老伴、大儿子、儿媳妇都在帮忙。总共加起来七个人，有时候还忙不过来呢，每年的成本得 20 多万元。以前都是租出去给别人经营，一年租金 8000 元，今年开始自己打理。

去年大儿子在宽城县公安局上班，一个月五六百元，老伴在家看孩子，也帮他收过电费。二儿子学费每年三千五百元，加上吃饭穿衣，一年得花两万多元，钱不够就往家里打电话，看得出来，二儿子花在读书上的钱韩俊志一点都不含糊，也不心疼。

以前没养过猪羊牛什么的，顶多养过几只鸡，因为开饭店，今年刚养了头猪，经常会有些剩菜剩饭，正好派得上用场。

整个二层钢筋水泥小楼房，能住人的面积有500多平方米，取暖烧锅炉，加上饭店用，往年每年差不多要烧十五吨煤！看见我们两个人都是一脸惊讶，韩俊志不以为然地说，“今年还要雇个烧锅炉的”。逗得和我一起的女生忍不住笑出声来。

家里有辆小轿车，大儿子开，跟城里比并不起眼，但是在安达石村，这些天我们走访过的村户，有小汽车的家庭还是寥寥可数的。平时在家里忙着打理饭店，用车的时候并不算多。韩俊志有辆摩托车，有事经常骑摩托出去，这是安达石最常用的代步工具。算起油钱，他估摸着一年最少得一万多元，还没算保险和其他费用。家里5个手机，人手一个，两部固话，每年电话费将近5000多元。买衣服，花不了多少钱，韩俊志的衣服电力口给发，见我们问起家庭开支，没等问完，他便颇有感触地说，最大的开支是走人情，一年得花两万多，这边农村的礼仪太重了，邻里邻居也差不多，平时我们的工资根本不够随份子的！去年老伴看病住了两次院，做手术花了1万多元。去年大儿子闹毛病，花点药费。去大连秦皇岛旅游，村里组织，开销给报，今年打算去海南旅游。

韩俊志自己经营客房好几年了，但效益一直不太乐观，好的年份一年有将近一万元收入，平时却还不够家里烧煤用的。闲暇时间下下棋，打打牌。家里有台电脑，他很少用，小孙子比他玩得还顺溜。

从韩俊志家里耐用消费品来看，虽然总量很多，但多是生产型耐用品，纯消费性耐用品却不多，有一辆摩托车是韩俊志上班必要的交通工具，因为电工的需要，工作地点时远时近，有时候地方太远自行车走不到，家里又没有自行车。一辆小轿车是饭店的招牌，有时接送重要顾客。4台冰箱是饭店保存饭菜用的。8台电视也是客房必需品，而且质量并不好。除此之外，其他的耐用品基本上没有，如照相机、影碟机、音响组合等家里都没有。

2008年韩俊志全家总收入为71560元，主要收入集中在本镇乡镇就业工资（全年41600元），跟其他农户最大不同之处在于农业收入为零，另外两项收入为：房屋租金收入 19960 元，其他经营收入 10000 元。对比全家收入情况，2008 年全家略有超支，全年总支出为 75200 元，家庭支出中最大的两项为：红白喜事（全年 20000 元）、教育经费（全年约 20000 元）。主要原因在于，经营饭庄，人情关系很重要，免不了经常给亲戚朋友打礼。二儿子在读大学，每年学费与生活费及其他费用都是不小的开支，加起来就有两万多。其他开支从大到小依次是：交通费 11200 元，看病费用 9000 元，衣服 7000 元，食品 5000 元，娱乐 3000 元。

从 2008 年全家的收入情况可以看出，韩俊志家既有本镇就业工资，又有房屋租金收入，还有经营饭庄的收入。虽然放弃了种植业，但以上三大块的收入每一项都远远超过种地收入，收入多样化是韩俊志家致富之道。虽然多种经营加起来是一笔不小的收入，但 2008 年全家还是入不敷出，就影响家庭收入增长的因素，韩俊志总结道，其一，受“大气候”的影响，比如去年爆发的世界经济危机。这两年，对村里的影响他都看在眼里，好多矿原来开的现在干不了，很多原来在铁矿的工人，都无奈停薪留职回家，矿石去年卖二百多一吨，现在卖几十都没人要，这是最大的消极影响。其二，金融方面，农村信用社放贷款都扶持大企业，给老百姓投入很少，有人想做点事情，缺资金，去信用社贷不到款，等他哪天筹足了资金，这机会早错过了，如老百姓想养几头牛，没有钱，你去贷款，但是没担保、没抵押，信用社和银行规定，要么请公务员做担保，要么有折子（银行存款），否则贷不了款。而这两块敲开贷款之门的“砖”对农民来说谈何容易，这就导致越是有钱有势的人越能贷到款，而越是没钱的人就越难贷到款，加剧两极分化。所以说农村信用社，更多的是给大企业贷款，农民真正受益的很少。

当我们问韩俊志有什么长远计划时，他笑了，“就这么过呗!”，看起来，他对家里现在的情况比较满意，但是对村里的长远发展却有些看法。现在村里没有固定收入，没安达石自己的企业，外面的企业进来租地搞建设给点钱，办好之后怎么给村里创收入，都没有说好呢，这些是韩会计这届村委会需要着手解决的问题。

表 10－1　　**韩俊志家基本情况表**

农户家庭基本情况								
户主姓名	韩俊志	民族	汉	文化程度	初中	家庭人口数	6	
劳动力人口数	5	在校生人数	0	就读学校	——			
家庭固定资产和耐用消费品情况								
住房	钢筋水泥房	占地面积(m^2)	500	汽车	1 辆	农用车	0	
摩托车	1 辆	电视机	8 台	洗衣机	1 台	电冰箱	4 台	
照相机	0	影碟机	0	组合音响	0	自行车	0	
2008 年主要收入及收入来源（元）								
收入合计	71560	种植业	0	家庭手工业	0	本乡镇就业工资	41600	
外出打工	0	从事运输业	0	房屋出租	19960	其他经营收入	10000	
2008 年主要支出及支出类别（元）								
支出合计	75200	生产支出	0	其他支出	0			
生活支出	衣服	红白喜事	看病	娱乐	交通	教育	食物	住房
75200	7000	20000	9000	3000	11200	20000	5000	0

（二）村头小店主袁叔民家

随着安达石村各种企业的发展，村民的收入也快速增长起来，同时带动了村里第三产业的发展，在马路的两旁分布着各种小店，暗示着村民富裕的生活。这是在村里走访的最后一天，由于有很多村民在铁矿上上班，特别是男劳动力，所以上午去了好几户，男主人都不在家，不得已只得找妇女了解情况。我们这天下午就走访了其中一家小店，男人也都出去干活去了。

袁叔民，女，今年 32 岁，高中毕业，娘家是峪耳崖西川的，无宗教信仰。家有六口人，袁叔民及其丈夫、公公、婆婆和两个孩子。袁叔民的丈夫叫张德强，也是 32 岁。公公叫张俊富，今年 59 岁，在家务农，有时也在村里打打短工，做些事情。婆婆叫刘树平，今年 57 岁。袁叔民现有两个儿子，大儿子叫张玉海，今年 7 岁，在村里小学上一年级。小儿子叫张玉铂，刚出生三个月。袁叔民家户口本与公公婆婆是分开的，不过他们吃住都在一起。

在村里走访的几天里，我们每天都会路过袁叔民家的小店，也没有怎么在意，因为我们以为它可能不是本村人开的，也没有要了解的意思。这家小商店就在马路旁边，村委的另一侧。商店所在的整栋房屋是钢筋混凝土平房，共八个房间，每间房都是一样的装修，大块的玻璃窗户，墙壁都镶嵌着白色的瓷砖，门开在窗户旁边，每个房间的门上都挂着塑料的门帘，方便客人进出而又能挡风挡光。在平房的一头就是这家小店，屋顶上挂着牌子，大字写着“叔民批发零售商店”，并用稍小的字写着小店的联系电话。其他几间房子有的开着饭店“姐妹餐馆”，也有的是加水、修车用的。屋子前面都有一块水泥坝，靠小店这边的坝子上放着冰箱、洗衣机，冰箱用一个太阳伞遮挡住了阳光，冰箱里放着一些冷冻食品——雪糕之类的，墙脚下放着一些装着空啤酒瓶子的啤酒箱，这些都是袁叔民家的。商店门口这一块地方上撑起了一块黑色的遮阳但透风的布，方便大家在底下聊天；形成鲜明对比的是，其他房子前面没有任何遮挡物，几辆摩托车为了防止烈日曝晒，都紧贴着墙壁停放，但仍然逃不过阳光的曝晒。

在村委前面下车后，各组都奔向了自己的目的地，杨贺云带着我们习惯性地从小店旁边的小路一直往前走，但这一次杨贺云却在拐进小路前就停了下来，因为他意识到我们其实也可以采访这一家小店的店主。杨贺云问店前的一位女子，即袁叔民，她丈夫在不在，但得到的答复是不在，杨贺云犹豫了一会儿对我们勉强地说，“就问她吧”。然后，杨贺云向袁叔民介绍了一下我们的来历、目的，袁叔民笑着拒绝说，她来这里都没几年，啥都不知道，能问出啥啊。杨贺云说，知道啥就说啥。我们也说，知道就说，不知道的不说也行，反正不涉及啥隐私，有什么说什么，好的坏的都可以说。这样袁叔民才勉为其难地同意了，她让我们坐在靠墙的一个“凳子”上面。

袁叔民本来是坐在这个“凳子”上和一个三十岁左右的女子聊天的，还照看着自己家几个月大的孩子。所谓的“凳子”其实是一个啤酒箱，为了让坐在上面的人舒服，就在啤酒箱上垫了一些纸板、布等。我们考虑到袁叔民还抱着孩子，如果我们坐在“凳子”上，她就得站着，那样会很累的，所以我们执意不坐，让袁叔民坐着，我们站着或者蹲着和她聊天。但袁叔民也不坐，或许她看到我们还要记录笔记，站着就没法写字了，于是她抱着孩子在旁边来回踱步，还时不时逗一下孩子。这样，我们就只能坐下来，说了声“谢谢”，但袁叔民却大方地说，“没事，我站一会儿没事”。

包括小店在内的整栋房子都是袁叔民家的，五年前才修好的，她指着房子的另一端说，先修好了那边的四间，然后马上又修了这边的四间，共八间房。袁叔民说，整个房屋宽 7 米多，长有 20 多米，但看上去应该有 30 米左右。盖这栋房花了多少钱，袁叔民并不知道，她说自己不当家，没有经手钱。房子盖好之后，袁叔民就和丈夫一块开了这家商店。这八间房中袁叔民家只住了其中三间，其他五间都租给了其他人做生意，有的还是外村人，袁叔民指着刚离开的一女子说，刚才那个和她聊天的就是在这里租房子的，是外村的。至于每月房租多少，袁叔民表示不知道，是公公婆婆在经手。为了腾出空间租给其他生意人，袁叔民和丈夫就凑合着住在商店的这间房子——靠马路的一侧用于开商店，另一侧就可以住人，中间用一个帘子隔开，虽然比较挤，但袁叔民感到挺满足的，这也表现了农村人勤俭节约的美好品德。

或许是袁叔民对我们有所顾忌，她来回走了一会儿后，选择了一个离我们足有一米多远的地方坐了下来。马路边一趟趟卡车经过，马达声让我们彼此间很难听清楚对方讲话，有时袁叔民听不清楚我们讲话，就和旁边的其他人拉起了家常。我们希望能近一些，但却可怜“凳子”没法挪动。不得已，我们笑着跟袁叔民说“大姐，你坐这边来吧，太远了，我们听不见，你说话也费劲。”袁叔民就往我们这边挪动了一段距离，但仍然不近。

此时，袁叔民和旁边一女子聊起了她们家房子花了多少钱的问题。她迟疑地说，这房子当时花了差不多有十多万吧？旁边的女子想了一下，摇了摇头。袁叔民顿了一会儿又说，没有，那时物价没那么高。那大概有多少呢，袁叔民迟疑了一下说，怎么也得有七八万。后来又说应该差不多十万，但马上又否定了。在这种情况下，我们只能硬着头皮打断，继续问我们的问题。

小店是 2005 年开的，第一次进货的时候，袁叔民和丈夫买了两千多元的东西，以后进的货就越来越多。现在已经有专门的人负责给小店送货，进货就不用自己愁了。但每个月需要进多少货，袁叔民自己也说不准。我们问，如果自己进货的话，是不是价格要比送货便宜一些，袁叔民否认，说价钱差不多，主要是进一些日常用品，有时是县城送来的，也有时是镇里送来的。袁叔民家有辆捷达车，如果需要自己进货的话，可以自己开车到县城去批发。我们问，村里的人都挺富有的，商店的效益应该挺好的吧。袁叔民马上不屑地道，“好啥啊，就够两个孩子花”。我们又问道，“如果孩子将来都上学的话，花的钱多了，而小店生意又不好，是不是要想点其他办法，比如去矿上上班等”，袁叔民敷衍地说，“看着办吧”，后面说的几句都没听清楚，因为太吵了。后来袁叔民又说，开店了，也干不了啥，限制很多，走不开；如果有事的话，就让叔叔或者阿姨看，有时也换班，“我看家（指商店），他们就看孩子，他们看家，我就看孩子”，但今天她既看家又看孩子。我们问，开店和铁矿上上班，哪个更好？袁叔民笑着说，嗨，只不过因为用的是自己的房子，不用交房租，所以才继续干的；如果要交房租的话，早就不干了。开小店赚钱没有在矿上实在，都被孩子吃掉了，也就相当于赚点房租而已。

这段时间，袁叔民一边逗孩子，一边和旁边的其他人聊天，我们问一句就敷衍着答一句，有时候因为有车路过，太吵什么也听不见，就当没听见。袁叔民和别人聊天，我们也不好意思打断，但不打断的话，我们就没办法调研，所以只能拉下面子继续问。

我们又问，小店每个月大概能卖多少钱。袁叔民说，从来都没算过，反正就够两个孩子吃。孩子每天花钱挺多的，他们要吃这吃那，俩孩子一天得花掉十多元。自己家店里本来有好多吃的，但孩子吃腻了，便要去外边的店里买。有时去大超市买，一次得买一百多元的东西。店里一年的毛收入，店里的东西大概能值多少钱，袁叔民也都说没算过。

除开商店外，袁叔民家也种地，我们问她家有多少地，她说：“地多少，不知道，反正地里我都没去过。”地里的活主要是由公公婆婆负责。袁叔民家的地有的被占用了，主要是工厂建房占用的。不过，工厂给的补偿有多少她不知道，所以也没啥意见。我们见袁叔民什么都不知道，便想找她丈夫的父亲问问，于是就对袁叔民说：“叔叔出去了吗？”袁叔民说，应该在家吧。但马上又自问自答，在家吗？然后否定了说，应该没在，出去了。但袁叔民显然还在想家里多少地的问题，她自言自语道：咱家有多少地？三口人的地吧。但又不确定，想了一会，看到杨贺云过来了，就问他，“咱们家有多少地？”杨贺云答道“应该是五口人的地吧”，可袁叔民又问“但我来了之后没给我分过地啊？”杨贺云也疑惑了，他想了一会，确定地说“就是五口人的地，有你爹妈的，德强（袁叔民的丈夫），还有他两个姐姐（袁叔民的丈夫还有两个姐姐，现在都嫁出去了）的地都在你家”。“哦，反正我是不知道，就记得我来了之后没分过地，自己也没下过地。”我们问，是四亩地吗？杨贺云说，本来一个人是八分地的，但后来铁矿、个体户等占了好多地，就又分了一次，现在就一个人六分地了，所以袁叔民家应该是三亩地。把地租给个体户后，价格是根据玉米价格来定的，如果玉米价格低于0.6元，地价是每年五百元/亩；如果玉米每斤超过了0.6元，就每年每亩地八百元。我们问，这样的价格合理吗？他回答说，这也没法说——当时就认为比种地还划算点，就租出去了。和村里其他户一样，袁叔民家也有板栗树，不过很少，袁叔民说，“结果太少，还不够自己吃呢”。他们家年年栽板栗树，年年嫁接，但年年都没有几个板栗收入，这种状况都差不多持续十年了。

杨贺云问我们，“问得咋样啊？”我们笑着说，“大姐不当家，啥都不知道啊。”袁叔民也笑着说，“哈哈，我真的啥也不知道。”这时从马路对面走过来一个五十来岁的女子，见我们在聊天，就和我们一起聊，而且越说越激动。她说，现在的合作医疗，报销等于没报，合作医疗后花的钱比合作医疗实行前还多。袁叔民也应和着说，生孩子都得花好几千。后来才知道，袁叔民生小儿子是剖腹产的，花了三千多元。那女子接着说，有一次她看病花了四千多元，结果就给报销了一百多元，当时是在承德266医院看的病。而且，她自己老生病，如果只买药不住院，就不给报销。住院报销医疗费，其实报销的比例也不高。考虑到袁叔民什么都说不知道，这样下去我们调查的内容就会很少，于是小组的一名同学就开始单独和这位女子聊天。

家里每年大概的收入，袁叔民一直没有透露，不过支出倒是知道得比较多。两个小孩买吃的，一天得10元，多的时候得15元，这样下来一年得花三四千元。和村里的其他户一样，红白喜事送礼也是支出的大头，去年大约有四五千元，红白喜事集中的时候，一天要送好几个礼，而每个礼都得上百。家里吃的大米主要是买的，花多少钱袁叔民不清楚，后来问了旁边的其他人，我们才知道大致一个半月能吃一袋米，每袋米约90元；菜是自己家种的，但也会买一些。儿子上小学，不收学费，只收一点书本费。还有其他支出，比如电费、电话费等，也都不少。

于是，我们半严肃半开玩笑地说，“这么多支出，岂不是你家要入不敷出了”。袁叔民想了想说，“不会呀”，丈夫空闲的时候可以出去跑跑车，赚些钱，丈夫的父亲也还可以打打零工赚些零花钱，但他们能赚多少钱，袁叔民也不清楚。我们问，村里有没有给一些救济，袁叔民笑着说，“这轮不到咱家”。我们又问，“咱们家在村里算比较富的吧？”，袁叔民摇摇头说，“只是一般的”。

袁叔民闲的时候，就看看电视，有时也玩电脑，但还不怎么会上网，反正就看看电影啥的，跟电视没什么区别。一家人身体也都很健康，袁叔民说“大病没有，小病不断”。做饭夏天主要用电，冬天为了取暖，就主要用柴火。

由于问好多事情袁叔民都说不知道，而且袁叔民还得照看着小孩，小孩也时不时地跟袁叔民闹，我们就结束了访谈。我们要求她和我们合影，但她却说，“长得不好看，就不合影了”，我们要求给她和孩子照相，她也拒绝了。我们就在房屋的外边照了几张房屋的状况，然后我要求到店里照几张照片，她却出乎意料地同意了。店里密密麻麻的到处都是东西，进屋右侧是几个玻璃柜台，柜台里有香烟和一些食品等，柜台上面也堆满了面包、雨伞、卫生纸、饮料等，在靠墙壁的一侧是几个架子，上面也放满了各种商品，没被架子遮住的墙壁上则挂着商店的执照、一个钟和一些小商品。左侧则堆满了各种纸箱、饮料和卫生纸等。往前是一个挂着门帘的通向里屋的门，里面应该就是袁叔民和丈夫住的房间。照相后，我们就又匆匆赶往下一个目的地。

在农村，一般都是由男人当家，妇女的地位相对较低。而袁叔民和丈夫并没有和父母分家，而是住一起，所以更多的可能还得由父亲做主。袁叔民好多问题都不知道，也是情理当中的事情。不过，在我们调研的时候，可以明显地看出来，她对我们仍有所隐瞒，而且对我们也不冷不热——这在调研村里的富裕户时是经常会遇到的情况，一方面他们会怀疑调研者的来历，担心把自己家不好的事情写出去了，特别是致富的过程；另一方面，村里的富裕者都会隐瞒自己的财富，以免村里的熟人来借钱，借的话就可能收不回来，不借的话呢又拉不下面子。

根据我们的判断，袁叔民家在村里应该也算比较富裕的——首先，小店的收入肯定不少，虽然袁叔民极力隐瞒小店的收入，目前安达石村的经济条件很好，村里人都有钱了，买东西自然就多了，在我们聊天的不到一个小时的时间段里，便有十多人过来买东西；其次，八间房中有五间租出去了，房租也不会少，除此之外，她丈夫及丈夫的父亲还有一定的收入，要不他们家怎么可能买捷达车。

表 10－2　**袁叔民家基本情况表**

农户家庭基本情况								
户主姓名	袁叔民	民族	满	文化程度	高中	家庭人口数	6	
劳动力人口数	4	在校生人数	1	就读学校	安达石村小学			
家庭固定资产和耐用消费品情况								
住房	钢筋水泥房	占地面积(m^2)	210	汽车	1	农用车	0	
摩托车	1	电视机	1	洗衣机	1	电冰箱	3	
照相机	0	影碟机	1	组合音响	0	自行车	1	
2008 年主要收入及收入来源（元）								
收入合计	43000	种植业	3000	房屋出租	20000	本乡镇就业工资		
外出打工		从事运输业		政府补贴和社会救济		其他经营收入	20000	
2008 年主要支出及支出类别（元）								
支出合计	12000	生产支出	800	其他支出				
生活支出	衣服	红白喜事	通信	娱乐	交通	教育	食物	住房
11200		5000	1200				5000	

（三）果园种植户韩秀东家

韩秀东，男，汉族，1960 年生，高中文化程度，能讲流利的普通话，无宗教信仰。家里有兄弟三人，韩秀东排行老三。大哥和大侄子以前在承德教书，现在都已转行。二哥和二哥的大女儿现在居住在承德市，二哥的二儿子是海军，现在在广州工作。妻子，李素莲，满族，1958 年生，主要负责家务事，帮助韩大叔照顾果园。夫妻俩育有 2 个孩子，大儿子 1983 年生，初中毕业后便外出打工，现在北京一家公司从事销售工作。二儿子 1985 年生，2007 年从湖南永州一所医科大学毕业，现在在宽城县疾病控制中心工作。韩大叔的老父亲，韩俊山，原为国家干部，现已退休，由韩秀东夫妻共同赡养。

安达石村居民的房屋有个特点，就是一般会在自己的屋前修一个或大或小的小院，有的甚至在屋后也垒一个小院，院内种些花花草草或瓜果蔬菜，小院里顿时生机勃勃，小院的一侧往往建了厕所或者是猪舍。韩大叔的房子

2005年建成，不到150平方米，也依循了这样的格局。

由于父亲以前是老教师，家庭条件还算富裕，家里对教育格外重视，因此韩大叔7岁开始在村办小学上学，即使是“文化大革命”时期，也在乡办的崖门子中学就读，1977年顺利从高中毕业。能够读书读到高中毕业在当年的农村其实并不容易。高中毕业后，便回家务农，在村里的生产队参加集体劳动。后来生产队给韩大叔分配了一片果园，大叔便开始了林果的种植。1982年，大叔结婚后，便与李阿姨一起种植果园。1990年，县林业局举办了一个林果种植技术的培训班，并聘请了日本专家前来教授苹果和板栗的种植技术，主要是果树的修剪、防虫、嫁接等内容，韩大叔也有幸参加。经过2年的培训后，顺利考取了林果方面的上岗证书。说罢，韩大叔从里屋拿出一个小本，应该就是大叔当年考取的证书。手掌大小的一个小本，绿色的封皮还透着一些光泽，翻开一看，里面贴有大叔年轻时候的照片，照片下面写着大叔参加培训和顺利毕业的日期，旁边还印有县林业局盖的公章。除了证书里面的纸有些泛黄以外，这个证书应该还是保持着当年的模样，可以看出证书的主人一直将这个证书精心地收藏着。大叔后来还介绍说，这个培训班在县里也就举办了两届，以后类似这样的培训便很少了。

大叔学到这些技术之后觉得很受用，一是能够为自己服务，二是到了春季，大叔还被请去为别的果农干一些技术活如剪枝、嫁接等。在以后的种植中，大叔也不忘学习，经常读书看报，学习最新的林果种植技术，不断提高果品的质量。大叔现在种植的都是红富士、黄元帅等一些新品种。大叔的种植技术已经远近闻名，承德电视台还曾来采访过大叔的果园。大叔也被《河北农业报》聘为特约记者。

由于韩大叔夫妇的辛勤劳作，现在果园已初具规模，种植面积达到30亩，种有苹果树约600棵、山楂树100棵、板栗树300棵。随后，大叔还介绍说，果树的生长可以分为四个阶段：幼树、初果、盛果、衰落。十年树木，百年树人。由幼树长到初果大约需要十年，此间果树的产量都很低。大约五年后，果树由初果进入盛果期，此时，果树的产量可以达到初果时期的3到5倍。随后果树进入衰落期，产量也逐渐开始下降。大叔还谈道，其实种植果树面临的风险也比较大，如果遇到病虫害，不管是幼树还是处于盛果期的果树，不到1年的时间，所有的果树便统统报废。因此我们便问到安达石村有没有相应的农业保险，大叔说由于果园的规模相较于保险公司的要求还是太小，保险公司对安达石村这块市场几乎没有兴趣，因此也没有针对农户开发一些相应的农业保险。

因此，为了防止病虫害，也为了提高果品质量，不管春夏秋冬，韩大叔夫妇就像对待自己的孩子一样，悉心照料着这片果园。从剪枝到打药，都是韩大叔夫妇亲自上阵，没有雇用任何人帮忙。韩大叔感慨地说，果园30亩地，每一寸土地有留下了自己的汗水和脚印；果园里的1000多株果树，每一棵他都记得它们的模样，是自己亲自为它们浇水、施肥。

俗话说：种豆得豆，种瓜得瓜。韩大叔夫妇的勤劳换来果园的一次次丰收，家里的生活条件也逐渐改善。大叔家的果园，如果雨水调和，苹果的产量大约有2万斤左右，山楂约有600~700斤。由于自己懂技术，注重果品的质量，而且大叔的果园离当地的矿山较远，水源好，又由于山高，果园遭受的风雹也较少，几乎没有受到污染。因此大叔家的水果销路一直都有保障，有时自己拉到市场去卖，有时一些购买者慕名而来亲自上门订货。另外，大叔还介绍说自家房屋下面有个大窖，秋季收获的苹果并不全都销售，而是储藏在窖里，等到冬季再卖，就能卖个更好的价格。因此在离开大叔家的时候，我就特别留意了一下大叔家的大窖，我才明白过来，原来大叔家的房子暗藏玄机，地基比别人家高差不多半米左右，这半米来高的水泥壁上，还留有三角形的大孔，应该是用来透气的吧。家里产的板栗主要卖给县里的供销社，用来调控市场。

韩秀东还谈道，种植果树还有一个重要因素，就是水很关键。北方时常缺水，以前种植果树主要依靠天然降水。一遇到大旱，果树就不结果。前几年安达石遭遇干旱，他种的板栗几乎颗粒无收。据他反映，果园种植需要县水利部门的支持，但由于最近几年村里面重点关注工业的发展，他提出的申请始终没有批下来。因此他正在计划着找人一起投资，在自己的果园山下打一口深井，解决果园的用水问题。韩秀东谈到需要的投资并不多，从打井到灌溉，大约一万元左右。挖沟，需要到村里借一台挖勾机（当地对挖掘机的一种简称），需要购置一些打井的设备，水泵和管道。也想着自己投资，但以前的积蓄都花在供孩子上学，现在孩子大了，还想攒些钱备着孩子结婚用，所以就没有自己投资。他说如果水源跟上了，果园的产量至少可以翻番。

谈到自己的两个儿子，大叔的脸上洋溢着幸福。现在自己的两个孩子都已经参加工作，基本上自食其力。大儿子16岁初中毕业便外出打工，后来在北京的一所大学接受了成人教育，取得了大专文凭，现在北京一家公司搞销售，已经干到经理一职。由于销售的职业特点，大儿子常年在外奔波，去过重庆、桂林许多城市，每每还不忘从外地带些特产回来孝敬父母。韩秀东说，大儿子经常在电话里劝他不必再像以前那样辛苦，家里的生活一天天好起来，二老该享享福了。二儿子2007年刚从湖南永州一所医科大学毕业，现在宽城县疾病控制中心工作，他感慨地说，现在大学生找工作也挺不容易的，二儿子的工作还是托人联系才进去的，由于刚参加工作，目前还在编制外，没有转为正式员工。对此，他已经很满意了，这些年靠种植果园供自己的孩子读书，几乎没有外债。现在孩子毕业了，也顺利找到工作，自己在教育上的投入，也算有了回报。由于自己的父亲是老教师，整个家族都比较重视教育，因此家族里10个孩子，现在已经出了6个大学生。这在整个安达石村也算是一件了不起的事。现在两个孩子还没成家，他似乎也并不着急，由于大儿子在北京太远，他们对于他的婚事，似乎鞭长莫及；而二儿子，由于工作还没有转正，想等孩子工作转正了，那时找对象也相对更容易。

韩秀东家的年收入共有82000元左右。其中来自种植果树的有6000元，除此，家里还种了5亩地的玉米，一年约有3500元收入。家里还养了4头猪，约有6000元的收入。每年开春帮助别的农户剪枝、打药等其他经营收入约有40000元。大儿子外出打工一年约有30000元的收入。

支出方面，用于生产性支出方面的约有4000元，用于购买化肥、农药等。其他方面的支出主要用于购买衣服，一年约要3000元，食品约1500元，红白喜事约要2200元，由于大儿子在外工作，家里的通信支出约有4500元。

家里的主要固定资产有电视机4台，洗衣机、电冰箱、影碟机各1台，家里还有2辆自行车。

表 10-3　**韩秀东家基本情况表**

农户家庭基本情况								
户主姓名	韩秀东	民族	汉	文化程度	高中	家庭人口数	5	
劳动力人口数	5	在校生人数	无	就读学校				
家庭固定资产和耐用消费品情况								
住房	钢筋水泥房	占地面积(m^2)	150	汽车	0	农用车	0	
摩托车	0	电视机	4	洗衣机	1	电冰箱	1	
照相机	1	影碟机	1	组合音响	0	自行车	2	
2008 年主要收入及收入来源（元）								
收入合计	82000	种植业	6000	养殖业	6000	本乡镇就业工资	0	
外出打工	30000	从事运输业	0	政府补贴和社会救济	0	其他经营收入	40000	
2008 年主要支出及支出类别（元）								
支出合计	15200	生产支出	4000	其他支出	0			
生活支出	衣服	红白喜事	看病	娱乐	交通	教育	食物	住房
11200	3000	2200	0	4500	0	0	1500	0

（四）建筑个体户胡长权家

今天我们的目的地是宽城满族自治县板城镇安达石村西叉沟。坐车经过大道来到一个小路口，拐进去，沿着小道大概开了几分钟就到了我们今天要调查的第一家农户。听当地人介绍，安达石村有三个自然村，都是依沟形成。今天来到实地一看，真的名副其实。一条小渠，蜿蜿蜒蜒从山里缓缓流出，小渠的两边坐落着许多村民的房屋，一直延伸到小渠的尽头。小渠的两岸，零零散散长着一丛丛的野花，五颜六色，静静的点缀着这条小渠。可能因为刚下过雨，渠水显得格外清澈。

第一户的男主人叫胡长权，满族，1967 年生。来到他家时，只见一栋 2 层的钢筋水泥房映入眼帘，房子修得很漂亮也很阔气，可是院门却紧锁。从门上的灰尘和点点锈迹，可以看出屋内已经长久都没有人住了。而在离屋子不远处有一群妇女抱着孩子正在闲聊，其中就有胡长权的妻子。我们说明来意，她便把我们领到胡长权的哥哥家，准备接受我们的访问。

胡长权哥哥家的房子就建在旁边，同样是两层的砖房，与农村一般家庭相比，屋内装修得很精致，地上贴了地板砖，屋顶装着精美的吊灯。屋内的家具也很新，散发着淡淡的光泽。屋里靠窗建着一个大炕。大炕的对面放着一台彩电和组合音响。屋内还有一个鱼缸，养着一个小龟，在缸内悠闲地玩着。

胡长权在20岁时，曾结过一次婚，与第一任妻子一共育有四个孩子。现在最年长的孩子叫胡志章，今年已经22岁。在四五年前，胡长权的第一任妻子不幸因病去世。胡长权现在的妻子，叫张玉双，2007年与胡长权结婚，2008年这个新组建的家庭又诞生了一个小生命。因为孩子都在宽城县城里上学，因此他们在县城买了商品房，平时都在县城里住，现在孩子放暑假了，才带他们回安达石村住。又因为自己家的房子许久没有收拾，因此回到安达石村并不住自己家里，而是住在胡长权的哥哥家。因此，我们才看到他家院门紧锁的一幕。

由于胡长权有一个亲戚家的小孩也跟着他们一起生活，现在家里一共有8口人。据张玉双介绍，胡长权现在是村里的建筑个体户，有自己的建筑工程队，约有几十人。由于工作性质的原因，胡长权常年在外搞建筑，很少回家。就算回家，也只有晚上才能见到他。

胡长权的父母都是农民，小时候家里非常困难，很早就外出打工，成为建筑工地上一名普通的建筑工人。胡长权并不甘心一辈子为别人打工，因此，自己在工地干活的同时也在不断学习、摸索，积累了一定的经验之后，胡长权决定自己单干。回到安达石村之后，胡长权组建了自己的建筑工程队，当上了包工头，开始在村里承担一些小型的建筑工程，例如为村民建造房屋等。慢慢地，胡长权的业务越做越广，项目也越做越大，有时还会到邻县承包项目。2000年以后，家里的经济条件也一点点好起来。

2007年，由于次贷危机引发的金融危机震荡全球，中国各行各业也受到不同程度的影响，就连安达石这样的小村也受到波及。金融危机的爆发降低了人们对经济前景的预期，随着人们收入的降低，人们的支出也不断下降。在此期间，胡长权承包的项目与往年相比少了很多，因此2008年亏损了近一万元。据张玉双介绍，搞建筑行业先期投入比较大，例如购买铲车、搅拌机等建筑设施，为此家里也借了不少贷款。这些贷款一部分是通过农村信用合作社借来的，由于胡长权的贷款不属于国家的扶贫和救助项目，因此贷款的利息相对较高，曾经贷款20万元，一个月的利息就要一两千。由于安达石村现在重点发展矿业，信用合作社中的大部分贷款都借给了当地的矿山老板，现在胡长权能在信用社借的款也相当有限。贷款的另一部分主要依靠亲戚朋友这种民间借贷的形式借来。由于经济危机，这几年从亲戚朋友处也不容易借到钱了。现在承包的很多项目都要胡长权自己先垫付一部分资金用于购买建筑材料或者建筑设备，现在工程队中的挖掘机都是借来的，而等建筑基本竣工之后，这些资金很难迅速收回，经常出现被拖欠的现象。因此胡长权每年大部分时间都奔波于各地去收回以前承包的项目工程款。有时甚至连承包了政府部门的工程都很难收回前期垫付的资金。前几年过年的时候，因为收不回来钱，没有钱给工程队的工人发工资，胡长权不得不向银行贷款10万元给工人们发了工资好回家过年。张玉双还说，工程队只要挣了钱基本马上又投入到建筑工程项目中去了，现在建筑这个行业投入大，回报慢。近几年村里的建筑工程队逐渐多了起来，现在工程项目也越来越难接，竞争也比较激烈，因此利润与往年相比越来越少。现在胡长权甚至要去周边县接活。

张玉双，汉族，1970年生，初中文化程度。她早年曾到北京打过工，现在主要在家照顾小孩。在安达石村，家里还有3亩地，种有玉米和300多棵板栗树，主要由张玉双照料，农忙的时候还要雇人帮忙剪枝和嫁接。一年下来，玉米能够收入1000元，板栗收入3000元。

由于胡长权搞建筑，家里有1辆汽车，3辆机动三轮车，3台搅拌机，1台铲车，1辆卡车。由于家里人口比较多，在安达石村和宽城县里都有住房，因此胡长权家里的耐用消费品也比一般的家庭多些，电视机有3台，电冰箱有2台，3辆摩托车，6部手机，2台影碟机，除此以外，家里现在还安装了电脑和空调。自然在支出方面，胡长权一家也比别的家庭支出更大，一年用于投入生产的支出大约要1万元。家里8口人，一年的生活开支大约要10万元。其中交通支出一年约有3万，通信支出一年约有6000元。由于胡长权几乎常年在外奔波，不是出去谈项目就是出去收账，有时往返好几趟都无结果，这样一来一去车旅费和通信费的支出就比较大。其次就是食品，一年大约需要1万元。由于全家都参加了农村合作医疗，到医院看病能够报销50%，虽然家里看病的开销很大，一年需要5000元，但是张玉双还是认为农村合作医疗对自己家庭的帮助很大。一年用于红白喜事的支出约有5000元，用于购买衣服的支出约要3000元。由于现在农村普遍实行义务教育，孩子上学都免交学费，只需交一些书本费，因此，胡长权家在教育的支出一年仅有1000元。

胡长权的家庭在安达石村属于富裕户，他们的财富是靠自已勤勤恳恳劳动挣来的。胡长权的父母都是地道的农民，小时候家庭很困难，可是穷则思变，通过自已的努力摆脱贫困过上幸福生活。

表10－4　　**胡长权家基本情况表**

农户家庭基本情况								
户主姓名	胡长权	民族	满族	文化程度		家庭人口数	8	
劳动力人口数	5	在校生人数		就读学校				
家庭固定资产和耐用消费品情况								
住房	钢筋水泥房	占地面积(m^2)	350	汽车	1	农用车	3	
摩托车	3	电视机	3	洗衣机	1	电冰箱	2	
照相机	0	影碟机	2	组合音响	1	自行车	1	
2008年主要收入及收入来源（元）								
收入合计	4000	种植业	4000	家庭手工业	0	本乡镇就业工资	0	
外出打工	0	从事运输业	0	政府补贴和社会救济	0	其他经营收入	0	
2008年主要支出及支出类别（元）								
支出合计	64000	生产支出	10000	其他支出				
生活支出	衣服	红白喜事	看病	娱乐	交通	教育	食物	住房
54000	3000	5000	5000	800	30000	1000	10000	

（五）个体经营户李国丰家

李国丰，男，汉族，现年37岁，1972年出生，高中文化程度，能说流利的普通话。1996年结婚，育有2个女儿。大女儿今年14岁，在宽城县上小学，二女儿大约3岁。

我们初次见到李国丰，是在他刚刚建成不久的汽车修理店里。小店建在一条公路旁，店前有一个大坝，方便维修的汽车停车。小店其实建得很简陋，一排小砖房，约有三四间，我们来到其中一间，屋内放着两张单人床，一个是普通的钢丝床，另外一个是用砖头垒起来，上面盖着一个木板构成的简易床，靠门边放着一张桌子，可能怕屋子落灰，墙上都糊着旧报纸，屋内再没有别的家具。

李国丰小学和初中都是在安达石上的，高中考入板城镇的职业中学，职业中学除了要像普通高中学习文化课以外，更重要的是专业课的学习。当时李国丰选择学习机电专业。1992 年从职业中学毕业后，李国丰顺利进入宽城县第一陶瓷厂工作，当时该厂属于省级二级企业。那时李国丰主要负责机械修理，基本工资每月 400 元左右，当时工厂实行计时工资，每个车间单独核算。李国丰刚进陶瓷厂时，企业效益还算不错，随后企业效益逐渐下降，到 1997 年企业彻底下马，李国丰也离开了该厂。

由于身怀一技之长，李国丰很快在当地的一家私营企业——华尖金矿找到工作，主要负责机械修理和设备维护，当时的工资每月约有 800 元。工作 4 年之后，李国丰又到安达石村附近的宝山铁矿工作，宝山铁矿仍然属于私营企业，工资涨到了 1000 元。2003 年，在宝山铁矿干了 2 年之后，李国丰又跳槽到当地的安丰矿业有限责任公司。由于安丰公司在青龙县买了一个铁矿，并在那里设了一个分公司，因此李国丰便被派往青龙。到青龙之后，李国丰升任车间主任，开始负责公司的经营管理工作主管设备维修。工资也由每月 1000 元涨到了 1800 元，公司还为李国丰购买了工伤和养老等基本保险。2006 年，安丰公司决定卖掉青龙的分公司，并在安达石村重新选址设厂，由于在青龙的分公司担任车间主任期间积累了一定的经验，李国丰对新建的分公司的选址、工厂结构的设计和设备的安装，都是亲自负责。新厂建成后，李国丰被调回安达石村的总公司，继续担任车间主任一职。

2008 年春，李国丰又跳到私营性质的盛泰集团工作，主管公司生产，工资每月 2300~2400 元。到盛泰集团工作之后，李国丰开始酝酿着自己创业，想凭借自己的一技之长在安达石村开设一个小型汽车修理店，于是在盛泰公司上班之余，便开始张罗汽修店的事。到 2009 年 6 月，李国丰正式从盛泰公司辞职，开始全力经营自己的汽车修理店。

李国丰的汽车修理店，主要经营电焊、补胎、车辆维修等业务，由于现在业务少，只雇了一个人。汽修店的客户流动性很大，基本都不固定。2008 年受经济危机的影响，安达石村铁粉的销量下降，往来于安达石村运输铁粉的货车也越来越少，因此汽修店的生意并不好。奥运会期间，为了保证奥运会有好的比赛环境，安达石村附近的铁矿公司纷纷停产，小店的生意更是门可罗雀。但是李国丰认为，奥运会是国家的大事，铁矿公司停产，自己的生意因此受到影响也是可以理解的。因此刚开业一年，小店的收入很不理想，2008 年几乎没有收入。即使有一点收入，又立刻投资到小店里面。安达石村，目前像李国丰开的这种汽修店有很多，竞争也很激烈。

汽修店创业的初始投资资金在 4 万元左右，在当时还是一笔很大的投资，有一部分是自己以前的积蓄，另一部分是通过亲朋好友借来的。李国丰谈到，现在农民从农村信用合作社借钱还是比较困难，即使能借到一些小额贷款，对于自己的创业投资需求也是杯水车薪，而且手续还特别烦琐，需要找人担保。因此在创业初期，难免会向亲朋好友周转一些资金。

2009 年 7 月李国丰通过安达石村党支部的发展，成为一名正式党员。李国丰的入党介绍人李俊合说，李国丰为人正直，又懂技术，学习能力强，平时乐于主人，谁家电器坏了都热心帮忙修理，从来不收钱，这次转正有 11 个候选人，投票结果出来后，李国丰排名第一。俗话说，群众的眼睛是雪亮的。当安达石村党支部在村民中间走访时，对于李国丰转正一事没有任何人提出反对。

对于自己入党，李国丰谈到，能在安达石村党支部入党，很不容易，自己会加倍珍惜这个机会。他说自己决定入党并非一时冲动，现在不能时刻都想着自己享受，得有人愿意奉献和付出，首先要有为别人服务、热心帮助村民的想法，具体能帮多少全凭个人能力。

由于有十年在安达石村附近的铁矿公司工作的经验，当谈到这些企业入驻安达石村对安达石村的影响时，李国丰认为利大于弊。这些企业大多是铁粉加工企业，或多或少都会对安达石村的自然环境和水源有一定的污染，但不可否认，村民的生活水平确实相对提高了。安达石村的土地较少，只适宜种玉米和板栗等普通经济作物，种植农业作物获得的收入非常有限。因此企业入驻之前，村民的生活还是比较困难。企业入驻后，首先给当地居民提供了更多就业机会，很多村民不用再背井离乡外出打工，在农忙的时候，还可以回家照顾自己家的地。其次，还拉动了其他行业的发展，有的村民在种地之余开始搞运输，专为这些铁矿企业运输铁粉；有的经营小饭店，为过往的货车提供食宿。李国丰谈到自己的汽修店也间接和这些铁矿企业的经营相关。

俗话说一荣俱荣，一损俱损，因此，随着企业的入驻，村民的收入也逐渐多元化了。

1996 年，李国丰结婚，妻子是当时宽城第一陶瓷厂工作的同事。妻子现在在安达铁粉精选厂工作。李国丰还有个哥哥，现在也在安达石居住。小的时候家里条件并不好，可是父母砸锅卖铁都要坚持供孩子读书，因此兄弟俩都是高中毕业。李国丰深刻地认识到知识改变命运，因此他对女儿的教育尤为重视。女儿以前在安达石村小学上学，为了给女儿提供更好的学习环境，于是将女儿转入宽城县的小学继续学习。令李国丰感到欣慰的是，孩子也比较听话，学习也很努力，转学后，女儿的英语成绩有了很大的提高。李国丰希望女儿以后能够考个好大学。

2004 年，李国丰花了 12 万元新建了一栋 2 层的小楼，大约有 300 平方米，其中借了 3 万元。他家在安达石村还算富裕，一般的家电如电视机、洗衣机、电冰箱等都有。由于妻子是城市户口，在安达石村没有土地，李国丰也只有不到一亩地，平时种些玉米，一年大概也有 1000 元的收入。自己以前在铁矿企业一年约有 30000 元的收入。妻子在安达铁粉精选厂工作，去年由于北京举办奥运会，工厂停产，公司每个月只发了些生活费，一年约有 6000 元。李国丰从企业出来专门经营汽修店后，一年大约有 9000 元的收入。

支出方面，主要是生产性支出较大，去年对这个汽修店大约投入 48000 元，主要用于购买气泵、切割机、点焊机和砂轮机等设备。生活方面的支出，购买衣服、孩子教育和红白喜事支出较多，均为 6000 元。家庭一年看病的支出约有 4000 元，购买食品的支出约有 3500 元，娱乐方面的支出约有 1000 元。

表 10－5　　**李国丰家基本情况表**

农户家庭基本情况							
户主姓名	李国丰	民族	汉	文化程度	高中	家庭人口数	4
劳动力人口数	2	在校生人数	1	就读学校	宽城县小学		
家庭固定资产和耐用消费品情况							
住房	钢筋水泥房	占地面积(m^2)	300	汽车	0	农用车	0
摩托车	0	电视机	2	洗衣机	1	电冰箱	1
照相机	0	影碟机	1	组合音响	1	自行车	2

续表

2008 年主要收入及收入来源（元）								
收入合计	46000	种植业	1000	家庭手工业	0	本乡镇就业工资	36000	
外出打工	0	从事运输业	0	政府补贴和社会救济	0	其他经营收入	9000	
2008 年主要支出及支出类别（元）								
支出合计	74500	生产支出	48000	其他支出		0		
生活支出	衣服	红白喜事	看病	娱乐	交通	教育	食物	住房
26500	6000	6000	4000	1000	0	6000	3500	0

对于未来5年的规划，李国丰希望自己能够开一个更大的汽车修理厂，到时各种车型都能修理。现在技术和设备条件都非常有限，只能修理一般的大货车。如果资金宽裕，李国丰希望再购置一些修理设备，通过自己的努力，再学一些新技术，了解更多的车型结构，使自己的技术更加全面，修理更多类型的汽车。到时就能挣更多的钱，进一步改善家里的生活条件，使自己不仅能为别人修车，自己也能开上小汽车。如果汽修店的规模做大，李国丰并不希望离开安达石村到别的地方去发展自己的汽修事业，他想留在安达石，为安达石的村民做些贡献，他说自己的汽修店虽然不大，但至少还能提供一些就业机会，能发展安达石当地的经济。甚至他希望自己的女儿大学毕业之后，也能回到安达石工作，来建设自己的家乡！

（六）商店经营户苏继东家

“这房子110平方米左右，屋后面高，没有房子，夏天凉快，冬天暖和，所以没有暖气。其实也还是挺冷的，冷的时候就烧火炕”。刚下车走到院子里，苏继东就给我们介绍，“自来水还没安上。村里一直想安，老百姓都不愿意，觉得家里有井，没这个必要。村里为这事还开了个会，我们都去了，但只有一两户愿意这事也通不过”。“屋子布置得不错！”相比其他人的屋子，苏继东家里布置得挺好，我们不禁赞叹了一下，“我们是来调研的，我们就是想了解一下咱们生活方面，没有什么其他意思，主要聊这个商店的事还有一些日常小事。”他说他知道，村里边都通知了，有什么就问吧。

苏继东，1960年3月26日出生，1987年毕业于崖门子高中，今年50岁。前几年跑跑运输，现在在安达石村后沟经营小卖部，家里五口人，母亲、老婆、儿子、女儿。采访老支书苏显生老人时我们就得知，在安达石村苏姓是纯满族血统。果然，苏继东也说家族是纯满族，管父亲都叫"mama"。女儿今年27岁，今年3月出嫁了。儿子25岁，河北石油学院毕业的。毕业后开始在天津大港油田，现在在内蒙古乌兰察布市工作。"不是在油田里"，苏继东介绍说，那个地方有一种煤叫褐煤，在地下几百米，点燃后，有气冒上来，在那儿主要是采气。

社会发展了，人要去适合自己发展的地方。苏继东儿子的女朋友是呼和浩特的，包头大学毕业，两人是一个单位的。儿子想在那边安家，苏继东说："只要两个人愿意，当老人的只有支持。"说着，他将全家人的照片拿出来，这是儿子，这是闺女，一个儿子一个闺女是最好的搭配！"女儿、儿子都省心，我跟我媳妇也就没什么操心的了，就等着抱孙子了！"苏继东脸上堆满了笑容。正聊着，一位精神矍铄的老太太走了进来。还没等我们问，苏继东就介绍说："这是我的老母亲，能识字，平时帮忙看看店，身体好着呢。"据说，老太太前几天自己还去了趟北京看了看苏继东的弟弟。俗话说，"家有一老，如有一宝"。老太太去北京那阵儿，他觉得非常不适应，回家喊一声没答应，感觉像少了点什么，心里空落落的！老太太在家了，苏继东就觉得特别踏实，每天一回家，叫一声"妈"，感觉精神有个寄托。家里有什么事，苏继东除了跟媳妇商量外，也可以跟老太太说说，让她出出主意。"这是我媳妇，老夫老妻了，再熟悉不过了，小卖部一直是我媳妇帮着张罗着，现在我闲下来了，两个人轮流看店。"

苏继东是革命烈士之后。他爷爷是老八路，家人都抗日，总共牺牲了六个人。说着苏继东拿出了爷爷的老照片，"全承德市就这么一份了"。照片上的时间是1934年7月1日，上面是爷爷的名字——朱文。苏继东讲，爷爷本名叫苏玉奎，这是抗日战争后起的化名，但村里人都叫他"朱文"。他的爷爷走的时候83岁，是个长寿的老人。活着的时候政府给点补助，死了就什么都没有了。苏继东说，爷爷是个很正派的人，"文革"的时候被划到"右派"，一直也没平反。很多人都劝老人去找领导给他平反，但他固执地认为，他对国家有贡献，国家是看得到的；他是国家的老干部，要有觉悟、起模范带头作用，不能给国家添麻烦。后来在与爷爷聊天过程中，苏继东才得知，爷爷还是因为别人犯的错误。那时候，有个叫马永寻的板城人，地主富农出身。有一天，国家下来政策说要提拔一两名思想觉悟好的地主富农的子弟当干部，正直的老人就推荐了马永寻。哪知，刚提拔上来，国家又要打击地主富农了。正好当时“文革”搞得轰轰烈烈，老人就被打入“右派”了。苏继东说，爷爷去青龙县好几趟，每次去县领导都用车给送回来，说老苏有啥条件呢就讲出来，“没啥条件，就常来看看!”老人每次都这么讲，人家说两句好话就完事了，也不提平反的事。苏继东有时候也有点“怨气”：“跟他一起的老八路都平反了，给了不少钱，就他啥也没有。”后来，苏继东回忆说，他们去过中央军委的老干部学校，有位首长接见了他们。这位首长的儿子的婚礼是爷爷给主持的，所以印象特别深。首长跟前好几个警卫，谈话时间都是有数的，爷爷去了没说多久就说时间到了，首长摆摆手，这事也就没来得及说。不过，政府给爷爷的安置还是挺不错的。新中国成立后，当了一段时间板城十二区区长。1958 年由于生病，不能继续工作就退职了，回来在安达石当了好几年赤脚医生。其实，这赤脚医生当时在农村“权利”也是很大的。有些人就想找爷爷买吗啡，但爷爷总是坚持原则，只给那些真正需要的病人。由于爷爷的正直、无私，在村里还受尊重，后来还当选了宽城县的政协委员。说着，苏继海把爷爷的委员证小心翼翼地捧出来给我们看。苏继东一直为爷爷感到自豪，一是他是个甘于奉献的老军人；二是他是个不徇私利的赤脚医生。

小卖部是从 1982 年开始经营的。那年苏继东 22 岁，跟亲戚邻居们借了几百元，将老房子翻盖翻盖，摆几张旧柜子，就这样开张了。当时小卖部的规模要比现在小得多，经营起来也要艰难得多。当时没有汽车，进货就得靠自行车带，早上 5 点多钟出门，骑 30 公里到城里去。而且当时资金少、进的品种也少，就卖些日用品什么的。现在就方便多了，需要什么，打个电话给批发商立马就送过来了。“现在人经营很灵活的，有时候还会顺便带点儿新货顺带推销一下。”要是苏继东出去跑运输，就由他妻子打理小卖部。从 1982 年到现在，都 27 年了，两人轮流看店，小卖部经营得有条不紊。有时候苏继东的母亲也去待会儿照看一下。我们问他，“这乡里乡亲的有没有赊账的情况?”“当然有，赊账是很平常的”，苏继东笑笑，“谁家没有个难过的时候。有时候只是忘了带钱，下次来就一并还上了。这店面小，也没有什么贵重的东西，都有小本本记着，到年终统计统计。有的实在欠得太多了，赊账人再过来买东西时，我们就会提醒一下。大家也都理解开小卖部小本经营不容易，一般立马就还上了。”

虽然苏继东家的日子在村里过得也算中上等，但毕竟上有老、下有小，日子还得紧着过。苏继东想想还是得再干点什么，跟媳妇一商量，趁着自己年轻，跑运输去。于是，1991 年苏继东买了第一辆车——解放 140。说起买车，在那时还真挺不容易。买这辆车要花两万元，在当时对这家人来说这笔钱可是个大数目，除了少量存款外，其余全都是跟亲戚邻居们借的。那时候老百姓手里边没有多少钱，特别是在农村，都是种地的，钱都是一分一分攒起来，大部分都是留下来给孩子们上学娶媳妇用的，能拿出来就不容易，能借出去做生意就更不容易了。后来，赚了点钱，债务也还得差不多了，就换了解放 141 和现在这辆车。不过，这两辆都是二手车，每辆车四万元左右。宽城的铁矿开发比较早，车买来后就去拉矿、拉铁粉。其实跑运输是件有苦说不出的活儿，苏继东开着解放 140、141 去拉铁粉，虽然活儿挺多，有时候每天忙活，一拉一个月，可最后就有口舌了——拖欠运费。但就这样也得照样跑，不然活儿就被别人揽去了。最后没有钱买油了，无奈之下只得借钱买油跑。“那时候，有大型矿企，人家不收你个人的，小矿主根本抬不起头。所以，我们一般都给大型矿企拉矿。但那几年矿石价格上不去，矿企经济效益也不好，而且大型企业也比较‘霸道’，通常是一年一年的压着你，不给你结账，那真是有苦说不出。也就在七八年前，矿石供不应求，矿业开始活跃。再加上政策放开了，小矿主多了，活儿也多了。一般隔三岔五地给你结一下，很少压账。去年经济危机又完了，铁矿石价格上不去，需求量也小，卖不出去，就没有铁矿可以拉了。好在有时候被雇去收苹果，还能挣点儿贴补家用。”苏继东解释道。说到运送苹果，这也是件精细活儿。以前，不像现在，苹果外头都有塑料缓冲物包着，一箱一箱的。苏继东做收苹果生意的时候，好的时候有篓子，忙的时候顾不上了，就直接往车上扔。“有销路还好，若没销路，苹果容易坏，一颠就有坑，坏一个，一车就完了。”听到他讲这些，我们心里不知是什么滋味，真不知是佩服还是有一些心酸。

“但最近几年很少出车了。”苏继东说，“不爱动弹了，老了。现在搞运输也没有什么钱可赚了，虽然不用养路费了，但是油钱一个劲地提。再说去年自己的车也不行了，报废期到了。自己想倒腾倒腾车再跑跑，两个孩子也不让，说五十岁的人还跑什么呀，在家倒腾倒腾小卖部就行了，出去离家远家里都不放心。孩子对苏继东说，要是没钱花了，我们给。”苏继东提到这儿，幸福地笑了："我说不用，孩子有这份儿心就行了。"

苏继东是个懂得惜福、很知足的人。他认为，现在的生活比以前好多了，不用吃什么苦，不跟别人比，就比比自己、比比以前。"但是总是有些人不满意"，苏继东感到很无奈，"前些日子农村，还有人趁早晨没人，挨家在门口放小本，宣扬社会不好的。还声称自己是什么宗教信仰，我看这就是邪教组织。现在社会多好，哪个时代都会存在不公平，但这都只是相对的嘛。现在社会已经富裕很多、稳定很多了。种地给补助，村里给铺水泥路、修路灯，水泥路旁还给栽几棵树，多好啊。平常是有些抱怨，那也是在肯定的基础上对现在生活的些许不满，人总得有追求，对吧？"

听到这儿，我们都笑了。小爱于口，大爱于心。我们称赞苏继东是个"爱国人士"，他哈哈笑了起来："哪能说爱国，还没上升到那高度，只是实话实说罢了。"朴实、善良的人，总能将生活的艰辛渐渐消化、不平等的委屈渐渐吸收，将这些看作一种磨炼、当成一种"吃得苦中苦，方为人上人"的动力，他们依然会觉得生活美好，他们有抱怨、会诉苦，因为他们想要得到更多的关注。

当我们问及苏继东的身体状况，苏继东挺了挺腰："前几天刚从医院住院回来。不过现在身体还行，恢复得挺不错。"苏继东讲，前些日子门口想打个桥，闲不住的他又想干点什么，于是就去桥下扯模板，结果被模板打到头了，缝了十针，住院住了八天。"现在住院费太贵了，八天就花了三千多。由于这属于意外伤害，农合是不给管的。不过只是小伤。"这一聊，把苏继东扯进了2000年的那段可怕的回忆。2000年，苏继东开着自己的第二辆车解放141，从板城送铁料到丰润新区。回来的路上，过了耒阳，车翻到沟里去了，把苏继东死死地压在了里边。人们忙前忙后，用电焊割门，终于把他活着救了出来。这时，苏继东已血肉模糊，不省人事。就这样，恍恍惚惚中他被大家送到了迁西医院，然后联系到他的家人。在医院治疗了一段时间，他被家人接回了板城。据苏继东回忆，是因为疲劳驾驶出的事。当时家里在盖着房，走的前一天晚上苏继东还在打楼板。第二天自己一个人出车，返回的时候真的熬不住了，开着开着就睡着了……这一次事故花了一万多元，加上修车的费用和在家休养的费用，一共有三万左右。本想事故出了，人虽然折腾了一下最后也没事，这也是很幸运了。没想，没过多久苏继东就觉得肚子总是隐隐作痛，当时苏继东并没当回事，以为伤口在复原。就这样，苏继东挺了一年。

到了第二年，实在挺不住了，就去医院检查。这一查可真查出了毛病，是那次事故留下的毛病——肚子里有块肉震裂了，但当时在医院时并没有检查出来，于是导致病情越来越严重。经过鉴定，由于当时没有进行全方位的检查，院方是有责任的，可苏继东一家那时候也不怎么懂法律，想身体好了就行了。于是，这事也就不了了之，这笔费用医院一分没管，苏继东自己掏了一万多元在板城动了手术。“那次车祸可遭罪了。用电焊割门的时候铁皮烧红了掉在身上烫的，送到医院觉得全身都疼；身上四处骨折，全身都绑着绷带，脑袋也裹得厚厚的……”苏继东这时候谈起来还心有余悸，“开车就是挺危险的，疲劳驾驶太要命了，一刹那出事就晚了。好在现在有的车上已经安有监控器了，能测出已经行驶了多少小时，超两小时就提醒必须得休息，这样挺好。那时没有，全凭个人。不过总算是躲过一劫了，还是挺有福气的!”说到这些，苏继东紧张的心似乎才稍微放松下来。

表 10－6　　**苏继东家基本情况表**

农户家庭基本情况								
户主姓名	苏继东	民族	满	文化程度	高中	家庭人口数	5	
劳动力人口数	4	在校生人数		就读学校				
家庭固定资产和耐用消费品情况								
住房	砖瓦石房	占地面积(m^2)	110	汽车	0	农用车	0	
摩托车	1	电视机	3	洗衣机	1	电冰箱	4	
照相机	2	影碟机	0	组合音响	0	手机	4	
2008 年主要收入及收入来源（元）								
收入合计	20225	种植业	5000	家庭手工业	0	本乡镇就业工资	0	
外出打工	0	从事运输业	10000	政府补贴和社会救济	225	其他经营收入	5000	
2008 年主要支出及支出类别（元）								
支出合计	19300	生产支出	1000	其他支出		3000		
生活支出	衣服	红白喜事	看病	娱乐	交通	教育	食物	住房
15300	2000	5000	6000	0	300	0	2000	0

苏继东家还算富裕。有三台电视，一台是拉面粉顶账回来的，一台放在

店里，一台放在自己家用；一台洗衣机；一台冰箱；两台冰柜，家里一台，门市里一台；两部相机；一辆摩托车；两台笔记本电脑。

对于全家人2008年的收入，苏继东估算了一下，如果不算女儿，全家人收入大概在五万元到六万元之间。去年跑了几次运输，大概有一万元的收入。家里不算儿子的，主要收入就是这个小卖部。其实小卖部收入也有限，苏继东说，一年也就四千元到五千元（我们认为，苏继东可能出于各种考虑，这个数目报的比较谨慎）。小卖部的收入会受到很多因素的影响。油盐酱醋、啤酒、卫生纸之类的日用品，家家户户平时都离不开，比较容易卖，利润较薄，同时也会有一些竞争对手，比如一些边吆喝边卖的闲散小贩；再就是烟，这也比较好卖，但受矿企效益的影响，烟是奢侈品，工人挣得多了自然会多抽点儿、抽点儿好的过过瘾，挣少了、没活干了，主要还是从这上面省嘴。“铁矿石最贵的时候，一天一般都挣100多元，有时候都挣两三百元，那他们一天买20元的烟也不犯愁啊，现在不行了，铁矿石也降价，这矿的收益减少，他们都在家都没活干，抽的就少了。所以说，对消费收入的影响，咱们这个矿业是非常重要的，它要是行情好了，会带动好多行业一起发展，就是整个宽城县也是靠铁矿石。好在这几年，农业税免除外，像这个小卖部缴税，以前根据你的营业额，有段时间就在进货时，直接就把税扣下了，现在政策好，基本都已经免了，之前还有点印花税，现在基本上都免了。没有税了，就轻松多了，干一天挣一天的钱。儿子现在是一个月3000元左右，年底的时候发了一万元的奖金。还有栗子树收入，栗子树种得少，其实栗子更不省心，利润低，最贵的时候八元，现在也就四五元。收栗子的时候，请雇工，每天每人50元，几个人吃饭一天得100元，现在也就不怎么种了。家里的地，有退耕还林的地加自己种的地总共是五亩，除退耕还林的外，种的全都是玉米。玉米去年卖的时候是0.5元/斤，现在贵，大约0.8元/斤了，去年种植玉米的收入是在5000元左右。去年养了两头猪，养猪都是自己吃，春节杀一头，女儿结婚杀一头，两头猪杀完后一头220多斤，一头280多斤。养猪也不挣钱。”苏继东给我们算了算，“现在一斤玉米0.8元，猪一天吃好几斤棒粒，就按3斤算，2.4元，咱自己养得猪一般一年左右，差不多800多元，猪仔都10元/斤，抓个50斤的猪就500元，咱们的猪一般都是在二百四五十斤，去年生猪价格是7元多，卖掉一头猪是1700多元，猪长的这些肉钱，快跟吃的玉米粒一样价钱了，剩几百元，还得每天伺候着，不上算。说养母猪的挣钱，其实也不是，得赶上好年景，像今年就行，有的能挣好几千，有的也不行，成活率也是个问题。”

消费多少，苏继东算的很仔细。就拿2008年来说，种植业，除草剂100元；尿素，使用了四袋还不够，约有600元；化肥600元；种子200元；加上农药，差不多一年生产性支出1500元左右。电话三部，两部分机，一人一部，电话费一年500元。手机费得3000元。一年的交通费用300~400元，包括去城里坐车的钱。生活方面的支出大约在2000元左右。农民要面对好多问题，第一个就是治病，这在苏继东家体现的很明显。苏继东的妻子身体不好，有糖尿病跟白内障，声带还有问题，因此，医疗支出在苏继东家就占很大一块。2008年，苏继东的妻子去承德看病就去了四次，花费大约有5000元。红白喜事支出在农村也占相当大比重。2008年，苏继东家算下来就花了5000元，仅5月一个月就1000元。另外，穿衣也得1000元/年。所有支出加起来，整个家庭一年差不多要10000~20000元左右。

从对苏继东家的调研中，我们发现苏继东一家在村里算是中上等，但一直没有很大的发展。主要是因为：

首先，苏继东家的主要收入虽不是来自于传统的农业，但其所倚靠的运输业处于新兴的铁矿业的下游，其发展很大程度上受控于铁矿业，铁矿业的效益会直接影响到他家的收入。而且，由于苏继东家所经营的运输业仅局限于安达石村，因而市场空间较狭小，需求很容易达到饱和。其次，国家政策不稳定。国家政策在一个经济系统中处于导向作用，会直接作用于产业结构等方方面面。国家的政策会影响农产品的价格，这对苏继东家的种植业收入是个影响；国家的政策又会影响原材料、能源价格，这与以运输业为主要收入的他家的成本支出有直接关系。同时，这些又会进一步间接影响苏继东家的小卖部的收入。最后，从这个家庭内部考虑，苏继东的妻子长期患病，因而医疗支出是这个家庭财富较难积累的又一原因。

但让我们佩服的是，勤劳的苏继东一家团结、坚定，一直在做着不懈地努力。加之现在子女都已抚养成人，并有了稳定的收入，我们相信苏继东一家的日子会越过越好。

（七）靠建筑起家经营小矿的杜景仓家

杜景仓，1959 年出生，今年 50 岁，是农业生产组一组组长。初见杜景仓，黝红的脸庞，卷曲的头发，小小的眼睛。谈话时，总是一言不发地看着你，但眼里总是闪着别样的光芒。从杜景仓眼里的光芒，能看出他的精明与能干。

杜景仓总共弟兄七个，他排行老五。因为家中男孩子多，小时候杜景仓家中非常困难。“当时娶媳妇都困难，兄弟们都要自己出去闯荡”，杜景仓笑着说，“现在好了，什么都有了。家里有五口人，除了媳妇外，还有儿子、儿媳和刚满两周岁的孙女。”刚接触杜景仓，爽快利索的他就给我们这次入户调研降低了难度。杜景仓总结说，他最主要的活动就是三部分：日常生活—矿产业—种植业。顺着杜景仓的思路，我们开始了今天的采访。

“我就直接谈我的看法了”，杜景仓爽快地说，“穷不能耗啊！现在生活殷实了，日子过得还算不错，开始还是挺困难的，绞尽脑汁地赚钱。”杜景仓一直自力更生，用小钱变大钱。刚开始也是种地，但杜景仓却跟别的庄户人家的想法不一样，他想的不仅仅是一日三餐填饱肚子过日子，他还有更大的想法。于是他省吃俭用，把钱一点点攒了下来。

机会总是青睐于准备的人。随着经济的发展、国家政策的放开，村里成立了建筑队。原来各家盖房子都请四邻帮工，现在几乎都包给建筑队。善于巧抓机遇的杜景仓看到了希望。他毫不犹豫地加入了建筑队，接活儿盖房子。渐渐地，杜景仓在这个行业中学到了手艺、摸出了门道，于是胆识过人、吃苦耐劳的他拿出了全部积蓄承包起了房屋建设工程。由于杜景仓的精明能干，他的建筑生意越做越大，本金不仅很快得到了回报，而且有了更厚实的积累。有了这些积蓄，杜景仓想法就更大了，他毅然决定去承包铁矿。谈起这段回忆，杜景仓若有所思：“毕竟是从小生意到大买卖，从副业到实业嘛。那段时间是最累最苦的，但却挖到了人生中的‘第一桶金’。”同时，杜景仓也没有忘掉他的“老本行”。地一直没闲着，还种着些树苗、三四亩刺槐。种的苹果树苗跟松树苗就在当地销，赚些小钱贴补点儿家用。但是，最近铁矿不景气，安达石可以说都是靠铁矿吃饭的，这一不景气，对地方经济影响很大，杜景仓的铁矿也多多少少受到了些冲击。

杜景仓不仅是有生意头脑，而且对这几年当组长的经历颇有一番心得体会。农村人际关系复杂，修路、改线、修火车道要占地，老百姓经常会不愿意，调解工作不好做。有时候实在是调节不好就要找大队，由大队出面解决。经济利益分配要尽量公平，但不能保证完全兼顾到每个人，所以，大家要相互谅解，不要盲目攀比。村民朴实，虽然计较经济利益但更看重的还是个人在村里的口碑。在农村人情还是要大于经济利益的，一个人能得到尊重、能有威望，光有经济基础是不行的，还得学会抓住人心，做好大部分群众的工作，工作就好做了。而且，老百姓对于政策的问题有时候不是很明白。比如说像征地补贴这类事，必须得依据政策规定给补贴款；而村民自己心里也有认为公道合理的标准，有时这就会在政策规定与村民预期之间产生差距，从而引起村民的不满甚至抵触。因此，作为组长，必须要跟他们讲清楚、说明白，把问题分析透。但往往左右难做人，有时候明明是为了他们好，解释的不清楚，反而引起误会。这时候就要发挥长辈的作用，先给长辈们解释清楚了，再由长辈们向晚辈们解释。此外，村子里为了加强道德教育，每天广播站都会放些关于道德教育的宣传资料。现在村民的素质普遍提高，几乎没有什么打架斗殴、小偷小摸的事件发生了。因此，在这方面组长的工作好做了很多，负担随之也减轻了不少。但是有时候会跟企业发生冲突，冲突的原因大部分是劳资矛盾的问题，农民挣个钱真不容易，该给的就应该给，很多家里就指着这点钱养家。这方面的调节工作主要是以村里为主、组长配合。

“我一直是财政权上交的!”杜景仓笑着说。杜景仓前几年采矿差不多挣了五六十万元。杜景仓算计了一下，去年盖了四间新房子。装修好差不多就花二十四五万元。剩下的杜景仓打算给儿子买辆三友（前边四个轮子后边八个轮子）卡车，给他找点事做。现在，虽然杜景仓的儿子在家务农，能够自食其力，但杜景仓认为这不是长远之计。农业不挣钱，也不是主流，种地有补贴，但不是很多，退耕还林还给得多些。

至于给庄稼上保险，杜景仓说，听说过这个事，但是这里没有，只有在大型种植厂才上保险，这里的地很多都是山地，种地的面积不是很大，听说有的地方给补助一部分保险金，像通辽有一个村就是这么做的。一亩水浇地玉米，保险 35 元，公家负担 30 多元，自己只负担不到 5 元；如果是旱地玉米，一亩缴 20 元保险，公家负担 18 元，自己负担 2 元多就行。那样挺好的，杜景仓接着说，那样的话，家家户户就都上保险了，什么玉米、高粱、谷子估计就都上了，就算有自然灾害也不用怕了。问到村里这些年有什么新规划没有时。杜景仓说，村里计划安自来水，因为修路已经破坏了地下水，水质远没有原来清澈了，他们组已经开始安了。

杜景仓最主要的收入就是矿业，自己有个坑口，在里边采矿。杜景仓介绍，安达石附近的矿主要是铁矿，虽然不知道确切的储量，但估计挖不了20年。矿石是安达石的经济命脉，村里的很多日常活动、经济活动都跟矿石有关系，据杜景仓介绍说，以前矿石销售好，一年能挣30万元左右。2008年的经济危机对安达石铁矿业的冲击很大，实际矿产成交量大幅减少，现在很多工人赋闲在家。不光工人难过，像杜景仓这样的“老板”也要挨一段苦日子了。

说到矿，我们了解了一下矿企对村子的影响。据杜景仓观察，村子周边的厂子挺多，特别是矿业，一般每月能挣个1500～2000元。所以，村民出去打工的不多，一般就在附近厂子里做事。工厂的污染对水没有多大影响。主要是噪声比较大，还有就是空气污染，并且很多厂没有除尘器，有时候整个天就是雾蒙蒙的，像蒙了一层布。但是开矿前后对老百姓的健康好像没有多大变化。

杜景仓现在身体不错，平时喝酒只喝啤酒。村里丧葬还是以土葬为主，有时候杜景仓还会去帮帮工。平时，杜景仓也没有什么其他的娱乐项目，就是打打牌、斗斗地主。

除此之外，杜景仓家里还种植树苗。杜景仓开始对种树苗也不懂，就是瞄准了，一头扎下去拼命干。结果，种的树不仅长得慢，而且存活率低。后来，请教了农业专家，大约倒腾了四五年，到现在才积累了一些经验。杜景仓介绍说，“刺槐，原产美国东部，生长迅速，根系发达，具有根瘤，有一定的抗旱、抗烟、耐盐碱、耐沙埋，耐表土高温的能力，是华北、西北等地区保持水土，改良土壤，防风固沙的优良绿化树种，因此深受群众欢迎，销量也比较好，尤其是能够满足北京这几年的防护林需求。”他继续讲：“像刺槐从种子起，都是在实验室里，到地里的就已经是一棵小树，我们就将这棵小树培养一段时间后再卖出去，但是从种子开始，这些个流程我都得了解，要不去买树苗的时候不懂，不知道哪些树苗好，成长好，样子好看。”我刚想在记录中写下“刺槐专家”四个字，杜景仓拿出了一个小本，上面密密麻麻的字，“这是我去参观时学习记录的”。原来专家是这么炼成的，我们心里顿生敬佩之情。哪料，看到这本子，杜景仓“来劲儿”了，竟给我们讲起了种植树苗的步骤：

第一步是种子的处理跟播种，这个环节很关键，是关系树苗的成活率。第二步就是苗期管理，在营养土播种后，视天气情况，一般三天左右浇水一次，以保证出苗，随着苗木生长阶段不同，浇水量也有区别。第三步就是造林了，就是我们一般做的工作，造林最好选在三月初，树叶还没有开始萌动，最迟不宜超过四月份，宜在小雨或雨后湿润的阴天栽植。“这些都是从别人那里学来的，自己没事的时候也喜欢倒腾倒腾这些个树苗”，杜景仓津津乐道，“本来文化水平就不行，再不学习就更不行了。”

看到杜景仓的这股子热情劲儿，我们实在不忍心打断他，但由于时间限制，我们只好尽可能把他往访谈的内容上引：“觉得去年生活过得怎样？日子还能应付的转吗?”聪明的杜景仓立即领会到了我们的意思。

表 10－7　**杜景仓家基本情况表**

农户家庭基本情况								
户主姓名	杜景仓	民族	满	文化程度	初中	家庭人口数	5	
劳动力人口数	4	在校生人数		就读学校				
家庭固定资产和耐用消费品情况								
住房	砖瓦石房	占地面积(m^2)	160	汽车	0	农用车	0	
摩托车	1	电视机	2	洗衣机	2	电冰箱	2	
照相机		影碟机	1	组合音响	0	手机	4	
2008 年主要收入及收入来源（元）								
收入合计	46000	种植业	6000	家庭手工业	0	本乡镇就业工资	40000	
外出打工	0	从事运输业	0	政府补贴和社会救济	0	其他经营收入		
2008 年主要支出及支出类别（元）								
支出合计	18400	生产支出	1500	其他支出	3400			
生活支出	衣服	红白喜事	看病	娱乐	交通	教育	食物	住房
13500	5000	4500	0	0	1000	0	3000	0

据杜景仓讲，2008 年他家总共收入 46000 元，有 4 个劳动力人口，人均

11250 元，在农村收入算是可观的了。种植业收入为 6000 元，占整个收入的 13%。本乡镇就业工资为 40000 元，大约为 87%。说明了，在杜景仓一家的收入中，乡镇就业工资收入占绝大部分，是整个家庭的主要收入，但是种地占收入的比例是非常小的，这就是为什么杜景仓一再强调种地不赚钱的原因。

在支出方面，总共支出为 18400 元，其中，生活支出 13500 元，占总支出的 73%；生产性支出 1500 元，占总支出的 8%；其他支出 3400 元，占总支出的 19%。在生活支出中，衣物支出为 5000 元，占生活支出的 37%；红白喜事支出 4500 元，占生活支出的 34%；交通费用支出 1000 元，占生活支出的 7%；食物支出为 3000 元，占生活支出的 22%。从以上数据分析看，杜景仓一家的生活支出占整个支出比例的绝大部分，在生活支出中，各方面支出的比例相对比较平均。由于杜景仓家中生产性投资很少，生产性支出所占比例也就比较少。

在杜景仓家中，家庭固定资产和耐用消费品一应俱全：摩托车 1 辆，电视机 2 台，洗衣机 2 台，电冰箱 2 台，影碟机 1 台，手机 4 部。

杜景仓家在村中已属上乘。通过访谈，我们发现可能有以下几个原因：

首先，从杜景仓自身讲，他思想比较开阔，是个敢想敢做的人。因此，杜景仓能很快地淘到起步所需的第一桶金。其次，杜景仓是个很有规划的人。因此，在机会来临时，他总能牢牢地抓住。再次，政策的开放又给善于抓住机会的杜景仓提供很好的发展平台。

农民是农村的主体，农村的建设要靠农民自己，农民个人的发展也要农民自己动脑筋。杜景仓是比较幸运的，他看到了先机，凭着自己的干劲与精明走出一条富裕之路。

（八）创业中坚韧前行的富裕户李宗林家

我们在安达石村的调研进行地很顺利，工作进展的很快，调研小组在安达石管辖的自然村西岔沟村的入户调研基本结束，为了进一步了解安达石村的发展状况，我们小组接着到安达石村村部所在的自然村大庄进行入户调研。2009 年 7 月 26 日早晨，我们调研组成员早早地来到了安达石村村部，村委会的公培海书记刚刚上班便接待了我们，他为我们的积极调研的精神所打动，急忙翻出电话本为我们联系各调研小组的临时带队人。十分钟后，各小组的带队人纷纷赶到了村部，经过协调以后，我们调研小组由大庄三组杨组长带队，开始了新一天的入户访谈工作。

杨组长身材魁梧，性格豪爽，带着我们大步流星地往访问对象——李宗林家走去，我们调研组的成员一溜小跑地紧紧地跟在杨组长的后面。到了李宗林家门口时，看见他正在自家的操作间里为一口刚刚打好的寿材刷漆。从他的工作环境及手中的活计，我们看出他是一个技术娴熟的木匠。杨组长言简意赅地说明了我们的来意，起初并不是很愿意接受我们的访问，因为手中正有活计要忙，这让我们心中略有担心，怕这次访谈不成功。但我们心中的疑虑很快就被杨组长直爽的办事风格给驱散了，由于杨组长和李宗林是一个庄子的，平时都很熟悉，所以杨组长硬是要求他配合我们的工作，出于情面他也没有再推脱，放下手中的油漆径直地带我们进里屋了。虽然刚接触没几分钟，但我们可以看出杨组长和李宗林都是性格爽快的人。

走进院子时我们观察了他家院子的布局，一进大门是一栋近二十米长的钢筋水泥房，墙体上镶满白色的瓷砖，配上银白色铝合金的窗户和红色瓦的屋顶，虽然房子不是很新，但看起来依旧很是气派。与房子正对着的是一排与房子同宽的、靠着大门和院墙搭建起来的砖瓦房，这是李宗林平时工作的操作间，里面摆放着各种木匠用的工具——电刨、电钻、电锯等一应俱全。操作间与房子中间是一个约十米长的院子，地面上铺着水泥砖，院子的西侧规划出一个小园子，种植了一些蔬菜。整个布局干净整齐，一看便知这是一个生活比较富裕的农家。进了房子，李宗林带领我们参观了一下房子的构造。房子有近150平方米，一个客厅、一个厨房、三个卧室，看着很宽敞。李宗林把我们请进了他的卧室，安排我们就座后，我们开始了正式的访谈。

李宗林，男，汉族，1959年生人，1976年高中毕业；家里一共6口人，老母亲、妻子、儿子、儿媳和孙子，三代同堂，人丁兴旺。李宗林是家里受教育程度最高的，高中毕业，那时家里穷，高中毕业后没有继续升学；他儿子只有初中毕业，并不是因为家庭条件不好辍学，相反是自小家庭条件好，不好好读书，初中毕业后就回家待业，目前在北大岭铁矿工作。

李宗林自小家境贫寒，生活很艰苦，但是生性聪明好学的他还是坚持读完了板城乡办高中。那时学习条件很艰苦，李宗林经常吃不饱饭，一天只吃一顿饭，经常饿着肚子上学，但他还坚持上学。高中毕业后由于家里没有条件支持他再继续读书，他只能回家待业，提到这些从他的眼中多少还能看出一丝难过。我们安慰他说那时能读到高中已经很不错了，他立刻笑着说：“是啊，我那时已经很不错了，我们大队书记公培海在我下一届，他是最艰苦的，那时他比我还困难，一个作业本正面用完用背面，都到这个程度。”从他的话语中我们能够体会到，在他们上学那个年代生活和求学的艰辛，但他们都挺了过来，这种韧劲和上进心，让我们感到很钦佩。儿时求学的话题，打破了我们之间原有的陌生和距离，李宗林的兴致也被我们调动起来，开始给我们绘声绘色地讲述他的人生经历和他们家的发展经历。

1976 年李宗林从板城高中毕业以后，由于他的学习成绩优异，毕业刚回家就被安达石大队小学聘去当教师。两年后，敢拼敢闯的李宗林不甘心每天面对三尺讲台做一名民办教师，于是他毅然地离开了学校，到生产队干活工作。刚到生产队，李宗林就被推选为安达石大队下面的生产小队的队长，由于他在上高中时学习了一些林业方面的技术，他在生产小队主管林业，也算是干比较有技术性的工作。

1982 年，在父母的操办下，李宗林结了婚。李宗林家里兄弟四人，他排行老二。李宗林结婚时家里的境况很困难，他结婚时连一床新棉花的被子都没有，都是用旧棉花缝缝补补做的被子，像样的家具根本没有。20 世纪 80 年代初，安达石生产大队刚刚解体，已经正式分组但还未完全实行包产到户。结婚后不久，李宗林就从父母那分家出来单过，利用小队分来的 10 多棵树，又花了 600 多元，盖上了以前农村的土房子，自立门户。那时候的中国农村经济刚刚放开，允许农村个体经济的发展。由于安达石村的集市刚刚成立，生活物资供应不全，有经济头脑的李宗林及时发现商机，开始琢磨做买卖。他用工作几年积攒下的 2000 多元买了一辆手扶车，自己开车到唐山、蓟县、遵化一带买进大米、白面、水果、蔬菜、粉条等生活物品，运到家中在集市上和附近的村庄进行销售。那时候生活物资很有市场，但有这种经济头脑的人不多，做生意的人少，所以李宗林的生意很好，进一回货到家仅用一到两天就能卖完，一趟下来纯利润就有 300 ~400 元。李宗林一个月能跑 5 ~6 趟，一个月净赚 2000 多元。那时候物价低，收入也低，这样的收入对于一个家庭来讲真是不得了。从中可见李宗林的经济头脑和经营的能力，让人很佩服。但是那时做生意也很艰苦，手扶拖拉机速度慢，跑单程至少要用 6 个多小时，凌晨一点就得从家出发，天亮才能赶到进货地点。天暖和的时候还好，赶上天气冷的季节，夜里开车特别的冷，又冻又饿，吃了不少苦。但是为了生活，为了赚钱，再怎么艰苦他也一直坚持。李宗林笑着说：“那时候生活那么艰苦，我怎么也没想到能过上现在这样的好日子。”这种进货卖货的生意，李宗林干了几年，赚了一些钱。在做买卖的同时，家里还养7~8头猪，每年养猪的收入都能在5000多元。后来听说北大岭铁矿开始招聘工人，而且技术管理人员一个月能拿3000多元的工资，头脑灵活的李宗林又开始琢磨，比照自己做买卖的收入，还是在矿上工作赚的钱多。于是他托熟人，开始到北大岭铁矿工作，一干就是9年。在北大岭铁矿工作，不仅收入高，而且稳定，相对也轻松些。

在北大岭铁矿工作期间，由于李宗林受教育程度高，又做过生意，思路敏捷，工作能力较强，很快就被提升为段长，负责日常生产的管理工作。由于他工作态度认真负责，踏踏实实地为企业服务，所以在北大岭铁矿深受领导的信任。1999年冬天，已经有一定积蓄的李宗林准备翻盖自家的房子，就在矿上请个了长假，到2000年春天，他花了6万多元建成了前文所描述的房子，这在当时的农村算顶级的房子了。

房子盖上以后，花费了不少的钱，李宗林整天琢磨怎么能够发家致富。当时，正赶上村里号召开发荒山栽绿树，发展林业。那时候安达石村的荒山都已分到各家各户，李宗林兄弟四人在牦牛岭分到的荒山都在一块，但其他兄弟嫌开荒种树辛苦，都不愿意开发荒山。这样，在李宗林的主持下，将兄弟四人的荒山分开，李宗林分到了离家远、谁都不愿意要的一片荒山。可就是这样一片荒山，日后竟给李宗林带来了不菲的收入。起初，李宗林在自己分到的荒山开荒种树，发展林业，一次就栽了300多棵栗子树。李宗林能吃苦，肯下苦力，在开荒过程中一镐一锄地开垦荒地，干劲十足，为同村村民起到了很好的示范作用，当年还受到崖门子乡政府的表彰，在全乡大会上公开表扬颁奖。提到这些开心往事，李宗林笑得很开心。

在开荒山过程中，李宗林不怕苦，不怕累，把土挖的特别深，以便于果树更好地生长。“皇天不负有心人!”这句话用在李宗林身上正合适，就在他开发荒山、深挖土地的时候，他在自家的荒山挖出了矿石。这对李宗林来说是个不小的惊喜，他一下子找到了发家致富的新渠道。于是，李宗林一边经营栗子树，一边开矿。同村一位经营修车铺的朋友得知他家山上有矿石之后，想入股与他合伙开发矿山。起初，李宗林不愿意，一来当时矿石的价格并不好，利润不大；二来合伙开矿，他担心以后的权、责、利界定不清。但那时李宗林刚盖完房子，家中积蓄所剩无几，没有足够的资金开矿，而且想入伙的朋友允诺：赔钱了李宗林不用管，全部由他承担，赚钱了两个人一人一半。朋友的豪爽消除了李宗林的顾虑，于是二人合伙开矿。家里发现了矿，李宗林就不再去北大岭铁矿工作，转而让儿子到北大岭上班，当一名普通的工人。

开始开矿的初期，只在矿的表层开采矿石。一年以后，他们请人打了一口矿井，情况还比较理想，地下的矿石层比较厚，矿的质量较高。2003 年，赶上中国铁矿石价格猛涨，处于铁矿石市场行情最好的时候，具有经济头脑的李宗林及时将已经部分开采的铁矿卖给了当地的企业，一共卖了 120 万元，他与合伙人每人分得 60 万元。这对一个农民家庭来说，简直是巨额收入。

铁矿处理了以后，李宗林并没有抱着 60 万元的存款谨慎地过日子，他知道必须通过投资才能换回更多的钱。利用手中 60 万元的资本积累，李宗林整日思考如何赚更多的钱。于是，他开始了新的创业路程。2003 年，李宗林花了 25 万元买了一辆三友卡车，加入板城镇的兆丰钢铁公司的运输车队，开始搞运输工作。与此同时，李宗林也没让自己闲着，积极寻找新的投资项目。2003 年，他在家里搞起了养殖业，他先养了一年蝎子，起初还好，但是由于缺乏养殖蝎子的技术，温度掌控不好，刚繁殖出的蝎子都死了，1 年下来没赚到钱不说，还把本钱赔进去一些，这个投资项目就这样失败了。

养殖蝎子的失败并没有对李宗林造成多大影响，但最令他痛心的是 2004 年家中出的一场变故。2004 年，在北大岭铁矿当工人的儿子觉得在矿里上班不挣钱，于是回家跟着李宗林一同搞运输。刚加入铁矿企业运输车队的儿子，在一次跑运输的过程中发生一场交通事故，与一辆小轿车相撞。重型卡车吨位较大，所以车和儿子没受到多大损伤，但小轿车受损严重，车里的人被撞成残疾，而这个人恰恰又是政府官员——承德市政府秘书长。交通肇事使儿子背上了官司，按照法律规定，如果提起公诉儿子将被判至少 3 年的有期徒刑，爱子心切的李宗林不忍心让儿子到监狱受苦，担心影响他一生的前程，于是与伤者家属达成协议，赔偿伤者 44 万余元私了了这场官司。这样，儿子免于牢狱之灾，但李宗林辛苦创下的家业经过这场事故被折腾得差不多。这次事故让李宗林很寒心，多年创业攒下的积蓄顷刻间就没了，这让他一时间难以接受。人要是倒霉的时候事事都不顺心，家里的变故已经对李宗林打击不小，接下来的事业也不顺利。2004 年，李宗林开始养貉子，但由于市场不景气，没人回收，三年下来赔了10000多元；儿子在车队中搞运输的状况也不景气，没赚到什么钱。

不仅如此，李宗林对儿子也逐渐失去了信心。李宗林多年来通过自己顽强的奋斗，创造了一份家业，这使得儿子从小就在相对比较优越的家庭环境中长大，他又是家中唯一的男孩，所以比较娇惯，自小就不好好学习，初中毕业后就一直赋闲在家，而且还染上赌博的恶习。毕竟是自己的儿子，李宗林想自己年岁越来越大了，还是应该培养儿子自立，能接过李宗林一手创下的家业，所以才花了25万元买了这辆三友卡车，加入到矿里的运输车队，可是没成想仅仅一年的光景，儿子就把这车“连本带利”的打水漂了。李宗林说：“儿子不给你提气，你自己再怎么折腾也白费。我年纪也大了，不想再那么操心受累了。”李宗林一句话，道出了多少一个多年来在创业道路上摸、爬、滚、打的创业者的心酸与不易啊！这个年近半百的中年男人感觉到累了，2007年他把全部的投资项目都处理掉，三友卡车仅卖了8万元，损失惨重。李宗林自己转向收入稳定又不用操心的家庭手工业，儿子继续回北大岭铁矿做一名普通的工人。

但是，不管怎么说，上进、奋进的李宗林是不会死守着家里的两亩良田过一辈子的，把养殖的项目撤下以后，他开始在自家经营制作寿材的小作坊——也就是我们刚进门看到的他干活的门房。李宗林在学生阶段，不仅学习好，脑子聪明，而且心灵手巧，跟着同村的人学过木匠，掌握了一门终生受用的木匠手艺。李宗林利用年轻时学来的手艺，开了这个小寿材厂。李宗林自己出原料，自己在家制作寿材，然后将做好的寿材送到村东头自己家开的铺子销售。平时儿媳妇在铺子里经营寿材，如有要订做寿材的，直接到家里来与李宗林商议。通过这样的生产经营模式，一口寿材的纯利润有1000多元，每个月能产销三四个，这样一个月下来有3000～4000多元的收入。这样，李宗林不仅有稳定的收入，而且风险小，平时比较清闲，时间自己掌握，不用操心。这样的生活状态让多年来操劳费心的李宗林感到很欣然，而且也有时间享受下生活。

虽然经过几次比较大的波动，但李宗林家仍属于村里的富裕户。2008年，李宗林家的年收入达到92000元，其中：从事农业生产（种玉米和板栗）的收入10000元；儿子在矿里工作的工资收入15000元；李宗林经营小寿材厂的家庭手工业收入67000多元。可见，李宗林家的主要收入来源是靠家庭手工业，占家庭总收入的72.8%，占有绝对的优势，李宗林仍是家庭收入的主要创造者；其次是儿子在矿上工作的工资收入，占家庭总收入的16.3%，2008年受经济危机的冲击，他工作的铁矿企业经常停工，不然工资收入还会更高些；来自农业的收入较少，与家庭总收入的占比仅有10.2%。这种手工业收入占绝对比重的家庭在安达石村并不多见。

在支出方面，从总量上来看，2008年李宗林家共支出68500元，其中：生产性支出40000元，全家穿衣吃饭支出9000元，医疗方面的支出1000元，教育支出1500元，交通费10000元；红白喜事的随礼支出7000元。从支出结构上看，生产性支出占绝对的比重，与总支出占比为58.4%；交通费支出也较大，占比14.6%；衣食、教育、医疗、随礼等日常生活支出占比27%。从支出总量和支出结构上可以看出，李宗林家每年的支出较大，特别是生产性支出，每年高达40000元。这与他们家的家庭经济结构有关，李宗林家目前主要是经营寿材厂，家庭手工业是其家庭经济的主要部分，因而生产性投资较大。日常生活支出总量也很高，高达17000元，说明他家的生活质量较高。交通支出也比较高，主要是因为家中有汽车，用于寿材厂日常的运料，儿子上下班都骑摩托车。

在家庭主要资产方面，李宗林家现在的家底比较丰厚：生产性资产主要有1辆汽车，1个水泵，1个粉碎机，此外电刨、电钻、砂轮、电锯等木匠用的生产工具全部都有；家中的电器一应俱全，3台电视机，1台冰箱，1台洗衣机，3台影碟机；5部手机；2辆自行车，2辆摩托车；钢筋水泥房147平方米，门房25平方米。这可以反映出，李宗林家过得比较富裕，与他刚结婚分家出来的穷困状况比，这二十多年的生活水平发生了翻天覆地的变化，这主要靠李宗林多年来的艰苦奋斗创造来的。

李宗林总结自己多年来的经验说："我年轻时白天晚上的琢磨怎么能挣钱，怎么能发家致富。但是，国家的政策和信息掌握不了，绝对是失败的。"李宗林的话反映出一个问题，在当前市场经济快速发展的阶段，农民的创业和经营上还是缺乏信息，赶不上瞬息万变的市场，这也使得农民的创业风险更大，成本更高。当谈到未来有没有什么投资计划时，李宗林语重心长地说："现在年龄大了，不想再琢磨了。不瞒你们说，琢磨项目确实是想琢磨，但是儿女不提气，没有好接班的，琢磨也是白费心。所以暂时情况挺好，吃穿够用，别的也不想了。"多年的艰辛创业确实让李宗林吃了很多苦，有过成功，也有过失败，但总的来说他还创下了一份家业，有过比较丰富的人生。经历了这么多，也让李宗林淡然了很多，对钱的追求不像年轻时那么渴望了。而且儿子不求上进，每天下班回来就去打麻将，这让李宗林很失望，没有好的接班人，李宗林也没有动力再一个人去艰苦创业了。

从李宗林家的发展历程来看，李宗林家的经济发展状况具有典型的特殊性：首先，李宗林自身的素质比较好，受教育程度较高，所以不管在哪个工作岗位、从事什么行业都干得很出色，自然经济上的回报就比较高。其次，李宗林很有经济头脑，对挖掘市场信息有较强的洞察力，思路敏捷，所以他在改革开放初期就能走上个体经济的发家致富的道路，虽然起初规模小、经营方式简单，但这对改革开放初期的农民来讲，是一个非常了不起的创业经历。而且，李宗林具有很强的创新精神，别人不敢做的事他敢做，别人舍不得放弃的东西他舍得放弃，正是这样一种魄力使他能在创业的道路上留下许多可圈可点的印记。再次，李宗林具有顽强的奋斗精神和强烈的上进心，他善于思考，捕捉市场信息，多次创业，走上发家致富的道路。此外，李宗林做人勤奋，肯吃苦，能出力，对于懒惰的人不想干的事，只要李宗林认准能有受益他都下力气去干，这一点是一个创业者必须具备的精神。最后，李宗林掌握终身受益的手艺，在前途迷惘的时候他仍有退路，正可谓是可攻可守，使他即便在创业失败以后仍可以凭借自己的双手创造出比常人还要好很多的生活。他能进能退的心态和魄力也是他人生成功的关键。

访谈最后，李宗林给我们讲出这么多年来他的人生座右铭："有志者事竟成，天才来源于勤奋。"这是他在上学时他的班主任勉励全班同学的格言，这句话成为他一生恪守的格言，现实中他也是一直这样做的。如果不是李宗林的勤奋，将荒山地挖三尺，他就不会发现矿石；如果不是李宗林的大志，也就不会有他家现在的幸福生活。这句话深深地印在了我的脑海里，李宗林的人生经历也像放电影一样在我的脑海中一遍又一遍的闪过，让我受到很多教育和启发。不以成败论英雄。李宗林在多年的创业道路上，奋勇前行，虽然有过成功，也有过失败，但是这都是他人生中最宝贵的财富。有意义的人生才有价值，有内容的人生才值得回味。所以说，李宗林是当之无愧的成功者，也是生活的强者。我们祝愿他在往后的事业中一帆风顺！

表 10－8 **李宗林家基本情况表**

农户家庭基本情况								
户主姓名	李宗林	民族	汉	文化程度	高中	家庭人口数	6	
劳动力人口数	3	在校生人数	0	就读学校				
家庭固定资产和耐用消费品情况								
住房	砖瓦石房	占地面积(m^2)	150	汽车	0	农用车	0	
摩托车	1	电视机	1	洗衣机	1	电冰箱	1	
照相机	0	影碟机	0	组合音响	0	自行车	0	
2008 年主要收入及收入来源（元）								
收入合计	92000	种植业	10000	家庭手工业	67000	本乡镇就业工资	15000	
外出打工	0	从事运输业	0	政府补贴和社会救济	0	其他经营收入	0	
2008 年主要支出及支出类别（元）								
支出合计	69700	生产支出	40000	其他支出	1200			
生活支出	衣服	红白喜事	看病	娱乐	交通	教育	食物	住房
28500	9000	7000	1000	0	10000	1500	0	0

（九）靠废品买卖养育人才的公培云家

公培云，个体工商户，四口人，公培云夫妇和一双儿女，全是满族。户主公培云，49 岁，高中毕业，现经营宽城县安达石废品回收站，属个体企业。妻子，48 岁，文盲，在家务农并负责家务。儿子公平，24 岁，2008 年毕业于张家口职业技术学院，在兆丰钢厂做电工，工作一年后辞职，赋闲在家。女儿公静，18 岁，暑假参加的高考，还没填报志愿，打算去石家庄读大专。

刚走进公培云家的时候，我差点以为自己走错了地方。穿过低矮的铁门，看到的全是废品，左边空塑料瓶散了一地，右边棚子下面堆着捆好的旧纸箱，还有一些旧的锅盖、脸盆等，院子里站着几个村民正在说着什么。仔细听了他们的对话才明白，公培云家是做废品收购买卖的。跟随杨叔走进屋里，几个女孩子正围着一台电脑说笑。坐在电脑正前方的女孩应该是公培云的女儿，齐肩的短发自然地垂下来，白净的脸庞，清秀的眉眼，鼓鼓的小嘴特别可爱。杨叔向她询问公培云的去向，女孩也不太清楚，答应出去帮我们找一下，其他的几个女孩见家里来了陌生人也都走出去了。

过了大约五分钟的样子，女孩回来，身后跟了一位50来岁的中年人，应该就是公培云了。只见他将近一米八〇的个子，晒得黝黑的皮肤透露着健康，稍稍有些花白的头发，几道不是很深的抬头纹，小小的眼睛，高高的鼻梁，笑起来满脸都是北方汉子的憨实。黑色的针织上衣，迷彩裤子，光脚穿一双军绿色胶皮鞋，一看就是个能干的人。

简单介绍了来意，我们便坐在公培云家的土炕上开始了采访。公培云和村里大多数村民一样，很配合我们的工作，又来了卖废品的，就让乡亲们自己称重量，等称好了，他过去看一下给人家算了账，很快就回来继续接受我们的采访。

公培云出生于1960年，今年49岁，在村里经营着一个废品回收站，属于个体工商户。1980年，公培云高中毕业，农村人没什么关系，找不到正式的工作，家里便给买辆自行车，做起了废品生意。别看买卖的是废品，可用心经营也能挣不少钱，公培云不怕辛苦，在废品行业一干就是二十多年，直到现在。

最开始的时候，公培云没本钱，开不起经营点。每天早上骑自行车去邻近的各村或者峪耳崖附近收购废品，等到晚上的时候，再把收购来的废品全都交到峪耳崖的一个废品收购站里，一天最多也就赚5元，相当于给人打工的技术工人一天的工钱。公培云告诉我们，做废品生意经常被人看得很低微，可是只要舍得辛苦，在那年代一个月挣的钱比高中老师还高很多。农民没什么别的大能耐，就是有一身的力气，只要能挣到钱，他们付出再多辛苦、再多累都值得。当时村里有十多个做废品生意的，为了多收几件废品，有时候特别早就要出门，骑车到远一点、别人不常去的地方，十分艰辛。

改革开放后机械化程度提高，农村出现了三马子，是一种三个轮的机动车，大多使用柴油，发动机噪声较大，车速较低。在2000年的时候，公培云花费7600元买回一辆崭新的三马子，替换掉了那辆陪着他走了20年的自行车。

有了三马子，公培云轻轻一踩油门就能去很远的地方，一次买再多的货也能装下，还不用怎么费力气就运回家里了。这样，公培云的经营区域扩大了，生意也红火起来。挣的钱多了，家里有了积蓄，公培云就开始琢磨自己也开个废品收购站，省得整天开着车在外面跑，风吹日晒的。这么多年一直跑来跑去的，公培云多少有点厌倦了。2004 年过完春节，公陪云花费 8000 元换了一辆新三轮车，又把自己家院子整理一下，然后去县里办来生产性废旧金属回收许可证和个体工商户营业执照，正式开起了宽城县安达石废品回收站。后来因为生意扩大，2006 年，公培云又花费 13500 元买了一辆大的翻斗车，一直用到我们采访的时候。

最近几年，村里陆续引进了很多企业，生产性废品比较多。公培云和很多企业都有联系，如果工厂有了换下来的废件或是攒起来的工人的生活废品，就给公培云打电话，让他去厂里收购。有了厂里的生产废品，再加上随着村民生活水平的提高，生活废品增加了很多，公培云的生意一天比一天好了。当然，村里并不是只有公培云一家废品回收站，还有其他两家。当我们问到有没有竞争的时候，公培云直言，肯定会有竞争，尤其是去厂里收废品的时候，只是毕竟大家都是乡亲，竞争也是暗地里较劲，表面还是很和气的。

公培云的废品回收站不大，可也算个体经营企业，该交的税费一样也逃不掉。从 2004 年到 2008 年，公培云办理的生产性废旧金属回收许可证每年收取 500 元，个体工商户营业执照也每年收取 500 元，此外，工商执照还要一年检一次，花费 100 元。一年合计下来，公培云交给国家 1100 元。从 2000 年开始，公培云买了三轮车跑运输，也要有营运执照，还要另收费，包括养路费 800 元，营运费 110 元，工商管理费 360 元，尾气排放 50 元，其中尾气费由板城地税局收取。每年把这些零零散散的费用加到一起要有将近 3000 元，这对小本经营的公培云来讲也确实是一份不小的负担。从今年开始，国家取消了个体户的一些费用，公培云现在只要每年交 100 元的工商执照检验费就行了。还有燃油费改税，他也不用交养路费了，公培云觉得着实轻松了不少。

这些年公培云一直做的是废品生意，总是希望买到更多的废品。可对自己的一双儿女，他却是悉心培养、鼓励教育，一心想把孩子们培育成有用之才，绝不让孩子们半途而废。公培云的儿子公平，今年 24 岁，在板城职教学习机电专业，毕业以后又考到张家口职教读大专，学习机电一体化。2008 年，公平从张家口毕业回家，在兆丰钢厂找了份电工的工作，一个月工资将近 1800 元。公培云告诉我们，屋子里摆着的电脑就是儿子用自己的工资买的，花了将近 5000 元，是联想的品牌台式机，有液晶显示器。最近，铁矿石价格走低，钢厂的效益不太好，公平又觉得活太累，已经辞了工作，正打算去北京和同学一起在那边找工作。公培云并没有因为舍不得就阻拦儿子，他觉得年轻人应该出去闯闯，北京是大都市，机会多，对孩子将来也会好一些，况且又有同学帮忙，应该不会受太多委屈。我们采访的时候，公平出去找朋友不在家。采访到一半的时候，外面来了几个卖废品的，公培云不想打断采访，要女儿公静去找儿子回来算账，被公静很不高兴地拒绝了，我们也就一直没能见到他。

采访不到公平，我们便和公培云的女儿公静聊了起来。和哥哥一样，公静也是上的职业教育学院，只是地方和专业不同，她读的是宽城职教的财经专业。公静暑假前刚刚参加完高考，考了450分，比今年的大专分数线高一分，已经确定能上大专，只是还没有填报志愿。公静还告诉我们，因为读的是职教，只能报考河北省内的大专，自己打算去石家庄读，那里条件好，学校也多。

公培云的妻子在家务农，一年只有很少的收入。两个孩子上学，不仅不能挣钱贴补家用，还要支付很大一笔花销，这些都要靠公培云经营废品站。公培云告诉我们，儿子公平在张家口读大专三年时间，每年学费、书费、生活费加起来都要将近1万元，这样三年大专就花费了家里3万元。还有女儿公静，在职教中心读书，一年也要3千元。虽然花费很大，可公培云觉得花钱给孩子上学值得，为了孩子们能学到真本领，将来过得好一些，自己现在辛苦点、多花点钱不算什么。

为了孩子们上学，公家的生活过得很简朴，住的房子还是1989年盖的老房子。那时候砖比较少，村里人盖房子不舍得全部用砖，大部分都用石头垒，只是在少数几个地方用砖砌上，俗称“五花山”。去年的时候，公培云花了5千多元装修了一下屋子里面，我们采访的时候看着就很干净整洁。公家的房子有三间，一共78平方米，中间一间是堂屋，有砖砌的灶台，用来做饭和烧炕，屋门口还放着液化气灶，主要是夏天不方便用土灶的时候使用。东西两间是卧室，前后两个窗户都是用木头做的，前面的稍大一些，后窗则要小一些。我们的采访是在西屋进行的，正对着屋门的是一幅大约半面墙大小的风景画，下面是一个长形的沙发和一排比较矮的柜子。南面是土炕，叠得整齐的被子用红色线毯盖了放在炕里侧的一角。北面放了电脑和冰箱，两者中间还有一个20世纪80年代样式的旧柜子，上面摆放着一个21英寸的球面电视。

公培云的母亲是改嫁过来的，带过来三个女儿、一个儿子。到了公家，又生了三个儿子、一个女儿。这样，公培云就有兄弟四个，在赡养老人方面负担就相对小一些。再加上，公培云的父亲公茂秀将近90岁，是退伍军人，每月国家民政会拨给一定的补贴，一季度1000元左右，基本够老人吃药花费。兄弟四个轮班照顾老人吃饭、穿衣，一家一个月。公培云的大哥张德树是母亲改嫁带过来的，在天保集团当处长，老四公培军在宽城交通局当车管书记，都住在宽城县城里，轮到兄弟两个照顾老人时，他们就把老人接去县城自己家里居住。二哥公培生在村里打零工，和公培云一样住在村里，等轮到这兄弟两个照顾老人的时候，就住在村内老人自己的房子里，由他们按时送饭，洗衣服。老人的四个女儿也时不时来看看，给他们买些吃的、用的。公家八个兄弟姐妹虽说同母异父，相处得却是十分融洽，比某些亲兄妹还要好。

公培云在村里算得上一个致富的典范，他用自己的智慧选择了一条不同于别人但却有效致富的道路。可能有很多人都看不起收废品的，甚至称之为“收破烂的”，但公培云并不这么认为，他抓住机遇，靠自己勤劳的双手，闯出了一番新的天地。这一方面得益于他的敢干，另一方面我们绝对不能忽略他的智谋与果敢的判断，在这一点上也表现在他对孩子的教育上，为了孩子的未来，在教育上绝不吝惜一分钱。

表10-9　　**公培云家基本情况表**

农户家庭基本情况											
户主姓名	公培云	民族	满	文化程度	高中	家庭人口数	4				
劳动力人口数	3	在校生人数	1	就读学校	待定						
家庭固定资产和耐用消费品情况											
住房	砖瓦石房	占地面积(m^2)	78	汽车	0	农用车	1				
摩托车	1	电视机	1	洗衣机	1	电冰箱	1				
照相机	0	影碟机	0	组合音响	0	自行车	1				
2008年主要收入及收入来源（元）											
收入合计	48300	种植业	6100	家庭手工业	0	本乡镇就业工资	7200				
外出打工	0	从事运输业	5000	政府补贴和社会救济	0	其他经营收入	30000				

续表

2008 年主要支出及支出类别（元）								
支出合计	21460	生产支出	8000	其他支出		3660		
生活支出	衣服	红白喜事	看病	娱乐	交通	教育	食物	住房
9800	2600	4000	300	0	200	1200	1500	0

十一、以就业工资为主要收入来源的农户

（一）工薪阶层的叶玉明家

2009 年 7 月 26 日下午，在结束了上一户的入户访谈后，我们调研小组的带队杨组长带我们到另外一户，进行入户访谈。今天调研的农户是临时安排的，事先没有进行沟通，当我们来到一个胡同口时，见到一对中年夫妇站在自家的门前，杨组长老远就喊他们俩的名字，告诉他们我们要进行一个简单的访问。这对中年夫妇的警惕性很高，又不清楚我们调研的性质，怕说错话担上什么责任，他们扭身便往外走，拒绝我们的采访。这种场面有点像中央电视台焦点访谈中记者采访某些当事人的场景，无论杨组长怎么解释，他们都不配合。虽然没能进行访谈，但从他们身上我们也观察到在当前的农村农民的一般心态，小农意识还比较强，事不关己高高挂起。这次访谈的碰壁使我们不得不寻找下一户愿意接受访问的农户。

在杨组长的带领下，我们来到了一个小院子门前，杨组长直接领我们进屋，女主人正在厨房和面，杨组长说明我们的来意之后，她很热情的招待我们进屋，安排在客厅就座后给我们倒水。女主人热情的接待使我们刚才访问碰壁的郁闷心情逐渐驱散，让我们心里感到很温暖。女主人说："你们先喝点水，我接着把面和完，一会就完。"趁这个时间，我们参观了一下她家的房子。这是一栋老房子，砖瓦结构，前后开有两个门，分别通往前院和后院，连通两个门的是厨房，厨房的东边是一间客厅，客厅再往东是主人的卧室，厨房的西边也是一间卧室，不过现在没人住，用来当作存放杂物的仓库。屋子虽然是旧房子，但收拾的特别干净，屋内摆放着简单的家具，但布置得很

合理，看起来古朴典雅。前院和后院的面积都不大，但布置的很有格调，主人在院子里种满了花草，芳香扑鼻。院子收拾的也很利落，没有饲养家畜和家禽。乍一看去，这不像是一个农户家庭，宛如一个坐落在世外桃源的名人雅居，可以看出这家人生活是很有情调的。当我们还沉浸在对主人生活环境的赞叹时，女主人已经从厨房忙完进到客厅来招呼我们了，我们的访谈也正式开始了。

女主人叫叶玉明，满族，1955 年生人，初中学历；丈夫张树印，满族，1951 年生人，当兵退伍后回到宽城县工作。现在家里只有叶玉明夫妻二人，两个儿子都已成家立业，各自成立三口之家，分出去单过。所以叶玉明家现在只有他们夫妻二人，家庭结构简单，人口少，生活很清静。

叶玉明从小就生活在安达石村，父亲是老师，所以叶玉明的家教很好，她从小就很活跃，而且能歌善舞，很受人们喜欢。7 岁时就读于安达石小学，13 岁升入崖门子中学。由于叶玉明能歌善舞，长得也漂亮，刚上中学一年就被县里的战备宣传队到学校选演员时看中，成为战备宣传队的一名演员。当时正是人民公社时期，能进战备宣传队当演员是一件十分光荣的事情，而且整个学校只有叶玉明一人被选中，所以这件事当时在整个学校都很轰动。到了战备宣传队以后，叶玉明不再上学，大部分时间用来排练，然后在三线慰问演出。叶玉明回想当年在宣传队的情景时，神采奕奕，很享受的样子。那段时光给她一生都留下了特别美好的回忆。她很幸福地说："在宣传队的时候每天过得很开心，年纪也小，不知道什么是累，每天浑身都是劲。那时候主要排练八大样板戏，基本上每一场表演、每一个节目都有我参加。"那个年代，学习毕业后都要到生产队参加体力劳动，不仅辛苦，而且女孩子也拿不到太多的工分。而叶玉明到宣传队当演员，不仅不用受太多的苦，而且每天还能拿一等劳力一天劳动才能挣来的 14 工分，更为重要的是这份工作让从小就能歌善舞的她觉得很享受。那时叶玉明的父亲在学校教书，家里的弟弟、妹妹都还小，基本没有在生产队干活的劳动力，叶玉明那时的收入可以帮助家里解决很大问题，这让小小年纪的她感到很自豪。因此，无论是从物质层面讲，还是从精神层面讲，那段日子都给她的生活带来很多实惠，留给她一生值得回味的美好记忆。

19 岁那年，叶玉明到了找份正式工作的年龄。在县政府的安排下，叶玉明被分配到县里的第二瓷器厂的第一车间做统计工作，成为集体企业中的一名管理人员。那时候工资很低，每个月仅 36 元。在第二瓷器厂工作三年后，1977 年，22 岁的叶玉明与当兵退伍转业到电力局开车的张树印结婚。结婚后，为了照顾家里叶玉明离开第二瓷器厂到安达石小学做一名民办教师，成为小学五年级的班主任。叶玉明的丈夫张树印参军多年，他家中只有他父亲这一个壮劳力，由于缺乏劳力，家里生活自然也就不富裕，刚结婚那会，家里条件并不好，结婚时家里没什么值钱的家当。那时候两个人挣得都不多，叶玉明起初的工资每个月仅有 60 元，后来涨到每月 120 元，丈夫在电力局开车的工资仅有 46 元，工资很低。虽然日子过得清苦，但是两个人都算是有份工作，体力上的支出没那么大，生活能算到中等水平，精神生活相比一般的农村家庭也丰富很多，所以生活得很体面。随后，叶玉明的两个儿子相继出生，叶玉明一直在家照顾孩子，直到 1983 年两个儿子可以由别人看管后，她才又被安达石小学聘回。这次回学校她没再当班主任，而是做了一名幼儿园的老师，教孩子认字、算数、唱歌、跳舞等方面的课程，将她在宣传队当演员时的专业有所发挥。虽然是幼儿园教师，但是叶玉明很喜欢这份工作，即便是挣的钱不多，但整天和孩子在一起，教他们学习、唱歌、跳舞，让她觉得很开心，精神上也得到极大的满足。

1983 年，丈夫张树印觉得电力局的工资太低，于是换工作到县里供销合作社，为下面各乡的供销合作社拉货、送货。那时候中国的经济体制改革虽然已经开始，但改革的进程较慢，大部分地区基本上还是实行计划经济体制，物资紧缺，由国家统一按计划分配，使得供销合作社的生意都很火，工资待遇也高。叶玉明家的生活水平因此也有了明显的提高，逐渐攒钱建起了新房——前文描述的房子。1989 年，由于家中的事情太多，丈夫在外工作无暇照顾家里，叶玉明不得不离开学校，回家全心操劳家庭事务，家中分得的几亩耕地也由叶玉明一个人管理。可见，叶玉明是一个典型的贤妻良母，为了自己的家庭，不惜牺牲自己喜欢的工作。

房子建好后，两个儿子也相继长大开始上学，叶玉明主要的精力放在培养孩子上。大儿子受教育程度较高，毕业于承德市第二职业技术专修学校，毕业后到白庙子铁矿工作，现在已晋升为财务科科长；小儿子仅初中毕业，毕业后到北大岭铁矿工作。可以看出，叶玉明一家整体都没有从事农业生产的，在企事业单位都有一份工作，他们家庭这样合理的就业结构在安达石村并不多见，这也与叶玉明夫妇的工作经历有关。两个儿子升学、工作后，转眼又到了结婚的年龄。2000 年，叶玉明夫妇在自家的前院建了一栋近 200 平方米的新房子，两个儿子一人一半，独门独院。随后又为两个儿子相继操办了婚事。儿子结婚后都分出去单过，而叶玉明夫妇仍旧住这栋 20 世纪 80 年代建的老房子，他们的老房子与两个儿子的新房子隔街相望，中间仅隔了一条约 5 米宽的水泥路，推开窗户就能直接对话。儿子生活在自己眼前，让叶玉明夫妇感觉很踏实，全家人相处得其乐融融，两个儿子又各自生了一个女儿，两个小家伙天天在叶玉明家玩耍，这让叶玉明夫妇觉得很幸福。

叶玉明夫妇生活得这么多年，仅靠工资收入维持家庭各方面的开销，用平时省吃俭用积攒下来的钱建起了两座房子，培养两个儿子上学、就业、结婚，这对一个家庭来讲是一个不小的工程啊，基本上耗去了他们前半生攒下来的所有的钱。2000 年，丈夫张树印工作的县供销合作社改制，他的工龄被买断，拿了几万元就回家了。买断工龄后，张树印自己继续交社会保险，61 周岁以后可以领社会养老金，这足够支持叶玉明夫妇两个人的生活，他们的养老问题就解决了，也不会给儿子带来生活上的负担。可见，叶玉明夫妇对生活规划得很好，思路和眼界都很开阔。开了半辈子车的张树印虽然被买断了工龄，但并没有闲置在家，随后被县交通局聘用，给县里公路旁的花草浇水。但他仅是交通局的临时工，每月 1500 元的工资，这份工作具有季节性，每年工作 6 个月，剩下的时间基本放假在家。生活节俭的叶玉明平时开销并不大，为两个儿子也尽到了应有的义务，之后也没有大的开支，所以这些工资足够支持两个人的生活。

现在叶玉明夫妇生活得很轻松，丈夫张树印每天上班，工作强度也不大，叶玉明在家里一方面料理家务，一方面从事一点农业生产，种了 3 亩玉米，家里还有 40 多棵栗子树。基本上也没什么大活，一年管理这些玉米和栗子树很轻松，平时大部分时间都在家里干家务，生活很自在。叶玉明在家种了许多花草，家里只养了两只小兔子，其余的一般农家饲养的猪、马、牛、羊、鸡、鸭、鹅、狗全都没有，所以家里面很干净，像花园一样，环境很惬意。可见，叶玉明家的生活很讲究。

从收入情况来看，2008 年叶玉明家全年的收入为 12700 元，从总量上来看，叶玉明家来自丈夫的工资收入有 9000 元，占总收入的 70.87%；从事农业的收入有 3700 元，占总收入的 29.13%。从叶玉明家的收入结构上来看，叶玉明的收入主要来自于工资收入，占总收入的 70.87%，具有绝对的优势；

而来自农业生产的收入仅占家庭总收入的29.13%，比重相对较小。从叶玉明家2008年收入的总量上来看，这个家庭的收入并不高，较一般的农民家庭的年收入属于低收入水平，但由于家中只有两口人，而且没有生活负担，年人均收入达到6350元，人均水平并不低，处于中等水平；从叶玉明家2008年收入的结构来看，这个家庭的年收入主要来自工资收入，而从事农业生产的收入占家庭总收入的比重很小，这与一般的农民家庭的收入结构有较为明显的差别。

从支出情况来看，2008年叶玉明家的总支出为12000元。其中，生产性支出1000元，衣服和食品方面支出3200元，医疗费用3500元，用于红白喜事的随礼方面的支出3500元，通信费800元。从总量上来看，叶玉明家在医疗费用和日常随礼方面的支出较大，占家庭总收入的29.17%；叶玉明和丈夫张树印身体都有点小毛病，叶玉明有风湿的毛病，张树印血压高，常年吃药，所以在医疗费用上支出较大，丈夫每年有一张600元的医疗卡，其余的医疗费用全部由自家解决。叶玉明家在衣食方面的支出相比一般的农村家庭较少，这主要是由于家中人口少，而且丈夫在上班期间一般在单位吃饭。而且平时过年、过节两个儿子经常将他们在单位分到的大米、白面给叶玉明家送来，平时穿的衣服也基本由两个儿媳妇买，所以这方面的开销比较小。在生产性的支出上，叶玉明家的支出比较少，每年只有1000元，这主要是由于叶玉明家主要靠上班维持生活，农业生产上的投入很少。

从2008年叶玉明家的收入和支出总量上来看，收入和支出总量都不高，而且收入和支出保持在平衡的状态。一年的收入仅够支持家里的日常开销，略微有结余。但是，丈夫张树印现在工作稳定，现在的收入足够支持叶玉明夫妻二人的日常消费。而且再过两年丈夫张树印就可以领取社会保障金，生活状况还会再有所改善，未来预期有稳定的现金流入，也没有大的支出，这使得叶玉明夫妇不用为以后的生活积攒太多的钱。所以，只要收支平衡就能够维持家庭经济的稳定，而一般没有社会保障的农民家庭无法做到这一点。

叶玉明家的生活很简朴，而且人口少，所以家中的耐用消费品很简单：1台电视机，1台电冰箱，1台洗衣机，1个固定电话，2部手机。这样简单的家庭耐用消费品与叶玉明家的收入结构和长期的生活习惯有关。这个靠工资生活的家庭，与城市中的一般工薪家庭相似，虽然物质消费的数量并不高，但却能保证很高的质量，这也是与一般的农户家庭有所区别的。

从叶玉明家的总体经济状况来看，具有一些较为明显的特征：首先，叶玉明家虽然居住于农村，都是农业户口，但叶玉明家的主要收入来自于工资收入，来自农业的收入很少。家中一人有社会保障金，未来预期有稳定的现金流入，未来的生活有保障。而且两个儿子成家立业后家中比较大的开销基本没有，家庭支出上比较小，所以仅凭工资收入就可维持大部分家用，收支平衡是叶玉明家的家庭经济最大的特点。而一般的农民家庭在中国当前的经济体制下，不得不为子女的教育和自己未来的养老问题而被迫储蓄，消费上受到牵制。

其次，叶玉明家的生活负担小，没有生活压力，所以夫妻二人生活得很轻松，大部分时间处于休闲状态。虽然生活很简朴，但生活的质量比一般的农民家庭要高，尤其是在精神生活方面，这从叶玉明家居住的环境——整洁讲究的室内布局，前后院芳香扑鼻的花草都可以看出他们生活中的情趣。

再次，叶玉明家对孩子的教育和培养上都比较成功。不但大儿子顺利地完成了大专教育，而且两个儿子都在企业工作，有一份稳定的工作，这使得叶玉明家在儿子成家立业后就不再有生活负担，不用再为儿子的生活问题而继续操劳。而且儿子的家庭经济结构延续了叶玉明家的经济结构，都属于农村中的工薪阶层，基本不从事农业生产。这种家庭经济结构的延续自然在收入结构和支出结构上有所相似，而且在生活习惯上因受到叶玉明夫妇的长期影响而仍会延续这种物质生活简朴、精神生活富足的生活习惯。

表 11－1　　叶玉明家基本情况表

农户家庭基本情况							
户主姓名	叶玉明	民族	满	文化程度	初中	家庭人口数	2
劳动力人口数	1	在校生人数		就读学校			
家庭固定资产和耐用消费品情况							
住房	砖瓦石房	占地面积(m^2)	100	汽车	0	农用车	0
电动车	0	电视机	1	洗衣机	1	电冰箱	1
照相机	0	影碟机	1	组合音响	0	手机	2
2008 年主要收入及收入来源（元）							
收入合计	12700	种植业	3700	家庭手工业	0	本乡镇就业工资	9000

续表

外出打工	0	从事运输业	0	出租草场耕地房屋等	0	其他经营收入	0	
2008年主要支出及支出类别（元）								
支出合计	12000	生产支出	1000	其他支出	0			
生活支出	衣服	红白喜事	看病	娱乐	交通	教育	食物	通信
11000	1000	3500	3500	0	0	0	2200	800

（二）从事司法调解工作的张树江家

找到张树江时，他正在本村的公路旁边与韩会计悠闲地大战楚河汉界。由于常年在外工作，他的普通话说得非常流利清晰。看到我们调研小组的到来，旁边好多聊天的村民围了过来。大家认真听着我们的访谈，不时地插几句，调侃张树江可是国家干部（国家公务员），挣钱多。不断有人开玩笑附和说，“可得问清楚了！”还有村民故作认真地对张树江施加压力，要他实话实说。一时之间，声浪一波一波地压过来。采访过后整理录音的时候，一听到这份人声鼎沸的录音，我们调研小组的同学就说这肯定是访谈张树江的。有趣的是，访谈过程中，张树江每回答一个问题，都会招致围观村民的疑问，引发一阵嬉闹。在提到敏感的收入、支出问题时，有些村民迅速地默默加总，比我们调研组计算的都快。

张树江出生于1951年，满族人，现在家里共5口人，他和妻子张玉芝只有一个儿子名叫张立军，儿子也早已成家，与儿媳刘素香育有一个女儿张梦媛。张树江8岁开始在安达石小学读书，小学毕业后在崖门子中学读了2年，之后参军入伍，在东三省当了5年零3个月的兵。张树江最开始是在辽宁做铁道兵修了一年海城铁路，而后在吉林四平市的铁道兵留守处管了1年后勤，又在黑龙江大兴安岭的后勤留守处待了3年零3个月。

1975年3月复员回家的张树江成为一名普通社员。一个月以后恰巧宽城县砖厂招工，各方面条件都很突出的张树江成为砖厂的一名合同制工人，每天的工作就是推砖、推坯、推土，每天工资1.57元。7个月后，县人事局到砖厂、建筑公司这样的重体力劳动部门为税务局招干部，要求的条件是表现优秀的党员、退伍兵。张树江正好符合这些要求，经过全面地衡量考虑，德才兼备的张树江从几个备选人中脱颖而出。

1975 年 10 月起张树江成为税务局的一名普通征收员，主要是去农村征收工商税、企业所得税，当时工作并不好做，全县税收才 80 万，平时杀猪还需要交屠宰税。张树江工作积极热情，讲究方式方法，总能很好地完成工作。1983 年他由一名普通的征收员一步步地成了税务所的副所长。1988 年经过他的个人申请，张树江被调到板城镇财政所做所长。1992 年由于工作需要，张树江被调到司法所任所长。1996 年，司法管理使用新的信息系统，由于不能适应新的变化，张树江从所长的位子上退了下来，从事一般的司法调解工作。

2005 年张树江一家在安达石村盖了一栋居住面积近 300 平方米的二层小楼，当时花了将近 20 万元，其中 12 万元是向亲戚朋友借的。现在已经还清了债务。张树江家现有电视机两台，冰箱、洗衣机、影碟机、电动车、小轿车、组合音响各一个。由于村里没有通自来水，几乎家家都有一个水泵，张树江家也不例外，这解决了日常的用水问题，做饭主要用煤气、液化气，干净方便，家里还装了土暖气，寒冷的季节家里十分舒适。

张树江家人身体都不错，去年也都没得什么大病，张树江的妻子平时在家做做家务，侍弄家里两亩土地（1997 年退耕还林时，家里分了两亩山地，种植了板栗树），这两亩土地都是旱地，农业生产的水源全部来自降雨，靠天吃饭，去年收了 1600 多斤玉米。张树江说，玉米现在是 0.7 元/斤，可每年卖的时候总会掉价，去年也就 0.6 元/斤。由于安达石村本身的自然状况，在我们访谈的过程中发现，基本上每家的土地都很有限，人均就几分地，随着人口的增长，人均土地面积更是捉襟见肘。村里也曾经花费人力、物力修过灌溉设施，但是由于渠道的堵塞，加之农业生产回报有限，村民不再以农业生产为主业，农业生产用水全靠降雨。农业生产机械方面，既没有牲畜，也没有现代农业生产机器，基本上全靠人力耕作，因而农业生产能力有限。

家里还有 200 元的板栗树所得（板栗树太小），为了增加收入，妻子张玉芝又刚刚在山上种了三年生的梨树，希望过上一两年就能有回报了。采访张树江的时候，好多村民围在旁边，七嘴八舌地调侃，说张树江可是国家公务员。作为一名资深的国家公务员，张树江每月有 3050 元的工资收入。2007 年儿子张立军从银行贷款买了一辆车在宽城县跑出租，张树江说开出租也就是挣一个小工的钱，主要是开销太大。问到有多少时，他说一年也就挣 12000 元吧。我们小组成员马上反应过来，说小工挣的可比这个多，现在一个小工一天挣70元呢。张树江说也就50元吧。经过重新核算，刨除每年的磨损、修理费用和汽油的开支，每年可以赚18000元左右。儿媳妇刘素香在自家的门面房开了个理发店。说起儿媳妇的收入，张树江说这可说不好，都是随挣随花。由于在这里理发的人并不多，一年仅收入一万元左右，张树江说现在剪发费用是5元，烫发要花费10~30元不等。孙女张梦媛现在安达石小学读三年级。除了这家理发店，张树江家另外三间临街房分别租给了福利彩票站、北方货运和一个包子铺，基本上每间35平方米左右，每年共收租金12000元。

张树江家由于对农业生产并不重视，在种子、农药上的支出只有300元。尽管家里收入情况一直不错，但是生活上依然很节俭，全年添置新衣服花的钱仅有1500元。一年购买大米15袋，每袋80元，共花费1200元；买肉260斤，每斤8元，共2080元；全年购买蔬菜花费2500元左右，全年食品支出共5780元。去年一年张树江一家都没得什么大病，但平时头疼脑热看病买药也花了近3000元。由于只有一个孩子读小学，学费书本费全免，张树江也就给孩子买点课外书。全家的娱乐开支也很少。去年全年全家的红白喜事支出有3000元，在村里算是少的，这是因为张树江现在提前退休在家，儿子儿媳也没有太大的同事圈子，也只是本村的亲朋好友之间随份子。交通费用支出在总支出中占了将近三分之二，这是由于儿子所开的出租车所需要的庞大的汽油费用。至于通信费用，尽管张树江家有四部手机，每年的支出还不到两千元。由此也可以看出为什么张家的借款能够这么快还清。

问到张树江将来有什么打算，他很朴实地告诉我们，没啥打算，日子平平安安地过就好。但是农村老人的娱乐生活太单调了，像现在这样，闲下来也只能看看电视、下个象棋，至于其他，实在在村里找不出什么娱乐方式。他向公书记建议要办个集体性质的、旅游性质的农村小乐园，能有游泳馆这样的娱乐设施。

现在的农村迫切需要开展丰富多彩的文化活动，改善农民相对贫乏的业余生活，逐渐提升农民的文化素质，培养与城镇化建设发展水平相适应的新型生活方式。在推进城镇化建设的过程中，各级政府尤其是当地政府更应积极开展与农民生产生活密切相关的精神文明建设，大力改善农村的文化设施，像乡村公共图书室、老年人活动室，等等。我们在安达石村村部的会议室里也看到了本村的公共图书架，整齐地排列着各色种植类、养殖类书籍比如养兔手册、养羊手册、养鸡手册，等等。

至于对孩子的期望，他说孩子的未来要让孩子自己创造。三字经解读里有个故事。叔侄二人曾先后做过明太祖朱元璋的太子太傅、太子少傅，管教非常严格，叔侄二人告老还乡时，皇帝给了二人很多的银两。二人回乡之后，并没有买房置地，而是不断地宴请亲朋好友和村里的贫苦人。散尽资财就是为了希望子孙后代能够自立自强，不靠祖上的荫蔽过活。

从张树江家的生产生活情况来看，他们已经不属于典型意义上的农户，而是更多地偏向于城镇居民。它客观地反映了随着安达石村经济的发展，企业、商铺的不断入驻，城镇化[①]进程已经悄然而至。配第一克拉克定理阐释，伴随着一国经济的发展和人均国民收入水平的提高，将自然地出现劳动力从第一产业向第二、第三产业转移的现象。我们走访的安达石村，人均耕地占有量极其有限，大量青壮年劳动人口都是在从事二、三产业，而土地的耕种者多为老幼妇孺。

像张树江家这样，妻子从事土地种植，年轻的儿子、儿媳从事服务业的情况非常普遍。这两个年轻人都是在本地工作。依托城镇化发展二、三产业从而实现就地转移、就地消化农村剩余劳动力，可以起到避免农村剩余劳动力的盲目流动、缓解农村地少人多的尖锐矛盾、扩大农业经营规模、提高农业生产率、优化农村经济结构等积极作用。

但同时必须注意到，从农村转移出来的大多都是那些人力资本相对比较高的剩余劳动力，他们往往是农村社会中的骨干和精英，具有年轻力壮、文化水平多为初中以上、拥有一技之长和较高的志向等特征。如何迅速弥补农村地区骨干群体转移后土地经营方面人力资本存量上的不足，又会成为决定推进农业现代化改革步伐快慢的重要环节。

张树江的儿子、儿媳只有一个女儿，这在过去的农村是很罕见的。但是对于这点张树江非常坦然。这也与时代的发展息息相关。“发展是最好的避孕药”，经济社会的发展和人均收入的提高对人们做出合理的生育抉择有着重要影响。

---

① 城镇化的实质从量上看是指社会经济活动中农业活动比重逐渐下降、非农业活动比重逐渐上升，农村人口的比重逐渐降低、城镇人口的比重稳步上升的过程；从质上看则是指农村和城市人口共同创造、共同分享社会共有的物质文明和精神文明。

哈威·莱宾斯坦用经济学上的“边际效用理论”来解释家庭决定生育孩子的理想人数①。父母对生育胎次往往结合提高家庭的社会地位和经济状况而考虑，通常家庭社会地位和经济收入越高的父母往往不愿意多生育孩子，从而影响到生育水平下降。

现代的安达石村与过去不同，生活中面临的竞争日益激烈，村民更注重人口的素质，这刺激了在对子女数量与质量关系的认识上做出偏向质量的选择。不仅如此，城镇非农产业活动中性别偏好的自然基础被削弱，淡化了人们养儿传宗接代意识，改变为了生男孩而多生超生的行为。总之，城镇化进程的加快有利于转变生育的社会经济文化大环境，从而使得养育孩子成本也相应增加，父母对男孩的偏好的下降、妇女受教育状况和经济地位的改善，各种因素的综合作用会使人们更容易接受节育的新观念和新态度，最终促使农村人口生育水平得以下降。

表 11－2　**张树江家基本情况表**

<table>
<tr><td colspan="8">农户家庭基本情况</td></tr>
<tr><td>户主姓名</td><td>张树江</td><td>民族</td><td>满</td><td>文化程度</td><td>初中</td><td>家庭人口数</td><td>5</td></tr>
<tr><td>劳动力人口数</td><td>4</td><td colspan="2">在校生人数</td><td>1</td><td>就读学校</td><td colspan="2">安达石小学</td></tr>
<tr><td colspan="8">家庭固定资产和耐用消费品情况</td></tr>
<tr><td>住房</td><td>钢筋水泥房</td><td>占地面积(m^2)</td><td>300</td><td>汽车</td><td>1</td><td>农用车</td><td>0</td></tr>
<tr><td>电动车</td><td>1</td><td>电视机</td><td>2</td><td>洗衣机</td><td>1</td><td>电冰箱</td><td>1</td></tr>
<tr><td>照相机</td><td>0</td><td>影碟机</td><td>1</td><td>组合音响</td><td>1</td><td>手机</td><td>4</td></tr>
<tr><td colspan="8">2008 年主要收入及收入来源（元）</td></tr>
<tr><td>收入合计</td><td>77824</td><td>种植业</td><td>1224</td><td>家庭手工业</td><td>0</td><td>本乡镇就业工资</td><td>36600</td></tr>
</table>

① 哈威·莱宾斯坦用经济学上的“边际效用理论”来解释家庭决定生育孩子的理想人数。他把增加孩子所得到的效用分为三种：(1) 消费效用，指从孩子本身直接得到的效用，这使孩子被广义地看作是消费品。(2) 经济效用，指孩子成长为劳动力后，从孩子的劳动或收入中间接得到的效用。(3) 潜在的保障效用，指父母进入老年阶段期望孩子能给予生活保障而得到的效用。同时他认为增加孩子的负效用的是从直接费用和间接费用中产生的。直接费用是指抚养孩子所耗费的抚养费、教育费和医疗费，间接费用是指机会成本，即母亲由于生儿育女放弃工作所损失的收入。

续表

外出打工	0	从事运输业	18000	政府补贴和社会救济		120000	其他经营收入	10000
2008 年主要支出及支出类别（元）								
支出合计	46340	生产支出	300	其他支出		0		
生活支出	衣服	红白喜事	看病	娱乐	交通	教育	食物	通信
46040	1500	3000	3000	500	30000	300	5780	1960

（三）促进村庄和谐的苏继海家

苏继海，1955 年出生，今年 54 岁，中国共产党党员，是安达石村农业生产组五组组长。家中共有四口人，儿子、儿媳，还有四岁的孙子。妻子去世已经多年。苏继海现在正在谈恋爱，准备今年结婚。家中经济状况一般，能够维持生计，没什么大的起伏，经济来源主要是以农业、打工为主。

说到与苏继海的接触，我们在调研的第一天就开始了。他给我们的第一印象是个嗓门儿很大的人。我们对安达石村的调研是从一场与村干部的座谈开始的。座谈开始前，组长都已到齐，大家在一起谈天说地。只听到有一个人的声音时不时地从众人中冒出来，说完还哈哈大笑。出于好奇，我仔细地打量那人一下。当座谈会完毕，分组名单宣布时，我们才知道原来我们是同一个“战壕”里的。

苏继海是个爽朗、有亲和力的人，说话时总是面带笑容。与陌生人接触，他总会主动上前来跟你说这儿道那儿。我们的入户访谈还没开始，就已经得知了组里的一些基本情况。跟他在一起合作，我们一直觉得很幸运，心中踏实、精神轻松。不过，他的嘴里总是充满了其他人的名字，很少听到他提起自己。直到我们对他的访谈正式开始，才得以真正了解这位一直在前面给我们带路的组长。

苏继海年轻时在四川当过兵。在那个时代，当兵是件很光荣的事，当时有句口号：“一人参军，全家光荣”。军旅生活培养了苏继海严谨的工作作风和生活作风。苏继海复员回到村子后，村里安排他做了村会计，负责管理村里的财务。但照苏继海的性格，每天要面对一本本账目、一串串数据，确实是件“无聊”的差事。后来，村里引进了许多企业，需要大量人手。苏继海一听乐了，企业就在村子周围离家很近，而且又能学到技术又能接触到人，何乐而不为呢？于是苏继海决定去工厂上班。开始，由于没有什么技术、也没有经验，苏继海只能临时性地在工厂做做杂务，打工的厂子也不固定。但性格爽朗的苏继海很快便得到了大家的认可，现在他已在利军矿业公司做起了生产主任。“一个月工资 1800 元左右，上班时间 8 到 11 个小时。厂里实行三班倒，给上工伤保险。全家也都有村里给上的合作医疗保险，20 元/年。”苏继海话说着乐起来了，一副知足常乐的模样。苏继海的儿子初中毕业后在宽城精选厂上班，儿媳在家照顾小孙子。

通过采访，我们发现苏继海身上有两个最吸引我们的地方：一是荣誉，苏继海是一名优秀共产党员，是安达石村的和谐使者；二是他对于现在农村土地的正确理解。

苏继海只是农村的一名普通共产党员，一名普通的基层工作者，一名普通百姓，从入党宣誓的那刻起，就坚持力所能及地接济困难乡亲甚至陌生人，无怨无悔地为村级组织建设出谋划策，无私奉献。他不富裕、不是领导，没有多大的权利，却主动背负起一个村子和谐的使命。最可贵的是他可能并不知道他做的是一件高尚的事情，他只是出于良心，认为这是一名共产党员的责任和义务，认为帮助别人是愉快的。他在创造和谐，又在享受和谐的成果，而苏继海对安达石村进行的新农村建设所做的努力正是对和谐最好的诠释。2004 年，国家提出建设社会主义新农村。在安达石村，新农村建设也在如火如荼地进行，除了对村民进行新农村要求的教育，每天播放一些加强道德教育的宣传资料外，村子里还定期组织一些讲座，宣传一些好人好事，苏继海也就经常成为被表彰的对象。这些表彰，给予苏继海更大的鼓励，更加积极地从事宣传活动。通过这几年的努力，使得苏继海感受到新农村健康的风气正在形成。苏继海认为，在村子里出现了“四多”、“四少”的局面：传播先进文化阵地多了，赌博迷信场所少了；健康有益活动多了，斗酒、酗酒、打架斗殴现象少了；村民科学文化知识多了，愚昧落后陋习少了；人与人之间交流多了，村民之间纠纷少了，人际关系变得和谐，社会更加安定稳定，群众安居乐业，民心向上，社会治安满意率高。正是苏继海的这：“四多”、“四少”，使安达石村村民真正感受到新农村建设的成果，这也成为每位安达石村村民自我规范的准则。

对于土地问题，苏继海了解得很透彻。由于经常要周旋于企业跟村民之间，既要给村民谋利益，又要防止企业过多地剥削，防止企业利用村民对政策、社会形势的认识不全面，欺骗村民。加之有时候地方政府的导向也不是全都从某个、某些村民的利益出发，因此自己必须认清形势，自己给自己争取权利。村里方面的工作，苏继海说道，一般就是调解工作，比如说有工程、修路征地，要一户一户地做工作。把企业引到村里要给村民做工作，必须跟企业谈好了，在就业上优先用村民。但是，农村人事关系复杂，一个家庭就是一个集体，一个姓氏亲属又是一个集体，工作做起来比较麻烦，都说人情大于王法一点都不夸张，得罪谁都不行。有时候，村民认准的事，即便是好事，但是要是不解释清楚，也会是坏事；对于损害自己利益的行为，村民也会毫不犹豫挺身而出。

尤其是农民自己的土地，农民是又爱又恨，爱的是终于有了自己可以随意支配的土地，恨的是种地真的不挣钱。确实，对于土地，农民有自己的感情，处理自己的土地方式也不一样：由于各自家庭情况的不同，有的在外面做生意，或者打工挣了些钱，对土地上能获取的那点利润就不太在乎了，便让它荒芜着。有的种上一些树，只是为了表示是自己的土地。还有乱占，改变土地用途，在承包的责任田里修建房屋；村里的干部为了不得罪人，也是睁一只眼闭一只眼。更有乱挖，有的不想种地的人急着用钱时，就把地里的土卖掉，一挖就是三四米，是真正的“以邻为壑”，邻居们干着急但也没有什么办法。另一种是将地租给其他人，但是租金很低。土地是农民的根本，最近几年，国家对于企业用地的控制是很严格的，企业租赁村民的土地必须经过审批，但自从国家实行土地使用权自由流转，一方面给予农民更多的权利，使他们可以更自由地支配自己的土地，但是另一方面，现在土地的租金低廉，也给了一些企业更多的利益驱使。关于土地租金的低廉，两个方面不容忽视。一是政府部门在推进土地经营权流转和保护农民利益之间，缺乏应有的平衡。这些年来，一家一户耕种若干块小田地的生产关系和劳作方式，确实制约着农业生产的发展。政府部门希望能建设农业的示范性种植基地或农业产业化的龙头企业，因此，往往倾向于迁就投资者的意愿，直接或者间接地充当对农民的引导和劝进角色，在利益的权衡上，也常常自觉或不自觉地迁就了资本的要求，而忽视农民的应有权益。前述提及的林地使用权流转的例子，据我所知，就有某些政府职能部门积极撮合的背景。二是农民在土地经营权流转博弈中，往往处于不利地位。最为明显的是单个农民与投资者的信息极度不对称。许多农民无法判断土地的增值前景，因而也难以提出分享土地增值收益的要求。人们说服农民以低廉的价格出租甚至卖出土地的，往往就是以当下农民耕种土地的低廉收益作为参照的。因此，虽然有所谓土地经营权流转必须遵循依法、自愿、有偿的原则，但是，仅有这种抽象规定，并不能从根本上保障农民的利益在交易中得到公平的对待。这两种方式体现了农民处理自己土地的盲目性，虽然想利用土地致富但是缺乏指导。

表 11-3　**苏继海家基本情况表**

<table>
<tr><td colspan="9">农户家庭基本情况</td></tr>
<tr><td>户主姓名</td><td>苏继海</td><td>民族</td><td>满</td><td>文化程度</td><td>高中</td><td colspan="2">家庭人口数</td><td>4</td></tr>
<tr><td>劳动力人口数</td><td>3</td><td colspan="2">在校生人数</td><td></td><td colspan="2">就读学校</td><td colspan="2"></td></tr>
<tr><td colspan="9">家庭固定资产和耐用消费品情况</td></tr>
<tr><td>住房</td><td>砖瓦石房</td><td>占地面积（m^2）</td><td>65</td><td>汽车</td><td>0</td><td colspan="2">农用车</td><td>0</td></tr>
<tr><td>摩托车</td><td>1</td><td>电视机</td><td>1</td><td>洗衣机</td><td>1</td><td colspan="2">电冰箱</td><td>1</td></tr>
<tr><td>照相机</td><td>0</td><td>影碟机</td><td>0</td><td>组合音响</td><td>0</td><td colspan="2">自行车</td><td>0</td></tr>
<tr><td colspan="9">2008 年主要收入及收入来源（元）</td></tr>
<tr><td>收入合计</td><td>24220</td><td>种植业</td><td>2500</td><td>家庭手工业</td><td>0</td><td colspan="2">本乡镇就业工资</td><td>21600</td></tr>
<tr><td>外出打工</td><td>0</td><td>从事运输业</td><td>0</td><td>政府补贴和社会救济</td><td>120</td><td colspan="2">其他经营收入</td><td>0</td></tr>
<tr><td colspan="9">2008 年主要支出及支出类别（元）</td></tr>
<tr><td>支出合计</td><td>12050</td><td>生产支出</td><td>650</td><td colspan="2">其他支出</td><td colspan="3">1200</td></tr>
<tr><td>生活支出</td><td>衣服</td><td>红白喜事</td><td>看病</td><td>娱乐</td><td>交通</td><td>教育</td><td>食物</td><td>住房</td></tr>
<tr><td>10200</td><td>1000</td><td>4500</td><td>700</td><td>0</td><td>0</td><td>4000</td><td>0</td><td>0</td></tr>
</table>

2008 年，苏继海一家总共收入 24220 元，其中种植园 2500 元，主要是种植果树的收入。乡镇就业工资合计 21600 元，占总收入的绝大部分。苏继海在利军矿业上班所得工资便是这些。另外，政府补贴和社会救济 120 元。从这些收入的来源可以看出，苏继海的家庭在农村算是中等家庭，经济收入水平一般。

从支出上看，2008 年苏继海一家支出共计 12050 元，生产支出 650 元，仅占总支出的 5.39%，相对于生产支出，生活支出所占比重很大，能占到总支出的 84.6%，共计 10200 元，其中包括购买衣服 1000 元，红白喜事请客随礼4500元，看病支出700元，自从有了农村医疗保险，村子里看病不用再多花冤枉钱，省去了不少看病支出。此外，教育支出4000元，占整个生活支出的39.2%，占总支出的33.1%。除了生活支出，其他方面的支出是1200元。从以上数据分析，苏继海一家支出费用主要集中在生活支出方面，其中红白喜事与教育支出相加占总支出的83.3%，依然占比较大的比例，说明在农村请客送礼依然重要。并且，随着生活水平的提高，苏继海一家也越来越重视提高自身素质，并加大了对孩子的教育投资。

另外，苏继海一家的家庭固定资产和耐用消费品是相当可观的。苏继海住的是砖瓦房占地65平方米，家里有摩托车一辆，洗衣机、电冰箱各一台，日常的电器比较齐全。这样看来，苏继海一家的生活过得还算不错。

当我们问及苏继海收入时多时少的原因以及有什么致富的想法时，其实回答已在我们预料之中："我觉得现在的日子就过得很好。每天有肉吃，还有小酒喝，做自己喜欢做的事情，还有什么不满足？知足常乐嘛！"

在苏继海眼里，更注重的是一个"情"字——乡情、亲情、爱情、友情。市场、自然灾害带来的经济上小小的波动几乎影响不了苏继海那平静的心态和淡定的人生态度。

（四）种地兼打工的典型户李长国家

走访完第一户之后，我们来到李长国大爷家。大爷非常热情，远远地就站在路口迎接我们。大爷的身材比较高大，皮肤黝黑，精神矍铄，双目炯炯有神，长年的劳作练就了一个好身板，说起话来，声如洪钟。不过一会我们就来到大爷家。一栋小平房，迈进一扇铁门，是一个很宽敞的小院，小院对面的墙上贴有很精美的瓷砖，构成了一幅壁画，有些类似颐和园的风景，画中有山有水还有亭台楼阁，透着一股静谧。这种图案在安达石村的农户家经常能看到，往往图片上还有万事如意，一帆风顺之类的吉祥话，看到这些图案，心里顿时有种浓浓的暖意，感觉有一种家的气息。在壁画的旁边，沿着墙根种了几株粉色的月季，时值夏季，它们个个竞相展露笑颜，为小院平添了不少生机。

穿过小院，我们来到大爷家。最外边的是厨房和杂物间，随后他把我们带到里屋。屋内的陈设很简单，由于有一大扇窗户，屋里显得比较亮堂，靠窗是一个水泥砌成的大炕，大炕上零散地放着一些衣服和小孩的玩具卡片。大炕的对面是一个高一米左右的组合柜，柜上放着一台彩电，彩电旁边放着几个茶杯和暖壶。坐在大爷家的大炕上，我们开始了访谈。

大爷本名李长国，1947 年生，汉族，31 岁结婚，与第一任妻子育有两个女儿。在 1984 年初，第一任妻子不幸死于小产，孩子也没能保住。到 1984 年秋，大爷与第二任妻子赵素芝结婚，赵大娘之前也结过婚，带过来与前夫生育的两个孩子，一男一女。于是，大爷开始与大娘一起生活。赵大娘，属马，汉族，今年 55 岁，小的时候因为家里穷，一直都没上过学。与大爷结婚后，家里的三个女儿也都只上到了初中就没再继续上学。至今，大爷自己的两个女儿以及大娘带过来的女孩都已经成人，纷纷嫁到了外村，家中只有赵大娘的儿子与二老继续生活。大儿子今年 37 岁，已成家，儿媳妇 39 岁，夫妻俩育有一男一女两个孩子。老大是个男孩，现在安达石中学读书。老二是个女孩，只有三岁。在我们访谈的间歇，大爷的孙子拿着他自己刚买的新鞋走了进来，从那稚嫩的脸庞能够看出大爷的孙子对这双鞋很满意，兴奋之情溢于言表，打开鞋盒给大爷看过之后便自顾自地去另一个房间试鞋去了。

在随后的聊天中，我们了解到，大爷的一生阅历比较丰富。9 岁开始在安达石小学上学，上到三、四年级的时候，即 1958 年左右，便失学了。因为当时正逢“大跃进”时期，全民大炼钢铁，从农村开始，农民在田间垒起了小土炉，全国几千万人上阵，大搞“小（小高炉）、土（土法炼铁）、群（群众运动）”。为了响应国家的号召，李大爷这样的小孩也被要求上山捡铁矿石，就这样李大爷就此结束了他的学生生涯。

紧接着又是三年自然灾害，李大爷艰难地维持过来。灾害和饥荒过后的 1962 年，人们逐渐觉醒，开始关注生产，于是在安达石村开始了开荒运动，人们将热情又一次挥洒在农田上，此时李大爷已经 15 岁了，再次响应号召，投入到开荒运动中。

1966 年“文化大革命”开始，人们盲目的革命热情也波及了安达石这个宁静的小村庄。据李长国介绍，当时在农村，各个村开始互相派“红卫兵”，在农村进行“批斗改”，直到 1978 年十一届三中全会召开，这些错误才由村里成立的纠错组纠正。在此期间，李长国从 1968 年开始担任安达石村的生产队队长，1969 年又参加了安达石村的战备团。1973—2002 年都在安达石村担任生产队队长。

李大爷家有耕地 7 亩，全都用来种玉米，另外还种有 80 棵栗树。以前大爷家的土地和栗树都有很多，因为 2006 年建火车道大概占了家里 4 亩地，对于占地的补偿，大爷认为很不公允，政府给予农民的补偿太低。当年每亩地给农民的补偿仅为 6000 元，而政府却以 3 万元每亩的价格转让给企业，对此，李大爷颇有微词。近几年又因为修建承秦公路，又强制性占了李大爷家的土地，而这些地上全都种有栗树。当时的补偿政策是 5 年以上的栗树，每棵补偿 200 元，而 3～5 年以下的每棵仅补偿 5 元。大爷当时共种有 130 棵栗树，当年平均补偿也就 150 元/棵。因此家里现在还剩 4 亩土地，通过种植玉米，大爷家一年收入有 4500 元左右。种植栗树收获后卖掉大概能挣 3000～4000 元。除此之外，家里还养了 2 头猪，年收入大概 3500 元。大爷的儿子在村附近的铁矿企业工作，主要是从事企业管理。农闲的时候，大爷也到村附近的铁矿企业打工，挣一些零星的收入。一年下来，李大爷和儿子在企业打工的收入也有 30000 元。因此，大爷家一年的总收入大概有 42000 元。

在家庭支出方面，生产性投入一年大概需要 1500 元左右，主要用于购买化肥和种子。由于全家都参加了农村合作医疗，家里看病支出一年也就 1000 元左右；孙子在村办中学上学，虽然现在农村都普及了义务教育，但每年会有 600 元的支出用于购买书本教材；食品方面，李大爷家，每年过年都会杀头猪，全家六口人，一年购买其他食品，大概需要 15000 元；由于家里有两个小孩，小孩都长得比较快，都要一直不断地买新衣服，因此一年下来，大概需要 3000 元。大爷和大娘却很节俭，只有过年才为自己置办新衣服，平时很少添置。当我们提到红白喜事的支出时，大爷也感慨万千，他说自己家一年在这方面的支出至少要 6000 元，自家亲戚结婚，或者生小孩，至少得送 1000 元，就连一般的朋友最少也得送 100 元，他认为自己家在这方面的负担还是比较重的。其次，家里交通方面的支出大概 1500 元，主要是儿子骑摩托车比较耗油，支出都花在摩托车的油钱上了。现在由于通信日益发达，大爷家共有 3 部手机，因此一年的通信支出也要 6000 元。

李长国家的主要资产有电视机、电冰箱和洗衣机。一辆摩托车主要是大爷儿子上班使用，一辆自行车主要供大爷使用。家里只有一般性生产农具。除此，大爷家没有别的耐用消费品和生产性固定资产。

在随后的访谈中，李长国谈道，生活条件的改善，跟许多铁矿企业纷纷入驻安达石村是分不开的，自家的新房也是在企业进来之后建成的。由于安达石村所在的宽城县矿产资源丰富，从 2001—2002 年开始，一些铁矿加工企业如雨后春笋般出现在安达石村，对安达石村的经济发展做出了重要贡献。像李大爷这样的普通百姓也都受益匪浅。但是，最初人们并不支持这些企业的入驻，因为企业的建设会占用农民的土地。而土地对于农民而言，是一切财富的源泉。其次，村民们担忧这些企业会对村里自然环境造成一定破坏。但是经过政府在企业和村民间进行调解，从第一家企业建成后，村民们开始逐渐尝到甜头，便慢慢开始接受了政府这一新的招商引资策略。企业的入驻，首先为村民提供了更多的就业机会，村民们不必再舍近求远到外地打工，农忙的时候在家种地，农闲的时候便到企业打工。其次，企业是以支付村民租金的方式占有农民的土地，企业占了李大爷家大概 1.5 亩的土地，年租金是 800 元/亩，而且租金是浮动的，会随着粮食行情变动。另外，企业还承诺，在企业关闭或迁移到外地之前，会恢复土地的原始地貌归还给村民。因此李大爷对于这一系列的补偿政策还是相当满意的。李长国还谈道，企业的政策还包括优先给被占土地的村民解决就业，因此企业也就这样优先解决了李大爷儿子的工作问题。据李大爷说，儿子在企业工作都签订了正式合同，合同中包括养老保险、失业保险、医疗保险等一系列基本保险。

当我们问及李大爷对未来五年的规划时，他沉思了一会，双眼望着前方，若有所思地回答我们说，他想等村里的火车道或者承秦公路建成以后，在路边开一个饭店，为过往的旅客提供餐饮、住宿、洗澡等服务，等有一定积蓄以后希望能建个大市贸商场。说罢，大爷开始充满幸福地微笑。

李大爷一家在安达石村是一个很典型的家庭，算不上富裕，但基本能够自给自足，家里住上了宽敞的新房，基本的家电也都齐全。家里还有一些土地，老一辈还以种地为生，孩子在村里的企业上班，孙子们在村里的学校上学，一家人子孙三代其乐融融。

表 11－4　**李长国家基本情况表**

<table>
<tr><td colspan="8">农户家庭基本情况</td></tr>
<tr><td>户主姓名</td><td>李长国</td><td>民族</td><td>汉</td><td>文化程度</td><td>小学</td><td>家庭人口数</td><td>6</td></tr>
<tr><td>劳动力人口数</td><td>4</td><td colspan="2">在校生人数</td><td>1</td><td colspan="2">就读学校</td><td>安达石小学</td></tr>
<tr><td colspan="8">家庭固定资产和耐用消费品情况</td></tr>
<tr><td>住房</td><td>钢筋水泥房</td><td>占地面积(m^2)</td><td>162</td><td>汽车</td><td>0</td><td>农用车</td><td>0</td></tr>
</table>

续表

摩托车	1	电视机	1	洗衣机	2	电冰箱	1	
照相机	0	影碟机	0	组合音响	0	自行车	1	
2008 年主要收入及收入来源（元）								
收入合计	38500	种植业	8500	家庭手工业	0	本乡镇就业工资	30000	
外出打工	0	从事运输业	0	政府补贴和社会救济	0	其他经营收入	0	
2008 年主要支出及支出类别（元）								
支出合计	16100	生产支出	1500	其他支出		0		
生活支出	衣服	红白喜事	看病	娱乐	交通	教育	食物	住房
14600	3000	6000	2000	0	1500	600	1500	0

（五）因儿子修房结婚而稍显拮据的李凤芝家

李凤芝，女，满族，今年 50 岁，高中毕业。家有四口人，她和丈夫王友，两个孩子，女儿王冬梅，今年 26 岁，初中毕业，现在已经出嫁了，在李凤芝娘家所在的村庄；儿子王雪松，今年 23 岁，也是初中毕业，今年刚结婚，妻子在医院上班。

早上来到村里，公书记说，今天是在村里走访的最后一天了，所以带我们看一下他们村里的满族特色，写书的时候也可以用得上。虽然时间很紧，但考虑这是安达石村的特色，我们也就同意了。于是上午我们先到村庄附近的关羽庙参观，然后再到村里走访。参观关羽庙后回到村里，杨贺云带我们到户里走访的时候已经快九点了。上午走访的第一家便是李凤芝家。

进院门首先映入眼帘的就是一栋崭新的平房，窗户、墙壁都是新的，墙上镶着雪白的瓷砖。李凤芝家的院子和村里的大多数人家相似，进院门首先是一条水泥路，通向房屋的正门，路两侧的空地上种着各种蔬菜——豆角、韭菜、黄瓜等。在房屋前面是一块与房屋一样长，宽约两米的水泥地坝，铺着灰白色相间的地板砖，由于地板砖的反光，地板看起来很干净。地板上靠墙的地方放着一些板凳、扫帚、簸箕之类的东西。

来到院门口，杨贺云叫了几声户主的名字，一个年轻小伙子出来了，杨贺云问，“你爸在家吗？”小伙子说：“他出去干活去了，我妈在家，有什么事吗?”这时候李凤芝出来了，杨贺云便和李凤芝打招呼，说明我们的来意后，李凤芝不好意思地说“我知道啥啊。”经过一番解释后，李凤芝才同意了，但她说，自己不当家，好多东西不知道。在农村，几乎都是男人当家，妇女在家里地位比较低，所以好多事情女人都是不清楚的。但男主人不在家，我们也只能凑合问她了。

跟着李凤芝来到屋里，跟其他人家的房间对比，李凤芝家的房间相对较大，进正门先是厨房，然后是一个客厅。客厅很宽敞，两扇很大的窗户，显得屋子里很明亮，窗户旁边的墙上挂着橙黄色的窗帘；客厅的地板铺着白色的大块地板砖，打扫得很干净，在阳光的照射下闪闪发光；客厅似乎刚装修好，里面家具很少，就一套沙发和一个不算大的桌子，沙发外面的塑料保护膜还没有拆掉，显然是刚买回来。一套沙发由一个大的和两个小的组成，大的沙发有三个座位，放中间，两个小的只能坐一人，放两边，除此之外没有其他家具。往右拐就是李凤芝的房间，房间也相对比较大，迎面是一个挂在墙上的大镜子，显得屋子更加宽敞；右面靠窗的是一个大炕，炕上铺着一条白背景黑色花朵的床单，整理得很干净，炕上就靠窗户的地方放着被子、毯子之类的，旁边还有一个小算盘和一个小扫帚；左面放着两个新的高一米左右的长条柜子，都是木头本色，左右对称的，所以买的应该是一套。柜子上放着电视机、钟和一些塑料瓶，药瓶之类的东西。

我们进屋的时候，有一个年轻小伙子和约四十岁的男子在卧室里，看见我们进来了，他们随便打了个招呼，就出去了。后来问李凤芝才知道，年轻的小伙子就是李凤芝的儿子王雪松，另外一个男子是李凤芝的妹夫，刚才妹夫过来找王雪松一块出去干活。

李凤芝娘家在安达石村附近的双庙村，上学的时候在班上成绩最好，但不幸的是，高考的时候，李凤芝以三四分之差落榜了，在那时，考大学很不容易，一个县也上不了多少人。由于家里“不占人”，而且经济条件也比较困难，没法支持她继续上学，李凤芝毅然决定不上学了。李凤芝讲到她的这段经历时，看得出来她很无奈，但也很豁达，似乎也没什么遗憾的，反正都过去这么多年了，已经成为不可改变的事实了。目前，李凤芝就只在家里务农，以后有孙子了就照顾下孙子，这就是她对自己未来的预期。

李凤芝的丈夫王友，以前也是在家里干农活。两年前村里建了一个养猪场，王友就被老板叫过去干活了，从那时起，王友就一直在养猪场干活。但养猪场效益很差，当时建设养猪场的时候，投入了大量资金，到目前也仍然是在亏本经营，几乎没有钱给工人发工钱。到目前为止，养猪场欠了王友好多工资，李凤芝保守地算了一下，她说，“至少有五万元，还不知道以后能不能拿到。两年前王友去养猪场干活的时候，跟老板约定的工资是每天 80 元，但后来老板又改口说只给 75 元一天，可是现在也不知道老板会怎么算工资。去年儿子结婚的时候，李凤芝家里缺钱用，王友便去找老板要工资，讲了半天道理老板也就给了 5000 元”。可是欠了那么多的钱，王友为何还要去那里上班呢？李凤芝叹了口气说，“没办法，都是熟人，如果不去的话，人家就来找，拉不下面子，就只能继续去，况且人家也没说不给工资，只是说先欠着，以后经营好了再补回来”。但李凤芝对此并不抱太大的希望。

儿子王雪松初中毕业后，就回家干活了。后来他进了村里的宽丰精粉厂（铁矿），从事的工作比较轻松，负责看管传送带，如果传送带不出问题就会很清闲。由于王雪松年轻力壮，而且上班很认真，就被提拔为副班长，所以他的工资比其他普通工人相对高一些。往年公司效益好的时候，每个月能拿到 1700～1800 元的工资；由于金融危机的影响，从去年下半年开始，公司的效益越来越差，所以去年歇班了好几个月，今年上半年也没上班，下半年刚上了三个月的班，不过工资却降到了 1300 元左右。目前公司实行的是三班倒，上班时间是 0:00～8:00、8:00～16:00 和 16:00～4:00，隔一段时间倒一次班，虽然有时候晚上上班，但由于公司比较近，骑车就五分钟的路程，所以也比较方便。

因为要给儿子娶媳妇，两年前李凤芝家新修了房子，就是现在李凤芝家住的房子（李凤芝夫妇住进屋右侧的房间，儿子儿媳住左侧的房间），共 186 平方米，差不多花了 20 万元。在农村，如果要给儿子娶媳妇，媳妇家的人都会过来看家，主要是看看家庭情况如何。所以为了给媳妇家的人一个好的印象，一般人都会建新房子，表明自己家的经济状况，同时也让媳妇家的亲戚觉得嫁过来很有面子。如果房子很破旧，可能就娶不到媳妇，在安达石村我们也遇到过类似的情况，因为家里困难，儿子都 30 多岁了还没有结婚。

新房修好后，去年儿子王雪松便通过别人介绍找到一个对象，一直到订婚，花了 4 万多元（直接给亲家的现金就有 13000 元之多，买衣服、买金首饰等又花了 2 万多元）。王雪松今年五月初十结婚，又花了 3 万多元（买电视机花了 5000 元，买家具等花了 2 万多元，在家里办酒席请客花了 9000 多元），不过礼金收了2万多元。李凤芝感叹地说，从儿子去年找到对象到前不久结婚，差不多花去了家里七八万元，家里实在是负担不起。由于最近几年庞大的支出，李凤芝家已经欠了3万多元的债，都是找亲戚借的。儿媳在结婚之前是在宽城县医院实习，后来就转到了达子沟医院上班，当护士。李凤芝说，“她工资就七八百元一个月，大概吧，也没具体问，自己都不够花”。

我们问李凤芝，“咱们家看起来挺好的，为什么会欠了这么多的钱呢。”李凤芝叹了口气说，“没办法，这几年花的钱太多了，原本也不会欠债的，但王友的工资拿不到，5万多元，抵销债务还绰绰有余”。

除开工资收入外，李凤芝家也种地，而且她家地很多，足足有八亩。或许是看到我们惊讶的表情，李凤芝补充道，“地虽多，但地不是很好”。去年李凤芝家总共收了玉米一万多斤，卖了8000多元。也有板栗树，总共约300多棵，不过大小不一，好多小树还没有开始结果，正结果的大树就70多棵。去年李凤芝家总共收获了板栗200多斤，卖了1000多元。每当李凤芝说到家里的收入多少钱的时候，总是望着旁边听我们聊天的一个女子（我们聊天时进来的），试探着说，仿佛恐怕把收入说多了。

李凤芝家去年总收入约有4万元。但支出也挺多的，家里有1部电话、3部手机，她试探着说，反正儿子、儿媳的话费没问过，不清楚，但怎么也得一个人每月30元，一年至少得2000元吧。种地的农药化肥种子等也得花两三千元，然后买衣服，再买些吃的。跟村里的其他户类似，李凤芝家去年红白喜事送礼也花了7000元。其他的支出，李凤芝想了好久也没想出来，她总结道，“除去支出的，反正去年就还了一万多元的债”。

在我们聊天的时候，一对三十多岁的夫妻走了进来，见我们在和李凤芝聊天，就和李凤芝随便地打了个招呼，就坐在炕上听我们聊，时不时也插几句话。在李凤芝说到关于订婚的事情时，刚进来的女子叹了声气，说，“哎，现在这个农村，有个儿子结婚真是花不起钱。”她顿了一下，用手指了指房子左前方向，说“那个谁家的小子，前段时间订婚，给了亲家两万多现金”，并不住地摇头。李凤芝马上回应道，“我们家小子不也是嘛，当时给了13000元，还买了好多衣服，还有金首饰等”，然后一人一句就讨论开了。

不过坐在旁边的男子显然对这个问题不感兴趣，他便问我们是干什么的，我们跟他解释了一番。他听说我们是大学生，便要让我们评评理，他说：村里的领导只能为自己人谋福利，最多会带带富有的户。他对我们说，

“你们访谈不能只找富有的啊，他们带你们找人就专找富的——你们访谈的人都是村里干部的亲戚朋友”。听他说得很起劲，我们也不好打断，就认真地听他讲。他停了一会儿，又说，最近村里要建一个叫新希望的猪饲料加工厂，工厂本来就应该建在他们跟前，让他们上班方便一些，如果员工离厂太远了，公司就不会要，而他们离现在的厂址有差不多10多里地，厂修好之后他们一点利益都沾不上。然后他又举了一例，村支书正在筹备建一个粮食收购站，建好之后附近就只有这一家粮食收购点，其他远处的人来收购粮食都不让进来，相当于村支书建的粮食收购站把村里附近的粮食收购垄断了，这样村里的干部可以提成，而对村民没有一点儿好处。由于不知道事情的真假，我们就只能边听着他讲，边说，我们会调查清楚再写出来的。但就在男子讲的热情洋溢的时候，旁边的妻子却紧张起来，他害怕自己的丈夫说了这么多村委的坏话，会惹来不必要的麻烦；而且她也不怎么相信我们，因为我们一直都是跟村里的干部一块出来访谈的，她以为我们都是一伙的。所以，丈夫讲的时候她就使劲打断，一直说，“别说了，别说了，说了也没用”。我们就笑着安慰她说：“没事的，我们不会给村干部反应的，而且我们也不知道你们的名字啊。”

男子讲了一会儿，就问我们，现在不是有大学生村官了吗？是不是咱们国家要用大学生替代当地的村官啊，这样可以多拉些项目过来，村里才会富得快一些。我们只能告诉他实情说，这是不可能的，因为大学生对当地情况不了解，不可能代替村干部的作用。男子马上变得很失望了，然后沉默了好久，听着我们和李凤芝聊。过了一会儿，一旁的妻子似乎突然想起了什么事，对旁边的丈夫说：“走，走，走，还有好多事呢。”然后就拉着男子出去了。

农村与城市不一样，是一个熟人社会，村民抬头不见低头见，甚至都是有着各种千丝万缕的亲属关系。所以在农村，无论做什么事，都逃脱不了人情的束缚。李凤芝家不但自己欠了亲戚家好多的钱，别人也欠了自己家好多的钱，形成了一个错综复杂的债务关系网。李凤芝的丈夫王友在猪场干了两年多的时间，但猪场的老板却只给了他5000元，如果在城市这是不可思议的，工人早都罢工了。既然猪场老板不给工资，王友也可以选择不在猪场上班，自己家还欠了那么多的债，这算是一个好的借口吧，但他却没有这样做，一个主要的原因就是猪场老板跟自己太熟悉了，他拉不下面子。同理，李凤芝家欠了亲戚家3万多元的债，也不会太担心对方催债。从这一点讲，中国农村仍然保留着许多封建社会的特点。

还有一点让我们感到惊奇的是，李凤芝自己是高中毕业，在那时算是比较高的学历了，但是她的孩子却都只是初中毕业。或许孩子成绩不好是一方面的原因，但我们在村里走访的时候，发现很多家庭的孩子成绩也不好，但他们选择让孩子先上职教，再上大专，等孩子毕业后也能找一个相对好的工作，至少是从事技术工作——不但相对轻松，而且工资还比较高。但李凤芝却并没有做出这样的选择，或许是因为她并不拥有决定权。现在李凤芝的儿子在铁矿上上班，虽不是技术活，但也通过自己的努力被提升为副班长，也算是令人满意。

李凤芝家总共四口人，却都是劳动力，几乎都可以单独负担自己的个人支出，从这方面讲，李凤芝家的经济条件还算不错，去年她家的收入至少有四万元。尽管如此，她家仍然负债3万多元，这说明对农村来说，住房和儿子结婚是一个很大的负担。

表11－5　**李凤芝家基本情况表**

农户家庭基本情况								
户主姓名	李凤芝	民族	满	文化程度	高中	家庭人口数	4	
劳动力人口数	4	在校生人数	0	就读学校				
家庭固定资产和耐用消费品情况								
住房	钢筋水泥房	占地面积(m^2)	186	汽车	0	农用车	0	
摩托车	1	电视机	2	洗衣机	1	电冰箱	1	
照相机	0	影碟机	2	组合音响	0	自行车	0	
2008年主要收入及收入来源（元）								
收入合计	40000	种植业	8600	家庭手工业	0	本乡镇就业工资	31400	
外出打工	0	从事运输业	0	政府补贴和社会救济	0	其他经营收入	0	
2008年主要支出及支出类别（元）								
支出合计	14000	生产支出	2000	其他支出	0			
生活支出	衣服	红白喜事	看病	娱乐	交通	教育	食物	住房
12000	3000	7000	2000	0	0	0	0	0

十二、贫困户和困难户

（一）因病致贫的困难户魏凤芝家

2009 年 8 月 25 日，是调研组到宽城县安达石村的第三天。这三天来宽城满族自治县给我们的整体印象是经济发展水平很高，县域经济发展势头很好。而且我们重点调研的村庄——安达石村也很富裕，整个村容村貌都具有新农村的典型特质。在安达石村支部书记公培海书记的精心安排下，我们调研小组由安达石村八组组长李俊合带领，到安达石村行政管辖内的自然村——西岔沟村进行入户访谈。上午，我们调研小组走访了两个家庭，这两个家庭的经济条件都非常的好，好到让我们感觉到有些吃惊。但是，从整个宽城满族自治县的发展水平和速度来看，农民家庭的经济状况达到如此高的水平也就不足为奇了。我们和李俊合组长开玩笑说："你们村可真富！毕业以后我们也来当农民。"李俊合组长笑着说："大学生来我们这不是太屈才了么！而且你们刚来我们村还不太了解情况，虽然村里大多数人生活水平很高，但也有生活比较贫困的家庭，下午我带你们去我们村典型的贫困家庭！"我们心中暗自琢磨，如此富裕的村庄怎么会有贫困户呢？他们的生活状况到底怎样呢？这些疑问和好奇让我们对下午的入户访谈充满了期待。

中午在安达石村简单的吃过午饭之后，我们在安达石村委会韩会计家经营的旅店休息了一会，然后便起身继续我们的入户调研。前一天夜里刚下过雨，当天的天气依然很阴沉，夏日午后炽热的阳光被厚厚的云层遮盖住，让人感觉很低沉。十分钟的车程，调研组在李俊合组长的带领下来到了这个村典型的贫困户——魏凤芝家的门前。下车之后，直接映入眼帘的是一座低矮破旧的泥土房，起初我们以为这是主人家的仓库，没想到这便是魏凤芝一家六口的栖身之所。

我们调研的时间正值农村农闲季节，村子里就一条主干道，农闲时村民总爱到大道的两旁聚会、拉家常，这也算是农民休闲放松的一种方式。见到我们的到来，不远处正在扎堆聊天的几个妇女一直在看着我们，低声议论，可能是对我们的到来有些好奇。一个热心的小女孩正在魏凤芝家门前玩，见到我们立即跑进屋内通知主人，出来的是一个抱着孩子、二十出头的小姑娘，她是魏凤芝的儿媳妇。见到我们她略显羞涩，招呼我们进屋后便出门去叫她婆婆——魏凤芝。在这个空隙，我们走进院子观察一下她家的房前屋后。

房子临街而建，坐北朝南，正中间是一道门，门外就是村里的主街。房子很小，不足40平方米，与正门正对的是一个后门，直接通往房子后面的院子，留后门是因为房子的长度已占满整个院子，没有空间留出绕到后院的通道，故只能在屋内设置后门；两道门中间是一个狭窄的过道，过道将房子对称分隔为东西两部分，东边住着魏凤芝大儿子一家三口，西边住着魏凤芝夫妇；过道两侧都留有房门，东侧留有一门，通往大儿子一家三口的房间，西边留有两门，一个是厨房的门，另一个是魏凤芝夫妇卧室的门；西半部分的厨房和魏凤芝夫妇的房间用木板墙隔开，因为木板墙比砖石墙节省空间；两个住人的房间各有一铺火炕，基本占满了房间内的整个地面空间，剩下的地面空间仅够打开房门；厨房一个灶台，一口黑锅，一个简单的木制橱柜，上面摆放着为数不多的锅碗瓢盆和简单的炊具，一个盛水的水桶，别无他物，现代厨房应有的电器基本没有。这就是房子主要的构造和格局，蹩脚局促，简陋寒酸。房子后面是他家的院子，院子也一副破败的景象，没有像样的生产用具；面积很小，大约有50平方米，我们看到他家已经尽可能地利用院子的空间打起了砖瓦房的地基，但没有再继续建造，院子内也没有盖新房子应有的建筑材料。组长李俊合说因为没有钱，房子建不下去了，只打了个地基，而且就是打地基的费用都是村里和乡亲们帮助筹集的，建房的费用得几万元，光靠帮衬无法实现，暂时也只有这么搁置了。与他家周围的左邻右舍宽敞、明亮、崭新的钢筋水泥房相比，魏凤芝家的小泥土房显得寒酸破旧，格格不入，这不禁让我们心中微微一颤。

这个时候，儿媳妇已经找回来这个家的女主人魏凤芝，简单的寒暄之后我们被让进了她的卧室。屋子很小，地上的空间我们站都站不下，她热情地将我们请到火炕上坐，并找出褥子给我们当坐垫，怕我们坐的不舒服。虽然条件很简陋，但她的热情使我们感觉很温暖，也拉近了我们之间的距离。短暂的介绍之后，我们开始了正式的访谈。

魏凤芝，女，1954年生人，今年53岁，汉族，小时候家里困难没有上过学；丈夫高胜启，1958年生人，汉族，没有上过学；家里有两个儿子，大儿子 1977 年出生，小学毕业，在家务农，2007 年娶妻生子；儿媳妇是河北沧州人，1987 年出生，生一个男孩，两岁，他们没有分家与魏凤芝夫妇一块生活；小儿子 1983 年出生，小学毕业，未婚，没有正当职业。

魏凤芝是这个家庭的女主人，说她是女主人一点不为过，因为丈夫是倒插门进来的，按过去的习俗，这个家庭是应该随魏凤芝姓的。我们问道为什么会以“娶丈夫”这样的形式来组建家庭时，魏凤芝说其中缘由还要追溯到她小时候特殊的生活经历。魏凤芝出生后几个月大时，母亲便因病离开了人世，母亲的过早离世使她没有感受过应有的母爱，她还有一个姐姐，当时也很小，父亲无力照顾她们。好在有姥爷和姥姥一起生活，她自小便由姥爷和姥姥养大。由于家中只有父亲一个壮劳力，生活极度困苦，所以魏凤芝自小便过着艰苦的生活。回想起童年的贫苦生活，魏凤芝很激动地说：“我这一辈子活得太惨了，一天好也没得啊！这些事都不敢提，一提就忍不住流眼泪……”说话间她眼角就不由得流下了眼泪，让人看着很揪心。由于家中没有男孩，魏凤芝又是最小的孩子，而父亲和姥姥、姥爷年岁已高，为了保证未来三个老人的养老问题，家里并没有把魏凤芝嫁出去，而是招来一个上门女婿。这个“倒插门”的上门女婿就是魏凤芝现在的丈夫高胜启。高胜启家住在安达石村的邻村——牤牛岭，家中兄弟三人，他排行老大。由于家中生活困苦，兄弟又多，没钱娶媳妇，迫于无奈才选择“倒插门”的结婚方式。中国自古就有“倒插门”这种结婚形式，但是，这样的上门女婿在社会上乃至家庭中是很没有地位的，属于下等人。由于魏凤芝家本身就很贫困，又是招来的女婿，丈夫没有带来任何财产，家庭基础薄弱，因此他们新组建的家庭仍然很贫穷。而且家里有老人，劳动力依然很少，家庭负担重，生活的重担落在了魏凤芝夫妇的肩膀上。随着老人年纪越来越大、两个孩子的相继出生，家庭负担也越来越重，魏凤芝夫妇二人在一年的辛苦劳作之后只能勉强维持生活，基本没有剩余。

在随后的生活中，魏凤芝的姥姥、姥爷和父亲相继去世，魏凤芝夫妇完成了养老送终的责任和使命，尽了孝道。老人离世后没有给他们留下什么像样的家产，只有上文所描述的这座不到 20 平方米的泥土房和一个 50 平方米大的院子，但怎么说都有个栖身之所。虽然生活贫苦，但魏凤芝夫妇对未来过上美好的生活仍然充满希望，每天勤劳的耕作以逐步改善家里的生活状态。然而，由于家中贫困，生活水平差，魏凤芝家一直受疾病的缠绕。1980 年，刚刚两岁多的大儿子出疹子，这种常见的病对一般的家庭不算什么，稍微打针吃药就能很快恢复。但是由于魏凤芝家里穷，没钱带孩子看医生，就在家里用土方子照看病中的孩子，以为能扛过去。这个两岁多的小男孩本身就营养不良，身体素质很差，加上疾病的折磨，那几天孩子整天哭闹。几天折腾下来把孩子的眼睛给哭坏了，严重的弱视，现在只能看见眼前10厘米近的东西，落下了终身的残疾。孩子的患病让魏凤芝夫妇后悔莫及，但又没有钱给孩子治眼睛，所以也只能委屈孩子了。

然而，上苍并不眷顾生活困苦的魏凤芝一家，灾难又悄然降临到这个原本羸弱的家庭。1985年，丈夫高胜启在给别人家打工伐树过程中，被放倒的大树砸中了头部，严重受伤，头部陷下去一块。丈夫的出事给这个家庭带来毁灭性的打击，不仅欠下了很多外债，更严重的是本来身体就很单薄的丈夫在受伤后基本失去了劳动能力，精神现在也不太好，而且还要每天吃药。家里顶梁柱垮了，魏凤芝的心碎了。魏凤芝的家陷入了绝境，生活压力迫使她不得不四处求人。但是，正如中国有句老话："富在深山有远亲，穷在路边无人问。"魏凤芝家生活如此贫困，亲戚都躲得老远，都不愿伸手拉一把，生怕受到牵连。我们问到丈夫高胜起那边的亲戚能不能帮衬他家一下时，魏凤芝哽咽着流着眼泪说："这没法提，根本提不起来，这些都不能再提了。他们都不如我们家的邻居，不但不帮忙，还看我家笑话。"就连跟丈夫高胜启的亲妹妹借0.5元，都没借给她。还有一次借20元，都没敢借给她，怕她还不上。庄里的乡亲见我们家可怜，经常主动给我们点零钱给孩子上学，现在都没还完欠人家的，但他们从来都没跟我要过。家里的亲戚根本指不上……"亲人对她的冷漠无情使她很伤心，眼中泛起的泪花让人觉得很可怜。

虽然家里陷入困境，但生活还得继续。生活的重担落在魏凤芝一个人身上，不仅家里的农活全部需要她一个人来干，而且还要给别人打工赚钱来贴补家用。1986年，她把刚三岁大的小儿子扔在家，到邻县去打工。平时只要村里有人雇工干活她都去，什么累活都干，只要能赚钱就行。但是，她毕竟是一个女人，即使再怎么努力拼命，对于这个缺少壮劳力的家庭来说，仍然无法摆脱贫困的阴影。多年的穷苦生活和过度劳累，使本来身体很弱的魏凤芝身体状况越来越差，也是常年疾病缠身，家里状况依然没有改观。贫困的家境使孩子没有得到良好的教育，两个儿子小学毕业后就在家待业。大儿子视力不好，不能起早也不能贪黑，而且也只能干家里活，无法外出打工。小儿子不愿意在家务农，年龄稍大些就跟同乡外出打工，但不幸的是没遇到好人，受人指使参与抢劫活动，触犯国家法律，2005年被判有期徒刑11年，现在承德监狱服刑。这对魏凤芝是不小的打击，本来指望着孩子大了能赚钱了，对家里能有所帮助，但儿子的锒铛入狱让她伤透了心，她无奈地说："这孩子不给你争气，是一点办法也没有！"虽然魏凤芝对儿子的入狱很寒心，但还是很挂念小儿子，每年秋天攒点钱去看儿子一次。一年只去看儿子一次不是因为魏凤芝不关心儿子，而是因为没有那么多钱总去看他。去承德探望儿子来回一次的花销得几百元，这对这个贫困的家庭来说是一笔不小的开销，所以平时再怎么想儿子魏凤芝也只能忍着。

小儿子的入狱服刑让魏凤芝操碎了心，但大儿子年近三十还没娶上媳妇也成为她的一块心病。由于家里穷，大儿子眼睛又有残疾，生活很不方便，劳动能力又差，所以安达石村临近的姑娘都没有愿意嫁给他的。但魏凤芝不能眼看着儿子打光棍，再穷、再困难也要给儿子说上媳妇，让儿子过上正常人的生活。魏凤芝四处托人给儿子介绍对象，一次次的碰壁她也仍然不气馁。魏凤芝顽强的生活态度打动了村民，村干部和乡亲们都亲眼看见魏凤芝家的艰难生活，大家都愿意拉他们家一把。2007年，在村干部的张罗下，在乡亲们的帮助下，终于在河北省沧州市找到了对象，只花了3000元就将媳妇娶进了门。魏凤芝说："不怕你们笑话，这个媳妇是买来的，附近的姑娘没人愿意嫁。"不管怎么说，大儿子娶上媳妇，也算是去了魏凤芝的一块心病。说到这，儿媳妇吴洋抱着孩子站在门口，我们将她请进屋里聊了一会。吴洋长得很清秀，看上去也很年轻，如果不说怀中的孩子是她的儿子，还以为她是孩子的姐姐。吴洋，1987年生人，小学毕业，家住河北省沧州市孟村县下面的农村，回族。吴洋的家庭也很贫困，小学毕业后就待业在家，身体不好，体弱多病。家庭的原因使吴洋过早的结婚嫁人，虽然年龄只有22岁，但已是一个两岁孩子的母亲。不是一家人，不进一家门。虽然魏凤芝家生活很困难，吴洋嫁过来也没有像样的彩礼，就在魏凤芝这座低矮的泥土房的东侧简单收拾一下生活了下来。但吴洋没有怨恨过什么，也从没有嫌弃过这个贫困的家庭，一家人和睦相处，生活得很踏实。这对魏凤芝来说，也算是一个极大的安慰。

由于常年艰苦的劳作和生活物资的匮乏，魏凤芝身体不是很好，常年疾病缠身，经常腰疼。2003年，魏凤芝在宽城满族自治县医院查出患有子宫肌瘤，不得不做手术，花了3000多元。儿媳妇吴洋身体也不好，患有肾积水，自打进门后住了三回院，开过刀，做过手术，花了上万元。小孙子身体也很弱，脾胃不好，经常闹病。由于没有医疗保障，所有医疗费用都得自己出，几次住院下来家里欠了20000多元外债，此外在农村信用合作社和供销社也有贷款，至今仍未偿还。

在了解完魏凤芝家的生活经历以后，调研组又询问了她家当前的生产生活情况。魏凤芝家现在有耕地3.2亩，种植玉米，每年产的玉米作为全家一年吃的粮食，基本没有卖玉米的收入；栗子树50棵，每年能收入800多元；大儿子身体不好，以前一直在家务农，在外面找不到工作。2009年同村的建筑队长照顾他家困难，带他到距家100多里外的建筑工地打工，每天50元，一个月下来能有1000多元，但这份工作具有季节性，每年也就6至7个月，这样算下来大儿子每年打工的收入能有8000元左右；由于儿媳身体不好，不能干重活，魏凤芝的家在村里主干道旁，位于整个村子的中间，优越的地理位置使这个年轻的媳妇找到了营生。她在自家的房子开了一个小卖店，卖些生活日用品，一年下来有10000元左右的收入，这成为维持全家一年消费的主要来源；此外，村里有企业开矿，占魏凤芝家两亩多地，一亩地每年给500元，2009年涨到800元，一年有1000多元的收入；家里生活困难，板城镇政府和安达石村委会每年给的各项救济补助有400元左右。全家六口人一年的全部收入也就20000元左右，人均收入3000多元。

在消费方面，家里尽量节省开销。在生产消费上，主要用于种玉米和栗子树的种子、农药、化肥钱，一年要1000多元；小卖店每年的进货费用大概要6000~7000元。在生活消费上，魏凤芝开销很小，粮食自给自足，主要吃粗粮，很少吃大米、白面这样的细粮；油、盐、酱、醋等生活用品由自家的小卖店提供，成本相对低些；衣服基本是穿别人送的旧衣服，基本不买新衣服；但是，全家人都体弱多病，每年的医疗费用要在3000~4000元；虽然家里贫困，但还得走人情，村里的红白喜事也都去，这一年下来也得2000多元。这样，魏凤芝家全年的所有消费要14000元左右，基本上与一年的全部收入相当。

魏凤芝语重心长地说："家里的难事一般不敢提，每次想起心里都像刀扎的一样。成天哪都不敢去，这人过穷了，到哪都抬不起头来。"从中我们体会到生活的艰辛给魏凤芝带来了多少心酸和无奈。

结束时，魏凤芝说了这么一句："有个别邻居嘱咐我说，你可别骂这些到你家访问的人啊！我说咋着也不能骂你们啊！那样不成笑话了么。"魏凤芝说的这句话，有她特殊的含义：一方面，虽然她在调研过程中很配合，但是希望能够得到我们的感谢；另一方面，她不清楚我们来调研的目的和身份，以为我们是政府部门的工作人员，希望将她家生活的难处跟我说出以后，能够得到实际的救助和解决。她的这种心态我们非常能够理解，一个贫困无助的家庭，因为靠自身的努力和拼搏很难走出困境，最渴望得到政府和社会的帮助，对外界有着更迫切的依赖感。这也让我们明白魏凤芝将她家的难处和艰辛向我们娓娓道来的心境，虽然期间有一点做戏或略显夸张的成分，但是魏凤芝家的贫困和艰难，都实实在在地摆在我们眼前，让我们不得不产生同情之心。目前，魏凤芝最大的心愿就是把房子盖起来，她说："希望大伙能来帮帮我把房子盖上，盖不上好的盖一般的也行。夏天下雨发大水太害怕了，我家这是水道，每年雨水大的时候，水都从我们家旁边经过，有个新房子还能挡一下，不然都不敢睡觉。"虽然镇政府和村委会多年来对她家的扶持让她无比感激，但面临眼前的难处，还是希望政府和社会能再拉她一把。也许是她真的累了，用几十年的努力至今都没能建起这座新房；也许是她真的太无助了，太渴望有人能再拉她一把，让她也能停下来歇歇。

此时调研已接近尾声，临别时我们说了一些安慰和鼓励魏凤芝的话，希望她能乐观地面对生活，以积极的心态来迎接未来的生活。魏凤芝热情地要留我们吃饭，我们心存感激地婉言谢绝了。最后，我们给魏凤芝和孙子在她家门前合影照相。希望魏凤芝一家的新房子早日建成，希望魏凤芝的小儿子早日出狱，希望魏凤芝一家身体健康，希望魏凤芝一家的生活越来越好，早日摆脱贫困的阴影。

从魏凤芝一家的生活状况来看，她家多年来贫困的主要原因是缺少劳动力和常年患病。在我国农村，农民依然靠着小农经济的生产方式维持生产和生活，以传统的耕种方式为生的农民家庭，劳动力是最主要的生产力，劳动力的多少是家庭收入的决定性因素。魏凤芝一家多年贫苦的原因，除了起初的家庭基础薄弱之外，主要原因之一是家中缺少壮劳力，基本上是一个人劳动供养全家生活，这样的劳动力结构对一个白手起家的、以纯粹传统农业为主的农民家庭来讲，是造成收入来源少的直接原因。

其次，中国的医疗保障体系不健全。农民治病的全部费用基本由农民自己承担，即便是今年刚刚扩展开来的农村合作医疗制度，对农民的重大疾病所花费的费用，其保障的力度仍然是杯水车薪，大部分医疗支出仍然要靠农民自己解决。这对本身收入就不高的农民家庭来讲是极其沉重的负担。很多农民长年患病，劳动能力低，医疗费用支出大，给家庭带来沉重的负担，这也是造成很多农民家庭贫困的主要原因。

表 12－1　**魏凤芝家基本情况表**

农户家庭基本情况								
户主姓名	魏凤芝	民族	汉	文化程度	文盲	家庭人口数	6	
劳动力人口数	1	在校生人数	0	就读学校				
家庭固定资产和耐用消费品情况								
住房	泥坯房	占地面积(m^2)	40	汽车	0	农用车	0	
摩托车	0	电视机	1台	洗衣机	0	电冰箱	0	
照相机	0	影碟机	0	组合音响	0	手机	0	
2008 年主要收入及收入来源（元）								
收入合计	20200	种植业	800	出租耕地	1000	本乡镇就业工资	0	
外出打工	8000	从事运输业	0	政府补贴和社会救济	400	其他经营收入	10000	
2008 年主要支出及支出类别（元）								
支出合计	14000	生产支出	1000	其他支出	7000			
生活支出	衣服	红白喜事	看病	娱乐	交通	教育	食物	住房
6000	0	2000	4000	0	0	0	0	0

（二）重病十年的特困户刘凤庭家

刘凤庭，男，今年 62 岁，满族，没上过学，无宗教信仰，家里有 6 口人。老伴叫张玉屏，今年 57 岁，也是满族，小学文化。刘凤庭有两个孩子，大的是女儿，已经嫁人，小的是儿子，叫刘国柱，今年 38 岁，满族，初中文化，现已成家。儿媳妇叫刘小月，满族，今年 34 岁，初中文化。夫妻俩也生有两个孩子，一男一女，孙子叫刘洋，今年 9 岁，孙女还很小，今年不到

2 岁。

这是我们入户采访的第一家，早晨从县城坐车到安达石村，在村委会和村小组组长张德林会合，他引导我们找到刘凤庭的家，离村委会并不远，从远处看，刘凤庭家跟其他农户家庭一样，二层砖瓦房，外面贴了白色瓷砖，房子前面用三面围墙围起来一个小院子，正面是一扇很大的铁门，刚进大门耳边传来一阵狗叫，我们头一次这么近距离听见狗叫，被吓了一跳，定神一看才知道是一只小狗，正朝我们叫个不停，脖子上拴着一条绳子，绷得紧紧的。张德林走在前面，带我们走进院子，这时从屋里走出一个老人，见我们不是坏人，一边对狗喊着："去！别叫！"，一边艰难地挪动步子往我们这边走着，我们凭感觉猜测这应该就是刘凤庭，便低声问旁边张德林，他说正是。于是我们往前迈了几步走到刘凤庭跟前，寒暄几句，简单的自我介绍后，刘凤庭没说什么，带着我们往屋里走，进屋坐在炕上，我们便开始了访谈。

今天院子里比较热闹，不时有孩子打闹声，我们便说，家里好热闹啊！刘凤庭解释道，今天女儿回来照顾他，外孙女和外孙也过来了，家里才这么热闹。平时儿子和儿媳妇带着孙女一起在城里打工，只有他和老伴还有孙子三个人在家里，就没这么热闹了。女儿嫁在本村，每个星期都会过来几次帮做家务活，来一次至少要忙半天。

刘凤庭出生在战乱年代，小时候随父亲四处逃命，到了读书年龄没地方上学，当时能活下来就算不错了，也没想过念书。战争结束后家里条件很苦，没钱上学，留在家里帮父亲种地。18 岁结婚，后来一直没上过学，到现在刘凤庭还是文盲。在采访过程中，虽然我们问什么他基本上都能答出来，但是，我们给他一些文字资料看时，他只字不识。

刘凤庭原来是华尖村人，离这里 80 里地。在 18 岁的时候，同当地一位姑娘结了婚，因为家里兄弟不多，劳动力少，在生产队挣工分挣得很少。当时华尖村的人很多，土地少，而且土质不好，全家人经常吃不饱，穿不暖，甚至要过饭，在外头过过年。相对华尖村而言，安达石村的条件要好得多，土地比华尖村多，公社的人口比华尖村少。当时安达石公社由于劳动力少，鼓励外村人到安达石来。于是在 1972 年，刘凤庭带着全家从华尖迁到安达石，加入公社一起劳动，在那个时期，全家从外村迁进安达石村的并不只刘凤庭一家，他们迁过来主要种些玉米和高粱。但安达石公社粮食也不够全年吃的，用刘凤庭的话说："地多不打粮，"因为当时的粮食产量普遍不高，免不了经常挨饿。

这样的状态一直维持到20世纪80年代才有所好转，1982年实行家庭联产承包责任制，每口人平均有8分多地，刘凤庭家当时4口人，分到3亩多地，有了地以后，靠自己耕种基本上能保证全家不再挨饿，生活水平有所提升。但是，家庭主要收入就是粮食，地里产的粮食只够家里吃的，其他能换钱的东西很少，想买生活用品都没钱。孩子上学也没钱，只好去邻居家借，东借西凑才凑齐一个人的学费，女儿和儿子都到了上学年龄，那个时候在农村重男轻女比较严重，刘凤庭自然把这个难得的机会给了儿子。女儿一直没上学，很早就嫁人了。

因为没文化，刘凤庭夫妻俩守着自留地一种就是二十多年，直到现在也没想过要做点其他的事，跟村里其他家庭相比，刘凤庭家显得越来越拮据，只好把女儿早早嫁了出去。说到这，刘凤庭思绪停了一会，像是对女儿有些歉意。儿子刘国柱初中没读完，交不起学费，16岁辍学跟朋友一起出去打工。此后，儿子打工寄回来的钱成了家里主要的经济收入。

刘国柱没有去很远的地方，1987年去了省会石家庄，由于年龄小，知道的东西也少，所以头几年只能找一些简单容易上手的工作，这些工作往往工资很低，收入也不稳定。除去生活开支，一年下来几乎剩不下钱，有时候连过年回家的车费钱都是向朋友借的。1990年，通过朋友介绍进了一家电子装配厂，做流水线工人，进厂后，收入相对稳定一些，而且厂里有宿舍，有食堂，生活开销比在外面节省很多，一年能净挣5000元左右。在电子装配厂工作了几年，每天都干同样的活，刘国柱觉得有些乏味。厂里对他们这些临时工一般不会重用，提升的空间很小，于是想换个工作，一边工作，一边在外面寻找有没有更好的机会。找了一年多也没发现合适的。一般的工作，条件不如电子装配厂，好一点的工作，往往要求至少高中以上的文凭。每次因为学历太低受阻，他心中免不了会抱怨一番，但又很无奈，抱怨完了还得面对现实。在27岁的时候，刘国柱认识了现在的妻子，第二年也就是1999年他们结了婚，同年他用十来年的积蓄盖了新房子。

对刘凤庭的家庭来说，1999年是个转折年。这一年里家里发生几件事：一是儿子娶媳妇，二是盖新房子，三是刘凤庭突然得了脑血栓，这三件事中的任何一件对农村家庭来说都不是小事，更何况三件大事发生在同一年，刘凤庭家微薄的积蓄怎么能承受这么大经济负担！儿子这几年在外打工，刘凤庭家有了点储蓄，本来想咬紧牙关，把儿子的终身大事解决了再盖栋新房子，指望以后过上普通农民家庭生活。然而突如其来的疾病，让这些本不算高的期望变得遥不可及。这一年儿子娶媳妇和盖新房子不仅耗尽了家中所有的积蓄，还背负起一笔不小的外债，因为没有多余的钱，刘凤庭得了脑血栓后，家里没有经济能力医治，只好顺其发展，只在必要的时候去医院买点止痛药吃。

患上脑血栓的病人会出现手足软弱无力，时常还会头晕，有时甚至突然晕倒在地。1999 年盖新房子的时候，刘凤庭有一天突然昏倒在工地里，过了好久才清醒过来，家人担心，带到医院检查，才知道得了脑血栓。由于手脚无力，庄稼地里的农活太重，刘凤庭干不了，只能在家做些家务活。刚得病那几年，刘凤庭除了不能干太重的农活外，其他方面跟往常还一样，但是因为没钱去做有效的调理和治疗，年复一年，病情不断加重。有时手里拿的东西不知不觉地掉在地上，记忆力明显下降，偶尔出现短暂性的双目失明，更严重的是，手足越来越无力，以至于走起路来一摇一晃，行走不便，久而久之，生活便不能完全自理。这时我们才明白为什么刘凤庭走路那么艰难，为什么他女儿经常过来帮忙做家务活。这让我想起采访时令人不解的一幕：我们正在与刘凤庭谈话，还未懂事的小外孙指着刘凤庭的裤裆说：“爷爷尿裤子了！”，我们一看，发现小孩说的是真的，没好意思说什么，刘凤庭却并没有理睬小外孙，随他喊着，好像这种事情时常发生一样。想起刘凤庭的病，再想起这种病的症状，我们才恍然大悟，忍不住一阵心酸。

刘凤庭得重病后，家里里里外外的重活都是老伴张玉屏扛着。老伴比他年轻 5 岁，读过书，认识一些字，一直在家务农，全家的庄稼地由她一个人种，家里 3 亩多地，种了 2 亩多玉米，1 亩能打 1 千多斤，剩下的地种一些杂粮，能打 200 斤谷子，80 斤高粱，60 斤豆子。除了玉米有所剩余，其他的都留给自家吃，但是玉米价钱不高，一斤不到 0.5 元，剩下的玉米卖不了多少钱。

2003 年，家里的 3 亩多地中有 2 亩被企业占用，每年给一千元补贴，对张玉屏来说，只需要种剩下的 1 亩多地，肩上的担子一下子减轻了很多。刘凤庭家前有一个院子，将近 1 亩地，张玉屏在这块地上种满了蔬菜，有黄瓜、豆角、小葱等。那天很不巧，张玉屏不在家，上镇里卖菜去了，平时赶上院子里的蔬菜熟了，就摘一些去街上卖，一年卖菜有 1000 多元收入。

因为刘凤庭的病情不断加重，儿子刘国柱没再去石家庄，而是带着媳妇去县城找活干。这些年宽城县由于铁矿开采，发展起来一批企业集团，带动整个县城经济迅速发展，创造一批就业岗位，当地年轻人想找份工作比较容易，刘国柱考了驾照，给私人老板开车，开始几年里，经验不足，只能开小型货车，工资很低，后来慢慢开大点的货车，工资相应涨了一些。

2006 年，刘国柱生了个女儿，儿子到了上学年龄，由于没有城里户口，在城里上学要交插班费，于是把儿子送回老家，让奶奶带，再说在安达石小学上学也比在城里上学方便。

2007 年年底，一次偶然的机会，刘国柱给一个私人老板开半挂车，约定每个月 2500 元，加班多的时候有 3000 多元一个月，但是不给现钱，年终结账，在小县城里，这样的工资即使不给现钱也很诱人，刘国柱爽快答应了，因为是熟人介绍，感觉有保证，一般不需要签合同。2008 年，刘国柱在县城租了一套房，把妻子和女儿接了过去，一年租金 3800 元，在县城算条件较好的，里面有洗衣机、电视、电冰箱等家电。有了住处便安心给老板开车，心中记着每个月的工资，一年到头加起来将近 30000 元，做梦都没想到一年能挣这么多钱。刘凤庭说到这里，并没有一丝喜悦的表情，因为到现在儿子并没给家里寄一分钱，随后我们才知道，刘国柱 2008 年整年的工资只是一张空头支票，老板耍赖不给工钱，想打官司又因为没签合同，无凭无据，到现在工钱还没领到。

因为没有医疗条件，刘凤庭的脑血栓一年比一年加重，行动越来越不便，刘国柱原本想有这笔工钱后，可以给父亲好好治治病的，无奈辛苦一年的工资却成了泡影。

考虑到刘凤庭重病这么多年，家境贫寒，政府在 2007 年给刘凤庭家评上低保户，从 2008 年刘凤庭夫妇俩开始享受国家低保政策，一年给 900 多元，按季度给，每个季度 300 多元。2008 年第一季度给 320 元，第二季度给 360 元，第三季度 300 元，总共给了 900 多元。至于低保的钱一个人应该给多少，具体怎么算，刘凤庭一概不知，只知道到时间村里给通知就去领钱。

纵观 2008 年刘凤庭的家庭收入，一亩多玉米地年产 1100 斤，按市场价 0.64 元/斤，折算价值 704 元，出租耕地租金 1600 元，院子里有半亩多地菜园，种小葱、豆角、黄瓜、白菜等，卖菜收入 1100 元，政府低保补贴 980 元。儿子在城里开车的工资要到手可能性很小，这里暂且不算做 2008 年的收入，山上有10亩多地，种着刺槐，新栽了100多棵栗子树，现在还没有收入。所以去年刘凤庭家全年总收入只有4384元。

再看2008年刘凤庭家庭支出情况，平时穿的衣服是别人送的，儿子儿媳妇每年买衣服花1000多元，吃饭一年有一袋大米一袋面就够了，200多元，加上油盐酱醋，吃菜自己种，一年总共500元够了。过年杀猪有猪油，今年没养猪，因为仔猪太贵，抓不起。儿子儿媳妇伙食开支加起来一年将近3000元，在城里房租金3800元/年。刘凤庭每年看病花1500多元。孙子上学花钱少，课本费基本上不花钱，笔纸文具总共160元左右。红白喜事一次最少100元，2008年大概拿出去2700元，这笔开支比吃的贵，是全家最高的，还不能少。平均一年1600~1700元。去年刘凤庭全家总开支13240元，是收入的3倍多！

刘凤庭家里没有农业生产工具，农业生产全部靠人工，实际上家里并没有多少地可种。对于企业占地一年给的800元补贴，刘凤庭表示很满意，自己干不了，租给企业每年能拿这么多钱。再说自己种地除去开支没多少收入，现在自家不种的耕地给别人种都是免租金，还得是好地才有人要，他恨不得企业把家里剩下的一亩多地也征用了。

如今在安达石村说起贫困户，无人不提刘凤庭，没有养老保险，平时没事的时候到大街上坐着、闲逛、看电视、找人聊天。家里除了两部手机和一台彩电很难再找出一件耐用消费品来，这在安达石村非常少见。刘凤庭家的房子虽然看起来很新，但到里面会发现，有几间房的墙上开了几道长长的裂缝，因为盖新房子时，钱不够，地基没打好，有些地方下沉，所以墙上断开几条大裂缝，外面看起来崭新的房子，实则快成了危房。我们问刘凤庭有没有打算把房子修一下，他说不知道怎么修，也不知道会花多少钱，暂时这么住着，等儿子哪年挣钱了再说。这些都源于1999年发生的那三件大事，而重病十年是刘凤庭家变穷的最主要的原因，因为得病，家里不仅减少了一个劳动力，反而增加了一笔大开支，对于一个并不富裕的农村家庭简直是雪上加霜，因此刘凤庭家在贫穷的泥潭里越陷越深。现在全家的希望只能寄托在儿子身上了。

在刘凤庭看来，影响家里收入的主要原因并不是土地少，也不是缺乏劳动力，而是缺少资金。刘凤庭的儿子在县城开车这么多年，多少积累些人脉关系，如果有资金可以自己买辆车的话，肯定比给别人当司机赚钱。但这对刘凤庭来讲，只是一个梦，一来在安达石亲戚朋友少，很难借到足够的钱，二是银行贷款条件苛刻，贷不到款。

表 12－2　　刘凤庭家基本情况表

农户家庭基本情况								
户主姓名	刘凤庭	民族	满	文化程度	文盲	家庭人口数	6	
劳动力人口数	3	在校生人数	1	就读学校	安达石小学			
家庭固定资产和耐用消费品情况								
住房	砖瓦石房	占地面积(m^2)	200	汽车	0	农用车	0	
摩托车	0	电视机	1台	洗衣机	0	电冰箱	0	
照相机	0	影碟机	0	组合音响	0	手机	2	
2008年主要收入及收入来源（元）								
收入合计	4384	种植业	704	出租耕地	1600	本乡镇就业工资	0	
外出打工	0	从事运输业	0	政府补贴和社会救济	980	其他经营收入	1100	
2008年主要支出及支出类别（元）								
支出合计	13240	生产支出	280	其他支出		0		
生活支出	衣服	红白喜事	看病	娱乐	交通	教育	食物	住房
12960	1300	2700	1500	0	0	160	3500	3800

（三）因病致贫的公玉荣家

公玉荣一家，患病贫困户，原有四口人，公玉荣夫妇和两个儿子，全是满族。公玉荣58岁，文盲，患有腰椎间盘突出及脑血管疾病。丈夫姓名不详，60岁，患有股骨头坏死，多年卧床，现虽有改善，仍无法长时间行走。大儿子张立新，已婚，在附近钢厂上班，大儿媳肖某在塔山镇政府工作，有一个12岁的小男孩。二儿子张立金，烈士，2003年海军沉船事故中不幸遇难。

公玉荣，一米六五的个子，中等身材，皮肤略黑，长长的头发扎成一条比较粗的麻花辫垂到腰际，下垂的眼角，病恹恹的眼神，稍稍浮肿的脸上挂满了疲惫。上身穿一件黑底蓝花的针织衫，白裤子，衣服不新却洗得很干净。

公玉荣家就在村支部旁边，因为是在路边，没有院墙，我们站在小卖部门口就能看得很清楚。房子一共是一排八间，尖顶挂了红色的瓦片，正面墙上镶满白色长条瓷砖，搭配银色的铝合金门窗，显得很干净。

公玉荣含着眼泪告诉我们，房子是2003年“非典”的时候盖的，用的钱是小儿子的抚恤金。公玉荣没有女儿，只有两个儿子。大儿子叫张立新，初中毕业以后就去工厂打工，1996年娶了在塔山乡政府工作的姓肖的姑娘，现在孩子都12岁了，一家三口生活也还幸福。小儿子叫张玉金，也是初中毕业，打了几年的零工，赶上部队来征兵，便去山东当了一名海军，后转士官，在海军北海舰队12支队361号潜艇服役。

2003年4月16日，张玉金所在的361号潜艇出海训练，在返回青岛威海基地途中为潜艇重新充电。按照程序，充电是要先启动柴油发电机，这种发电机启动时需要燃烧大量的氧气，故潜艇需要浮到接近海面，将指挥台上方的潜望镜和进气阀伸到海面上吸入空气。然而当柴油发电机被启动时，进气阀却因机械故障并没有打开，造成主机吸空潜艇内的空气，并使1至7舱在负压力下无法迅速打开舱口盖，70位艇员全部在站位上短时间内窒息牺牲。

当时由于潜艇处于安静、无接触演习，中断了所有与外间的电讯联络，故外界连续10天都没有人发现出了意外。直到2003年4月26日，海军基地接到威海渔民报告，在渤海和黄海交界处的内长山群岛以东海域发现半潜状态的361号潜艇在漂浮，军方立即派救援人员到场，发现361号潜艇只有潜望镜部分露出了水面漂浮。救援人员进入潜艇发现，艇员全部倒毙在自己的工作位置上，没有任何痛苦或挣扎痕迹。经初步检验，潜艇没有任何损坏，死者证实都是急性窒息致死。而艇上的日志只写到4月16日，判定他们是在该日死亡。该艇被拖回旅顺基地后，有关人员对艇上的各种仪器数据进行了分析，基本上肯定了事发的经过。

事故发生以后，党中央、中央军委对361号潜艇失事的处理工作高度重视，极为关注，江泽民、胡锦涛等中央军委领导同志一直亲自领导和指挥着事故处理工作，要求在全军部队大力弘扬361艇官兵们爱国奉献的崇高精神，部队和有关地方的党委、政府要热情周到地照顾好牺牲官兵的亲属，不仅现在要关心，而且一定要负责到底。

5月23日，承德市委常委、军分区司令员包锦球，承德市人民政府副市长王克到宽城检查慰问工作。当日上午，在宽城县委书记李维、政府县长刘新宇等同志的陪同下，包锦球、王克等市领导一行来到板城镇安达石村，代表市委、市政府和军分区看望并慰问了公玉荣一家，送去了 10000 元慰问金和其他礼品，并仔细询问了他们的困难和要求，让他们相信党和政府一定会妥善处理善后工作，并尽最大努力帮助解决其生活困难问题。同时，对宽城前期所做的安抚工作给予了肯定。

突如其来的噩耗打破了小山村的安静，当时张家正忙活着盖房子，简朴的农家小院一下子挤满了前来抚慰烈士亲属的领导和乡邻。公玉荣回忆当时的情景，仍禁不住潸然泪下。张玉金烈士牺牲，国家按照有关规定，一次性付给了他的家属 147000 元抚恤金，也就是前面提到张家用来盖房子的那笔钱。此外，每年还通过民政局发放一定金额的政府补贴。公玉荣夫妇感谢党和国家的照顾，可再多的钱也无法抚平中年丧子的哀伤。老两口很长一段时间都不能接受儿子去世的事实，总是盼着有一天儿子再回来探亲，回来叫一声爹，叫一声娘。最终，公玉荣夫妇不堪打击，纷纷病倒了。直到我们采访，这几年两个人一直在与病魔斗争中生活，每天不是在吃药，就是在寻找药方，花光了家里所有的积蓄不说，不到六十岁的人已经明显有了衰老的迹象。

公玉荣腰椎间盘突出，整个脊柱又烧又疼，很长一段时间都无法站直。她还常年患有高血压的毛病，去年突发脑溢血，幸亏发现的及时，送到宽城县医院抢救才挽回了一条性命。公玉荣这次住院一下就花掉了家里将近 8000 元，还留下了轻微的后遗症，很长一段时间她的大脑都很迷糊，不知道吃饭，衣服也经常穿反。现在虽然情况比去年好些，但是很多东西已经记不清了，说话也有些颠三倒四的。

公玉荣的丈夫，因丧子之痛加上劳累过度，前几年患上了股骨头坏死的毛病，走路时间长了就疼得厉害，更别说干活了。送到宽城县中医院检查，医生建议手术治疗，手术费需要将近 90000 元，存在一定的风险不说，即使治好了也不能像从前一样干重活，只是能走路而已。公玉荣一方面再也拿不出那么昂贵的手术费，一方面担心手术结果不理想，最终选择保守治疗。

经人介绍，公玉荣带着丈夫先在县里一家私人诊所按摩治疗，每天按摩一次，费用是 35 元还是 70 元，公玉荣记不清了。这样治了 21 天，不但没有起色，公玉荣的丈夫反而一下都不能动了。之后，在大儿媳妇的帮助下转到承德 266 医院住院治疗，蒸药、烤电、做中频，一天下来仅治疗费就要 150

元，治疗41天后病情好转，能站起来了，但还是不能走远路。股骨头坏死的治疗过程大都使用的康复医疗，不属于新型合作医疗的报销范围，合作医疗只按照60%报销在医院住院期间吃药、输液的费用。合计下来，这次住院花费将近6000元，合作医疗仅给报销了几百元。

2006年安达石村开始有新型合作医疗制度，这是一种“由政府组织、引导、支援，农民自愿参加，个人、集体和政府多方筹资，以大病统筹为主的农民医疗互助共济制度”。这个定义显示出新型农村合作医疗制度是救助农民的疾病医疗费用的，而门诊、跌打损伤等不在该保险范围内，这项规定使得农民实际受益没有预想的那么大。公玉荣还告诉我们，现在药价一天比一天贵，有些药即使报销了还不及原来不报销的时候便宜。对她而言，合作医疗并没能起到缓解家里因病致贫的作用，从某些程度上，她感到合作医疗是骗人的。不过，安达石村的合作医疗费用是村里统一支付的，因为没有花自家的钱，所以也就没那么多埋怨，如果是自己掏钱，村民可能就不太愿意加入了。

从266医院回家后，公玉荣丈夫的病情还是时好时坏，疼得厉害的时候就发脾气，让她又气又疼。公玉荣无奈就又带丈夫去唐山治病，还是让做手术，也没拿药就回来了。之后又找到迁西一家私人诊所针灸治疗，去了3次，每次身上都扎满了针，仍是不见起色，也就不再去了。那段时间，公玉荣逢人就打听有没有什么地方可以治她丈夫的病，听见一点消息就要去看个究竟，觉得好就买回来给丈夫服用，甚至有些偏方都被她找来试试看，真是病急乱投医，听风就是雨。

功夫不负有心人，公玉荣后来打听到宽城第一小学有个老师也是股骨头坏死，吃一个中药药方很管用，她便找到人家家里要来药方，自己去药店抓药煎给丈夫吃。别看花钱不多，一付药也就10元左右，吃了一段时间效果却不错，已经能试着走一段路了。一般人都知道，中药见效缓慢，需要长时间服用。公玉荣每次抓药都是30多付，这一吃就是两年多，后来也就没有什么改善了。公玉荣的丈夫脾气急，见一直没有起色就烦了，又要她去找新的药方。公玉荣听村里人说郑州有个地方能治这个病，就要来地址去郑州抓药，但效果类似止痛药，吃着就不疼，一停药又疼得厉害。后来又看报纸上的广告说沈阳有家诊所能治，就带着丈夫去沈阳求医。连看病带买药花了3000元，吃了整整7个月，还是干不了什么，都不如之前自己抓的药管用。到我们采访的时候，公玉荣的丈夫还是不能走远路，出门遛弯就拿个小马扎儿，走一会儿就坐下来歇一会儿。从沈阳拿回来的药已经吃完了，公玉荣正盘算着还给丈夫吃原来的药方，折腾了这么久，她似乎放弃了，只求丈夫生活能自理就好。

公玉荣现在和丈夫住在路边的房子里，因为看病用钱，房子卖了 5 间，现在只剩靠近村支部的 3 间了。因为没法干农活，耕地在几年前就都栽上了杨树，现在只在屋子后面的一片园子里种些玉米供自己家食用。因为地方小也就没种蔬菜，主要靠邻居、亲戚家里种的给点儿，自己再买点儿，老两口吃的不多，也还能凑合。家里有土炕和液化气炉，夏天做饭大都用液化气，冬天就烧柴火，既能做饭又能取暖。没有院子也就没养猪、养鸡什么的，公玉荣描述自己的生活就是“一个饱，两个倒”，就是说一天除了吃饭睡觉，基本没什么事情。

公玉荣家唯一正常运作的电器就是电灯，电视是 21 英寸的，十三年前儿媳妇结婚的陪嫁，现在已经不能看了。没有电话，手机也是儿媳妇淘汰下来的，公玉荣不会用，就一直闲置着。公玉荣夫妇吃的、穿的、用的都舍不得买，亲戚家有红白事能不花钱的就不花，把所有的钱都省下用来看病了。唯一的大儿子一个月工资只有 1200 元，儿媳妇在乡政府工资也不高，可孩子们孝顺，老人看病的钱很多都是儿子出的。

因为二儿子张玉金的事情，国家每人每月发给 200 元的抚恤金，一年 4800 元，民政局还发给低保，一季度 300 元左右，这些钱也全都被公玉荣用来看病了。去年公玉荣脑溢血住院花费 8000 元，加上丈夫吃药，两个人花费了将近 15000 元，家里的钱都花光了不说，还借了外债。迫于无奈，没等病好利落，公玉荣就因为没钱拿药去找民政局求助，民政局每次都尽量帮助她解决困难，给她几百元，实在没那么多钱，也要给 50 元，不让她白跑一趟。过年的时候，民政局还一次性给了公玉荣住院补贴 500 元。“民政局不错，国家对我们挺好的，领导一直都很关心我们。”公玉荣说这话的时候很激动，也很真诚。近几年随着我国经济的发展，逐渐建立并完善农村社会保障制度，很多决策都得到了老百姓的拥护。

公玉荣家是典型的因病致贫户，这又一次为我们的社会保障敲响了警钟。没有具体的政策，民政局一次两次的补贴也只是缓解一时之需，不能从根本上改善她们家的生活状况。“合作医疗把所有的药费都报了就好了。”

这是公玉荣的梦想，也是无数患病者的心声。就我们国家发展状况而言，这在短时间内是无法实现的，世界上发达国家中有这样福利的也是凤毛麟角。但是，这并不等于我们无计可施，在一定程度上降低药价对我国应该不算什么难题吧。

表 12－3　　**公玉荣家基本情况表**

农户家庭基本情况								
户主姓名	公玉荣	民族	满	文化程度	文盲	家庭人口数	2	
劳动力人口数	0	在校生人数	0	就读学校	0			
家庭固定资产和耐用消费品情况								
住房	砖瓦石房	占地面积(m^2)	100	汽车	0	农用车	0	
摩托车	0	电视机	1	洗衣机	0	电冰箱	0	
照相机	0	影碟机	0	组合音响	0	自行车	0	
2008 年主要收入及收入来源（元）								
收入合计	6950	种植业	500	家庭手工业	0	本乡镇就业工资	0	
外出打工	0	从事运输业	0	政府补贴和社会救济	6450	其他经营收入	0	
2008 年主要支出及支出类别（元）								
支出合计	14460	生产支出	60	其他支出	0			
生活支出	衣服	红白喜事	看病	娱乐	交通	教育	食物	住房
14400	300	0	13000	0	500	0	600	0

（四）修房欠债的贫困户刘晓云家

刘晓云，女，满族，1960 年出生，小学学历。丈夫叫张树春，1959 年出生，初中学历，目前在铁矿上班。刘晓云有两个儿子一个女儿，大儿子张立超，今年 28 岁，四年前结婚后便与父母分家了，住在刘晓云家附近。二儿子今年 25 岁，去年刚结婚，儿媳在家待着没上班。刘晓云还有一个女儿，已经不上学了，还没有结婚，也没上班。

上午十点多，我们来到位于村头的刘晓云家里。走进院子大门视野很开阔，中间是一条一米多宽十多米长的水泥路通向屋子的正门，靠近屋子的地方放着一辆摩托车，暴露在太阳的炙烤下；水泥路的左侧放着几盆花，每一盆花的品种都不一样，有两盆正开着红色和粉红色的花朵，还有两盆花显然是刚种不久。路的右侧有两个金属杆撑起的绳子，绳子上挂着毛巾和小孩子用的尿布等。路的两边有空地，左边的空地一部分种着豆角，另一部分刚开垦出来还没有种任何作物；右边的空地上也种着玉米、豆角还有大葱等。水泥路的尽头上两步台阶就是屋子前的水泥地板，镶着大块的灰白相间的地板砖，在墙角的地方放着扫帚、铁锹、脸盆和放脸盆的架子等。

经过杨贺云的介绍后，刘晓云开始有所顾忌，但我们解释后她也就同意了，然后带着我们进了屋子。进正门后，先是厨房，然后是吃饭的房间，再往右拐，就看到了刘晓云的房间。和其他户的房间装饰类似，迎面看见的就是一面大镜子，镜子的上端挂着一串装饰的绿叶红花的藤，给单调的镜子带来一点生气。屋子的南侧是与墙壁一般大小的玻璃窗户，北方阳光稀少，为了获得更多的阳光就会把窗户做得很大；窗户上有窗帘，窗帘放在窗户的一侧。靠着窗户的是炕，炕上一条不算新的床单，但整理得很干净，靠窗的一角上放着一摞被子、毛毯等。房间的北侧，先是一个柜子，上面放着茶杯、钟、小孩的玩具、电视的遥控器等，柜子上方的墙上贴着一幅画，用艺术的方式写着刘晓云丈夫的名字“张树春”；往前是一台约二十英寸的电视机，下边的柜子中放着影碟机等，电视机上有两个可爱的雪白色和粉红色的玩具狗；再往前是一台缝纫机，看上去应该有些年头了，缝纫机上堆放着一些衣服，上边的墙壁上贴着财神和送子观音的画。屋子虽然很新，但都是以前的老家具。前几天的经验告诉我，如果儿子和父母没有分家的话，父母一般住进屋的右侧，儿子则住左侧的房间，考虑到这些，我们也就没有到左边的房间看。刘晓云让我们坐炕上，然后她也坐在另一头，让孙子张宇航在床上自己玩。

在安达石村，如果要从各户的房子来分析这户人家的经济水平，是很不明智的，房子的外貌几乎差不多，只有新旧之分。刚进刘晓云家院子，看见的是崭新的漂亮的房子，谁能知道她家竟欠了好几万的债呢。但进到屋子里后，可以发现房间装饰和崭新的房子似乎有所不相称，因为家具几乎都是旧的，这说明她家已经很久没有置办家具了。

刘晓云的两个儿子毕业后，都在铁矿上班。大儿子张立超上班的时候，学会了开装载机的技术。装载机是老板的，张立超只是负责开，老板发给工资，因为是技术工，他的工资比其他普通的工人要高一些。二儿子不上学了，也到矿上上班，便跟着张立超学习开装载机，现在他也在另一家铁矿开装载机。在农村有一种家族现象，如果一家里有一人从事一种工作，往往他家里还会有兄弟姐妹或者亲戚朋友也从事这种工作。比如张怀臣大爷以前是信用社的员工，现在退休了，但他的好几个孩子在信用社上班。刘晓云家也如此，大儿子学了开装载机的技术后，二儿子跟着哥哥学也是在情理之中的事情。两个儿子的工资具体多少，刘晓云并不知道，她勉强地说，大概就一千多点吧，往年工资高一些，去年金融危机之后，铁粉价格低了，儿子的工资也降了好多。庆幸的是上半年村里的好多人都没班上，但两儿子并没有歇班，因为开装载机是矿上不可少的。现在工资虽然不高，但刘晓云却认为，不上班一点工资都没有，还不如凑合着干，两儿子都在矿上开装载机好多年了，就连二儿子也有四五年了；如果现在改行成本太高，还不如先干着，等到金融危机过去就好了。

在农村，重男轻女的思想比较严重，刘晓云有两个儿子而且都在矿上做技术工人，工资颇丰，可以说是一件很庆幸的事情。但两个儿子年龄差不多大，相继要结婚成家，对于家里来说都是一笔不小的负担，事实也确实如此。

六年前，刘晓云家盖了新房，就在目前刘晓云住的房子前面 20 多米处，看起来很高，就像一栋楼房。但刘晓云说，其实就是一栋普通的房，只不过把地基修得很高，房屋自然就抬得很高了，这样房屋比较好看。当时盖这栋房子花了五六万元，当时刘晓云家里经济条件还不错，有一些积蓄，总共就借了一万多元。

四年前，大儿子结婚了，从订婚到结婚，一共花了四万多元，由于建第一栋房屋时已花光了积蓄，四万多元几乎都是从亲戚处借的。大儿媳妇过来后，家里的人太多，在一栋房子里没法住。无奈之下，刘晓云家就只能修了第二栋房子。现在刘晓云住的房子就是四年前建的，长 14 米，宽 8 米，约 112 平方米；刘晓云的两个儿子出生时，都没赶上分地，修第二栋房屋时自己家没有宅基地，刘晓云就只能用自家的好地跟村里的人换。第二栋房子的建造费用总共花了七八万元。

二儿子去年结婚，从订婚到结婚又花了好几万。到现在为止，刘晓云已经从亲戚家借了十万多元。但刘晓云讲到这些的时候，我们并没有看出她有什么悲观的情绪，就笑着说，“阿姨，我们看你还挺乐观的嘛”。刘晓云说：

“哎，没办法，要是跟城市人比，咱们农村人都没法活了，只有乐观点呗。”我们安慰她说，“其实城市人还没您乐观呢，天天早出晚归，累得很。”刘晓云笑着说，那倒也是，城市里哪有咱村里好，咱村环境好，冬暖夏凉。其实，刘晓云借了这么多钱，而没有什么太大的压力，是有原因的。

刘晓云借的这十万多元，基本上都是从她娘家借的，她说，“娘家有好几个兄弟，兄弟多，翅膀就硬”。确实在农村就是如此，谁家的女儿嫁出去了，如果家里还有几个哥哥弟弟，在外边说话腰板都能挺得更直，别人也就不敢欺负她，甚至丈夫也不敢乱来，否则妻子的弟兄找过来自己就得吃不了兜着走了。刘晓云就是属于这种比较幸运的，娘家有好几个弟兄，只要家里有事就可以找他们帮忙，所以刘晓云才能借到这么多钱，否则只能找银行贷款了，但贷款利息是农民承担不了的。

刘晓云的丈夫张树春，前几年并没有正式工作，农闲季节就在村里做零工，去年金融危机一来，根本找不到什么活干，所以张树春去年在家里闲了差不多一年。但家里欠了这么多的钱，经济又十分紧张。无奈之下，今年年初张树春就托关系让人帮他找了一个矿上的工作，但铁矿效益差，上半年都没有上班，现在刚上了一个多月，工资也就一千多点。从事的工作是放料——竖井底（矿洞里）下，别人把铁矿石打下来，他就负责把矿石放到车里，开车的再拉走。我们问，在竖井底下会不会很危险。刘晓云说，其实也不是很危险——因为是国家的矿，里面的安全措施做得挺好的，但她并不知道这家矿的名字和一些具体的情况。至于保险，她说应该买了，但不知道是养老保险还是什么保险。

刘晓云家的收入主要是二儿子和丈夫在矿上的工资收入，大儿子虽然工资挺高，但因为分家了并不能算入刘晓云家的收入。除此之外，刘晓云家也种地，但地很少，仅仅二亩多，每年只种一季玉米。刘晓云说，种玉米其实并不赚钱，需要化肥四袋，共四百多元；后面还要用二胺（化肥名）两袋，每袋150元左右，又得花300多元，再加上其他如农药、除草剂等，总共得花掉1000元左右。两亩地总共收玉米约4000斤，去年玉米是0.6元/斤，所以大约卖了2500元左右。刘晓云说，如果自己的劳动不算钱的话还能赚一丁点，但把劳动算进去就亏大了，“不过咱农村的劳动也不值钱，闲着也是闲着”。刘晓云家还有栗子树，共100多棵，管理很麻烦，各种工序得花好多钱，去年光化肥就用了两三袋，花了两三百元，有时忙不过来还雇人干活。

现在刘晓云家的板栗树很小，结的果实也不多，去年总共卖了 1000 元左右。去年由于金融危机的影响，刘晓云家的收入怎么也凑不到 1 万元。

家里虽然收入不多，但支出却不少，去年的一万收入几乎没有盈余，所以去年都没有还账。刘晓云家电费每个月得一百多元；电话费也挺贵的，张树春、二儿子和女儿每人一部手机，应该每人每月得二三十元话费，不过因为是他们自己交话费，刘晓云也不清楚具体多少。刘晓云只知道爷仨有的月租是 15 元，有的是 20 元。跟村里其他家庭一样，刘晓云家红白喜事支出也占支出的一大块，开始的时候刘晓云只说送礼挺多，但具体多少自己也没法估计。后来她叹了口气说，“哎，去年好几个侄儿结婚赶一块儿了”，送了好多钱，刘晓云念叨了好久也没有算出来，最后他犹豫着说“得差不多一万元，至少也得七八千元”。去年腊月，小孙子感冒咳嗽，又住了一次院，花了好多钱；虽有合作医疗，但报的很少，比例是多少，刘晓云也记不清了，她说，“好像是 60%”。

家里缺钱用，不久前刘晓云把电话座机给撤了，因为座机每月得交好多月租。今年就只能出去打工，如果不去打工的话，连零花钱都没有，有时没钱花了，就卖玉米什么的。由于大儿子已经分家了，往年一家子主要就靠二儿子赚钱，今年好多了，刘晓云的丈夫张树春也可以上班挣钱了。我们问，“你们家这么困难，村里有没有什么补助?”刘晓云迟疑了一会儿，摇了摇头说，“没有”。

刘晓云有点伤感地说，家里很困难，别人买这样那样的东西，自己家里什么都不敢买，只是有时买一点肉什么的。如果买的东西太多了，村里的人就会问，你家里欠了那么多钱，还好意思那么大手大脚地花钱，自己也就不好意思了。

现在刘晓云家还能凑合着过，吃的粮食基本上都不用买，儿子在矿上上班，过年过节发的粮食差不多够吃；菜是自己地里种的，也基本够吃，只是有时会买点肉。现在，刘晓云家里养了一头猪，“不卖，用来过年杀了吃”。猪每年要打防疫针，本来是要给钱的，刘晓云也不知道多少，她说，“反正现在是大队都给报的”。说到这里，刘晓云异常感叹，“还是现在的大队好啊”，好多钱都是大队给的——有线电视款，医疗保险费，农业税——全都是大队给的，而且现在村里的马路也是大队掏钱修的。刘晓云家里有一个冰箱，她说，“本来没有洗衣机，二儿媳妇来的时候，娘家给了一个”。电视机两台，一个卧室一个；还有两辆摩托车。刘晓云闲的时候就看看电视，照看孙子，也不能干其他的。

刘晓云家煮饭是烧柴火的，由于都通向炕，夏天炕上会很热。同行的另一个同学是河北人，她对刘晓云说，她们家有两个烟筒，一个是通向炕的，另一个通向外边，冬天的时候连炕，就很暖和，夏天时就把连炕的烟筒堵住，把另一个打开炕上就不热了。刘晓云怀疑地说，“挺好，还挺能耐的”。

我们聊天的时候，刘晓云一边回答我们的问题，一边还要照顾自己三岁的孙子张宇航，显然张宇航对我们的到来有些不满，因为奶奶不能全心地照顾他了。所以在我们聊天的时候，他一会儿让奶奶给他拿玩具，一会儿又要奶奶和他一块玩，有时还跟刘晓云哭闹，刘晓云只好逗逗他，或者抱着他出去走走。

这时，张宇航又叫了起来，刘晓云给他玩具玩也不要，我们逗他他也不理，刘晓云就抱着孙子站起来，在屋里转了几圈，边走边逗他——这时我们注意到小孩上嘴唇有点变形，便问怎么回事。刘晓云知道我们是大学生，倒问我们“生下来就这样的，这会不会是遗传啊?”我们赶紧说，“肯定不是，应该是母亲怀孕的时候缺什么营养导致的，可以到医院里进行矫正，不过现在孩子太小了，等大一些再进行手术比较好。”刘晓云也欣慰地说，“确实应该等他大了一些再说，现在手术孩子太受罪了”。

调研快要结束的时候，我对张宇航说，“我给你照相吧”。一开始他还挺不好意思的，躲着藏着。后来刘晓云让他看着我们的镜头，他就害羞地转过头来看着镜头。照完之后，我们把相机给他看，他看了倒高兴起来了。

由于不想太多的打搅，照相之后，我们就和刘晓云道别离开了，刘晓云也让我们有空到她家玩。刚走出院门，又听到小孙子吵闹了起来。

有人说，农村有“三难”，上学难、住房难、看病难。刘晓云家没人上学，家人也都健康，但就住房一项就把整家人压得喘不过气来。两个儿子结婚、两套房子的花费借款，得需要他们用十年的时间去还。我们调研的安达石村在全国来说，也算是比较富裕的村，刘晓云家里还有人在矿上上班，但家里仍经不起两个儿子的结婚和住房的花销，更不要说其他比较贫困的山村了。

目前，农村的农业收入都很低，甚至有人指出农业是亏本的。不得已，农民只有外出打工，但安达石村比较幸运，因为村民不用外出。在村里的企业上班，一方面可以省掉往返路费，另一方面村里的企业和职工比较固定，企业会提供一些福利待遇，而这是外出农民工所没有的待遇。而且，农忙季节他们还可以干些农活，为家里减轻不少负担。目前刘晓云的儿子和丈夫都在矿上上班，但他们要还上欠下的巨额债务，还需要好几年的时间。

表 12－4 **张树春家基本情况表**

<table>
<tr><td colspan="9">农户家庭基本情况</td></tr>
<tr><td>户主姓名</td><td>张树春</td><td>民族</td><td>满</td><td>文化程度</td><td>高中</td><td colspan="2">家庭人口数</td><td>5</td></tr>
<tr><td>劳动力人口数</td><td>4</td><td colspan="2">在校生人数</td><td>0</td><td colspan="2">就读学校</td><td colspan="2"></td></tr>
<tr><td colspan="9">家庭固定资产和耐用消费品情况</td></tr>
<tr><td>住房</td><td>钢筋水泥房</td><td>占地面积（m^2）</td><td>112</td><td>汽车</td><td>0</td><td colspan="2">农用车</td><td>0</td></tr>
<tr><td>摩托车</td><td>2</td><td>电视机</td><td>2</td><td>洗衣机</td><td>1</td><td colspan="2">电冰箱</td><td>1</td></tr>
<tr><td>照相机</td><td>0</td><td>影碟机</td><td>1</td><td>组合音响</td><td>0</td><td colspan="2">自行车</td><td>0</td></tr>
<tr><td colspan="9">2008 年主要收入及收入来源（元）</td></tr>
<tr><td>收入合计</td><td>15500</td><td>种植业</td><td>3500</td><td>出租房屋等</td><td>0</td><td colspan="2">本乡镇就业工资</td><td>12000</td></tr>
<tr><td>外出打工</td><td>0</td><td>从事运输业</td><td>0</td><td>政府补贴和社会救济</td><td>0</td><td colspan="2">其他经营收入</td><td>0</td></tr>
<tr><td colspan="9">2008 年主要支出及支出类别（元）</td></tr>
<tr><td>支出合计</td><td>9500</td><td>生产支出</td><td>300</td><td colspan="2">其他支出</td><td colspan="3">0</td></tr>
<tr><td>生活支出</td><td>衣服</td><td>红白喜事</td><td>看病</td><td>娱乐</td><td>交通</td><td>教育</td><td>食物</td><td>住房</td></tr>
<tr><td>9200</td><td>0</td><td>8000</td><td>1200</td><td>0</td><td>0</td><td>0</td><td>0</td><td>0</td></tr>
</table>

（五）思想保守的贫困户张德来家

7 月 26 日上午 9 点多，我们调研小组结束了第一户的访谈工作。向导张叔叔立即带我们走访第二户农家，然而不知什么原因，昨天打过招呼的这家人都不在，没办法，我们又到别处碰运气。接连遇到了几个村民，由于其中的一位坚持不肯接受我们的访谈，另外几个持观望态度的农民也都拒绝了。我们几个不由得着急，生怕赶不上别的小组的进度。这时恰巧看见张德来老人在街边乘凉，向他说明我们的来意后，老人家爽快地答应了。走进张德来家，这是2008年新建的120平方米的钢筋水泥房，非常宽敞明亮，室内的客厅是水泥抹的墙，院墙没有盖，只是地面简单装修了下，还没有完全完工。我们调研小组去看他们的厨房，也是一片凌乱的东西，看上去还没有正式投入使用。

74岁的张德来老人和妻子胡素艳都是汉族人，现在和二儿子、二儿媳、小孙子一起生活。讲明我们的来意后，张德来夫妇非常热情地招呼我们坐下。张德来老人头顶几乎已没有头发，满脸的皱纹印证了时间的流逝，目光稍显浑浊，鹰钩鼻子，短短的白胡茬。他身穿白色的汗衫，蓝色的裤子，灰布鞋。胡素艳老人身穿红色的衬衫，显得很精神，细细的眉眼，小巧的鼻子，一定看不出她有那么高寿。

夫妇两个都没读过书，也都不信教，尽管年纪大了，夫妻两个的身体都还可以，去年也没患过什么大病。两人看起来都还硬朗。同安达石村的多数老年人一样，他们两个的普通话都讲不太好。由于带着较重的口音，所以我们的交谈相对地慢一些。胡素艳老人一边讲话一边抽着自家包的旱烟。

张德来家现有4亩土地，都是在山坡上，农业生产条件差，靠天吃饭。去年张家共种了3亩玉米、1亩谷子。张德来夫妇俩一年下来就是忙碌那几亩土地，人多地少特别是水资源的短缺，已成为制约家庭收入增长的一个重要因素。土地产量并不高，去年玉米平均亩产七八百斤，由于天气较干旱，种植又不够精细，不得要领，那亩谷子居然没有收成。家里还有一亩三分地被企业占用，以每亩800元的标准给予耕地补偿，张德来认为耕地被占用给的补偿并不多。除此之外，张德来家还有8分多栗子地，也是在荒山上，只有七八十棵栗树，2008年共打了50多斤栗子。

尽管张德来一家主要依靠土地生活，但是家里既没有牲畜，也没有现代农用生产机械。当问到他们为什么不选用其他回报率较高的经济作物来代替玉米种植时，胡素艳老人告诉我们他们一家子都是文盲，什么技术都不懂，而且种植别的作物太辛苦，还是种植玉米简单省力。我们看到这里许多人家还在从事小手工业品的生产，就问他们是否在做。张德来感叹那哪能学得会。其实这些东西并不难学。从事这些生产的村民也并没有多高的文化，但是张德来这种故步自封的思想使得他们没有可能从事这些工作。2007年冬天起张德来向村里申请上了低保补助，截至2009年夏天，张德来一家共领到低保金1480元。

张德来和妻子胡素艳共有三儿三女，大儿子在精选厂上班，早就成了家经营自己的小生活。三个女儿也分别嫁到了北大帐子、南沟和安达石本村，生活水平都一般。令老夫妻俩痛心的是2007年三儿子在村里的公路上遭遇了车祸，张德来老夫妻白发人送黑发人，说到这的时候，胡素艳老人哽咽了，但是生活还得继续，他们不得不强打精神继续前行。因为三儿子的逝去，张德来家共获得赔偿金15万元，张德来给了大儿子5万，救济他们的生活。剩下的钱用来盖房子，为二儿子娶媳妇。二儿子张玉存长得很像母亲胡素艳，结实的身板，憨厚的表情。他今年32岁，只读过3年小学，2004年开始在村里的隆兴球团厂做维修工，每月工资在1400元左右，企业给他上了人身意外伤害险。2008年2月他辞去了这份工作，专心致志在家里盖新房，为迎娶新娘做准备。这点让我们调研组十分不理解。家里花了11万元请专门的包工队来给建房子，本不需要辞掉之前的工作。他们认为这可以省下一个大工的钱，因此就这么办了。这样新房子一直盖到阴历7月份，8月时张玉存终于迎娶了同岁的新娘子张丽艳。张丽艳身段苗条，面貌清秀，目光非常清澈传神，听到我们在客厅里谈话，也慢慢地踱过来加入。张丽艳是个高中毕业生，这给张德来一家带来了知识的力量。婚后不久，在张丽艳的极力主张下，张玉存到宽城清华阳光有限公司做了临时工，负责安装太阳能、空调等。他的工作时间非常灵活，全凭自己掌握。收入也与自己的业绩挂钩，销售出去的空调、太阳能越多，收入就越高。

表12－5　**张德来家基本情况表**

农户家庭基本情况							
户主姓名	张德来	民族	汉	文化程度	文盲	家庭人口数	5
劳动力人口数	2	在校生人数	1	就读学校	宽城县小学		
家庭固定资产和耐用消费品情况							
住房	钢筋水泥房	占地面积(m^2)	120	汽车	0	农用车	0
摩托车	1	电视机	1	洗衣机	1	电冰箱	1
照相机	0	影碟机	0	组合音响	0	自行车	0
2008年主要收入及收入来源（元）							
收入合计	39520	种植业	1000	家庭手工业	0	本乡镇就业工资	36000

续表

外出打工	0	从事运输业	0	政府补贴和社会救济	1480	其他经营收入		1040
2008 年主要支出及支出类别（元）								
支出合计	132700	生产支出	2000	其他支出		0		
生活支出	衣服	红白喜事	看病	娱乐	交通	教育	食物	住房
132000	700	13000	1500	700	1800	0	3000	110000

2008 年张德来家为 4 亩土地投入的化肥、种子共价值 700 元左右。全年购买衣服花了 2000 元，这与前几年相比，费用翻了几倍，这主要是由于张玉存办喜事，全家添置的新衣服较多。尽管全家都入了新型农村合作医疗，但是张德来夫妇俩年纪大了，一年下来看病吃药花了 1500 元左右。关于张玉存的这场婚礼，给新娘子家的聘礼再加上婚宴的费用，共花费了 20000 多元。而亲戚朋友们给随礼随了 10000 元，这样算下来，张家这个喜事共花费了 13000 元。

由于刚刚娶了新娘子，家里新添置了电视、冰箱、洗衣机和摩托车。

谈到现在的房子，张德来不由得讲起了自己家房子的变迁史。说他小时候家里 7 口人挤在 4 间小草房里，条件非常艰苦，遇到刮风下雨，家里的房子就摇摇欲坠。后来家里的 7 口人住进了 4 间明亮的瓦房，就觉得非常满足。现在的房子是他过去从不敢想象的。

人们常用“管中窥豹，可见一斑”来比喻可以从观察到的部分推测到全貌。我们调研小组在走访的日子里详细记录了各户村民农业生产的方方面面。各家都面临土地经营分散，规模偏小的问题，由于农业生产投入、产出比偏低，加之安达石村的大多数农民都兼营其他副业或者在厂矿上班，真正靠地吃饭的属于极少数。而作为极少数中一员的张德来家也并未搞好农业生产。农业生产经营水平低、产业结构层次低。生产结构上也很不合理，只选择那些省心省力的玉米、豆子之类，与农产品消费品结构的变化不相适应。产品种植上，也并没有发挥地域优势，选择适合本地自然资源的品种。农业生产技术落后，张家并没有什么农机具，较于本村土地较多的人家，农产品产量比别家都少。更有甚者，一些村民由于农业经营效益低，还出现弃耕、撂荒现象，严重影响了农业的基础地位和农业的可持续发展。

不可否认，现在的农业产量有了很大的提高，从根本上改变了我国农产品长期短缺的局面，但与发达国家相比，农业的发展水平仍然不高。我国学者秦晖指出我们常以“世界耕地的7%养活了世界人口的21%”而自豪，却很少提及它的另一面——以世界上40%的农民仅仅“养活”着世界上7%的“非农民”！现在土地经营规模的分散已经成为制约土地产量提高的一个关键因素。

不仅如此，农民科学技术素质的低下也制约了农业的发展和土地产量的提高。在我们走访的安达石村，真正种田的农村劳动力绝大多数基本上仍然属于体力型和传统经验型农民。而张德来家只会从事简单的传统农业耕作，并不具备某种技能，也没有接受过任何初等以上专业技术教育。

更让我们感触的是张德来家思想观念的落后。安达石村所在地区为山区，较为偏僻，但随着经济的发展，多数农民的思想观念已经悄然发生了变化，而依然有一部分农民固守之前的思想，这就与日新月异的社会转型的需要，显示出一定的不适应性或相对的滞后性。由于长期受农村小农经济生产方式的影响而形成比较强的小农观念。在当前农村经济体制改革中，张德来家对文化知识的欲望比较低，不仅夫妇两个没有读过书，他们的二儿子张玉存也只上到小学三年级。他们甚至认为“种田有无文化一个样”、“读书又不能赚钱”。思维方式封闭保守，不肯接受新的事物，对于别的村民所做的特色手工艺，根本无心跟进，更不要谈开拓进取精神了。

（六）贫困户刘素兰家

在宽城县板城镇安达石村调研过程中，使笔者深受震撼的是那个命苦质朴、贫病交加的老太太刘素兰一家人。当苏继海把我们带到刘素兰家的时候，我们看到的是一处没有院墙的、三间半左右的、破旧的砖瓦石房。几天的访谈中，我们还是第一次看到没有院墙的房子。在离房子不远处的西北角有眼小水井，这与安达石村绝大多数家庭不同：因为那些家庭，不论贫富，家里都有与水井相配套的水泵。刘素兰的儿媳妇韩瑞平把我们让到了她们的小西屋子。进屋后，笔者发现小西屋纸糊的屋顶西南角有一片已经干了的水渍。笔者疑惑，韩瑞平解释说，家庭贫困，房子年久失修，房顶瓦都已经破损、松动了。每到夏天下雨或冬季融雪时，房屋的某个地方就会漏雨。小西屋虽小，但很干净、整洁。与没有院墙、没有水泵、房子年久失修相悖的是，小西屋中有一台电冰箱和一台电视机。韩瑞平看出了我们的心思，便又解释到，这些是她去年改嫁到这带来的电器。这时，我们访谈的主人公刘素兰在苏继海和村官赵亮的搀扶下来到了小西屋。

刘素兰，又名李素英，满族，80岁。这个生于旧社会的老太太没有上过一天学，老伴在1997年去世了。刘素兰育有两个儿子，大儿子在年轻时就累死了；现在与二儿子李文合相依为命。一开始见到刘素兰两眼失明、左手手指畸形、左腿一瘸一拐的样子，以为是因病致残，但当向老太太询问起来，才感到老太太刘素兰的经历是如此悲惨：原来她的残疾是被旧社会的地主摔的。刘素兰回忆，在她两岁的时候，父母在迁西县白塔山给地主干活。那时候的地主是非常惨无人道的。长工必须拼命地给地主干活，稍有休息就会拳脚相向。母亲给地主家纺纱。母亲在生了刘素兰后，每天都要抽出时间给孩子喂奶。这样便会耽误一些时间。但地主是没有任何人性可言的，他把耽误时间的责任全部归于才两岁的刘素兰身上。有一天，地主趁刘素兰的母亲纺纱不在孩子身边时，举起年仅两岁的刘素兰狠狠地摔在地上。幸亏刘素兰命不该绝，刘素兰没有被摔死，但落下终身残疾。谈到这儿，刘素兰有些哽咽。她说，还是毛主席好，毛主席带着穷苦的老百姓推翻了万恶的旧社会，人民才有今天的好日子。现在虽然自己贫穷，但不像旧社会那样受地主剥削和压迫。

刘素兰婚后，一直以经营农业为生。期间，她经历了新中国成立、土改、人民公社、“文化大革命”、土地承包等时期。老伴复员后，在家一直从事农业，偶尔打工挣些钱。这种状况一直持续到老伴去世。他的儿子李文合，小学五年级毕业，毕业后一直在家务农，有时在村建筑队打工。建筑队的活计多的时候，每年能挣个五六千元。去年奥运会闭幕后，他就去内蒙古赤峰市打工了。现在政府给刘素兰发了二级残疾证明，每年按季度给刘素兰发放残疾补贴和困难救济，每季度约为150元。安达石村这两年经济发展较快，为刘素兰家缴纳了新型农村合作医疗保险费和有线电视费。镇里考虑到刘素兰家实在是很困难，就给他家三口人列入最低生活保障范围。另外，每季度村委会的公培海和韩俊山都会给家里送一袋大米和一袋白面。谈起公培海和韩俊山，刘素兰特别激动。老太太说，他们是好村干部，每次扛大米和白面都会累得满头大汗；进屋后，就给老太太打扫屋子。如今的刘素兰，虽然经济贫困，但有了政府和村里的帮助和支持，温饱也就有了着落。只是她家的房子破旧得既不能遮风又不能避雨，如果有钱的话，应该翻建新房了。对于刘素兰老太太的愿望，还有安达石村其他因贫困无住房或住房破旧户的建房要求，安达石村在充分考虑村集体经济能力的情况下，已经向镇政府提出以建设新农居作为社会主义新农村建设再次提速的切入点。根据新农居的规划，最迟明年夏季刘素兰一家就能够住上新式房屋了。访谈中，安达石村村官赵亮提出资助刘素兰家养猪的计划。

去年韩瑞平与李文合结婚后，为了出行方便，向韩瑞平的弟弟借了4000元买了一辆摩托车。2008年，刘素兰家的收入主要来源于从事种植业和政府补贴以及社会救济。她家共有三亩旱田，去年都被种上了玉米，秋收后按市场价折算价值约为400元。另外，去年全年政府给刘素兰家共发了600元的低保。与她家微薄的收入相比，2008年刘素兰家的总支出却达2700元，其中，生产性支出400元；衣服类支出100元；食品类支出1000元；红白喜事支出1000元；通信费用200元。虽然刘素兰身患残疾，但平时身体状况还可以，至今没有得过大病。

访谈中，年已八旬的刘素兰聊起了她的丈夫参加革命军队的一些往事。她的丈夫早年参军，在后来成为将军的某位首长的部队里做普通士兵。虽然她的丈夫在部队里没有职务，但是在部队立过战功。当刘素兰老人聊到这时，便让儿媳韩瑞平去小东屋去拿她丈夫的相关证件及立功奖励证书。韩瑞平把证书拿来递给笔者，笔者翻开证书，见其主页中记载着她的丈夫立功的事由。那是在某次战役中，她的丈夫有效地保护了一位负伤的副军长。当战争结束复员时，她的丈夫没有向组织上提出任何要求。复员后，她的丈夫和刘素兰一直在家务农。期间，那位副军长曾几次亲自到承德附近寻找曾经背过他的那个部下。在相关部门的努力下，终于在1975年，这两位在战火中重生的战友终于重逢了。那位副军长到家里来时，发现他家住着既不能遮风又不能避雨的房子，就指示当地的县领导给她家盖了新房。也就是刘素兰现在居住的房子。虽然这处房子现在已经破旧不堪了，但在1975年那个时候，也能住得比较舒适。谈起这些，刘素兰老人很是感动。她说，小时候地主摔瘫了她的左半边身子；七五年国家给她们盖房子；现在虽然贫困，但那不是国家政策的问题，而是家里的劳动力缺乏造成的；现在国家把她家列为低保对象使其老有所居；安达石村村委会经常在物质上对她家进行帮助。现在板城镇将要启动新农居计划建新房子。这些在旧社会都是碰不到的。笔者深为感慨。一直以来，我们这个年龄阶段的人都是从书本、电影中接受革命教育。今年，刘素兰老人以其亲身经历对比了新旧社会的本质区别，为我们上了一堂生动、真实的革命教育课。

刘素兰老人生养了两个儿子，大儿子因病去世后，他便与二儿子相依为命。这些年来，二儿子李文合一直单身。直到去年，经人介绍李文合与韩瑞平结婚，结束了长达十几年的单身生活。访谈中，刘素兰老人说出了她埋于心底的一个愿望：她非常想有一个孙子或孙女。这么多年，这个家庭人丁不旺。每当听到别人家的孩子喊她奶奶时，她心里就不是滋味。但原来儿子一直单身，抱孙子的愿望是不可能实现的。所以，那时她就没有那个奢望。现在儿子结婚，有了儿媳妇之后，她就萌生了抱孙子的愿望。但她又考虑到儿媳韩瑞平今年已经四十多岁了，怀孕、生孩子会有危险。同时韩瑞平是二婚，她与前夫已经有了一个孩子；而且现在家庭又这么困难。儿媳瑞平会愿意生个孩子吗？

刘素兰老人急切抱孙子的愿望，被韩瑞平看在眼里，记在心上。实际上，韩瑞平也考虑过生孩子可能会产生一些危险。但韩瑞平是一个通情达理、体贴贤惠的好儿媳。她考虑到，婆婆这么多年生活不容易，现在老人都已经八十岁了，仍然没有自己的隔代香火，那种滋味比贫穷和病痛更要折磨人啊！另外，今年四十多岁的李文合身体并不是太好，将来如果没有个孩子给他支撑门户，他一定会很不幸福。所以，韩瑞平最终决定一定要给这个贫病交加的家庭生个孩子。用农村人的话来说，只要有人，就有希望。现在，她与李文合开始计划着这一项“革命工程”。为了能够顺利实现这项工程，她与丈夫计划着如何攒些钱，以备抚育孩子之用。访谈中，韩瑞平向我们说出了建大棚的规划。对于她家来说，建大棚的困难在于家里没有资金，只能借款或贷款。建一个大棚至少也得两万元，向个人借款是非常不现实的。如果向农村信用社或者小额贷款公司借款，家里必须提供担保。而现在家里没有一件可供担保的财物，又如何能借得到贷款？韩瑞平曾想向政府有关部门求助，但她考虑到政府已经把她家列为低保户、每年镇村都给家里送来食品，她就不好再麻烦政府。因为，这里的贫困户不只她们一家，她家不能总是给政府添麻烦。这时，协助调研的板城镇安达石村村官赵亮提出给韩瑞平提供资金让她养猪的想法。这对于一个想致富而没有资金的家庭来说，无疑是一个福音。

韩瑞平当即表达谢意并表示接受帮助。

访谈结束时，刘素兰老人要坚持把我们送到院子里。笔者看到这位历经艰辛、命运坎坷、贫病交加的老人在韩瑞平的搀扶下，一步一挪地走下台阶，笔者心里非常不是滋味。同时，笔者心里默默地祝福着这个家庭能够早日摆脱贫困过上富裕生活！默默祝福着刘素兰老人能够早日抱上孙子！默默祝福着她家能够早日住上新居！

表 12－6　**刘素兰家基本情况表**

农户家庭基本情况								
户主姓名	刘素兰	民族	满	文化程度	文盲	家庭人口数	3	
劳动力人口数	2	在校生人数	0	就读学校	0			
家庭固定资产和耐用消费品情况								
住房	砖瓦石房	占地面积(m^2)	50	汽车	0	农用车	0	
摩托车	1	电视机	1	洗衣机	0	电冰箱	1	
照相机	0	影碟机	1	组合音响	1	电话	0	
2008 年主要收入及收入来源（元）								
收入合计	1000	种植业	400	家庭手工业	0	本乡镇就业工资	0	
外出打工	0	从事运输业	0	政府补贴和社会救济	600	其他经营收入		
2008 年主要支出及支出类别（元）								
支出合计	2700	生产支出	400	其他支出	200			
生活支出	衣服	红白喜事	看病	娱乐	交通	教育	食物	住房
2100	100	1000	0	0	0	0	1000	0

十三、老党员、老干部户

（一）因老因病贫困的老党员、老干部、困难户李长友家

李长友，男，满族，1932 年生，老党员，小学文化程度，无宗教信仰。

1954年和妻子结婚，育有5个儿子，都已成家，现在只剩李长友老夫妻独自生活。

穿过几条小巷，我们便来到一个小院，院内建有一座简陋的土坯房，院子右侧有一个水泵，水泵的扶手已经锈迹斑斑。院内很小，没有厕所也没有猪圈，也不像别的人家那样在院里种些瓜果蔬菜，只是在院门的右侧种了几株向日葵，时值夏季，向日葵开得正盛。走进屋前，屋子右侧拴着的一条小狗发现我们后，便使劲狂吠起来，激动得直向我们扑腾。在屋子左侧的台阶前有一群小鸡，看到有陌生人来了，便躲到一个角落里，远远地怯生生地望着我们。此时我们的采访对象李长友，已经走出屋外迎接我们。

经李长友介绍，整个土坯房住着两户人家，他们只住了2间房。隔壁住着另外一户人家。屋外的那条小狗是他捡来的，看着可怜便自己留着养在家里了。屋内很简陋，大约20平方米，外屋稍大，几乎没有什么家具，门口有个大水缸，靠着里屋的墙壁有一个锅台，锅台旁边有个碗柜。走到里屋，就更显得局促，似乎比外面的那间屋子更小。一个大炕连着外屋的锅台，大炕对面摆着一个桌子，桌上放着一台电视机。电视机很小，似乎是以前那种老式的黑白电视机，在现代的家庭已经很少见了。即使是这样，除了这台电视机，李长友家就再没有别的更能体现现代科技的家电了。靠桌子的墙上挂着一个相框，里面放着李长友老夫妻俩年轻时候的相片。大炕的右侧墙头上有一扇小小的窗户，两间屋子只有这一扇窗户，因此透进来的光线不多，使屋内显得有些昏暗。窗户小，因此屋内通风很不好。李长友的妻子告诉我们，因为院子小，各家的房子紧邻，只要别人家一做饭，烟就直往屋里钻，呛得人直流泪。

小屋里几乎没有什么落脚的地儿，我们便坐在李长友家的炕头上开始了当天的访问。

李长友出生在旧社会，经历的磨难比现在的一般人多，因此他对现在幸福生活的理解，也比一般人更深刻。1932年，也就是李长友出生的那一年，日本侵略者利用前清废帝溥仪在东北建立的一个傀儡政权，对中国东北实行了14年之久的殖民统治，使东北同胞饱尝了亡国奴的痛苦滋味。此傀儡政权“领土”包括现中华人民共和国辽宁、吉林和黑龙江三省全境、内蒙古东部及河北北部。

李长友就成长在这样一个动荡的年代，小的时候家里很穷，父亲腿有残疾，在私塾里教书。家里还有一个姐姐，因为实在养不起，很小便卖给别人家做了童养媳。母亲也因为家里实在太穷养不起，不久也被卖了。只剩自己和父亲相依为命。

不久，伪满洲国统治的魔爪也伸向安达石这样的小山村，李长友和父亲经常受到伪满洲国警察的欺负，他们不仅占了李长友家的房子，致使他和父亲流落街头，还禁止父亲在私塾里教书，并且开始在安达石村推行奴化教育。他们除了在伪满洲国的学校中推行日语教育，灌输日满亲善的思想外，很重要的一个部分就是推行日本军国主义的意识形态，以达到排除沦陷区的国人，特别是年轻人对传统文化的继承。

不堪忍受伪满洲国政府的迫害和屈辱，李长友的父亲带着他离开了安达石村，开始了他们父子俩的逃难生涯。说到这，李长友，不禁声泪俱下，开始抽泣起来。我们劝慰一番，老人才慢慢缓过神来，继续讲述。常言天无绝人之路，就在逃难的过程中，他和父亲被一位好心人收留，他不仅介绍李长友的父亲晚上去私塾里教书，还给他们父子俩提供了容身之所。因此，他和父亲的生活便暂时稳定下来。

1945 年，日本战败，伪满洲国政府也轰然垮台。伪满的统治也撤离出安达石村。离家十多年的李长友和父亲回到了故乡安达石。当时，他和父亲与另外一户人家，一起挤在一个只有三间房屋的破房子里住。

那年，李长友已经十三岁，农村的孩子早当家，那时他便开始下地干活。当时还给村里的中农、富农放过牲口。虽然家里依然贫穷，他依然衣不蔽体，食不果腹，成天光着脚丫在地里干活，在山坡上放牛、放羊。即使这样，李长友的心里也觉得特别舒坦，觉得自己开始抬起头来做人，不必再受到日本鬼子的压迫和欺负。到 19 岁那年，父亲又娶了一个媳妇。可是这位继母对自己并不好，李长友无奈之下，决定应召入伍。

1950 年，他又一次离开家乡，成为一名志愿军。最初他在公安部当了一名公安兵，负责承德地区附近的剿匪行动。1951—1952 年，他参加了全国范围内的镇压反革命运动。随后，他又被分配到河北军区司令部，参加了抗美援朝战争。当时李长友所在的部队，驻守在鸭绿江以南的大后方，并没有跨过江走到战争的最前线。1955 年，战争结束之后，李长友作为抗美援朝的志愿军归国。李长友感慨，自己没有战死在国外是自己一生的一大幸事，现在的孩子，大多是在新中国成立之后成长起来的，以前的苦难都没有经历过，不明白现在的幸福生活来之不易。他反复强调没有当初毛泽东老一辈领导人的南征北战，没有无数年轻烈士奉献出自己的生命，就没有现在的幸福生活。

1957 年，李长友结束了 7 年的军旅生涯，又一次回到安达石村，并与在部队时就已订婚的妻子结婚。李长友的妻子，小时候家里也特别困难，母亲也被卖了。在抗日战争时期，李大娘曾经是童子军队长，曾给八路军送过信，在安达石村站过岗放过哨。回到安达石后，李长友最初被分配到铁路上工作，作了一名普通的铁路工人。

1959 年，对于李长友来说，又是他人生中的一个重要转折，这一年，他在安达石村，光荣地加入了中国共产党，成为一位正式党员。

1960 年，李长友开始担任安达石村的生产大队队长，随后又兼任安达石村村书记，这一干就是十年。当时他的任务主要是带领安达石村的村民搞基础建设，这期间李长友也亲自参与劳动，他开过荒，垒过大坝，开垦过农田还种过果园。当时在农村还是实行农村合作社，分配制度采用的是工分制，李长友一天干再多的活，最多也只能挣十二工分。每次把工分换了钱之后，看到比自己更困难的农户，李长友还主动给别人分些钱。

1966 年，“文化大革命”爆发，一向宁静的安达石村也被盲目的革命热情煽动起来。不久，安达石村也出现了一批“红卫兵”，他们很快便成为安达石村的主要政治领导力量。李长友作为安达石村的书记，也没有逃过被“红卫兵”批判和毒打的命运。更无理的是，他们没有任何文件和手续，随随便便就宣布把李长友开除党籍。李长友不管“红卫兵”怎么说怎么做，他还是坚持缴纳党费，坚持参加党会学习。随后，失去理智的“红卫”兵甚至罢免了李长友安达石村村书记一职，并恶狠狠地说，李长友这辈子再也别想当安达石村的干部，就连他的儿女这辈子也休想再当干部。李长友按捺住心中的愤怒，默默承受着。就这样，李长友无视“红卫兵”们的无理取闹，接着干了四年安达石村村书记之后，便正式退下来。

1970 年，当他得知没有人愿意当西岔沟的生产小队队长时，他又主动请缨把这个责任担起。那时在农村开始大搞人民公社，当时的西岔沟是一片河滩，土地极少，为了把河滩变为适宜耕种的土地，李长友又开始带着村民填河造地，修起大寨。当时的生产条件特别艰苦，没有现代化的机械设备，完全靠村民们一铲一铲亲自挖，一块一块的石头亲自搬。李长友和村民们就这样起早贪黑没日没夜地干，连中午都顾不上休息。

当时李长友家已经比较困难，即使在安达石村当了十多年的干部，家里还是一贫如洗。由于家里人多，孩子都还小，家里只有李长友一个劳动力，当时妇女和小孩几乎都挣不了工分，他一个人挣的工分得养活全家7口人。因此，李长友一个人挣的工分根本就不够自己家里人吃。后来由于在农村开始实行家庭联产承包责任制，最终按家庭人口分田到户，李长友家的土地才开始多起来，生活也才略微有所好转。

1973年，干了三年小队长的李长友也退了下来。经人介绍，进入板城医院负责后勤工作，专门负责照顾病号。干了几年后，由于李长友的眼睛出了问题，便回到家里务农。

李大爷回顾自己的一生感慨地说，自己从未过过中等生活，由于家里人多地少，始终挣扎在贫困线上，到现在仍然需要政府的救济。从1990年开始，李长友每年都会收到民政局发放的200元的贫困补助，已经有十多年了，而且发放的救济金也越来越多。每逢过年过节，安达石村的有关领导都会来看望李大爷，因此大爷对安达石村的历任干部都非常的感激。

李长友虽然有五个儿子，但是他和妻子从不跟儿子要钱，自己省吃俭用，李长友常说自己的几个儿子也都挺困难的，不想再给他们增加负担，每到过年的时候，儿媳妇都会给自己添置新衣服，自己已经觉得很满足了。笔者不禁感慨，可怜天下父母心，不管自己再苦再累，父母总还是为孩子着想。

现在，李长友家的收入依然有限，家里的土地大部分都分给了五个儿子。前些年，宽城修建铁路占了家里一些土地，补偿了李长友2000元，当时的补偿价格是6000元/亩，后来安达石村建设铁矿企业又占了一些土地，现在家里还剩九分地，老两口种些玉米，一年大概有1000元的收入，家庭的主要收入还是依靠政府救济，一年约有3500元。在支出方面，一方面是种地需要的生产性投入，主要用于购买化肥、种子、和农药，一年大约需要240元；其次就是看病，这成了家里的主要支出，李长友说前年到县医院治眼睛花了近10000元，今年看病又花了8000元，现在家里还有2000元的欠债。其他方面的支出几乎没有，近些年红白喜事基本都不去了。

表 13－1　　**李长友家基本情况表**

<table>
<tr><td colspan="9">农户家庭基本情况</td></tr>
<tr><td>户主姓名</td><td>李长友</td><td>民族</td><td>汉</td><td>文化程度</td><td>小学</td><td>家庭人口数</td><td colspan="2">2</td></tr>
<tr><td>劳动力人口数</td><td>2</td><td colspan="2">在校生人数</td><td>无</td><td colspan="2">就读学校</td><td colspan="2"></td></tr>
<tr><td colspan="9">家庭固定资产和耐用消费品情况</td></tr>
<tr><td>住房</td><td>土坯房</td><td>占地面积(m^2)</td><td>20</td><td>汽车</td><td>0</td><td>农用车</td><td colspan="2">0</td></tr>
<tr><td>摩托车</td><td>0</td><td>电视机</td><td>1</td><td>洗衣机</td><td>0</td><td>电冰箱</td><td colspan="2">0</td></tr>
<tr><td>照相机</td><td>0</td><td>影碟机</td><td>0</td><td>组合音响</td><td>0</td><td>自行车</td><td colspan="2">2</td></tr>
<tr><td colspan="9">2008 年主要收入及收入来源（元）</td></tr>
<tr><td>收入合计</td><td>4500</td><td>种植业</td><td>1000</td><td>家庭手工业</td><td>0</td><td>本乡镇就业工资</td><td colspan="2">0</td></tr>
<tr><td>外出打工</td><td>0</td><td>从事运输业</td><td>0</td><td>政府补贴和社会救济</td><td>3500</td><td>其他经营收入</td><td colspan="2">0</td></tr>
<tr><td colspan="9">2008 年主要支出及支出类别（元）</td></tr>
<tr><td>支出合计</td><td>8240</td><td>生产支出</td><td>240</td><td colspan="2">其他支出</td><td colspan="3">0</td></tr>
<tr><td>生活支出</td><td>衣服</td><td>红白喜事</td><td>看病</td><td>娱乐</td><td>交通</td><td>教育</td><td>食物</td><td>住房</td></tr>
<tr><td>0</td><td>0</td><td>0</td><td>8000</td><td>0</td><td>0</td><td>0</td><td>0</td><td>0</td></tr>
</table>

李长友的人生经历较为丰富，少时亲身遭受日伪的压迫，年轻时参加过抗美援朝战争，当过十年的生产队大队长和村委干部。他遭受过旧社会封建主义、帝国主义、官僚资本主义三座大山的压迫，因此他格外珍惜眼前来之不易的美好生活。他始终坚信共产党，觉得是党给了他现在的生活。

（二）生活宽裕的信用社退休老职工张怀臣家

张怀臣今年 73 岁，高小毕业，当时在村里也算是文化人；妻子苏玉芝，今年 69 岁。两个儿子都分家了，只有张怀臣和妻子住在一起。由于衣食无忧，张怀臣和妻子平时都不用干活，闲着没事白天就在村里散步，找熟悉的人拉拉家常，晚上就看看电视，一天就过去了。来到张怀臣家里时，张怀臣并不在家，他的妻子告诉我们他出去玩去了。于是杨贺云便带我们到外边去找，问了几个在路边聊天的村民，终于找到了他。他当时正在村里闲逛，和一些村里的人聊天。他身体微胖，身穿白色的 T 恤，一副慈祥的面孔带着微微的笑容，脸上一副大框的眼镜，一看便知是文化人。杨贺云跟他说明来意之后，张怀臣便热情地带我们到他家里去。

走进张怀臣家院子的大门，首先映入眼帘的是一栋地基高于地面一米多的房子，看起来像一栋两层的楼房，从院子走上十一步台阶才到房子门口。房子是漂亮的砖瓦房，墙上镶着漂亮的、黑白相间的瓷砖，为了获得较好的采光效果，窗户很大。院子很干净，地上没有任何杂物，在台阶的两旁有两个直径两米左右的花坛，正开着大朵的红色、浅红色的花。在房前的水泥坝子上，整齐地放着十多盆花，有红色的、浅红色的，还有紫色的，均匀地摆放在台阶的两旁。

张怀臣招呼我们进屋子里坐，张怀臣的妻子和一个十七八岁的女孩（张怀臣的孙女）正在屋子里聊天。看见我们进来，先是好奇地站起来，听张怀臣介绍是大学生，就热情地让我们坐在炕的中间。张怀臣让苏玉芝和孙女也坐炕上，自己则坐在旁边的椅子上。一开始他们似乎有所顾忌，问我们上午去了哪些地方，干了什么事情。我们解释说，我们上午去了赵德仁和兽医苏显金家里，刚才又去了老干部孙福家。张怀臣点头应答，表示都很熟悉。这时，张怀臣的妻子问，“你们是新闻记者，是吧?”于是我们再次跟他们仔细地讲解我们的身份。这时，苏玉芝开心的笑着说，“我开始还以为你们是记者或者是做安利、健身的呢。”大家都笑了，苏玉芝继续说：“那些健身的、安利的每年都会来几拨儿”，我们笑着说，“那是因为咱村里有钱啊”。大家也都笑，这时屋里的气氛也就活跃多了。我们把一本去年出版的村庄调查的书给他们看，并告诉他们我们也会把安达石村写成这个样子，还会有他们的一些照片等，他们就更开心了。张怀臣笑着说，“你们想问啥就问啥，我们知道的就告诉你，不知道的就没办法了，呵呵。”这时他拿出一支烟，问我，“抽不抽”，我说，“还没学会，现在也没赚钱，用的是父母的钱，不好意思学抽烟。”张怀臣点头表示称赞。

张怀臣 1937 年出生，高小毕业，即六年级，那时候高小的文化水平已经算比较高的了，但张怀臣说“其实我也不算高学历，如果是个初中毕业就算很高了”。毕业之后，张怀臣在生产队里干了两年农活。由于有文化，1958 年做了生产队的会计。那时，做会计并不挣工资，而是和其他社员一样挣工分，每天十个工分，早晨（即起床到吃早饭这段时间，当时在生产队算两分的工）跟社员们一块出工的话，才能挣到十二分。张怀臣在生产队工作努力，成绩出色，1960 年被调到了板城镇粮食所（镇一级的叫粮食所，村一级的叫粮食站）负责管理业务。从这时开始，他就不用再挣工分了，而是每个月领取 37 元的工资，这在当时算比较高的工资，张怀臣自豪地说“那个时候，大学生出来的工资也只有 48 元。”

张怀臣和苏玉芝 1958 年结的婚，他去粮食所上班的时候，他们已经有了大女儿了，但由于工作太忙，张怀臣也顾不上家里的妻子和孩子，好多天才能回家一次。苏玉芝在家里不但要照顾女儿，还得上生产队干活挣工分。

1962 年闹粮荒的时候，有很多军官转业分到了基层，主要是分到各个机关工作。粮食所接收的人员太多，张怀臣很不幸地被挤出来了。苏玉芝说，“其实 1962 年并不是什么自然灾害，而是苏联逼债逼出来的”。当年在抗美援朝的战场上欠苏联的，中苏关系破裂后，苏联向中国催债，无奈之下，大队把粮食都交上去了，所以才发生了粮荒。

在家待了一年后，1963 年大队成立了信用社，需要招一些人手，情理之中又把张怀臣叫了过去。当时的信用社是集体经营的，也是挣工资，36 元一个月，比在粮食所少了一块，不过也算比较高的工资。我们问：“当时您在村里应该算比较富有的吧?”张怀臣马上不屑地答道，那时候没有谁比谁富多少，大家的差距都没那么大，自己也不算最富的。从那以后，张怀臣一直在信用社上班，直到 1997 年退休。

退休金最初是每个月 570 元，不过好几年都没有增加，直到最近几年才开始涨，每年涨一次，现在张怀臣每月能拿到 1400 元的退休金（含养老保险等）。这时，我们想到刚才拜访的孙福大爷退休金一个月才 1000 元，便问为什么会差这么多。张怀臣解释道，孙福以前是在供销社上班，但现在供销社已经没有了，所以他的退休金比较少，而且还是由国家给的。1400 元/月的退休金其实并不算高，企业单位都差不多，只有事业单位的待遇好，退休金会高出很多。

张怀臣在信用社上班的时候，合作医疗是由信用社统一交的，从所得工资里按比例往外扣。妻子苏玉芝在家里务农，合作医疗的费用都得自己交，不过幸运的是，现在村里比较富了，全都由村里帮着交了。但合作医疗目前并不完善，只适用于住院，如果不住院的话，医药费就不能报销，但村民一般不会选择住院，因为现在住院的费用太昂贵了，报销之后还会剩下一笔不小的账额。张怀臣和苏玉芝目前身体都挺好，只是苏玉芝时常会腰疼，需要经常买药吃，而这些药费是不能报销的。

张怀臣有三个孩子，两个儿子、一个女儿，目前都分开住了。当我们问到“您家里有几个孩子”的时候，张怀臣数了良久也没数清楚，苏玉芝插话道“咱孩子不就仨?”这时张怀臣才反应过来，马上哈哈大笑起来，原来张怀臣把所有的儿孙都数上了，并自豪地说“咱们家都四世同堂了，数不过来”，原来张怀臣都已经有曾孙了。

张怀臣的大儿子，叫张树存，在铁矿上班。除了他，张树存的媳妇和儿子也都在矿上上班。由于一家有三人在矿上上班，家里根本就不用买粮食，因为每逢过年过节，公司都会给员工发粮食（大米、面等），这样张树存家的粮食总是吃不完，剩余的粮食给张怀臣家吃也都够了。张树存的大儿子叫张立国（张立国的情况还会有单独的一篇介绍），已经结婚，有一个女儿叫张蕊。前几年铁矿效益好，张树存家的收入颇丰，但自从金融危机之后，铁矿效益变差，每个月只能拿到一千多一点，还经常歇班，也没有工资。张树存还有一女儿，刚从隆化县铁路学院毕业，现在正在石家庄实习。由于是铁路部门代培的，所以工作并不用愁，铁路部门负责分配，但目前仍没有分配的消息。

二儿子叫张树清，现在柳下（属于龙须门镇）信用社上班，离安达石村有五六十里地，家住在宽城。张树清的妻子在宽城开饭店，经营电力部门的职工餐厅，负责其职工的伙食。张怀臣说，工资挺高的，具体多少也不知道。张树清的大女儿张立佳在大地信用社上班。前面提到的女孩便是张树清的二女儿，叫张立岩，刚上高中一年级，放暑假了便回到村里陪爷爷奶奶。张立岩神秘地告诉我们，她还有个小弟弟，叫张金融，才6岁，在上幼儿园。在农村，名字中一般都加上了表明自己的辈分的字，张怀臣的子女是“树”字辈，孙子是“立”字辈，但张立岩弟弟名字里却没有“立”字，这也是目前的一种时尚。

张怀臣的女儿也住宽城，没有工作，专职家庭主妇。丈夫是开大车的，负责跑运输。

张怀臣可算是儿孙满堂，他说自己生活得很好。确实，从外表上看，张怀臣不过就60多岁，但他的实际年龄却是73岁，他跟我们聊天的时候，脸上一直带着愉快的笑容。张怀臣还和我们开玩笑说，“以后你们老了就到咱们村里来养老，这里空气好，还冬暖夏凉”。

张怀臣每天都很悠闲，没什么事干，家里有地但是由大儿子家负责种。

白天就去村里溜达溜达，找熟人拉拉家常，晚上则看看电视、新闻，这就是张怀臣一天的生活。在跟过去的对比中，张怀臣说，现在比过去好多了，什么都是高科技的。以前安达石村没有开铁矿，而村里人多地少，玉米高粱谷子大豆什么都吃，才能基本上解决温饱问题，几乎没有余粮可以卖。1990 年之后，村里的铁矿开始建设，村民也就随之富了起来，因为大家都可以到铁矿上班赚一些工资，而且公司（铁矿）过年过节还会发给员工一些米面，解决了大家的吃饭问题。当然也有不好的地方，比如村里贫富差距拉大了，但他认为这并不影响村里的人情关系，有隔阂的也只是少数。

张怀臣家的房子是砖房，1996 年修建的，有 100 多平方米，当时花了四万多元。他说，如果现在建一个这样的房子，差不多得要十一二万。张怀臣这时告诉我们，房子内壁要粉成白色，这样屋子可以显得很宽敞，很明亮，如果是黑色的话，就会显得很小；而且安达石村几乎每户人家都在墙壁上放一面大镜子，这样可以更加显示出屋子的宽敞。院子里钻有地下水井，水质特别好，张怀臣自豪地说："咱们家这井是村里最好的，很清，跟矿泉水一样，还有甜味。"

目前，张怀臣和妻子都衣食无忧，过上了"小康生活"（张怀臣开玩笑说），家里各种电器，电冰箱、洗衣机、手机电话、影碟机等样样俱全。孩子们也都很孝顺。张怀臣每个月都有固定的退休金，儿子也会给一些钱，粮食主要由大儿子供给，菜是自己在菜地里种的。家里支出却很少，当我们问家里有哪些主要支出时，张怀臣想了良久才说，"也没什么大的支出"，妻子平时吃点药花点钱，但也不多，两三千就足够了。能算上大的支出只有红白喜事的送礼，去年花了四千多，由于跟儿子是分家过的，所以父亲掏父亲的，儿子也还得送。其他的支出，张怀臣想了许久也没有想出来，于是他指着自己的衣服说"得花点钱买衣服"，张怀臣身上穿的 T 恤是纯棉的，花了两百多元。

访谈结束后，我们要求与张怀臣、苏玉芝和他们的孙女张立岩合影，他们欣然同意。合影的时候，细心的苏玉芝看见我们手里拿着半截黄瓜（这是在孙福家里访谈时给的），便跟我们说，"我们后院里有好多的黄瓜，给你们摘一些"。于是就让孙女去菜园子里摘黄瓜去了，一会儿她回来了，拿着一大抱黄瓜，我们想只拿几个就够了，可他们哪里同意，说也给其他几个同学尝尝，张怀臣对我们说，"我们家的黄瓜绝对比市场卖的好吃多了"。

走的时候，我们不小心把录音笔给落下了，而此时的录音笔仍在录音。从录音中可以听到，我们走了之后，张怀臣和孙女边聊天边走进屋子，张怀臣问孙女“你说，咱们家算小康水平吗?”孙女也很不确定，试探地说“应该算吧”。然后张怀臣发现我们的录音笔还在炕上，马上让孙女给我们送去，张立岩跑步便追我们来了，把录音笔还给了我们。

在农村，并不是所有的老人都能像张怀臣一样衣食无忧，张怀臣之所以如此，主要得益于完善的养老保险制度。不过当时并没有针对农民的养老保险制度，只有企事业单位才拥有这样的待遇，张怀臣从1963年到1997年一直在信用社上班，这是他能达到目前生活水平的主要原因。而形成鲜明对照的是他的妻子苏玉芝，她一直在村里务农，所以现在她不得不缴纳合作医疗的相关费用，以保证自己“老来有所医”，但“老来有所养”却是她不能奢求的。而且按照当时的接班制度，在信用社上班的张怀臣能够让自己的一个儿子接自己的班，也给儿子谋了一个好的出路。大儿子虽然没有进入信用社，但由于安达石村经济的飞速发展，也给大儿子一家人提供了就业机会，得到了颇为丰厚的收入。两个儿子不错的经济收入，也同时为好好孝敬父母提供了物质基础。

表13－2　　**张怀臣家基本情况表**

农户家庭基本情况								
户主姓名	张怀臣	民族	满	文化程度	高小	家庭人口数	2	
劳动力人口数	0	在校生人数	0	就读学校				
家庭固定资产和耐用消费品情况								
住房	钢筋水泥房	占地面积(m^2)	104	汽车	0	农用车	0	
摩托车	0	电视机	1	洗衣机	1	电冰箱	1	
照相机	0	影碟机	1	组合音响	0	自行车	2	
2008年主要收入及收入来源（元）								
收入合计	16800	种植业	0	家庭手工业	0	本乡镇就业工资	0	
外出打工	0	从事运输业	0	政府补贴和社会救济	0	其他经营收入	16800	
2008年主要支出及支出类别（元）								
支出合计	9400	生产支出	0	其他支出	0			
生活支出	衣服	红白喜事	看病	娱乐	交通	教育	食物	住房
9400	2000	4000	300	3000	100	0	0	0

（三）收支相抵的老干部张俊华家

与其他调研小组相比，我们组的速度相对较慢，这使得我们组员很有压力。为了节省来回奔波的时间，我们三组的向导张叔叔特意把我们的访谈对象张俊华老人请到了村部。老人长得慈眉善目，嘴角总是挂着淡淡的微笑，很能感染人。老人的普通话讲得并不很好，我们在访谈过程中发现当地的老年人讲话通常带着口音，需要仔细辨别才能听明白。而中青年就好很多，很少有人讲普通话不流利的。一方面说明本地的开放程度的增加，另一方面可以看出教育状况的好转。

张俊华老人出生于1944年，是安达石村为数不多的汉族人之一，并不信教。他8岁时开始在安达石小学读书，由于家境贫寒，只读了四年就辍学回家了。当时家里有五口人，张俊华作为家里的长子，辍学后就帮助父母带弟弟和妹妹。15岁时张俊华开始在安达石村的生产队里劳动，尽管与别人相比，他年幼单薄，可他的机灵踏实打动了大家，不久张俊华就成为生产队上的记工员。当然这只能算兼职，主要还是和大家一起在生产队劳动。1963年，年仅19岁的张俊华经人介绍，与罗家沟一位美丽的姑娘喜结连理。第二年他们的长子出生了，初为人父的张俊华无限地喜悦，也对未来充满了美好憧憬。

1977年张俊华因为能力突出，为人踏实深受大家信任，成为生产公社第七生产队的队长（当时全公社13个生产队）。改革开放以后，安达石村实行了包产到户，包干到户，生产队解散，张俊华家分到了3亩2分地，成为第九生产组的组长。说到这的时候，我们组员猛然想起我们的向导张叔叔就是九组的组长，张俊华老人告诉我们是张叔叔接他的班。提到如何分地，张俊华老人告诉我们把土地按照肥沃程度分成等级，每一等级的土地总亩数除以本村的人口数量，核算出每人可以分到各等级的土地数量，非常平均。这样下来，基本上每人可分到六七分地。作为生产组长，主要工作就是宣传上级政策，为村民传达上级通知，为镇里收统筹款，等等。张俊华老人告诉我们最难的就是在年终从基层收统筹款，往往非常麻烦。张俊华说有时还需要镇里来人帮忙，遇上有村民拖欠，需要一而再、再而三地登门收，总之是没少遇到困难。提到和生产组里的村民的关系，张俊华老人说还可以，并没有因为这些工作闹太大的不愉快。我们问他有没有印象很深刻的收集资款时遇到的抵制，张俊华老人不肯讲，在一旁的韩会计帮我们讲话，说不用说是谁，只讲事情就可以了。张俊华老人只是说有一些农户真的手头没钱，但还是尽力交了。他告诉我们，这一组没有欠统筹款的，别的组可是真存在那种情况。

2003 年起，年事已高的张俊华不再担任生产组长。但是将近 60 岁的张俊华并没有服老，而是组织起了一支十多人的队伍为村民盖房子。年轻时就对建筑很感兴趣的他终于有了精力做自己喜欢做的事，这方面他并没有受过什么培训或指导，完全是自学成才。他们这支队伍主要就活跃在本村，不上远处去，由于现在村民越过越富裕，盖房的需求增长迅速，所以张俊华也就忙得不亦乐乎。基本上是一直有活，有时还给北大岭铁矿干建筑，我们问他挣钱吗，他坦诚地告诉我们挣钱，当然比现在要少，一天下来能挣 30 多元，我们问他一般的工人能挣多少钱，张俊华老人告诉我们工人挣得也是这么多，尽管自己是队长，但是得来的钱都是大家平分。当时村里的土地基本上还没有被企业征用，基本上都是自己种玉米，每亩产量也就千把斤左右，老人解释说主要是因为玉米好种，当时一斤玉米也就三四毛钱。但是好景不长，2005 年张俊华的老伴得了脑血栓，尽管病情稳定后不再住院，但是日常生活需要家人悉心照料。张俊华不得已放弃了这支包工队。逢上老伴身体较好的时候，张俊华还会去做建筑，只不过是去当个小工。

随着企业不断涌入安达石村，张家的 3 亩 2 分耕地包给了企业，按照每年每亩地 800 元的价格，张俊华每年可获得租金 2560 元。关于这点，张俊华非常满意。他给我们算了一笔账，经过精耕细作的旱地基本每亩可收获玉米 1000 斤，按照每斤玉米六毛钱计算，再刨除每亩 100 多元的种子、化肥支出，每亩获利在 400 ~ 500 元之间。张俊华认为，从个人角度讲，把耕地包给企业还是很划算。

两个老人共育有两儿一女。长子在岭西铁矿上班，次子现在在双庙村给企业装矿石，女儿嫁到了双庙村，在家相夫教子，女婿是个出租车司机。张俊华老人说当时给两个儿子各盖了一处房子，才花了 2000 多元。也没有借债，也没有对家里生活造成什么影响。现在家里就张俊华和老伴两口人。虽然张俊华是汉族人，老伴是满族人，但两人琴瑟和弦，非常恩爱。两人都不信教。村里为了照顾两位老人的生活，给张俊华安排了清洁街道的工作。每月村里给 100 元，交通局给 100 元。去年张俊华夫妻两人还得到了 840 元的低保收入。

张俊华老人认为，影响家庭收入增长的主要因素一个是疾病的困扰，另一个是缺乏劳动力。现在儿女们都有了自己的小家庭，张俊华和老伴年纪越来越大，老伴还有脑血栓后遗症，根本无力劳动，2008 年她的再次生病住院令他们原本贫困的生活更加雪上加霜。但是看得出张俊华老人是个非常乐观积极的人，性格十分开朗，尽管生活如此，脸上始终挂着明媚的笑容。出于个人兴趣和专长，张俊华老人还是村上红白喜事的主持人。做这个并没有什么进账，却要多随份子钱，但张俊华老人还是乐此不疲，谁家有个大事小情，需要张俊华老人出马的他一定参加。

由于不再进行土地耕种，张俊华家的生产性支出为 0 元，2008 年两位老人添置新衣花费了 450 元，两人一年的食品支出只有 2000 元，给老伴看病花了 1400 元。一年下来，基本上两人不出远门，最远就是到县城转转，交通费用仅有 150 元。平时偶尔和儿女们通通电话，一年的电话费才 200 元。

张俊华家的住房是还是原先盖的 60 平方米的砖瓦石房，冬天依靠烧火炕取暖，这也是安达石村大多数人家采取的取暖方式。出于日常用水需要，家里也有一个水泵。家庭耐用消费品方面，张俊华家只有一台电视、一部手机。

公书记上任之后，村委会为全体村民支付了新型农村合作医疗的费用。和大多数村里的老人一样，张俊华老人夫妇俩都没有养老保险。近三年张俊华家每年接受社会补贴救济金 840 元。对于家庭贫困的原因，张俊华认为老伴的病是最直接的诱因。闲下来的时候，张俊华夫妇俩主要就是看看电视，对于下棋、打牌、看书这些都不感兴趣。

表 13－3　**张俊华家基本情况表**

农户家庭基本情况							
户主姓名	张俊华	民族	汉	文化程度	小学	家庭人口数	2
劳动力人口数	1	在校生人数	0	就读学校			
家庭固定资产和耐用消费品情况							
住房	砖瓦石房	占地面积(m^2)	60	汽车	0	农用车	0
摩托车	0	电视机	1	洗衣机	0	电冰箱	0
照相机	0	影碟机	0	手机	1	自行车	0

续表

2008 年主要收入及收入来源（元）							
收入合计	5800	种植业	0	家庭手工业	0	本乡镇就业工资	2400
外出打工	0	出租耕地草场	2560	政府补贴和社会救济	840	其他经营收入	0

2008 年主要支出及支出类别（元）								
支出合计	5700	生产支出	0	其他支出		0		
生活支出	衣服	红白喜事	看病	娱乐	交通	通信	食物	住房
5700	450	1500	1400	0	150	200	2000	0

（四）略有结余的老生产队队长李俊山家

李俊山，男，汉族，1947 年生，党员，小学文化程度。与妻子育有两个儿子，大儿子今年 39 岁，二儿子今年 37 岁。两个儿子现在均已成家，居住在安达石，生活也都还算富足。现在李俊山与二儿子生活在一起，但在经济上却是独立的，他从不向自己的两个儿子要钱。由于李俊山现在仍是安达铁粉精选公司里一名普通的工人，他在工作的工厂里接受了我们的访问。

李俊山 8 岁开始在安达石小学上学。由于在安达石这样的农村，还没有中学，所以 1959 年，李俊山小学六年级一毕业便到生产队开始下地干农活。当时在安达石村正在大搞人民公社，人们劳动成果按工分计算，大人们劳动一天大概能挣十来个工分，而像李俊山这样的小孩只能挣大人一半的工分。

1969 年冬天，崖（读音“捏”）门子公社战备团的 124 人和安达石村生产队的 20 人到三线帮助部队打洞，当时部队的正连长和副连长都是国家干部，李俊山当时担任生产大队的副指导员，主要负责大队的学生宣传教育工作。而部队的副连长是主抓连队的纪律、生产和生活问题。“文化大革命”后期，当时安达石村和西村在行政划分上还是一个村，村子比现在要大得多，村里决定建立党支部。1971 年 4 月 15 日，李俊山在村党支部入党，成为一名正式的共产党员。之后他成为党支部的副书记，主要配合党支部书记的工作，一方面负责支部的组织建设，主抓党员发展和党务；另一方面负责村里的文教卫生等公共事务。同时，李俊山还兼任村里的民兵连副连长，主要负责组织军事训练和值日训练，有时还组织连队的战士巡逻、站岗放哨，维护村里的社会治安。据李俊山介绍，当时村里村民思想都很传统，民风也很纯朴，当时的社会治安甚至比现在都好。另外，民兵连又是村里的战备生产队，经常参加村里的义务劳动，在村里时时起到先锋带头作用。

1972年，安达石村开始实施计划生育，李俊山和村里另外两名妇女主任一起负责全村的计划生育工作。在那个年代，计划生育工作被人们称为“中国第一难事”。据李俊山回忆，当时在安达石村开展计划生育工作非常困难。在农村，村民的传统意识中，每个家庭中至少要有一个男孩。因为当时安达石村还隶属于崖门子公社，女孩在公社劳动几乎挣不了工分，只有男孩才能为家里挣工分，换粮食。有的家庭有了男孩之后还想要个女孩，总之在农村劳动力还是一个家庭致富的重要因素。因此，当时安达石的村民根本就不接受计划生育这一观念。李俊山到村民家去进行宣传教育时，经常遭到村民的谩骂。还有不少农户坚持要生男孩，有的甚至逃到外村去生。李俊山只能从村民的宣传教育开始，跟村民讲解计划生育对于国家的重大意义，另一方面，李俊山自己起着表率作用，在自己第二个孩子生下还未满月，就主动去医院做了节育手术。在刚开始，在村里只是进行宣传教育，并未采取强制措施，到最后遇到特别顽固的，只能采取行政干预。李俊山讲到，在工作过程中曾遇到一个特别顽固的家庭，男主人还是党员，家里已经生了3个女孩，非得要个男孩，始终还想再生一个，李俊山多次到他家做工作都被拒绝，甚至还与自己家结仇。李俊山最后没有办法只能交给公社来处理。李俊山说，从总体上，80%的村民都能理解，只有极个别的村民不能很好地配合他们的工作，当时虽然困难重重，但终究有了一定的进展。

1980年，西村从安达石村被分走后，李俊山开始担任安达石村的村主任，那时也叫大队长，主要抓农业生产。当时李俊山带领的大队有1200来人。那时崖门子公社共有7个生产大队，李俊山带领的大队的粮食产量年年都是全村最高的。李俊山谈到，那时一边向有农业耕种经验的老同志学习，一边自己摸索学习新的农业种植技术，然后在村民中慢慢推广，大队的产量逐渐有了提高。

1986年，安达石村成立了经济联合社。那时十一届三中全会已经在京召开，改革的春风也吹到了安达石。村民的思想也开始活起来，除了继续发展农业，人们开始尝试多种经营，有的开始做起了小买卖，有的开始到外地打工，有的甚至开起了小加工厂。李俊山当时还是负责抓经济建设，但除了抓农业生产以外，他开始帮助村里那些想干个体经营的村民们寻求政策帮助，或者帮他们寻找贷款支持。

1988年，崖门子乡开始进行能源建设，每个村开始建沼气池和节柴灶，建成后可以用于照明和做饭。此时李俊山便被调到乡里负责各村的建设。当时村里聘请了专门的技术人员到村里帮助村民建设沼气池和节柴灶。李俊山现在回忆说，其实当时的技术条件还是比较有限，那时农村的经济发展还不适宜建设沼气池，村民并没有充分利用这些能源设施，现在这些沼气池都已经老化，不能再继续使用了。反倒是现在农村经济发展了，科技进步了，更适合建沼气池。

1990年，李俊山又回到了安达石村，担任安达石村党支部的副书记。当时党支部已经发展了30位党员。李俊山主要负责在村里开展党员的组织生活，发展党员，宣传有关党的组织纪律。

1992年，由于年纪大了，李俊山便从党支部副书记一职退了下来，在家务农。因为家里还有地，便回家从事农业生产，在家种了果树。

李俊山在安达石村当了近20年的干部，在他眼里安达石村的发展可以分为三个阶段。

第一阶段：人民公社时期。1960年后，安达石村和西村都隶属于崖门子乡，成立了崖门子公社。在人民公社这种组织体制下，村民只有一个身份，即公社社员。当时公社采取的收入分配制度是工分制。全队社员年工分量的总和就是生产队一年的工分总量，将生产队全年可分配收入除以工分总量，就是工分值。一个社员从工分制度中所得的劳动报酬，不仅与本人劳动所得的工分量和全队工分总量有关，还与全队全年可分配收入总量有关。这时人们不得不在所在的生产队内劳动，并获得额定的工分，以此获得维持生存所需的粮食和其他生活必需品。

在人民公社成立初期，由于最大限度地集中了生产力和生产工具，所以工农业都取得了明显发展。但是在随后的发展过程中，人民公社的问题也逐渐暴露出来。由于公社的生产生活是事先安排好的，社员只需要按照指令性计划办事即可，而无须发挥其主动性和创造性。人民公社并没有让大家走向共产主义，反而由于没有充分调动大家的劳动积极性，急于求成，导致后来出现了“浮夸风”和“攀比风”。

李俊山回忆说，人民公社时期实行“大锅饭”，村民们干多干少一个样，干与不干一个样。劳动效率极低，崖门子公社就曾经发生过一个生产队一个月只种了一亩地的奇事。那时在公社也就只能基本解决村民的温饱问题。

第二阶段：改革开放以后。十一届三中全会召开后，大部分农村都实行了大包干，但也有迟迟没有分田到户的，分了田的村粮食亩产上千斤，没有开展改革的村还是维持在以前亩产三五百斤的水平。1982 年，终于推行了包干责任制。这下，群众的干劲如洪水决堤般爆发出来，八仙过海，各显其能。到了年底，粮食亩产就成倍地翻，有的大户仅卖粮，年收入就达数千元。20 世纪 80 年代中期，随着党中央在农村推行商品流通政策，市场经济活了起来，人们除搞好种植业外，又在养殖业、加工业以及其他行业上作起文章来，村里人均收入达到了 2000 多元。电视机、电扇、摩托车等逐渐进入寻常百姓家。

在李俊山的记忆中，此时的安达石村变化最快、最大。首先村民的思想水平和境界都大大提高。其次，国家的政策逐渐放开，出台了不少真正惠及农民的政策。因此，村民的生活水平得到提高。

第三阶段：进入新世纪以后。近几年，国家免除了农业税，种粮还享受补贴，推行了新农村合作医疗，也解决了农民“看病难”的问题；个别贫困户，还能享受低保。安达石村所在的宽城县进入新世纪以来，大力发展矿业。因此不管是国有还是私营的铁矿加工企业和钢铁企业纷纷入驻安达石村，也拉动了当地其他产业的发展。对农民而言，企业的入驻有利有弊。但大多数村民还是支持当地企业的发展。企业在安达石村建厂占去了许多农民的土地，由于政府出面调解，使土地以出租的方式被企业租用，企业为此支付租金，农民们也觉得租金基本合理。最重要的是，企业为安达石村的村民提供了更多的就业机会。在发展矿业之前，宽城县几乎没有什么企业，村民只能离乡背井，到外地打工。据李俊山介绍，现在当地 5% 的村民都在安达石村的企业打工。现在村民的生产、生活观念，精神面貌发生了巨大变化。农业生产以机械化为主，采用良种科学种田，走上了产业化经营的路子，产量、产值节节上升，家庭收入年年攀高。冰箱、电脑、电磁炉、液化气逐渐普及，个别户还买了小轿车。建房大多是砖混结构，瓷砖镶面，不少户还住上二层小楼。硬化巷道，水网改造，村容村貌不断改善，村民的居住环境也大大提高。

2007 年，由于工厂对老党员的照顾，李俊山进入安达铁粉精选厂工作。在厂里，李俊山负责开采尾矿，每个月的工资为 800 元。家里还有 3.5 亩土地，都种了玉米。因此，工作之余，李俊山还要照顾自己家的玉米地，将收获的玉米卖掉，一年大约有 3500 元的收入。一边在厂里打工一边种地，一年下来大约有 11500 元的收入。李俊山回忆说，以前在村里当干部时，都是挣工分，比一般的群众就多一点。后来改为固定工资制时，一年的工资收入才 500 元，而且到年底基本都拿不到手，还得欠着，而自己还得在村里奔波，为村里的教师和其他干部去讨工资。与现在的收入相比，有较大的差距。

在支出方面，生产性支出一年需要 1000 元，用于购买化肥、种子、农药等。生活支出方面，主要是红白喜事的开支比较大，一年大约需要 2000 元。其次，就是看病，今年李俊山已经 62 岁，虽然参加了农村合作医疗，一年下来看病也要 600 元。前年得了肺病，在承德医院做过大手术，花费了近一万元。手术很成功，术后恢复得也不错，现在已经基本康复。由于现在住在二儿子家，吃住基本都不用自己开销，基本的家电也不用自己掏钱买，就是平时为自己添置些衣服一年大约需要 200 元。

李俊山对自己现在的生活水平，还是很满意的，平时没事就在家看看电视、报纸。对安达石村现任的领导班子也很满意，觉得他们为村民还是做了不少实事，为村民谋了不少福利。

表 13－4　　**李俊山家基本情况表**

农户家庭基本情况								
户主姓名	李俊山	民族	汉	文化程度	小学	家庭人口数	2	
劳动力人口数	2	在校生人数	0	就读学校				
家庭固定资产和耐用消费品情况								
住房	钢筋水泥房	占地面积(m^2)	300	汽车	0	农用车	0	
摩托车	0	电视机	0	洗衣机	0	电冰箱	0	
照相机	0	影碟机	0	组合音响	0	自行车	0	
2008 年主要收入及收入来源（元）								
收入合计	13100	种植业	3500	家庭手工业	0	本乡镇就业工资	9600	
外出打工	0	从事运输业	0	政府补贴和社会救济	0	其他经营收入	0	
2008 年主要支出及支出类别（元）								
支出合计	3800	生产支出	1000	其他支出	0			
生活支出	衣服	红白喜事	看病	娱乐	交通	教育	食物	住房
2800	200	2000	600	0	0	0	0	0

第三部分　农民

十四、致富带头人

（一）安达石村村书记公培海

谈起公培海的少年时代，他评价说能把自己讲哭了。从小学四年级起公培海就开始砍柴、卖柴，自食其力。家境贫寒的他没少受别的孩子欺负，但他感恩的是从小就遇到了很多好老师，他们给予了公培海很多支持，还培养他做班干部。印象中有个老师叫王瑞，现在还健在，他曾说过如果自己有公培海这样的孩子，即使倾家荡产也要供他读书。当然公培海的父母也很疼他，只是条件太差了。他在上学时数理化学得非常好，有些老师就编了顺口溜："公培海，公培海，不写作业，不记笔记，还考一百。"公书记告诉我们不写作业、不记笔记的真正原因是没有纸。当时他们兄弟三个都在上学，每年却只拿得出 5 分钱来买纸。他脑子好使是从那时候就开始的，不得不记。在板城镇读高中时，他每天吃的是玉米渣粥，因为一到 2 月份，家里就缺粮食。他说为什么自己心软，是环境造成的。公培海告诉我们不管对谁有多大的意见，只要那个人到他那儿掉眼泪，他就什么事都没了。他是受苦受难过来的，特能理解别人的难处。

公书记的母亲去世时，他才 18 岁，他的两个弟弟一个 15 岁、一个 11 岁。当时在板城高中读书，再过一个月就毕业的他毅然退学，为的是撑起自己的家。他的班主任怕埋没他的才华，找到家里劝他复学，但他考虑到家里的实际情况不肯回去。学校根据他平时的良好表现依然给了他高中毕业证，也允许他参加高考。但他都拒绝了。

他的父亲是个老实本分的农村人，并不求富，只会做点一般的活计。当时所有粮食无论玉米还是豆子、麦子全分成两等，好粮食按照工分分，差粮食按人头分。由于家里只有父亲挣工分，并且由于身体不好工分挣得很少，年轻气盛的公培海看到家里分的几乎全是差粮食，就去找生产队长理论，还打了架。当时的他对现实愤愤不平。

从学校回来后，在家里帮忙之余，他从没有放松自己的学习，想当作家，抨击当时的丑恶现象。他的班主任李老师是个很有才华的北京知青，返京前来看望公培海，和他促膝谈心，问他之后的打算，公培海说他在学习语法、学习文学。当时尽管有很多家务，可公培海对学习着了迷，烧火时学习，干活时学习，走哪都在学。李老师感到惋惜，认为公培海很有理想，建议他着眼于现实，比如养点猪，发家致富。把李老师送上大巴之后，在回家的路上，他想班主任的话很对，没钱真是不行，当时他由于思念母亲哭得眼睛疼，家里都拿不出买眼药膏的六分钱。他的母亲只活了 43 岁，咳嗽没钱治，后来才发展成了脑溢血。

20 岁的公培海给当时的村书记苏显生写了一封信，说自己的家庭很困难，希望可以得到帮助。那时候村里正好缺一个民办教师。村干部段秀合（现在是泰丰公司的总经理）和几个村委会的人一致同意，认为公培海这孩子在高中时学习特别好，只是家庭条件差，现在也特别好学，同意让公培海去教学。离开高中两年后的公培海做起了民办教师。

公培海一入校门，接手的就是毕业班。面对这样一个衣衫破旧的毛头小伙，当时班里的 37 个学生，没有一个人服气。但是豪情万丈的公培海毫不气馁。公培海擅于思考总结，教学一个月后就发现填鸭式教育根本不行，学生们我行我素，有的学生认真听，有的学生不认真听，检查的时候发现效果不好，于是他改变了方法。当时的语文课就是教课文、教生字，抽象的东西没法讲，就是查字典。公培海做的第一步就是要求每个学生有本字典，让学生自己先读书，他则在黑板上出题：读拼音、查字典、写汉字。其实那些都是课文里出现的生字。在他教学的第五年，社会上出现了启发式教学的提法，而年轻的公培海其实早就开始实践了。第二种题型是读课文、查成语词典、解词。第三种题型是读课文，用词语造句。

这种新的方法促使学生必须主动学习，效果非常好。公培海接手的班级成绩，通过大半年的努力成为乡里的前三名[1]，得到了中心校和教委的好评，学生们成绩都提高了，但是教委却发现公培海没有教学笔记。

第二年春天公培海又接了一个毕业班。当时正好村子里要连演 5 天戏，校长要给学生们放假，公培海却要坚持上课。有人质疑公培海没有教学笔记怎么上课，他肯定地说没问题。当时有些老师不服气，要听他的课。戏演了 5 天，课也连续听了 5 天。由于公培海讲过一年，记忆力又超强，他的数学课都可以合上书本讲，得到了校长和听课老师的一致好评。这下全乡都听说了公老师的名气。

离安达石村不远的西村教学水平很差，西村的书记想把公培海调过去当西村小学的校长。那是因为西村的村民听说了公老师的名气，强烈要求让公老师给他们的孩子上课，否则就不交学费（当时的教育经费都是从民间筹集）。公培海认为自己适合教高年级，不太想去。但迫于村民的压力，中心校只得做公培海的工作要他去西村。1983 年公培海在西村小学当起了校长，还教着低年级的复式班。

同年，公培海到宽城县师范进修半年。这年是个考试年。公培海报考平泉师范，他的小弟就读于崖门子中学，报考中专[2]。为了小弟能安心学习，中考前的半年内公培海和他们的父亲包揽了所有家务（在他们的母亲去世之后，父亲的身体由于兄弟几个的悉心照料反而好了起来）。其实离小弟中考一个月的时候，公培海就发现了一个问题。公培海在日历上发现了小弟写给他的一句话，说大哥考完试我告诉你。看完了这句话公培海疑惑了，他问小弟到底什么事。小弟不肯讲实话，怕大哥发脾气。于是他到崖门子中学查问，从老师的话语中推测到小弟在和班长谈恋爱。他告诉小弟必须以学习为主，自己没钱、没好的样貌，如果能考上学，相信还可以选择对象。如果考不上，就只能别人选择咱们了。小弟对他说明白这个道理，于是公培海说既然明白了，咱们就一起努力学习吧。

由于两个人是同一天考试，公培海考完后骑自行车去板城的考点接小弟，回来的路上问小弟考得怎样，小弟说不大理想。小弟告诉公培海那次谈话使

---

① 通过一年的努力，该毕业班的成绩成为全崖门子乡八个村子里最优秀的。那年全乡的最高分得主是苏玉成，就在公培海班上，现在那个孩子已经成了宽城教委的办公室主任。

② 他的二弟弟 1981 年就考上了承德农校，现在在宽城农行工作。

他觉得哥应该知道那件事了。公培海问那现在这事怎么样了。小弟说可能没希望了。公培海语重心长地告诉小弟要他好好考虑，说自己家没有别的选择，只能好好学习。果然那年小弟没有考上中专[①]。那年平泉师范招36人公培海考了第27名，但他考虑到二弟在读书，小弟还没有考上，不得已放弃去平泉师范读书的机会。

在西村的日子又过了几年。民办教师的教学工资很低，公培海的敬业使得他很是辛苦，而且学校的绝大多数都是女老师，公培海觉得不方便，也很寂寞。公培海就向村里写了申请，要求回村工作。当时正好建北大岭铁矿，占了安达石村一些地，村里的老书记要去矿上上班，村里的工作也需要有人继续开展，村委会的人认为公培海确实有才华能把村里工作做好，同意他回村里担当副职。

但是西村的董书记不同意公培海回去，要求他继续任教。董书记专门宰了一只羊，把中心校的人也请来留公培海，特意把羊心夹给公培海。他对董书记说，知道董叔对他好，也知道董叔的期望，在这里教了这么多年也确实尽力了，学校一直管理得不错。但是的确非常想服务于生他养他的家乡，也能发挥自身的长处。中心校的裴校长和李主任也做他的工作，但他主意很坚决，坚持回村。公培海说即使将来要饭去，他也不后悔。

公培海向中心校递交申请的第二天，不等回复就回到了自己的家乡做起了副职。大半年以后，村里的段秀合书记去铁矿上班，村里举行了选举。1989年冬天公培海当上了村里的书记。当时的公培海真是一腔热血，仔细考虑村里究竟该如何发展。因为汽车多了，他想办一个车带翻新厂。他考察过，迁西有车带翻新厂，投资不到50万，非常赚钱。他想用贷款，但是有旧贷款没还，所以贷不下来。村里唯一的集体财产，就是占地1500亩的万科果园。公培海就考虑如何利用好这项集体财产（当时万科果园承包给了板城供销社）。

他潜心研究和板城供销社签订的合同。看了合同后发现村里占理，板城供销社没有按照合同规定管理果园。公培海和信用社交涉，要求抵押贷款，信用社的袁主任就答应了。公培海于是下定决心和板城供销社打官司。当时村里有6个村干部，只有一个公培海提拔的干部保持中立，其他几个老班子

① 小弟在家自学了一年之后1984年考上了宽城一中。

的成员都表示反对。

当时的公培海满怀知识分子的豪情，一定要为大家办事，坚决要把那个果园争回来。不顾其他村干部的反对，公培海和供销社打起了官司。对方找了律师，公培海没有请律师，而是自己谈判。恰巧对方聘请的律师是公培海的高中同学。当时公培海就是抠合同的条款，最终胜诉。如果对方不返还果园，由于管理不当而造成的树木损坏或者树木提前死亡，对方必须赔偿 20 万元。这样即使争取不来果园，也可以拿这部分赔偿做点事。供销社没办法便把果园还给了安达石村。

打官司期间，板城供销社的一个主任找过崖门子乡的党委书记做公培海工作。公培海表示应该听从上级领导的意思，可是现在已经和村民说过了，不能失去民心。自己没法选择，就只有走下去。官司虽然打赢了，公培海却得罪了上级领导，村里的领导班子也都对他不满。领导班子的成员一方面不再支持他开展工作，另一方面在群众中间无中生有地给公培海造谣（村民原本非常支持他的工作，打官司也很支持）。村里修公路的时候，涉及很多家征地，造成群众很大意见。上级领导则认为公培海在工作上阳奉阴违。

1990 年年底安达石村重新进行了选举，乡里的书记一大早来到安达石村做村民的工作，想换掉公培海，但是很多老党员很有正义感，认为公培海一心为村民做事，非常支持他。那天晚上开始了选举，选票非常的分散，很多人弃权，于是认识到把公培海选下去也许是一种失误。当时的乡长要求公培海给大家谈谈。公培海心里非常难受，但还是强压委屈对大家讲，要从全村的发展考虑来选举，怎么样对村里有利就怎么选，不要意气用事。有人情绪激愤，替公培海委屈，不让他管。后来老书记当选了。乡里的意思是公培海当书记控制不了全局，村领导班子的人总是去上告，但是却不明白为什么村里领导班子的人总是去告。后来他们提议让公培海做村主任。他对乡里的书记说，他不干了，他有三个愿望希望村里能实现。第一个愿望：做成车带翻新厂。第二个愿望：自己被选下去，说明自身的水平不行，但是领导班子的成员希望能继续保留，因为他们跟自己工作一直很辛苦。当时他在想尽管这些人对不起他，但他一定要对得起他们。第三个愿望：由于他带头集资，他们的工资一直没发，自己可以靠贷款过日子，但希望把工资发给他们。他说只要这三个愿望能实现，他就特别感谢大家，他自己是否当村干部无所谓。

然后公培海就回了家，躺在里屋炕上瞅着月亮。看到公培海这个样子，他的妻子抱着孩子就出去了。当时他就瞅着月亮哭，觉得好人难当，好干部难当，他这样把心掏给大家，还是这样的结果。现在想想他还是掉眼泪。

当时他的一个大哥（现任天宝集团的一个处长）到公培海家劝他别生气，告诉他有能耐的人到哪都能干。公培海表示他没事，他不会倒下去，他还是他。公培海在家里又躺了一天，第三天便出去找活。板城土地所的一个干部曾找公培海找些人挖围山转。公培海带着镐就去找他了。当时那个干部拍了拍他，说公培海不是凡人，真拿得起放得下。于是他开始挖围山转，每天挣十几元。围山转挖好后他开始倒布，做别的买卖。

他从书记这个位子下来的那一年春节晚上看电视时，村民张万义哭着找到公培海，说对不住他，说他刚才看电视了，说公培海就和电视上的好书记一样。公培海说没事，过去的事就都过去了，再说都是工作上的事，没有个人恩怨，自己不会记恨。张万义觉得推举杨海云已经对不住他了，因为觉得推举的人不如公培海，良心受谴责，于是到公培海家道歉。张万义和老主任的父亲是很好的朋友，老主任的父亲托张万义串联把公培海挤下来的。而张万义之所以对公培海有那么大的意见是源于交集资款（土地税）时，张万义因为村子里的陈账欠他的钱，不交集资款。公培海无奈之下，求助执法部门。当时村里把张万义的电视搬走了。后来张万义交了集资款，领回了电视。现在张万义已经得了脑溢血，他得病时还是公培海送他去的医院。

挣了一年钱后公培海承包了两个矿石点，之后又承包果场。之前果场并没有按他的意愿去做，果场全包给了个人，分成了3片，一年收入15000元，而包给板城供销社时20年才2万元。村里有钱了，日子也好过了。

可是果场包给个人以后，谁都不管，树都荒芜了。他包矿石点回来以后发现，由于树的荒芜，没有人愿意承包果场了。他觉得自己争回来的果园不能就这样荒废，于是决定承包果场。当时恰好公培海的一个初中同学也想包果场，1500亩的果场被公培海以一年2650元的价格承包。他在那里重新栽了枣树。1990—2000年这十年公培海倒布、开矿石、倒钢材、倒化肥什么都做过，属于他的资本原始积累时期，他把债还清了，有了积蓄，更重要的是锻炼了自己。这十年虽然没有参与过村里的事情，但他一直在关注着本村，也没停止过思考如何做好一个村支书。他说自己失败得太惨，所以他一定会动脑思考。

到了2000年，村里的村委换届选举，当时干群关系非常紧张，老书记是个好人，但由于某些关系没有处理好，有些群众夜里把老书记家地里的白菜给砍了。老主任家的房子被群众炸毁，当时这个事情轰动一时。当时村里只有个北大岭铁矿，再有就是一个个人的小厂。由于村子在铁矿上处理的不公，很多村民意见很大。十二个生产组组长集体到县里上访。2000年换届选举时，有些老党员去找公培海，要求他参选。当时正在向阳沟果园的公培海不肯，说他做不了，村里人都排斥他。后来他们要求公培海去监督选举，因为他为人正直，办事公道，老百姓服气。两轮选举过后，老书记、老主任纷纷落选。要在剩下的三个人里选村书记。公培海为了避免走以前的路，想做村里的会计。但由于之前的信息反馈都是由老班子成员向上面反映，大家对公培海的印象并不好，只给他安排了管团员、民兵的副职。村里的领导班子无论办什么事都排斥公培海，不让他参与。

2003年冬天选举，成立了选举委员会，这是由党员、村民组长、村民代表联合组成的，负责唱票、监票、组织选举。原来领导班子的人只有公培海和李满进入选举委员会。老主任心里没底，就找了镇上，说必须村民代表选举，而村民代表不是村民选举出来的，而是原来领导班子报上去的，于是除了公培海以外的原领导班子成员全部当选。这使得项风林这样的一批老党员群情激奋。还有人给村主任贴了大字报。镇里人怀疑是公培海，天天找他谈话。公培海觉得很坦然，他想当书记并不是为了自己，又何必用这样的方式。别人也说公培海懂法，他不可能办这样的事。镇里的石主席找公培海谈话，公培海说："你们应下去调查，证据确凿了该抓就抓我，你们问我，就真是我干的我也不可能承认。据说有人还看见了，该问的问，有蛛丝马迹，该查的查。当副职期间老主任房子被炸，你们都去调查，也不用怀疑是我。"

贴大字报之后又过了一天，现在的村主任宋文勇给公培海打电话问他是否想干村书记，想干就过来。村主任为人很好，就是好玩好赌，是个从军队退伍回来的党员，特别讲义气，从内心承认公培海是好人，其实80%没权的村民都认为公培海是好人。公培海到宋文勇那以后，发现一屋子人，全是社会上的小青年，都认为公培海是好人。宋文勇想当村主任，要公培海给他当书记做搭档。公培海说选举时不能抢票，不能串联，不能干违法的事情，当时他记下了那十一个小伙子的名单。说主要做的事情就是监督他们选举。如果万一出现违法的事情，咱们无权阻拦也只能如情禀告。大家就到现场看他们如何选举，如果是正常的，无论是否能选上，我们都不能干预。当时有三个选区，分别是后沟、牤牛岭子；西叉沟和安达石大庄。他们分了三组，去三个选区监督。2003 年选举，选票非常集中，一次过关。石主席当时也说了，培海这是民心所向。但是当选的妇女主任还是老班子一派的，拒不交账。镇上党委的人到公培海家给新班子开生活会，问公培海上任之后的规划。当时公培海提了四点：第一，加强班子学习，改进工作作风，增加党支部的凝聚力、战斗力；第二，加大农业开发力度，为农民增收奠定坚实基础；第三，根据安达石村的区位优势，引进企业、保护企业；第四，改善民居、生活环境，想方设法兴办自己的企业。乡里要求妇女主任交账。她说就是宁肯不干这个主任，也不交账。之后又先后有五个老党员要求查之前的账，向上写检举信，公培海私下和他们逐个交谈，说不是说反映的事不属实，如果花半年或一年的时间把过去班子彻底弄垮了，以后开展工作中涉及他们本人或他们亲属就肯定会遇到阻力。过去的事自己不便评论，但公道自在人心。如果他们确实违法了，自然有关单位会追究他们的责任。选举过后临过年时，尽管那个老班子曾经对不起公培海，新班子也没有钱，他们还是到村里小卖部赊了东西，给原先的老班子成员每家送了一百多元的饮料、酒，慰问老干部。老班子人说谢谢党支部。公培海表示以后工作需要他们配合，自己还年轻，很多地方经验不足还需要老班子多多帮助，以后不懂的地方还要请教。

他们为群众办事情，只要群众有大事小情，有为难的事情，找他们，村委都到场。2003 年，他们主要的工作是防蝗治沙，治理荒山 8400 亩；投资 170 多万元，栽板栗树 60 多万株，村里买苗，开山造山，然后分到各家各户经营；修公路 3000 米，修防洪坝 4200 米，修挡河坝 3700 米；栽山杏树 60 万株，栽杨树 15000 株；包了 9 个工程队，上午验址，下午放钱。做事情全是军队作风，这一年的工作得到了县里的好评。县里验收项目，都说安达石做得好，怎么验收都合格。都说安达石的工程项目最大，查它的账，没毛病，都是专款专用，只是有些单据不大规范。其实这些工程公培海自己还赔了钱，比如说饭费。

2003 年防“非典”期间，村里花了 1 万多元设置岗哨和防护设备。刘县长到安达石检查工作，有个 361 号舰艇失事，军队和市里都来人慰问，正是此期间，县里怕安达石村“防非”的程度不够，有天晚上来检查，提前没有任何通知。那天晚上公培海给大家开了广播会，要求大家不要聚集，要分散。之后他和韩会计到后沟查岗，每天都去查，刚到桥头就有人打电话给他，说县长从安达石村过去了，他们立即往回赶，路上又有人打电话说县长到村部了。刘县长先到的西叉沟，说他们是北京的，接一个朋友回去，试探说要进村接人，站岗的人说不行，不管是谁，都得征得公书记的同意，刘县长又说进去一小会就出来，站岗的人还是不同意，说给买包烟还是不放他进去，说让他给公书记打电话，书记同意了并且消了毒才让进。刘县长遇到村民张亚洁回村，就问她出门回来要怎么办。当时广播宣传里都有怎么到家怎么隔离，村里宣传非常到位，各生产小组落实到各户，这不仅仅是任务，而且事关村民的生命安全。后来刘县长到了村部，公培海他们也赶到了，刘县长对他说不用汇报工作了。后来承德日报上还写了刘县长到安达石村的经历，工作很到位。

2004 年，公培海他们组织盖起了村部。村部一共 400 平方米，投资 36. 6 万元。村委的人到了年底，找到引进的企业的老板，说要盖办公楼，请企业援助点，企业都表示理解，提供了帮助，这也是因为安达石村的投资环境好的原因。曾有人评价全县的投资环境看板城，板城看安达石。

村里 60 多名党员，村党支部很有凝聚力，安达石村能半夜招村民救火，别的村子肯定做不到。有一次北大岭西村着了火，蔓延到安达石村的边界。半夜有人打电话给公培海说村里南山那着了火，说估计是二道沟那儿，于是他立即给宋主任和韩会计打了电话，到村部组织广播开会，要西头的四个组长立即组织村民救火。当时是凌晨两点二十一，广播完毕公培海赶到了现场，他们到那的时候派出所的人也到了，党员们都是开车去的，公培海特别感谢村民，当时村里共出动了28 辆出租车。派出所的人就说了还是安达石村，西村的人都组织不起来。大家齐心协力之下大火全部扑灭。

2005 年修公路6600 米，130 盏路灯，投资 70 多万，村里没有钱，宋主任还垫付了 27 万元现金。每年村里挣的钱都和承包工程有关。企业来了，村里包点工程，刨除给村民的工资，其余全部归村里开销。2005 年村里要给北大岭铁矿打个大井，正好赶上下大雨，于是村民在屋里打牌躲雨，打扑克时派出所所长张卫国要求公培海组织人到三岔路口，说有生命危险，要求派人到现场。当时一开屋门，水就进了屋里。当时在屋只听得风声，没料到雨会下这么大，这里地势低，排水口又小，于是施工的村民赶紧坐上“四不像”[①]

① 当地矿区自己改装的车。

顶着雨往回撤，当时还有个工人要去找上衣，被公培海拦了回来，到三岔口那，发现没有问题，大家都撤走了，就让村民们回家，自己带上安全帽，村民都只管各家，水涌向村里的街道，公培海看不行，他立马扛袋子要去拦水，村民们跟着他拦起了大坝。

公培海颇有感触地说，在党建工作中讲一个“率”字。那次有感而发，己行则不令而行，己不行则令而不行，要有号召力，则自身必先做到。之后，村委不仅走访了各家各户，看群众的具体需要，还找到各家企业，问大家需要什么帮助。

现在村里和企业关系非常融洽，如果山上着火，村民救不过来，可以找企业帮忙，企业有事了也去找村民，有人说过全县在投资环境上不好干，两个心眼，老百姓想多要钱，揩油，企业认为老百姓刁难，不好干。但是安达石村为什么处理得这么好呢。如果村民确实在企业征用时受到损失，村委就得站在村民立场上为村民撑腰，如果个别村民刁难企业，就要为企业撑腰，做到一个“公”字。公培海在党校讲课时曾说过，企业是有钱的地方，村民是选你的，如果企业为了征占，贿赂书记、村主任，要他们压榨老百姓，这时特别应该警醒，绝对不会让企业多花钱，但是应该给村民的一分不能少。村部门口贴着一副对联：“村稳依官正，民富靠官强。”

泰丰一选二选厂引进时，安达石村不利的地方在于运输距离远。公培海得知段经理要选厂址的信息，立即找到段秀合，说段经理你是家乡人，要为家乡做贡献，条件肯定优惠，土地手续村委会帮忙办，征山占地也给帮忙，不让企业麻烦，以后服务也给帮忙，就是以后要企业为村里解决些剩余劳动力问题。终于泰丰公司在可选的三处中选择了安达石村。后来和村干部协商，一选二选占地六七十亩荒山，以荒山的保护价，国家规定每亩 3580 元。当时有些村民说肯定给书记、村主任好处了，公培海听到这个也没激动，公培海立即用村里的大喇叭广播说：“有些村民说给了我好处，我之所以引进企业，是为了解决一部分村民的就业，一个就业的村民一个月可以挣一千五六百元，30 人一年就可挣四五十万，且不说企业给上的保险，占地还给钱，关于给钱的事，段经理就是安达石人，可以通过各种渠道背后问他，如果真给了一分钱的好处，村民可以到纪检、到政府去告状，我不仅不会记恨你，而且还会因为你为大伙秉公办事而感谢你。”之后村里便不再有流言。

2007 年有一天夜间打雷下雨，把电线给击断了，有九家企业断电。第二天早晨打电话给公培海反映情况，公培海立刻到现场协调，电线断了之后把老百姓的树也给损坏了，需要抹树，架线，需要协调关系，半天时间协调好了，该补偿的补偿，镇里朱主席说："公培海还是行，这要旁的村，想协调好早呢，企业有的是钱，要吧，别的村民会这么想。但你们的村民都帮助架线，晚上时就弄好了。"企业为此感谢公培海，要请他吃饭，他说不用。村民们随叫随到，村里有事也找企业，大家都是礼尚往来。座谈时，陪我们调研的大学生村官郭亮插嘴说了一句，"有人对公书记这样评价，支部书记一挥手，全体党员跟着走"。公培海谦虚地说是大家给面子。村里的收入一是来自承包工程挣点钱，二是企业的赞助。

自从 2003 年上任，公培海年年都被评为"优秀村干部"。2009 年 7 月他被评为"河北省优秀农村党组织书记"。他在市里得过多次"一好双强党支部书记"奖，一好指政治素质好，双强指领富本领强和致富本领强。安达石村党支部在县里得过多次"一好双强党支部"称号。镇里的奖励安达石村得的最多，我们组员问公书记是否因为在全镇安达石村发展的最好，他说可以这么讲，但是他自己从没有这么讲过。

农民是农业生产的主体，农民素质决定着农业的发展，村干部的素质很大程度上也影响着农民的素质。调研中我们从公培海书记纯朴的略带乡音的话语中，深刻体会到了基层党组织在基层农村现代化建设中的不可替代的作用。

（二）乐观豁达的老支书苏显生

2009 年 7 月 24 日是入户调查的第一天。按照计划我们早早地吃完早饭，一行人就向宽城满族自治县板城镇安达石村进发了。可能是因为第一次调研，也可能是因为第一次这么近距离地跟农村接触，我们心里充满了好奇与兴奋。一路上大家都有说有笑，而我却被车窗外的景象深深吸引，觉得一切都是那么的新鲜。

早已远离喧嚣的城市，远离忙碌的人群，远离疲惫的心灵，大口大口地将乡间新鲜的空气吞入肚中，吸入肺中，又冲向脑袋，冷不丁打了个激灵，一下子清醒过来，透过雾气缭绕看着远处的村庄，恬静安详。不时传来的鸡鸣声，悠长而有力，穿过耳朵向远处奔去。赶紧拿出相机拍下，不禁有些失望，光色没有自然色明亮，自然界的美果然只能留在心中。初升的晨雾久久没有散去，反而越来越浓，裹住了前进的道路，这时的车子在公路上缓慢的前行，在雾气中延伸，相似的路段使得时间在这里停留，只有路边的里程碑提醒我们前行。继续走着，偶尔能看见扛着锄头说着笑着的晨耕者们，快到村子了吗？

大约过了十几分钟，我们就到了宽城满族自治县板城镇安达石村村民委员会。安达石村的公培海书记接待了我们。农村的早晨可能比较忙碌，带领我们的组长都还没有到。趁着这个空当，我们粗略观察了一下安达石村委会的会议室。最吸引我的是，村里先进人物表彰栏和这样的标语，“败为他人奠基石，胜为众人引路贤，事要干成先做人，业要创大靠科研”，“勤学习、勤动脑，创新观念，多看看、多分析，创新路径”。不一会儿，组长们陆陆续续地到齐了，我们见到组长苏继海和杜景仓，这几天我们就要在他俩的带领下开始我们的访谈。

我们第一天要去的是苏继海的那个组——安达石村后沟，据说离村部最远而且路又不太好走，所以就安排了王师傅开车送我们去。刚进后沟，路面上有个很大的凹陷，由于前几天刚下过雨里面积满了水，从那儿过的车都要蹚水过去。过了水坑，路就好走多了。路不宽只有两车道，但王师傅熟练的驾车技术，并没让我们感到什么颠簸。一路上，组长苏继海热情地向我们介绍组里的情况。在与他的攀谈中，我们粗略地了解到我们将要入户访谈的第一户，苏显生老人——安达石村有名的老支书。作为安达石村连任九届的老支书，他是村里的“活字典”，备受大家的尊敬。究竟这是位怎样的老人呢？我心里漾起了一丝的神秘。话说着，我们就来到了后沟。

在组长苏继海的带领下，我们在后沟的小卖部里见到了苏显生老人，他正站在一群人中，围着看别人打牌。组长苏继海笑着对我们说，“我们村里人平常也没什么别的娱乐方式，就是打个牌，赢几个烟酒钱”。说着走上前去，拍了拍老人的肩膀告诉他我们的来意。老人听后很兴奋，连说“走，走，去家里坐”。在老书记的带领下，我们来到了他家。

老支书虽然今年已是72岁高龄，但身体看上去很好，面容饱满，红光满面，眼神温和而又坚定。老人告诉我们他是属虎的，边说边指了指墙上那幅印着老虎的年画。老人爱笑，跟老人交谈时，他总会爽朗地笑起来，眼睛眯成了一条缝，让人感觉和蔼、易于亲近。在他的脸上，不仅留下了岁月的痕迹，也书写了传奇的故事。

苏显生老人1938年出生于承德青龙县安达石村的一户平凡的满族农户家庭。出生于战乱纷繁的年代，生活的艰苦磨炼了他顽强的精神，造就了他豁达的胸襟。

苏显生老人至今对自己的上学时光记忆犹新。据老人回忆，那时候村小学只有一、二、三、四4个年级，五、六年级属于高小，只有镇里有。因此，村里的孩子想要上高小，每天就要走几里的路去板城镇。中午回不了家，要自己带玉米和黏面馍当午饭。因为当时路途远，很多人家里经济比较困难，所以村里上高小的孩子很少。虽然困难重重，苏显生老人凭着一颗求学的炽热之心，风里来雨里去从没间断过。求学的时光快乐而又短暂，转眼间该毕业考学了，苏显生犯了愁，考学要上青龙县（那时候安达石村还属青龙县管辖），那时候没有班车就得走着去。最发愁的是，家里的经济困难，就算考上了学费又是个问题。迫于生活的压力，思索再三，苏显生老人当时选择了不再继续读书。

在板城高小毕业后，苏显生到合作社工作。1956年，刚满16岁的苏显生当上了初级社会计。听到这儿，我不禁好奇，“这是怎样一个过程呢?”还没等我开口，只听苏显生老人说：“当时要在青龙学会计，一共学了21天。那时候学习会计感到比较轻松，农村的会计也不讲资格证什么的，学了21天就可以回来当会计。”或许是因为年轻，艰苦的日子显得有些微不足道，或许是老人不愿谈起当时独自学习的艰难，老人的回忆是轻松的。一年过后，也就是1957年，苏显生顺利升为安达石村的高级社会计（那时安达石、双庙、北岭的西村这三个村原来是一个村，都归安达石村管）。1958年，三个村实行人民公社，苏显生就在人民公社当大队会计。后来，双庙、北岭的西村两个村从安达石村分了出去，原人民公社也因此解体。但是，苏显生还是留在了安达石村当会计。苏显生当会计的那几年，由于杂事比较多，几乎跑遍了村里的犄角旮旯。

从1958年当会计开始，到2002年支书退休，苏显生一直留在安达石村。干了四十多年，当过会计、民兵连长、大队长、副大队长、农选副主任、书记，等等。由于当时的经济还是以农业为主，苏显生当村干部就是想方设法为农业发展创造便利——改河造田、平整土地、造果园。

说起果园，苏显生老人非常兴奋。他告诉我们，1972年至1973年开始造果园，现在村里这些果树都是当时他们栽上的，规模很大，有1500亩。那时候各家都要出义务工钱，收义务工钱是很一件严肃的事，必须用于村里兴建公益事业，并且要经村民代表大会讨论表决。比如说每年种些苹果、蜜橘、甜梨、栗子等，都是集体经济。现在，果园已经承包给了书记公培海。以前，果园的效益不怎么好，销售不出去就自给自足；现在看来，果园的地理位置还是相当不错的，只是，果园的土层下面都是大石头，土质不好，所以果树种植的成本效益还是比较低的。

1976年苏显生38岁，当选为安达石村村书记。当时的支部书记，不是直选，是党选——由组织上决定适合的人选，经过考查任命。年轻的苏显生阅历丰富，干劲十足，凭借会计出身形成的严谨、敏捷的作风很快赢得了村民的拥护。谈到这段经历，苏显生显得激动、兴奋。他面带红光，仿佛又回到了年轻时，回到了带领大家改河造田、平整土地的壮观情景中。虽然我未曾见过大家协同劳作、口号响亮甩开膀子干活的情景，更未曾体会到看到河流改道而行时豪壮的心情，但是从苏显生身上我能深刻体会到这股透到骨子里的男人气概，从他的身体散发出，扑面而来。我们都被老人的情绪所感染。他抬头望了一下我们，低下头一声“老喽”说尽了心中的自豪以及对时间流逝的无奈。

我们安静地等待着，老人的谦虚，并没有给我们太多遐想的时间，他很快就将自己记忆拖回到我们身边。随着平静地话语再次响起，“矛盾”这个词从他口中不经意地跳出。

苏显生认为，作为村干部、村支书，工作的重点就是处理矛盾，处理主要矛盾，处理矛盾的主要方面。只有看清矛盾，才能平静地对待矛盾产生的不利影响，心态才能变得平和。那时的矛盾主要是：两税，征缴农业税与农民特产税；实行计划生育。苏显生介绍说，这在当时是主要矛盾，无论哪个村都存在这两个矛盾。至于现在非常普遍的劳资双方之间的矛盾，由于当时村里的集体财产较少（就是开发山上的果园），也没有企业，因而这方面的矛盾较少。村支书的工作重点就是处理这两项主要矛盾，村干部一直扮演着“收税者”的角色，工作中30%～40%的时间和精力在抓农业税。从1983年开始，我国开征农林特产农业税，1994年改为农业特产农业税，牧区省份则根据授权开征牧业税，征收的税种变多了，这又加大征收工作的难度。

当时农村的经济主要是以农业为主，农业税由农民自己负担，所以征收的时候难免有交不起或拒交的情况，特别是遇到灾年、农作物收成不好的时候。但是，农业税又是当地的财政收入的主要来源，政府明令必须收取。因此，在行政规定与农民意愿之间势必引发一些矛盾，如果处理不善还有可能会引发群体事件。面对如上种种，苏显生很是为难，但工作总要有人做、总要做下去，这对苏显生确实是个考验——解决得好赢来的是赞赏和尊重；解决不好带来的是骂声一片、邻里不和甚至事态的进一步扩大。

然而，苏显生并没有“知难而退”。相反，他“迎难而上”，边干边学，不断总结经验教训，“到最后，竟还尝到了些‘乐趣’。”实践经验的积累让苏显生越来越成熟，也让苏显生的工作越来越得心应手。

2006 年，国家决定免收农业税（农民特产税作为农业税的一部分也全面停止征收），从根本上减轻了农民负担。虽然，此时的苏显生对两税带来的矛盾已经能够应付自如，但他认为，全面停征农业税是一件利国利民的创举，不仅极大地调动了农民种田积极性、自主性，也使村干部从过去向农民催粮、催款的矛盾焦点中解脱出来，全身心地发展地方经济和服务一方百姓，从根本上解决问题，这使社会又进步不少。矛盾的妥善处理有助于矛盾的转化，矛盾论这个马克思主义理论，在苏显生的口中变“活”了。

实行计划生育是基本国策，百年大计，是国家繁荣富强，人民生活富裕的根本要求。我国宪法明文规定：“国家推行计划生育，使人口的增长同经济和社会发展计划相适应。”宪法还规定：“夫妻双方有履行计划生育的义务。”而婚姻法则将计划生育作为一个基本原则确立在总则之中。虽然有国家的明文规定，但是对于当时的农村，计划生育的实行谈何容易。中国几千年来就有“多子多福”的观念，而且刚成立的新中国正处于起步阶段——经济不够发达、人们对于社会责任知之甚少，因此人们的思想就更容易受到传统“养儿防老”思想的影响，所以那时候的观念往往是不生男孩决不罢休。“生容易，养难啊！”苏显生感叹道，“做思想工作更难啊！”观念是最难改变的东西，不仅需要时间，还需要一些感同身受的触动。而那时国家对计划生育工作又抓得很紧，无奈之下，苏显生只有天天出去做思想工作。“现在计划生育松一点儿了。经济发展了，村民的觉悟也提高了，生男孩女孩都一样了。矛盾一天天在消除，人们也一天天在进步嘛。”苏显生笑着说。

在村里建企业一直以来也是苏显生在任期间的一个理想。“就是没有企业！”老支书现在说起来都觉得很遗憾，“有几个矿类企业也只是别的村子租安达石村的土地，给的租赁费也很有限。要是那时建了，现在就大不一样了。村里的自主权会更大，别人来开矿征地，给的补偿费都会高很多。”安达石村离县城最近，地理位置也比较优越，如果有合适的企业建立起来，肯定会对村子的发展很有帮助。苏显生早早地看到这一点，于是积极地筹备建铁矿厂，但是县委书记始终没有批，最终建铁矿厂的计划就这样不了了之。自从有了这个想法，苏显生就决定要为村子做点事情再走，等有成绩了再离开既对得起上边领导的提拔，又对得起群众的信任，可是这一等就是40年。对于一位老支书来说，当时有很多机会可以离开安达石村，从粮食局、供销社再到后来的信用社，都有机会。四十年里，苏显生共送走了16位乡镇党委书记，宽城的县委书记也送走了好几个了，以至于每次去县里给村子争取点什么的时候，在碰到以前的熟人时，他们总是会开苏显生的玩笑：“看！老爷子又来了！”是什么让他毅然选择这片土地，让他在这里一待就是40年？是责任，是对工作、对人民负责任。听到这里，我对老支书的敬佩之情再一次油然而生。知足的老支书对我们说：“国家已经很够意思了。像这样连续任职12年以上的，村镇每个月都要给60元的补贴。”

苏显生有四个孩子，两个女儿，两个儿子，四世同堂。孩子们都有出息，老人也显得格外自豪。大女儿在宽城县城啤酒厂工作，不过现在已经退休，有基本工资。苏显生52岁的小女儿在宽城县城的一所小学教学，是工会主席、副校长，现已内退。大儿子毕业于石家庄财校，毕业后在宽城做糖酒生意，不景气后，转行搞铁矿，现在效益不错，并且在青龙有股份，只是由于眼睛不好，在朋友矿上搞管理，一年大约30万到40万元的收益，是几个孩子中最高的。小儿子今年44岁，在身边守着，老人有什么不适总是第一时间在身边照应着，初中毕业后在唐德庄铁矿上班，做的是化验工作，儿媳妇由于所在工厂效益不好，改组后被迫下岗，但有养老金，即使老了也不用愁。

大儿子的女儿今年22岁，就读于长沙水利学院，在北京国际宾馆实习期间，由于成绩优秀并且努力，被北京国际宾馆直接录用，并且打算今年去英国诺丁汉的一所大学继续深造。小儿子唯一的一个儿子，初中毕业后在唐德庄铁矿上班，2400～2500元/月，孙媳妇也在上班。孙子也有一个女儿，毕业于承德技校，现在在海均宾馆上班，每个月1000元，这样一家人5000～6000元/月，也算是个中产家庭了。

现在的苏显生由于腿脚不好，胯骨错位，路走多了就疼，阴天下雨也没感觉，自己在家里没有什么可干的，妻子已经走了十多年了，是脑出血去世的，现在跟小儿子过，一大家子共九口人，其乐融融的。由于自己的儿女们都有出息，苏显生也有自己的事要做，除了腿脚不好外，身体还算硬朗，基本上不用儿女们操心。平时的苏显生，艰苦朴素，性格开朗，自力更生。

安达石村满族居多，但是村里不都是满族。但苏姓都是纯正的正黄旗满族。苏姓的满族，是从山东迁过来的。风俗习惯几乎同化，只是称呼上有差别。据苏显生老人说，他的父亲还管“爸爸”叫“阿玛”。“阿玛”是普通满族百姓对父亲的称呼。如果在皇室，就如我们在历史剧中看到的那样，对父亲是要称呼“阿玛”的。

土地承包制后，家里有4亩多地，小重孙女分的地已经退耕还林了，国家有补贴，500元/亩，一年一共1700多元，在地上种上树苗，树苗国家给，自己种上就行了。剩下的地主要种植玉米，还有少量的谷子跟大豆，这些主要是自给自足。玉米以黄玉米为主，一年产量大约为3000～4000斤，收入3000元左右。

苏显生的收入主要是自己种植的果树——栗子树200棵、苹果树100棵，还有山楂树400多棵。关于种植，苏显生可是很有一套，说到这儿，老人又一次开心地笑了起来。“这些树就像是我的孩子，种他们的时候还很小，一根一根树苗的栽，自己挖坑自己浇水，看着树苗一天天地长大，给他们剪枝授粉，开花、结果，心里边也像完成了一项使命，特别是秋天收获的时候，感觉很有成就感。只是由于年纪的原因，精力跟不上，不能好好打理，管理跟不上，果实结的就不怎么样，可能是恨我老了吧”，老人开玩笑地说，但是就这样疏于管理，卖果子的钱一年也有4000～5000元的收入。

两个多小时的访谈结束了，老支书安静淡然中透着幽默的话语依然在我脑海中围绕，由于开始进屋的时候，几乎是被热情卷进屋的，出门的时候我特意回头看了看老人的屋子，砖瓦石房，建筑面积有150平方米，院子西面是平房，有井，典型的农家小院。又在远处看了看，屋子安安静静的，就像老支书，安安静静地看着我们的离去。

（三）老主任杨海云

采访老主任杨海云之前，我们已经见过他，之前我们去养殖大户张德财夫妇家采访时，老主任碰巧在那里帮忙，他个子不高，胖胖的身躯，看上去只有四十多岁左右，看见我们去采访张德财，他没事坐在旁边听着，采访中，当我们偶尔把目光转向他时，他一句话不说，只简单的微笑一下，从养殖场筹划建设开始，他每天有空就过来帮忙，出谋划策，有时还出力干点体力活，我们没问出他和张德财的关系，但是从他们之间的交谈中看得出来杨、张两家关系很不一般。在养殖场采访完张德财，我们提议接着把杨村主任也采访了，却遭到老主任的委婉拒绝，他知道我们的采访安排中有对他的专访，非要等到专门采访他时再说，我想也许老主任是位办事很讲原则性的人。

老主任杨海云，1950 年生人，从 1990 年任村主任（当时叫大队长）到 2002 年退休，连续当了四任村主任，是本村村主任在任年数最长的一位，所以我们习惯以老主任相称。虽然是老主任，却一点都看不出老来。刚走进他家门，就看见他骑着摩托车回来，放好车子，招待我们进屋坐炕上，屋里放有一箱矿泉水，随手拿给我们一人一瓶，平时忙，没工夫烧水，为了省事就买水喝。因为上次听过我们的采访，所以这次免去了不必要的调研介绍，我们直奔主题。

老主任语速不快，话说还算清晰，普通话比较标准，8 岁上小学，当时周围 3 个村只有一所小学，坐落在安达石村，就叫安达石小学，小学毕业在乡里的崖门子中学读了半年（当地一个有趣的乡音，喜欢把“崖”念成“Nie”，读去声，在村里生活一段时间会发现，当地人说话有个习惯，喜欢用去声，比如说，“你们是从北京来的?”升调，结尾用去声），赶上“文化大革命”，就此告别学校加入“红卫兵”，“那个时候，不讲别的，都信毛主席”。当了三年兵回家务农，在生产队挣工分，觉得挣得工分不多，1972 年开始给农机站开拖拉机，跑运输，每月挣 32 元，交给生产队 18 元，就当每天记十个工分，当时跑过承德、张家口，对拖拉机的速度来讲，这算得上长途了。后来农机站解体，因为开过拖拉机，懂得些电路，当年村里正好架电，于是转在村里当电工，1982 年开始兼放电影。当时从宽城电影公司拉片子，集体出钱，在崖门子公社每个月放十多回电影。1989 年任村经联社主任，主抓经济，在村里算二把手，一年后由于原村主任调至北大岭铁矿（北面西村的）上班，他自然被提为村委主任。

在 1979 年前，安达石村乃至整个宽城满族自治县属于贫困村（县），1982 年个人承包后，“农民人均收入一年比一年提高”，但是由于经济基础太差，到20世纪90年代初，宽城县的整体经济在河北的一百四十多个县中仍然排在倒数几名，安达石村的经济也不算好。杨海云对当选村主任那年印象很深，从如何当选（以510票当选，总共900票）到怎么具体展开工作都记得很清楚，他脑子里没有什么特别的想法，就是要“想办法让村民日子好过，按照邓小平的政策，想要发家致富，你得想方设法抓经济，只有抓经济才能让农民富起来，当时跟老干部、老党员探讨三年（一个任期）想干点啥，制订一个三年计划”。

当时村里有个20世纪70年代由老干部动手种植的一个果园叫向阳沟，属于村里的，但是年久失修，果园里的苹果树、梨树年头多都已经老化退化了，到那时几乎没有收成，老主任当选村主任后着手的头一个“项目”就是扩建果园，当时县里也特别保护和支持这个项目，老主任组织村民将原来荒废的果树挖掉，再将周围的荒地能挖的挖开，种上县里出的栗子树苗，过几年树苗长大，果园有了可观的收成，一直到前几年才承包给私人。

“这是一个大项目，另外一个是修建河套大坝”，以前，安达石村和西村还是一个村，1980年以后，分成两个村，西村那边的河套分出去了，安达石这边的河套大坝就得自己修，要不然每年涨洪水冲毁庄稼地，全村河套一共是3600多米，都得修上大坝，当时每修1米县水利局给补1元，再补点水泥，其余80%的人力、物力都靠村里自己想办法，大坝从1990年初上任那年开始修建，修好大坝后种上树，主要有杨树、栗子树、山楂树，整个大坝一直到1994年，修了四年才竣工。

在第二任的时候，村里有个土瓦（黑瓦）房小学，20世纪50年代盖的。教室少，学生多，整个小学不到十间教室却有240多个学生，一个班40多个学生，上课效果得不到保证，学校教育条件受到限制。到20世纪90年代土瓦房几乎成了危房，下雨漏水，孩子没法正常上学，急需盖新教室。但政府财力有限，上面拨不下款来，要盖新楼只能自筹经费，没办法只能在村里挨家挨户筹钱。有劳动力的人口每人筹10元，这样下来自筹了大概整个经费的85%，另外15%从北大岭铁矿筹。筹来的经费主要用于采购钢筋水泥等建材，剩余的人力全部从自己村里出，靠村民自己盖20间新教室，把原来的一个班分为两个，再从村里请几位民办老师，这样孩子上学受教育才有了保证。

1996年第三任期刚开始，在县里的扶持下，着手一个新项目叫“三位一体”养猪项目，“三位一体”指的是养猪、点灯、做饭综合在一起，即用猪粪生产沼气来点灯、做饭。1996年以前，村民家庭做饭多用柴火和煤球，照明用电灯，每家一般养一到两头猪，做饭、照明与养猪毫无关系，但是这样有明显的弊端。首先猪圈的猪粪部分用来施肥，剩下用不上的粪肥不好处理，堆在院子里有害居住环境，拉出去堆在公共场所也不解决问题。其次，烧柴做饭厨房很难保持清洁，如果烧煤用电的话对农村家庭来讲是一笔不小的开支，尤其是对光靠种粮为收入的农户更不容易。要解决这些矛盾，仅仅靠政府财政救济是远远不够的，要对症下药，正好那时候县里在大力推行农村清洁能源普及，在有些村率先普及农村家庭沼气的基础上，于是安达石村也跟着在全村推广“三位一体”的养猪项目，村民家庭只要上这个项目的，每家补八百块砖，村里再派技术人员上门做技术指导，直到产生沼气能够点灯、做饭为止。有趣的是，在西方经济学里，微观经济学在分析各类补贴效用时，结论是现金补贴要比实物补贴好，可是当我们问老主任政府为什么要补砖而不是直接贴钱时，老主任不假思索地说：“补砖的话村民一般会用来修沼气池，要是补钱不一定会花在什么上面呢!”这种分析不无道理，看来理论用在实践还需具体问题具体分析。

除了上面说的几个大的项目，老主任在任职的十多年里，还要负责村里大大小小的事，如给玉米地装水泵，翻新村委会办公楼，向上提交统筹款、农业税、特产税、提留款等，整个20世纪90年代，在老主任的组织下，安达石村的经济处在平稳增长期，村里基础建设与村貌也在一年年改善，村里人的生活水平虽然没有突飞猛进的提高，但是淳朴的村民对老主任的评价以满意居多，换届选举的时候，老主任的选票往往高高居上，在全村900张选票中，票数最多的一次是老主任得了821张，可以看得出村民对老主任的认可与信任!

2000年以后，宽城县整体投资环境得到明显改善，政府对企业给予包括政策资金等各方面有力扶持，在本地投资主导下，配合大量外部投资的进入，宽城县出现一批以铁矿为主下游产业为辅的本地企业，在政府的重点保护下，不到十年的时间迅速发展成为一批财大气粗的集团企业，直到我们这次去当地调研时，宽城满族自治县已经形成了十家实力雄厚的大型集团，算得上当地经济发展的火车头，有力带动了当地经济的发展，宽城的经济发生了翻天覆地的变化，在整个河北140多个县的排名中，从20世纪90年代的倒数第二迅速上升到前二十名，2008年排名进入前十！安达石村也是其中受益者之一，就在这几年，安达石的经济实现了飞速发展，地处承秦出海高速公路与安汤公路的交界处，又邻近几大铁矿开采地（其中最有名的北大岭铁矿正挨着安达石村），在有利的地理环境优势下，许多企业选择在安达石村落户，安达石村走上了以工业（铁粉精选，团球）为主，服务业为辅的致富之路。村里的经济发展起来了，村民过上富裕生活，村委会换届选举竞争也逐年激烈，这是农村经济发展的必然趋势。在2002年，老主任想继续他的第五任时，被竞选对手比下去了，那年他52岁。

老主任落选后的生活并不空闲，2002年在本村的一家团球厂工作，主要任务是抓铁粉质检，每个月的工资收入在1500元到2000元之间，主要与团球厂的业绩有关。一直做到2008年，由于年岁高的原因，不再做质监工作。虽然岁数不小，但看起来并不显老，一般的体力活都能干，老主任闲不住，可是要找正式工作，年龄关通不过，正好有个朋友准备在当地办养殖场，于是就去新建中的养殖场帮忙搞基建。刚开始谈了基本工资，从2009年3月份开始到7月份算起来有四个月的工资了，可是老主任一直都没提工资的事，他到养殖场去帮忙好像并不是为了那份工资。大儿子在宽城县一家钢管厂当副经理，小儿子在邻近的北大岭铁矿当生产维修队队长，女儿在县城有份稳定的工作，应该说老主任靠子女生活可以无忧无虑了，看得出来，老主任不是一个闲得下来的人，他去养殖厂帮忙，说是有份基本工资，但更多的恐怕是为了不让自己闲着。

在工作之余，老主任还耕着自家的一亩四分玉米地，按亩产1000斤，市价0.6元算，2008年种地的收入是840元，相对于2008年21600元的工资收入来说，显得微不足道，与2008年的家庭支出相比，这点收入还不及零头。从老主任家的支出情况来看，2008年全年总支出39060元，其中生产性支出仅260元，主要是看病支出15000元，红白喜事15000元，其他开支从大到小依次是：食品3000元，通信2300元，交通2000元，衣服1500元。

老主任家在村里算中等偏上收入家庭，当我们问及影响家庭收入增长因素时，老主任的回答是不存在，对现在的收入水平比较满意，去年开支多于收入是因为老伴得病，现已治好。对老主任来讲，有一件遗憾的事情就是，从村委会退得早，不能多当几年村主任，心里有种廉颇老矣，余热未尽的感觉。

（四）刚正不阿、自强自立的老党员项风林

来到安达石村，更多地感触到此地民风的淳朴，这里的村民勤劳善良、热情好客，无论到谁家访谈，主人都会摆上矿泉水和水果，临别时诚恳地邀请我们一起吃饭、不肯放行。在宽城满族自治县，活跃着很多农民包工队，往往十几个人的规模，包揽些民用建筑，有工程时聚在一起干活，工程结束则各自回家忙农活。这个阳光明媚的早晨，向导张叔叔把我们带到了一个建筑民宅的工地上。我们组的访谈对象是个一身古铜色皮肤、身材清瘦的包工头项风林。说是包工头，其实和队伍里的兄弟们是同工同酬。细细打量，正在砌墙的项风林满头大汗，不时用肩膀上搭着的毛巾抹下额头，干活的手法很灵巧也很细致，就像在雕琢一件完美的艺术品。讲明我们的来意后，项风林领我们来到了距工地几步之遥的临时住所，他的妻子胡丽艳热情地招呼我们坐下，招待了好些水果。看得出他们琴瑟和弦，非常恩爱。项风林讲话的时候，胡丽艳总是温情地看着他，时而和项风林交换一个眼神浅浅一笑。

项风林的家里挂着大大小小、各个时期的照片，见证了时代与他们幸福生活的变迁，其中最醒目的是他和妻子 23 周年的结婚纪念照。尽管岁月无情地逝去，他们的风采依然不减当年。身着礼服的妻子依然妩媚动人，而项风林风度翩翩，恍然还是年少时那副英俊的模样。

项风林出生于 1947 年，原先居住在清河口，由于家境贫寒，念了一年初中的他便辍学回家，1970 年由于一个偶然的机会当兵入伍，成为黑龙江大兴安岭铁道兵 3005 部队警卫排的一名普通士兵。项风林思想上要求积极进步，一入伍就递交了入党申请书，他个性耿直，作风踏实，业务素质过硬，很快就得到了部队上下的一致好评。1971 年 9 月 2 日，这是个让项风林终生难忘的日子，那天他光荣地加入了中国共产党。由于项风林的出色表现，他由一名普通的士兵一步步地升到了排长，还兼任了党小组组长。工作上，他兢兢业业，公正无私。有一次在党小组的会议上，大家讨论某个士兵的入党问题，为人耿直的项风林直言不讳地揭发了他曾经的偷窃行为，极力反对他入党。这件事让那个士兵隐隐记恨了他几年。入伍五年半之后，28 岁的项风林复员回乡，那个怀恨在心的战士一路尾随项风林，伺机报复。机智敏感的项风林中途换车，几番周折下摆脱了那个战士，安全返回家乡。

项风林并没有按照复员指标进煤矿，而是做起了村里的民兵连长和治保主任。1978 年潘家口水库修建，项风林响应政府的安排举家迁到了安达石村。他和妻子胡丽艳带着 3 岁的大儿子、2 岁的小儿子刚来到这的时候，日子过得一穷二白，当时生产小组给他们分了一套简陋的房子，没有窗子，只好用报纸糊上。尽管如此，他们的生活清贫而又快乐。尽管是个外来户，项风林的办事公道、踏实肯干打动了本地的村民，1984 年项风林重操旧业在安达石村做起了民兵连长和治保主任。项风林骄傲地告诉我们，只有在迁入时接受过政府的帮助，其他时候，遇上些困难，都是自己尽力解决，不给政府找麻烦。由于项风林办事刚正无私，又是外来户，与本地村民没有盘根错节的亲戚关系，村委就把抓计划生育这项得罪人的差事交给了他。项风林并没有犹豫或退缩，而是认认真真地担起了这份责任。项风林已经记不清经自己之手抓了多少超生的家庭。项风林说那时候他什么都不怕，而是村里人都很惧怕他。

1987 年，县电力局组织各村进行电网改造。曾任东沟村副主任的老人是本村电工的舅舅，不肯交改线的钱，项风林多次劝说无效之下，要求电工把老人家的电线掐断了。老人不服气，冲动之下带着几个人跑到项风林家报复，把项家的电线也掐断了。后来这几个人担心项风林去县电力局告发他们，就主动来项风林家给接线。当时县里有政策，掐电线报复的村民，电力局有权来抓人，并处以 1680 元的罚款。项风林不让这几个人给接线，要求本人来接，并且要求他赔礼道歉。由于这个事情闹得很大，后来县里电力局果真要来对老人处罚。项风林以德报怨，和县里说情，最终老人交了 600 元罚款，为大队放了场电影了事。

项风林的强硬手腕使得安达石村的计划生育工作在全乡颇为突出。1988 年 8 月项风林被调到乡镇抓计划生育工作。当时项风林每月工资有 300 多元。要他谈当时的工作，项风林说以政治教育为主，罚款为辅。他的耿直个性没有丝毫改变，由于不怕得罪人，因此在工作的开展中不存在畏首畏尾的情况。1990 年 3 月 19 日的承德日报曾刊发了一篇文章报道他的事迹，标题是《金钱买不到老项，美女诱不到老项》。作为一名资深的共产党员，项风林对党无限忠诚，一直在工作战线上勤勤恳恳、兢兢业业，面对威逼利诱、金钱美女，毫不动摇。

到了 2000 年，项风林已经 53 岁，在乡镇抓计划生育工作已有 12 年，由于年纪偏大，本身又是农业户口，如果他的工作还不转正，就需要离职。对于这点，项风林倒是很坦然。他认为政府需要他做事，他一定会踏踏实实、认认真真去做。不能为国家做贡献了，他也绝对不增加国家的负担。有人给他出主意，让他给上级领导送点东西。但是耿直的老项根本听不进去。对于自己的离职，老项也没有像别人那样闹什么思想情绪。

项风林从镇上回来以后就帮着胡丽艳种植那三亩多土地。由于农业生产收入的限制，项风林不得不考虑其他增收的办法，看到村民的生活水平日益提高，盖房的需求不断增加，他就联络了十几个懂建筑的村民，组织大伙一起包工程，他们主要活跃在宽城的各大乡村，由于为人正直，做活又细致，他们这支队伍的信誉一直不错，项目一直不断，每年从春天大地解冻开始就四处忙，一直要忙到冬天上冻，一年下来有 8 个月在干建筑，他们结的是日工资，基本上行情维持在大工每天 80 元至 90 元，小工每天 60 元至 65 元左右。与其他村民躲躲闪闪不同，项风林坦诚地告诉我们去年他在这方面的收入共有 23000 元。

2008 年项风林家的三亩多土地共收获玉米近 4000 斤，项风林告诉我们从事农业生产一定要手勤，尽管同其他村民一样，他家的土地也是旱地，全靠降雨，亩产却高于别人，基本维持在 1200 ~ 1300 斤。项风林家里还养了两头猪，一头吃、一头卖，大概每头猪能折合人民币 1500 元。

项家有一亩耕地被占用，每年补贴 800 元。问到他对耕地补偿标准的看法，他很爽直地说认为很合理。这种回答是少有的。他非常赞成国家的各项政策，感慨国家现在有多么照顾农村和农民。

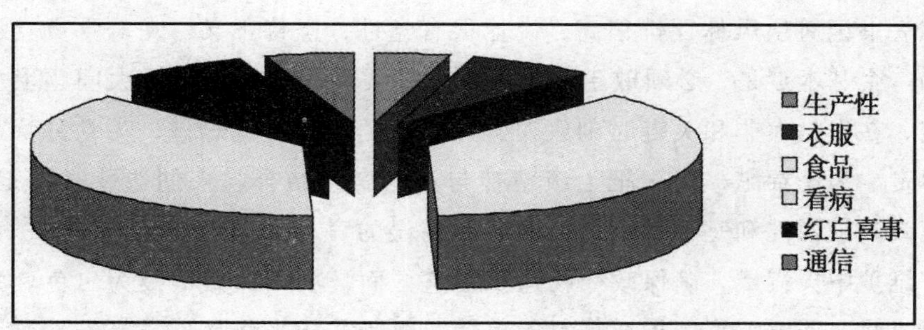

图 14－1　2008 年项风林一家支出情况

2008 年项家所买的化肥、种子共花费 600 元，衣服都是孩子们给添置的，两人一年只花了1000元左右，两口人一年吃饭花销大概有5000元，项风林在2006年曾得过一场大病，现在依然脑供血不足，需要常年吃药。妻子胡丽艳也常腰酸腿疼，虽说去年没得什么大病，也是常往医院跑，去年花了5000元医药费。由于现在家里就项风林和妻子胡丽艳两口人，不存在什么教育费用。两人闲下来也就看看电视，没什么其他嗜好。由于项家是搬迁户，在安达石村没有什么亲戚，因此随份子钱并不多。两人一年的电话费仅有720元。尽管身体大不如前，但项风林依然每天忙忙碌碌、为生活奔波，有人给他出主意，要他向镇上寻求帮助，因为毕竟在那里兢兢业业做了很多年工作。项风林却从不想给组织增加负担。

自己四处承包工程给人盖房子，项风林自己的房子却还是仅仅50平方米的砖瓦石房，冬天取暖主要通过烧火炕。同其他村民一样，家里有一个水泵，此外，家里还有一台播种机，出于包工程的需要，家里还有切板机和振动棒各一个。家用电器方面，电视、冰箱、洗衣机、电话、组合音响、手机各一个，还有摩托车、自行车各一辆。

对于自己的儿女，项风林夫妇并没有太多的要求。只要儿女们过得好，他们就满意。他们笑着说，每年的新衣服都是孩子们给添的，满脸的满足感和幸福感。孩子们都很孝顺。我们的组员笑着说其实有他们这样的父母言传身教，孩子们孝顺体贴是自然的。对于未来生活，他们并没有新的打算，种好几亩薄田，组织好自己的施工队好好干活就行。他们并不觉得自己年纪大了，工作热情很饱满。

作为一个老党员，他为人坦荡，做事情从大局着眼，不计较个人得失。公培海书记对项风林评价很高，说他很有党性，坚持正义。党对党员党性要求的一个基本点是，必须敢于坚持原则就是要在事关方向的重大问题上立场坚定，在大是大非和关键时刻旗帜鲜明，自觉做到对党忠诚、为党分忧、对民尽责、为民奉献，善于把上级精神与自身实际结合起来创造性开展工作，提高政治敏锐性和是非鉴别力，对各种错误的言行要敢战斗、能战斗、会战斗，维护中央权威，确保政令畅通。在这方面，项风林做得极为出色。别人不敢反映、不愿汇报、担心报复的事情，项风林从来都是一马当先，敢讲真话，敢讲实话，不计较个人得失，当然也惹来了不少人的打击报复。对这些，项风林非常坦然。

个人品行方面，项风林更是大家的楷模。项风林的刚直不阿体现为旗帜鲜明而不闪烁其词、坚持真理而不随波逐流、敢于直谏而不察言观色。在负责计划生育的工作当中，还遭遇过村民恶语中伤、甚至在村部贴大字报的情况。虽然说流言止于智者，这件事群众看得雪亮，可还是带来了不好的影响。可是后来村里查明了贴大字报的村民，项风林却没有追究，这也让那个村民内心充满了愧疚。

十五、文化人

（一）村里走出的发明家韩俊山

2009 年 7 月 25 日，我们采访了安达石村的果树种植大户韩秀东，这个家庭在整个安达石村算是比较富裕的家庭，不仅经营一个相当规模的果园，而且还掌握了先进的果树种植技术，具有典型的科技致富的特征。但是，我们更为关注的是韩秀东的老父亲韩俊山，他不仅是年过八旬的老党员、退休老干部，而且还是宽城满族自治县远近闻名的发明家。这样的能人在农村并不多见，所以我们调研组慕名而来拜访学习，以便亲自领略到这位名人的风采。由于我们第一次到韩秀东家的入户访问已是下午 3 点多，担心时间不充裕，所以我们并没有在访谈韩秀东后接着采访韩俊山，为了深入全面地了解老人一生的光荣事迹，我们调研组拿出第二天整个下午的时间前来拜访他。

为了不打扰韩俊山老人中午休息，我们特意赶在下午两点以后去拜访。当我们到韩秀东家的大门口时，他们夫妻二人顶着烈日正在修建自家的猪圈，第一天的采访已经让我们熟络了，韩秀东笑着将我们迎进了门。我们还担心会打扰韩俊山老人的休息，没想到我们进屋时他已经穿着整齐地等着我们了。韩秀东说："我父亲知道你们下午要来采访他，他早早地就穿好衣服等着你们了。"这让我们很感动，使我们对眼亲这位年过八旬、身材高瘦、穿着整齐、精神矍铄的老人的亲切感油然而生。他慈祥的笑容使我们对他没有一点距离感，就仿佛见到了自己的爷爷一样，亲切又贴心。由于那天是周末，在宽城县城疾病防控中心工作的孙子放假回家，他陪同爷爷一同接受我们的访谈，可以看出孙子和韩俊山老人很贴心。还是在昨天采访时就座的客厅，我们围着韩俊山老人，开始了期待已久的访谈。

韩俊山，男，汉族，1928年生人，出生在旧中国的一个贫苦农民家庭。父亲靠种地为生，但家中人口多，单凭种地维持不了生活，所以父亲平时还做一些小买卖，补贴家用。1937年日本发动全面的侵华战争，国内形势一度紧张，但父亲还是坚持让他上学。当年正值9岁的韩俊山刚刚上小学，那时候没有像样的学校，他们就在一座破旧的古庙上学，也就是安达石初级小学，那时只学习满语。由于当时韩俊山家并不住在安达石村，而是住在离安达石村3公里以外的小村子，由于学校离家远，韩俊山年纪又小，上学很不方便，于是11岁那年他转学到离家稍微近一点的板城镇岔沟村小学上学。1942年，13岁的韩俊山升入高级小学，相当于现在的小学五、六年级的水平，主要学习日语和满语，此外还有体育等副科。那时候课程比较难，但头脑聪明的韩俊山学习成绩一直很好。1944年，15岁的韩俊山考入到承德市商业中学，主要学习珠算、记账、簿记等专业课程。那时候，韩俊山生活的县各乡镇有11所中学，而承德市商业中学是一所日本人办的专业学校，相当于现在的中专，很不好考，但是韩俊山以优异的学习成绩考入，很不容易。1945年，抗日战争胜利，日本投降，学校没人管理，而且解放战争又开始，国内一片混乱，学校就此停课解散，因此韩俊山在承德市商业中学刚上一年多就退学回家。但是，这一年多的学习对韩俊山一生都很重要，那时候能考上这种专修学校的人很少，人才很缺乏，这一年多的学习使他学到了一门专业，掌握了一门安身立命的技能。虽然那个战乱的年代使他没有一个安静的学习环境，但是韩俊山坚持不懈的努力和求学的历程让他受用终生。

从学校退学回家后，韩俊山在家帮助父母干些农活，所学的知识和专业没有用武之地，那段日子令他很绝望，聪明上进的他希望有一天自己所学的知识和技能能有所发挥。1947年，解放战争将要胜利，国内局势稍稍稳定，板城镇政府成立小学，把两年来失学散放的孩子重新聚集到学校接受教育。那时学校缺老师，韩俊山被聘到学校当上一名民办老师。那时候生活水平差，教师的待遇不高，没有工资，每个月只有100多斤的小米。学校刚成立不久就赶上连续两年的灾荒，学生都不上学，1948年学校再次解散，韩俊山再次回家务农。1949年，新中国成立，学校再次恢复上课。韩俊山被聘到板城镇的一所小学，从此在稳定的国内形势下开始连续工作。那时候教师的工作岗位不稳定，差不多一学期换一次，这个学期在这个学校，下个学期就可能换到另外一个学校。韩俊山在板城镇小学工作一年以后，被调入洮家河小学工作。那时候，教师在每个学期末都要经过培训，在那年期末培训期间，韩俊山不小心患上了风湿，当时很严重，他不得不回家休养，半年多以后才逐渐恢复健康重返学校。虽然身体状况逐渐好转，但还是很虚弱，身体上的毛病使他在外工作力不从心，于是韩俊山便向青龙县（那时候板城镇归青龙县管辖）文教局申请回本乡工作，由于韩俊山工作很尽职尽责，身体又确实有问题，最后县文教局批准他的申请，批准他回到板城镇的学校工作。回到板城镇以后，由于身体不适合再教课，学校根据韩俊山以前在承德市商业中学学习的经历，将他安置到学校的财务室做财务工作，原来做财务工作的老师到课堂教课，新的工作岗位使韩俊山获得了一个正式的教师编制，由先前的民办教师转为正式的人民教师，但那时候工资也很低，每个月仅有30多元，但这份工作令韩俊山很满意，毕竟是学校的正式老师，捧上了一个铁饭碗，而且还做着跟他所学专业直接对口的财务工作，这让韩俊山工作起来干劲十足。

1962年宽城县建县后新成立了一个新华书店，书店紧缺财务人员，于是韩俊山被调入到新华书店做会计工作。由于新华书店属于商业性质企业，多年来一直在学校从事教育事业的韩俊山总觉得在企业工作不稳定，心里不踏实，担心哪天企业倒闭了自己的饭碗也就砸了，而且在新华书店工作也很不顺手。出于这样的考虑，三年后韩俊山又调回到板城镇小学做财务工作。“文革”期间，韩俊山的工作受到冲击，被打发回家，学校的老师由村里自选老师给学生上课。那时候学校也一片混乱，学生没法安心上课，有段时间学校的课全停了。这样，韩俊山又回家务农了一年多，安稳踏实地在家过日子，经历了那么多战乱的日子，韩俊山都挺过来了，所以他知道“文革”这样的冲击不会持续太久。一年半以后，学校逐渐恢复正常上课，韩俊山再次被请回学校做财务工作。那时候由于学校人少，上面决定将原来分属于宽城县和青龙县两个地区管辖的学校合并为一个学校，由韩俊山做这两个学校合并后的学校的财务工作，逐步走上领导岗位，每个月月底要到青龙县报账。

1978年，正值人民公社时期，宽城县在板城镇成立工农大学，新成立的学校需要人手，韩俊山被调入到那里做财务工作。新成立的农业大学的主要职能是轮训教师，但只办了两期教师的轮训班就不再招生。当时学校并没有倒闭，韩俊山继续留守学校经管学校的一些财产。1979年，宽城县成立进修学校，由文教局直接管理，韩俊山被调入这个进修学校继续做财务工作。新成立的进修学校还是负责轮训教师，对全县的老师进行分批的培训，在整个轮训期间学校的总务工作都由韩俊山负责。1980年，年过半百的韩俊山身体状况越来越差，视力也不好，头脑也开始越来越慢了，还出过两次错账。这让多年来工作一直兢兢业业、从不出错的韩俊山觉得继续工作有些力不从心，无法胜任。那时，中国刚开始实行退休机制，于是韩俊山便向单位提出退休申请，经批准后退休回家。

韩俊山老人轻描淡写地回忆了他主要的工作历程，年过八旬的他虽然精神饱满，但说话的语气还是有些虚弱。令我们钦佩不已的是虽然他年纪这么大了，但记忆力非常的好，他主要的学习经历和工作经历都记得非常清楚，能具体到年和月，把他的主要学习经历和工作经历如放电影一般一幕一幕地展现在我们眼前。韩俊山在新中国成立前就参加工作，到改革开放初期才退休回家，工作了近35年。在这35年的工作过程中，韩俊山经历了新中国成长的过程，同时也经历很多磨难和冲击，曾两次因为灾荒学校解散而回家务农、“文革”期间被打发回家务农等，期间身体还出过问题回家疗养半年。但是，韩俊山深爱他教育事业的工作岗位，经历过多次磨难也没有使他放弃自己的工作，总是一有机会工作就立即返回学校。从韩俊山的工作历程可以看出，他在工作岗位上表现得很出色，多次被派到新成立的学校、企业从事专业的财务、会计工作，在这样的工作岗位上能够独当一面，深得上级领导的信任，这与韩俊山正规的教育背景、深厚的专业基础、聪明的头脑以及兢兢业业的工作态度直接相关，使他能够从新中国成立前的一名民办教师，逐步晋升为有正式编制、担当学校财务工作领导岗位的骨干力量，着实令人钦佩。

当我们问及韩俊山老人的家庭生活时，他笑着说：“当我还在承德市商业中学上学时，在父亲的主持下我就结婚成家了。”我们对此感到很惊诧，心想：“他当年正值求学期间，怎么会那么早就结婚了呢？”韩俊山老人好像看出了我们的疑惑，接着解释说：“那时候生活在旧社会，家里穷，我在外上学家里干活的人手不够，父亲为增添家里的劳动力就在板城给我找了个媳妇，我就这样结婚了。那时是旧社会，按照老的习俗很早就结婚了。”韩俊山老人这样的经历让我们感触很深，那个年代的婚姻多半是由父母包办，贫苦的农民家庭也不讲求什么门当户对，只要身体健康、能干活就行。可想而知，在那个年代就已经从农村考入到承德市的商业中学的韩俊山，在封建社会怎么说也能算个举人。但是，生活在战乱的年代，能生存下来实属不易，爱情对于那时的人来讲，即便是对读书人来讲都是奢侈、浮华的东西，生存才是首要的选择。那时，韩俊山的父亲没想到儿子以后会有工作，成为吃国家饭的干部，即便是韩俊山本人对未来也是一片茫然。不过虽然是父亲包办的婚姻，但是韩俊山并没有太大的抗拒心理，也正是成了家才让他日后在没有工作期间有个安身立脚的地方，种上二亩良田也不至于饿死，这让韩俊山一直心存感激。刚结婚不久，韩俊山就由于学校倒闭而退学回家务农。

韩俊山兄弟三人，结婚后都跟父母生活在一起，那个年代一般都不分家，所以他们家是个大家庭，一共15口人，生活很热闹，但人口多，吃的粮食也多，家里生活很拮据。那时的家庭条件很不好，仅能勉强维持，但相比一般的家庭还算过得去。等到韩俊山参加工作以后，家里的生活状况逐渐好转，而且韩俊山也能凭自己的能力养家糊口了。后来随着孩子的相继出生，已经工作的韩俊山从大家庭中分出来单过。韩俊山生有四个子女，三个儿子，一个女儿。儿女双全的他见到一个婴儿无人养育，好心的他又抱养了一个孩子。所以，他一生有五个孩子。自己亲生的四个子女为韩俊山老人生了10个孙子，可谓是儿孙满堂。更难能可贵的是在这10个孙子中，有6个是大学生，这让多年从事教育事业的韩俊山老人十分欣慰和自豪。自己儿女出生的年代不好，没有一人有机会上大学的，现在孙子们赶上了好时代，家庭条件也很优越，家中出了这么多大学生也算是实现了韩俊山老人多年来的夙愿。说到这，韩俊山老人脸上露出了幸福的笑容，眼角的皱纹都舒展开了，看得出来，韩俊山老人晚年生活得很幸福。

韩俊山求学、工作和家庭的方方面面都算是成功的，虽然过程历经坎坷和磨难，但是大风大浪里走过来的他一直都在享受生活，享受生活中每一段值得回味的经历。韩俊山老人以上的经历已经让我们钦佩不已，但是令我们吃惊的是韩俊山老人还是一个远近闻名的发明家，其中一项发明还申请过专利，权威部门还颁发证书给他。头脑聪明的韩俊山不仅聪明好学，而且具有很强的钻研精神和能力。早在韩俊山在洮家河工作期间，由于学校没有钟，看时间只能用日轨，上下课的时间也只能看日轨度量。但是，用日轨度量时间不仅不精确，而且赶上阴天下雨和晚上就没办法用了，用着很不方便。聪明而又善于观察的韩俊山看到下雨后从房檐滴下的两个雨滴之间有一个时间间隔，这个物理现象使韩俊山很受启发，他发明了一个水钟。这个水钟的原理是：以水的重力为动力，水滴每滴一次，钟的指针都会在水的重力的作用下动一下，有一个容器接着滴下的水滴，等容器中的水接满后水会自动溢出，在通过循环装置将溢出的水返回到上面接着往下滴水，作为时钟指针的动力；按照精巧的设计，每经过一次水的循环流动，时钟的指针刚好完成一个圆周运动，而且一天不停地做周期性的运动。这个发明在当时是非常先进的，韩俊山将他的方案报到学校，学校领导很重视，又报到县里，县里有关部门的领导也很重视。当时县里觉得韩俊山是一个不可多得的人才，准备保送他上大学。可就在这个节骨眼上，韩俊山在学期末参加教师培训时，不小心患病，这一病就是半年多。这一病不仅将他的发明设计的实施进程耽误了，而且保送上大学的机会也错过了，这对韩俊山来说是一个非常大的遗憾。等到韩俊山休养好重新回到学校时，时钟、手表等计时工具在中国不再是新鲜的东西，这些装备学校也都配备齐全，也就不需要韩俊山发明的水钟了。韩俊山说："现在回想起来，那时的发明较现在太落后了。"但是，这个水钟却是他在没有任何前人研究成果的基础上独自发明出来的，而且这在当时也是相当先进的。虽然韩俊山的第一个发明并没有实际的成果出现，而且保送大学的机会也阴错阳差地失去了，但是这并没有挫败韩俊山继续钻研和学习的热情，他依旧在平凡的教育工作岗位上兢兢业业地工作，仔仔细细地观察生活。

在韩俊山退休之前，学校用的油印机是那种老式的油印机：一个手推的滚轴，沾上油墨以后，用手推动滚轴在附在刻板上的白纸的一端滚动到另一端，一张印刷品就印好了。印下一张时，要手动翻动白纸，再用手推动沾满油墨的滚轴。这种印刷方法需要全手动，不仅费时费力，而且还容易弄脏手，十分不方便。由于韩俊山一直在学校做总务工作，经常需要用油印机印一些材料，所以他深受这种笨拙的油印机所带来的困扰。生性善于思考和钻研的韩俊山在平常工作时就仔细观察油印机的工作原理和构造，经过长时间的思考和钻研，他发明了一台能自动滚动滚轴和自动翻纸的自动化油印机。1959年，青龙县科技大会还拿韩俊山发明的手摇油印机模型参加展览，他本人也因此受到表彰。那时候韩俊山设计出的模型还仅仅是个初级的模型，由于工作繁忙，这个发明暂时也就搁浅了。

等到退休以后，韩俊山在家有足够的时间来继续研究改进这个手摇的油印机模型。1986 年，经过韩俊山 20 多年潜心研究，终于研制出能自动入纸、自动出纸的完全成型的手摇油印机，并申请获得了中华人民共和国专利局颁发的实用新型的专利证书。一辈子都在财务岗位上工作的韩俊山很有商业头脑，他想自己开办一个工厂生产这种新型的油印机。但是，经过韩俊山的反复思考，觉得开工厂的风险很大，以他们家的抗风险能力不适合自己开办工厂。那时宽城县有一个综合厂，那个厂的厂长见韩俊山的发明有利可图，于是主动找到韩俊山想联合开发。韩俊山以800元的价格将新型油印机的生产权部分转让给这个综合厂，由综合厂投资进行生产，盈利后与韩俊山分红。但是，令韩俊山懊恼的是从合同开始生效后，这个厂子并没有立即投入生产，长时间未进行任何投资不仅使韩俊山没有分到任何红利，就连本金也一直未付，更为严重的后果是这个厂子耽误了韩俊山的研究成果向市场的推广。虽然韩俊山这次花了20多年的心血将发明研制成型，但在投向市场环节又一次失败了。最后，韩俊山一纸诉状将厂子告上法庭，通过法律程序才追回那800元的转让费。韩俊山无奈地说："那时候本想借助企业的技术力量把发明成果做大，没想到企业倒把我给耽误了，还不如当时我自己投资生产呢！"从中可以听出韩俊山老人对这件事还抱有很大的遗憾，毕竟是他20多年潜心研究的成果啊！

虽然这项发明没有给韩俊山带来预期的经济回报，但却使韩俊山赢得了很高的荣耀。韩俊山不仅申请了手摇油印机的专利，而且还获得了由中国报道杂志社、中国世界语出版社和中华儿女荣誉档案工程工作委员会联合颁发的"光辉岁月——中华儿女荣誉档案"珍藏证书；1997年，澳门举办国际专利展销会，韩俊山受到邀请参会，这令他感到很意外，当时宽城县专利局鼓励韩俊山去参加会议，但是需要自己出1/3的参会费，当时他已经年近80岁了，身体上的原因就没去参会；1998年，美国爱迪生发明中心颁发给韩俊山世界优秀专利（技术）批准入美国转让证书（银质奖）。这些荣誉宛如韩俊山老人头上的一道道光环，让这个当时已年过七旬的老人成为远近闻名的杰出发明家。

（二）打工学来的技术能手刘万富

2009年7月26日，我们入户采访的最后一天，下午我们又回到了最初指定的大庄子寻找采访对象。我和杨郑军分开行动，一个多小时在路边采访了两户，结束的时候时间尚早，我们不舍得早早收工，就请杨叔再帮我们找一户人家采访。杨叔带我们拐了几个弯，走到一个比较宽敞的院子里，之所以称作宽敞是因为这家只在西面靠近院墙的地方种了一小块蔬菜和几棵果树，其余的大部分院子都是空的，再没有别的东西。此外，院子也没有铺什么，黑黑的泥土裸露在外面。跨过一条一米宽、一点五米长的水泥斜坡，就是月台，同样也是水泥铺的面，底下是石头。月台上方还有一条很长的晾衣绳，晒着一床很破旧的被子。

再看这家的房子，砖瓦石房，一共三间，59 平方米。正面看去，除屋门以外，墙的下半部分用小石子砌出菱形图案，上半部分则全是木头的门窗，因为长年的风吹日晒，门窗都已变成黑色，和屋顶的青瓦一起诉说着日月的痕迹。进入屋子，和村里大多数老房子一样，中间一间是堂屋，有前后、东西四个双开扇老式木门，连接前后两个院子和东西两间卧室。堂屋东南角和西南角各砌着一个灶台，东边的灶台旁边是一口水缸，正上方是一个水龙头，用白色的合成塑料水管把水由屋外引进来。西边的灶台相对小一些，旁边放着一箱啤酒。此外，屋子里还放有电饭锅和一个黄色的碗橱，正中央摆放着一张圆桌，午饭剩下的饭菜用一个白色的网子罩了起来。

西屋的炕上几个中年人正在打麻将，有说有笑，好不热闹。对着屋门口挂着铝合金框的大镜子，前面是一个新式的电视柜，摆了电视和影碟机。北面墙摆着家具，包括一个黄色的立柜，两个红色的木制躺柜，躺柜下面两个黄色的矮柜橱，都是 20 世纪 80 年代的样式，已经很破旧了，上面布满斑驳的印迹。因为打麻将的声音比较吵，女主人把我们带到了东屋，这屋的家具要比西屋新一些，除了土炕、两个立柜、一个躺柜外，还放了一台八九成新的冰箱，崭新的带有液晶显示器的台式电脑。屋里三个孩子正围在电脑前看一部古装电视剧，其中两个虎头虎脑的男孩子是女主人的亲戚，比较文静、乖巧的女孩子是她大女儿，叫刘凯丽，今年 14 岁，刚刚初三毕业。这是我们采访期间见到人最多的一家，我们觉得很热闹，以为今天是他们家的什么节日。女主人却告诉我们，这在他们家很平常，而且今天并不是最热闹的时候，只是孩子就少了三四个。

坐在他们家的炕上，简单和女主人介绍了一下采访的内容和意义，我们就正式开始采访了。女主人叫张秀华，37 岁，小学没有毕业就辍学在家务农。虽然身在满族自治县，张秀华却是地地道道的回族人，祖籍也不在安达石村。张秀华的父亲在“文化大革命”时期，因为难以忍受家乡的贫困，外出乞讨，走到安达石村，被一个好心的老太太收养，认作干儿子，从此，在村里落地生根，直到现在。为感念老人，张秀华的父亲曾想跟随老人，加入满族，结果没能得到宗教信仰办公室的批准，只好作罢，所生子女也就只能跟随父亲成了回族人。

1992 年，20 岁的张秀华嫁给了同样是安达石村的刘万富。那时候刘万富比较贪玩，喜好赌博。在张秀华怀孕期间，他更是变本加厉，整天在外面玩麻将，到 1994 年 2 月大女儿出生的时候，已经欠下了高达 12.5 万元的赌债。面对债主整日的纠缠，刘万富实在在家里待不下去了，只好出外打工，挣钱还债。

1994 年 7 月，刘万富只身去了保定，在一家食品厂打工，月薪 280 元。刘万富走后，张秀华带着不到一岁的孩子在家艰难度日。每隔几天家里就会来人要债，张秀华给孩子买块糖，都会被讨债的人责备。1996 年下半年的时候，孩子两岁多了，已经可以自己吃些东西，张秀华便将女儿放到了刘万富的大姐家照看，也去保定打工了。这时，刘万富也辞了食品厂的工作，夫妻两个人在保定一个染布厂找了份工作，男工一个月 240 元，女工一个月 120 元。这样干了不到 1 年，因为挣得太少，两个人维持生活都困难，更不要说还债了，于是他们决定回家另谋出路。这时已经是 1997 年的秋天，他们回到宽城，在家里仅仅停留了几天，就又去北京找工作了。

1997 年的整个冬天，张秀华都在北京一家餐馆当服务员，刘万富也在一个工厂找到了工作。春节的时候，两个人辞了工作回家过年，开始盘算在北京做点小买卖。1998 年，再次回到北京，小两口就办起了自己的菜摊，早出晚归地做起了小商贩。卖菜虽然辛苦，可挣的钱比打工的时候多多了，也不用看老板的脸色，过得也还自在。这样过了将近两年，张秀华还高兴地见证了澳门回归时北京的欢庆场景。1999 年冬天的时候，女儿在家感冒严重，张秀华心疼女儿，决定放弃菜摊，回家照顾女儿，刘万富一个人则留在北京继续给人打工。这一次，刘万富去了建筑工地做小工，给人家扛水泥，管住不管吃，一个月 300 元，北京的饭菜比较贵，刘万富因为干活累，吃的又多一些，300 元的工钱也就刚刚够他吃饭，根本剩不下钱。那时候，北京到宽城的车费仅 27 元，就这样刘万富都买不起回家的车票。

刘万富年轻，干活踏实又舍得卖力气，工地上的人都喜欢他。北京盖楼房六层以下都没有电梯，刘万富所在的施工队给人家装修房子，刘万富就把水泥等装修材料扛到楼上去。干了一段时间，因为表现得好、细心，被派去给油漆工当学徒，过了三四个月，学得差不多了，又转去给木匠帮忙。就这样，一来二去，刘万富把装修的活计干了个遍，学到了不少手艺。有技术了，工资也就随之提高了。刘万富的工资先是由最开始的300元涨到500元，然后由小工转成正式的技术工人，月薪800元。技术就是财富，刘万富凭着一身的本领从一家装修公司跳到另一家，经验越来越多，工资也越来越高，最后都达到了2000元。

2002年，北京阜成门儿童医院建成，刘万富所在的万邦公司承包了1层、3层、9层、12层的装修工程。当时，刘万富已经学会了自来水管道铺设、整体厨房设计，就被分配去负责楼层的石材板设计安装。为了保质保量完成工作，刘万富一天只睡几个小时，干得很用心，深得老板赏识。忙完阜成门儿童医院的工程，老板又给了他一个不错的工程。当时是2003年，新工程刚干不久，可怕的“非典”就席卷了整个中国，刘万富他们如果要继续留在北京工作的话，每个工人需要预交十万元以上的抵押金。老板担心“非典”危及工人的生命，加之工人一下子谁也拿不出那么多钱，只好停了工程，让工人全部回家了。这样，刘万富也回到了久别的安达石村躲避“非典”的侵袭。

刘万富虽然只有初中学历，可天性好学，2003年的时候北京的网吧已经比较普及，一些电脑培训学校也正火爆。刘万富工作之余就参加了一个平面设计的培训班，有空了还去网吧自己自学。后来因为“非典”，培训班没有结业就回家了，这时他已经学会了看图纸。

“非典”过后，正在刘万富盘算去哪打工的时候，董文军找到了他，请他去做监工。原来，董文军刚刚盖了一栋别墅，因为结构比较复杂，村里都没有人能看懂图纸，更别说指导装修了。为了装修得好一些，董文军就打算在北京找个能手回来指导一下，北京的许秀东便向他推荐了正在家里赋闲的刘万富。有了工作，刘万富就留在了家里，一直到我们采访的时候，再也没有出去过。在此期间，他一直和北京的老板、工友有联系，从日本回来的北京老板于剑锋也曾经打电话邀请过他好几次，只是在家里过得不错，也就没有再出去奔波。

2003年下半年，刘万富在董文军那里工作了整整六个月，才把别墅装修好。刚刚过完2004年的春节，刘万富的大哥出了车祸。大哥至今孤身一人，和刘万富一家住在一起，现在被车撞了，也只能由他们照顾。这样，直到2004年下半年大哥病愈出院，刘万富才又去宽城县城给董建国装修楼房。

给别人做了两个半年的监工，刘万富积累了不少经验，2005年开春便自己干起了承包装修的买卖。从简单做起，他先承包了村里一所平房的装修工程，雇的工人也都是附近的村民。万事开头难，刚刚把屋子外面装修好，工程队就有个工人不小心负伤了，刘万富忙着处理工人的事情也就没心思再干下去，便将余下的室内装修转包给了别的工程队。那一次，刘万富承包一共挣了不到3000元，几乎全都赔偿给那个工人看病了，自己则白忙一场。

搞装修没赚到钱，刘万富就又去打工了。这时候村里已经有不少企业，不用去外地，就能找到不错的工作。这样，2005年后半年，刘万富在村里隆鑫球团厂干起了火工，虽然不算什么技术工种，却需要一定的手艺，在车间里也挣钱最多，一个月1400元左右。干了几个月，总在火边炙烤着太热，就转到了保安科，工资也随之降到1200元 。在球团厂工作了将近一年，也就是2006年秋收的时候，刘万富再次辞掉了工作，赋闲在家。

2007年4月26日，张秀华又生了一个小女儿，取名刘佳雨。小佳雨刚刚出生14天就开始咳嗽，一阵阵还喘得厉害，上不来气。孩子太小，医院一时也检查不出具体是什么病，只是猜测是肺炎、哮喘、气管炎什么的。输液治好了，只要稍微有点感冒又会再犯。一直到孩子出了满月，还是病病恹恹的，没有精神。为了能让孩子彻底好起来，刘万富夫妇带着孩子去承德市住院治疗，13天就花费了6000元，孩子的病情也没有明显好转。为了节省开支，他们又回到了宽城县医院治疗，找熟人帮忙说了一下，可以不用住院，白天打车去医院输液，晚上回家里睡觉。这样，又治了半个月，单是药钱就花费了4500元，再加上一天100元的出租车钱（当时正在修路，要绕弯，价格贵一些，现在只要60元），这一次又花费了将近6000元。这几乎花掉了家里全部的积蓄，孩子的身体还是很糟糕，不见任何恢复的迹象。县医院的医生也很无奈，便劝他们放弃治疗，让孩子回家慢慢恢复。忙碌了好几个月，没把孩子的病治好，反而得到了医生这样的结论，刘万富夫妇回到家里，看着可怜的小佳雨，心里难过极了。村里人劝他们说反正是个女儿，治不好就放弃吧。可女儿也是亲骨肉啊，不到最后关头绝不放弃。

给孩子治病需要钱，家里却已经被掏空了。2007年9月，刘万富靠着从电脑上学来的本事在利军矿业做起了电工维修，一个月挣1600元 。张秀华则用丈夫的工资，继续带着小佳雨四处求医。

功夫不负有心人，10月的时候，张秀华打听到宽城镇夏花园小区有个医生很厉害，就带了女儿过去。那个医生听了情况，给小佳雨加大了药量，比如说别的孩子每瓶药液加入阿奇霉素的量为0.2毫克或0.15毫克，小佳雨的药液就要加入0.25毫克；别的孩子输了五天就好了，小佳雨一次就输了七天，隔一周后，又输了八天。这次治疗，以每天花费200元计算，半个月下来花了3000元左右，算是比较便宜的一次。这样断断续续，小佳雨已经输了3个月的液，药力开始发挥，身体一天天好了起来，再感冒的时候也没有犯过那个病。过年的时候，刘万富夫妇大致盘算了一下，小佳雨出生不到一年，把出生时在医院的花费和治病的费用算到一起要将近2万元。

算上大哥那一份，刘家是四口人的地，一共3亩多，其中一亩栽了杨树，剩下的租给工厂使用了，每年每亩地500元的租金。此外，他们家还有板栗树，每年收的板栗可以卖400元左右。从2007年开始，为了多挣些钱给孩子看病，刘万富就在工作之余帮胡志国安装太阳能，也学到了不少技术。2008年，铁路修到安达石村，占用了他家的板栗树地，赔偿了1万多元。刘万富就用这1万元铺本，在路边开了个水暖门市，主营清华阳光太阳能销售、安装，自来水管道铺设。

因为资金比较少，刘万富并不存货，等有人买他的太阳能的时候，他再去代理商那拿货，这样周转就快很多。早在2002年，张秀华的表兄弟就开始做清华阳光太阳能承德地区的代理商，在宽城设有门市，刘万富就是去那里进货的。此外，刘万富还拿到了清华阳光太阳能在板城镇的售后服务权，也就是板城境内的所有清华阳光用户都可以拨打电话，叫他去上门维修。如果是人为损坏，则由用户承担更换配件和维修的全部费用；如果是自然灾害，免费更换配件并由清华阳光总部支付他一定的费用。维修时更换配件也能赚取一定的利润，比如太阳能的玻璃管被人为损坏了，用户就要自己买一根管子，它的售价是122元，实际玻璃管只值100元，内部有一个卡子，价值22元，刘万富把换下来破管子里的卡子拿回厂家回收利用，就能赚到这22元。

安装太阳能需要两个人协作完成，刘万富就雇了一个工人，每安装一次支付他100元，出门维修也视具体情况给予一定的报酬。这样，工人一共干了3个月，刘万富支付给他8000元工资。刘万富销售、安装一台太阳能，依据用料多少、难易程度不同，赚取的利润也不同，一般在200元到600元之间。此外，每安装一台太阳能，清华阳光公司还支付给他100元的安装费用。销售太阳能达到一定的数量，还能从公司领取奖金。

清华阳光太阳能坚持一流的产品、一流的服务，虽说比别的品牌贵一点，可质量有保障，服务也周到，在板城镇的口碑不错，将近80%的太阳能用户选的是这个牌子。2008年，刘万富一夏天就销售掉了将近60台，今年却因为经济危机，到我们采访的时候（已经接近销售末期），才卖出了10多台。再加上别人卖到板城镇的太阳能，也要他去维修，去年一年仅清华阳光支付给刘万富维修、更换配件的工钱以及奖金就高达4万元。再加上水暖经营收入3万元，2008年，刘万富从自家的门市赚到了7万元。

对安达石村这样一个四季分明的地方，安装太阳能是一个季节性的买卖，只在夏季的两三个月比较火爆，其余时候则无人问津。生意忙的时候，刘万富就和工厂请假，拿800元的基本工资，等忙过了再去上班。张秀华告诉我们，工厂最近效益不好，去年的工资到现在还拖欠着八个月的没发，所以不是很清楚有多少钱，大致估计一下也就1.3万元。

刘万富从一个赌徒，到一个为逃债而流亡的农民工，然后到村里的技术能手，一路走来，多少成长、多少辛酸只有他自己才能体味到吧。作为两个孩子的父亲，刘万富现在干活很卖力，当年欠的赌债差不多都还清了，接下来就是把家里的房子拆了重盖，让家人过得好一些。我们采访结束的时候已经将近下午5点，他还在工厂上班没有回来，家里打麻将的人也玩得正酣。在院子里拍照留念，张秀华让女儿摘了院子里的酸梨，洗干净拿给我们吃，走的时候一家人又把我们送到了门外。看着张秀华脸上的笑容，她是在高兴丈夫的改变吧，毕竟在农村妇女大都是以家庭为重心的，有些做生意的人家，妻子也只是协助丈夫而已，很难独立成就一番事业。现在，刘万富在外面上班、做生意，张秀华只在家里照顾孩子，一家人生活很幸福。

（三）民间秀才宋九全

还没到安达石村的时候，就听说了宋九全，是个民间秀才，在安达石村是有名的文化人。由于事先知道我们要来，大门是开着的，但在门旁边我们却意外地发现了一个普通农家没有的新玩意——可视门铃。好奇地我们出于礼貌自然不方便一进门就向主人询问这个门铃，于是我们把这个小小的问号暂时藏在了心里。过了大门，院子呈现在我们眼前。与许多人家不同，宋九全家的院子并没有房前的平台，水泥铺的地面干干净净、平平整整、宽宽敞敞，显得十分“低调”、“质朴”。这样的院子，使我们的心情忽然豁亮了很多，心里的距离也无形中拉近了。走进宋九全的家中，我们才真正感到些许独特。一般来说，在北方农村，从屋正门进去后，有一间叫正屋，是用来供奉、祭拜神灵、祖先的，左右各有一个房间。但是进入宋九全家中，一进门是条走廊，走廊左侧是厨房，走到走廊尽头，向左向右都有另外两条较短的走廊相通，各通向左右两侧的房间。我们在组长的带领下，向左进入了左边的房间。这时，我才看清，左右两条横着的走廊是隔出来的。其实，在进门那条走廊的尽头连着的是一个正屋，但是这个正屋现在已用板材隔成了一个大单间。根据刚才一进门的目测，整个屋子长10米，宽20米，大约有200平方米。问清来意后，宋九全热情地张罗我们坐下，开始了今天的访谈。

宋九全，男，1958年7月4日生人，满族。由于奶奶是满族，建县普查民族成分的时候划为满族的。兄弟四个，排行老三。宋九全1976年毕业于宽城高中，1978年的高考恢复后参加高考，高考落榜后在大队的林业队，在队中果园做了技术员。那时候，林业队属于生产队，林业队中有个创业队，宋九全就在这个创业队里工作了三年。

从1980年开始，宋九全开始在乡文化站工作，一直到1982年结束。在乡文化站这三年里，宋九全回忆说，自己主要负责搞文化宣传。那时候村里有小喇叭，一到早晨六七点钟的时候，就开始播放新闻，一些中央文件、精神指示大多都是从小喇叭播放出去的。宋九全介绍说，自己比较喜欢写东西。于是，村里就让他负责文化站，写一些稿件，播报一些农村的新闻、出现的新鲜事物，宣传一些先进的人物事迹。在乡文化站这三年，宋九全平均每个月要写18篇稿件，总共播了近500篇。谈到这段经历，他感触颇多。那时候，写作条件比现在落后很多，没有电，只能用煤油灯写作。点煤油灯的时光确实很无奈，宋九全回忆说，由于灯光昏暗，要将煤油灯放在书本前不到一尺的地方伏在灯下学习、写稿件，而晚上写稿件往往得四五个小时，特别是当第二天有重要新闻的时候。写完东西睡觉时，人的鼻子里全是黑色的一层了。夏天晚上写作就更得小心，因为夏天蚊子很多，他只好将煤油灯拿到蚊帐里写作，有时候写着写着就睡着了，煤油灯打翻了，煤油洒得到处都是。那个年代物资供应比较紧张，买点儿煤油还要找关系的。“点煤油灯写作的日子确实很艰苦，现在连想都不敢想。但当时就那条件，人人都那样，也就不觉得什么了。”宋九全吐了口烟。烟雾在空中消散，他的心绪也随之淡定下来，留下的只有对那段回忆的自豪与骄傲。

1983 年，村里建了个果场。由于有早年在林业队果园的工作经历，宋九全回到果场当起了管理员兼技术员。在果场，工资 35 元/月，在当时已算一份相当丰厚的收入，相当于一个国家的正式职工。而且，果场的经营效益也比较好，果子价格比现在贵，销售由公社负责，分工明确。通常是四人一组承担一项任务，每个人负责一块。人员比较团结，只要将自己的工作做好就行，也没有什么攀比之心。不管从什么方面，管理起来都相对现在容易很多。

不知不觉，宋九全已经在果场干了五年，转眼到了 1989 年。这一年对于他来说是不同寻常的一年。看到别家都借着改革开放的春风，慢慢有了些积蓄，开始“发家致富”，宋九全心中其实早有了自己的盘算。“买车了”，宋九全漫不经心地说道。要买就要买好的，别人买的都是手摇的，而他买的是电子打火的，比其他人家的车要大、先进。不过，车的价格可不低，总共花掉了 11000 元。这笔钱可不是个小数目，但宋九全早有打算，平常除了正式工作，还养猪、养鸡、种板栗，精打细算，一点点积攒起来。买到车后，宋九全自然心里很高兴，心中的规划正渐渐清晰，是自己“大展拳脚”的时候了。谁知，一场突如其来的事故发生了——车买来三天后，撞人了。宋九全回忆说，可能是自己对车不懂，操作起来不是很通。挂上挡后，车没动，宋九全寻思着是不是离合器拉得有点紧（估计是手扶拖拉机，前轮子陷在路面里），于是手一抬，前轮子往前一挪车就猛地冲出了坑。情急之下，宋九全来了个急刹车。没想到情况更糟糕，由于车子是陷在泥路里，急刹车使轮子打滑了，方向变了，朝着在前面走的老大爷撞了过去。宋九全当时吓坏了，赶紧把老人送到医院拍片检查，诊断为腿部粉碎性骨折。在医院里住下，老人要求宋九全在他康复之前好好照顾他，忠厚、善良的宋九全毫不犹豫地答应。老人在医院里接受治疗直到能下地走路，整整用了两个月的时间。在这期间，宋九全对他悉心照料，就像对待自己家老人一样。出院后，宋九全担心老人回家后得不到应有的照顾留下后遗症，于是又把老人接到自己家中，直到老人自己提出要离开。“在我们家住了三四个月，来的时候身上有虱子，走的时候干干净净的”，他开玩笑道。不过，这次事故却给这个正准备起步的家庭重重一击，医疗费、住院费、在家住的开销加上老人临走时拿的一万多元后续治疗费，总共三万多元。“欠债了，好在人没有事，老人也再没来找过”，宋九全乐观地说道。

日子总得过下去，债务得赶快还上。宋九全意识到得暂时放弃一些长远规划，抓住眼前的机会赚钱还债。于是，宋九全趁着当时的“开矿热”去承包了一个铁矿，又重操起了“旧业”——养猪、种板栗。就这样，宋九全一家省吃俭用、忙忙碌碌了三年。终于，在1994年，宋九全家还清了债务。

还清了债务的宋九全一家终于松了口气。看看自家住的瓦房，又小又破，是时候修整一下了。于是，宋九全决定拆了重新翻盖。由于他的勤劳和妻子的持家有方，一家人的日子过得越来越红火。到了2004年，家里已有了一笔不小的积蓄。这次，宋九全两口子一商量，决定把这笔钱用在家里，先把自家规整好。说干就干，他找来工程队，花了三十多万元（其中借了十万元），砌了院墙，建了车库，重新盖了现在的房子。2006年，为了操办儿子的婚事，宋九全一家又把房子重新装修了一下。相亲、娶亲的费用加上定金，总共又花去了四五万。

“你还是很厉害!”听到这我们不由得发出赞叹。虽然对这段回忆，宋九全描述得很平静，但是毕竟20世纪90年代初三四万元的债务，在农村算是比较大的数目，还要在三年内还清，又是一个艰难的任务，还有后来的30万元，这些对于城市里大部分人来说都不是一个小数目，在他这里何尝不是要经过艰辛的努力才能获得呢?

在农村，人与人之间的关系有时候复杂得多，相比城市，农村更加看重人际关系，更加在乎别人会怎么看你，背后怎么议论。所谓好事不出门，坏事传千里。村子里固定这么些户，大家对每个家庭的情况都很清楚，一有什么风吹草动，全村人都会知道。农活不忙的时候，大家喜欢聚在一起拉拉家常，东家长、西家短的。因此，家庭的和谐对这个人在村子里地位的影响是很大的。能够将家里的事处理好的人，才更能赢得大家的尊重，宋九全是村子里的秀才，是有地位的人，他不允许在家里发生他控制之外的事情。

宋九全家里一共八口人：妻子、儿子、儿媳、女儿、女婿，还有一个孙子、一个外孙女。三代人住在一起，其乐融融。闺女的女儿已经五岁了，孙子也四岁了，并且儿媳妇也有孕在身。能将一家八口协调好，说明了宋九全的确不简单。“这在别人那里早就分家了，你还挺有凝聚力的”，我们开玩笑地说。对于分家，宋九全有他自己的理论。他觉得，分家跟不分家没有什么本质区别，自己的儿子还是儿子，闺女也还是闺女，要说真的就能分开了吗?分开后，有什么好吃的、好用的得想着，他们有事，也得管着，还不如不分家，大家住在一起，相互都有照应。当然，兄弟姐妹几大家子住一起，吃住都在一起，一个灶台做几家饭，难免出现意见不一致。但是，矛盾是普遍存在的，要正视矛盾的存在，去积极的解决。宋九全说可以用毛主席的矛盾论作为“理论指导”。通常家中的主要矛盾无非女儿家庭——儿子家庭、儿子家庭——父母、女儿家庭——父母，这三方面的矛盾。矛盾产生原因无非是由于生活上的分配不均产生的不平衡；还有小家庭的利益往往大于大家庭，给大家庭的成员造成不便；再就是年轻人跟父母之间生活习惯的不同。除此之外，日常生活中也难免会出现一些小摩擦。对于矛盾的解决，宋九全认为必须有主持公道的人，有决定事情是非的人；在决定谁对谁错的问题上，不能以偏概全，将问题全部由一个人承担，也不能一人有错全家遭殃；要找到源头才能解决问题；要一碗水端平。此外，矛盾的妥善解决还需要家庭成员相互了解、彼此适应。

对于家中的其他七口人，宋九全一直都是疼爱有加，特别是他的女婿。在农村，很少有女婿住在岳父家里，这对男方家庭来说是比较有压力的。除非是女方家中就一个女孩；或是有男孩但是由于各种原因回不到老人身边，而女方老人身体不好需要人照顾；还有就是女方家庭条件好、男方家庭条件差，男方到女方这边会方便于男方的事业发展。但是，即使没有原因，儿子跟女婿也很少能住到一起的。因为这样难免会有主次，平时在处理关系时，稍有偏颇就会给双方造成阴影。而在宋九全家中，却能将儿子跟女婿的关系处理得很好，可见他确实与众不同。

对此，宋九全还是很谦虚。他说，“当初就是看着女婿这个人挺好。去了他们家好几次了，很偏僻，路不好走，都是土路，一下雨自行车都没法走。”但宋九全并没有过多地挑剔，他认为女婿是个有技术的人，只要能给创造好点儿的环境，女婿女儿一定能过上好日子。于是，宋九全毫不犹豫地接纳了女婿，并让他迁过来一起住。女婿迁过来后，宋九全给女婿买了辆三四万的松花江农用车（女婿自己借了点，宋九全给凑了些）。操办完这些，宋九全松了口气，也算给女儿找了个稳定的归宿吧！

女婿是个很勤快的人，平常跑跑运输，后来又租了个房子，开了个小卖部，小两口日子过得有声有色，宋九全看了心里很高兴。慢慢地，女儿两口子有了些积蓄，他们跟宋九全商量，自己出七八万元、宋九全出四五万元合伙买了辆十二三万元的福田系列自卸车。这可不是平时农村常见的那种“四不像”车，车体要大很多，还带翻斗，主要用来拉矿石。不过，平常车闲的时候也用来买买菜、其他物品什么的，有时候还可以用来跑跑出租。由于这种车用途较广，农村对这种车的依赖性和需求还是很大的，因此生意一直很不错，尤其是买了车的头几年。但是，因为宋九全女婿干的矿石运输业是矿企的附属产业，属于产业链上的尾端，他的收益跟矿企的效益有很大联系，矿业直接影响运输业的发展。当金融危机冲击实体经济的时候，对各个行业尤其是重工业对原材料，包括各种矿产原材料的需求量明显减少，因此对于安达石村的矿业也产生了很大的影响，产业链上的各行业都受到了严重的打击。再加上跑车的人越来越多，“去年的日子不好过啊”，宋九全的女婿感到入不敷出，于是在四个月前就已经将福田小卡卖掉了。

当我们问起宋九全信不信教的时候，他没应声。倒是一直在一旁一言不发、害羞地笑着的女婿接过话来：“老丈人他什么都不信，就信书。”说完看了看宋九全。“我也不允许家庭的其他成员信奉什么。”宋九全的声音再次响起。

平时没事的时候，宋九全喜欢看书，尤其喜欢《毛泽东选集》。宋九全以前的《毛泽东选集》丢了后他又买了一套，不过可惜是四卷的，五卷的已经买不到了。打牌也是宋九全最重要的娱乐项目之一。宋九全说，农村里的打牌热闹。从村东头到村西头，一吆喝一大帮子，还得挨号，旁边一排观战的，出得不好不光同伙骂你，后面观战的人也骂你。不过一帮子老头打牌，一点不比年经人逊色。

问起家庭收入，宋九全脸色显得有些拘谨。宋九全说家中有四口人的地，总共三亩六分，几乎全种的玉米。每亩地产玉米 3600 斤左右。去年是每斤 0.69 元，这样总共是 2484 元。“玉米比较贱，卖不上价”，宋九全解释说，“其实主要的收入还是以板栗为主。去年，这些板栗的收入大约有 4000～5000 元左右。”农闲的时候，宋九全一家还会出去打打工，去矿上干活挣点儿钱。宋九全的儿子，在矿上当保安，1400～1500 元/月，上三险，一年下来能挣个两万多。儿媳妇、闺女在矿上当磅员，每月每人能拿 1000 元左右，一年每人有一万多收入。加上女婿的收入，这八口之家毛收入差不多一年 10 万左右。“看着挺多，其实纯收入少。”宋九全接着补充道。宋九全拿 2008 年的收支情况给我们算了一笔账。种地要买化肥、农药、种子、雇人，这些生产性支出大约一亩地就有 300 元，三亩六分地总共要花掉 1080 元。算计算计，种地的纯收入也就不到 1000 元了。还有其他隐性支出，比较杂、比较多，就不好估计了。好在自己家种菜，一年四季的菜都有，吃菜不用花钱；还有肉，自己养的猪，自己家里也很少吃羊肉、牛肉之类的，所以吃肉不用花钱；如果还有多余的菜、肉之类的就去跟其他户交换，换点其他食品和生活用品，比如柴、米、油、盐之类的。即使是这样，生活用品的支出一年也在2000元左右；至于通信费用，除小外孙女五岁、孙子才四岁没有手机外，几个孩子人手一部，宋九全说他自己的手机费用一个月得在80元左右，其他人平均起来也得50元/月。为了预防有什么突发状况，座机还得留着，这样下来通信费一个月大约400多元，一年也得5000多元。最大的支出还是红白喜事，不过这也得看年份，好的年份好日子多，结婚的多，这一年出的钱也就多；差的年份相对就会少很多。但随礼也要看关系的远近，关系近的多给点儿，关系远的少给点儿，但每年还是有个基本的“行情价”。再者，随礼这事还要讲个礼尚往来。儿子、女儿结婚的时候，别人给多少，你得还回去，而且只多不少，平均算下来红白喜事一年大约也得个两三千元。现在的孩子娇贵，而且家长都认识到了教育的重要性，因此，孩子的教育现在也是一笔很大的开销。宋九全的孙子、外孙女都在宽城上幼儿园，一年大约得4000元。这样算下来，除去女婿养车的费用，一年全家人的纯收入也还仅仅是凑合过个日子，但在村里还属中上等。

“这都是以前!”宋九全说道。现在，特别是今年以来，矿上收益不好，收入在大幅度减少。女婿的运输业受了影响，福田车也卖了，收入就更没保证了。儿媳妇现在也怀孕了，不能干活了，在家休息。今年全家人全年的毛收入估计只有三万元左右。

我们问他收入时多时少的原因，以及为什么总想致富但收入总是上不去时，宋九全想了想回答说：“主要是国家的相关政策不稳定。”粮食价格上不去，而且也不稳定，农民的收入确实在增长，但种植农产品的费用也在涨，因此相比其他行业来说增长程度还是很缓慢，差距也越来越大。拿国家正式职工的个人收入与农民的个人收入作比较，1982年镇长工资也就50元，现在最少也得2000元。这二十多年，国家就给他翻了四十多倍，而农民的收入呢？20世纪80年代初，玉米每斤0.35元，现在也只有0.8元。姑且算价格涨了三倍、产量比原先增产了一倍，但是种子、农药、化肥的价格也涨了好几倍，这样一反一正，增产的粮食卖的钱差不多被费用抵消了。这四十倍对三倍的关系，农民肯定不愿意种地了，种地也是挣不到钱的。其实，农民的想法还是很简单的，就想填饱肚子，这就得想办法搞多种经营，种植果园、搞矿业。就说矿业，矿石价格时高时低，收入没个准数。矿产带动的附属产业发展空间也非常有限，随着拉矿石的车越来越多，拉一车矿石也越来越便宜。至于种板栗，影响板栗收入的因素更多，比如说天气、供求。宋九全认为，要想致富，光靠自己是不行的。村子要搞副业、有企业，有集体经济拉动、有能够将村子里的农业资源整合的项目，把资源整合到一起，要靠大家一起努力。

继续聊下去，就谈到村子名称的由来了。

在中国古代农村村子的起名都是有缘由、依据或是能够找出原型的，那么安达石村为什么叫安达石村呢，我们在宋九全这儿听到了这么一种说法：

在很久以前，村子与外界唯一相通的小路上，被一颗巨石挡住了，这颗巨石硕大无比，将这条路死死挡住，凡是过往的行人无不绕道而行，而路两边是沟，也只能容许一头牛绕过。村民们想尽了各种办法都不能将它打碎，就将这颗石头起名为“难打石”。久而久之，这块石头就成这个村的标志性石头。随后，村子就改名为难打石村，最后取谐音为安达石村。但是至于那块石头哪去了呢？就无从考究了。各地的民间故事一家一个说法，有的说清军入关，走在安达石村的时候，由于这块难打石挡住了去路，耗费了大量人力物力终于将这块大石砸碎了；还有的说是抗日的时候被炸碎了。“这些都不重要，重要的是从那以后村子就叫安达石村了。”宋九全笑着说。然而，这都只是一些民间传说，并没有文字资料记载。宋九全是个有心人，借着在文化站工作，他到处收集资料、询问民间德高望重的老人，编辑出了安达石村名的由来，并登在宽城的报纸上。遗憾的是，宋九全已记不得报纸的刊号，也很难找到当时的手稿，我们在离开这个村子时也未得到具体的文字资料。

（四）做了三十年兽医的苏显金

苏显金家的院子和村里大多富有人家里的差不多，正面是一扇大门，大门进去是条一米多宽的水泥路，尽头处上三步台阶是门前的水泥地坝，再往前就是屋子的正门。院子里种着许多的蔬菜，有黄瓜、豆角等，为了保护蔬菜还在水泥路的两侧装上了栏杆。房子是砖瓦房，窗户和墙壁都是崭新的，墙上镶着白色的瓷砖。不同的是，他家的院门口旁边还有两间小屋，应该是用来存放一些医疗工具和药品的。

我们和杨贺云来到苏显金家的时候，苏显金正在睡觉。杨贺云在院子里叫了两声，苏显金应了，一会儿从院门口旁边的小屋子走了出来。看见杨贺云和我们，便热情地过来打招呼。苏显金不好意思地说，刚睡了一会。杨贺云说明我们的来意之后，就出去和其他村民拉家常去了，让我们和苏显金进屋子里聊。

苏显金热情地招呼我们进屋子，让我们在客房（去其他村民家里，一般会让坐炕上聊天）的沙发上先坐会儿，他便出去了。抽空闲，我们在房间里四周看了下，房间的装修是新的，各种家具也都是新的。整个客厅是木头一般的颜色格调，不但装修的墙壁如此，就连沙发等家具也都是类似的色调，给人一种富贵的感觉。客厅里比较空旷，有几个大的弹簧沙发，坐上去很舒服；还有一个小桌子，桌面是玻璃的，上面放着三个插着红色、粉红色和黄色花朵的花瓶和一盘水果，客厅的一角放着电视机和影碟机，这样可以保证人与电视机的距离较远，减少电视对眼睛的辐射；沙发对面的墙上挂着一个时钟。

我们在客厅等了一会儿，见苏显金还没回来，我就出去找，还没出门就发现原来苏显金正在厨房帮我们洗桃子。我马上过去和苏显金一块洗，苏显金用手挡住不让我洗，说："你去屋子里等着，一会儿就好了。"回到客厅之后，苏显金便让我们先吃点水果。然后我们边吃桃子，边聊天。开始时，苏显金总对我们说，"我没什么经历"、"我没啥可说的"，但我们告诉他想把他致富的经历写出来，相当于写个人传记的形式，而且我们会采访村里的好多人。苏显金就说："那我们就随便聊吧，我也没什么经历，有什么就说什么。"

苏显金是1957年出生，他说，村里姓苏的都是正宗的满族，以前，在附近的崖（读"捏"）门子有个庄头，住的是满族的皇亲，当时都是有特殊照顾的。苏显金的父辈都叫自己父亲（"玛玛" mama 四声）。宽城成为满族县之后，登记户口的时候把好多不是满族的，比如姓张的、姓李的都登记成满族了。

苏显金，高中毕业，在板城高中上的学。但高中几乎没学到什么东西，那时正值开门办学，知识青年下乡。因为搞学潮，学生们不是支农就是搞其他的，反正几乎没时间上学。不过那时上高中不用交学费，学费由国家出。学生自己付钱吃饭、买一些学习用品就行了。可是，"免费上学也不行啊"，苏显金一家孩子多劳动力少，一年下来根本就没什么收入，甚至还得欠生产队的，所以他上高中的时候就连吃饭、买一些作业本的钱都没有，一个棒子面馍就0.06元，但他都掏不出来钱。

那时，板城这一片地区除开马尚（地名）有个钢铁厂，没什么企业。各个村都是靠种粮食，没法富起来，除种粮食外，还会种一些苹果树，也有板栗树，但并不多（现在村里的大多数板栗树是土地承包之后种的）。那个时候农村的粮食都不够吃，苏显金上高中的时候还没分田到户，村民吃不饱饭，一年的粮食就只够吃半年。苏显金说，那时农民思想比较落后，本来国家也鼓励农民种杂交粮食，当时已经有杂交玉米、高粱了，但农民不种，仍然选择以前种惯了的老种子。这些老的种子单产很低，亩产才四五百斤，而现在的种子能产一千多斤，差三分之二。那时玉米、高粱是农民的主要粮食，谷子大豆也种，再加上一些杂粮也不够吃。

我们聊天的时候，苏显金的女儿进来了。他问女儿："你妈回来了吗?"女儿点头，他就对我们说，"你们等会，我出去有点事"，并招呼女儿和我们聊天。女儿看着我们，愣了一会儿，也不知道说什么，便问我们干啥的，是哪个学校的。听我们说是村庄调研，帮她父亲写致富经历的，相当于传记，女儿很高兴，说"挺好"。她是2008年毕业的，已经工作一年了，现在在山东上班，工作还挺好，不算累；在山东也不想家，"在外边时间长了，习惯了"，从初中在板城镇（摩托车二十多分钟的路程）里读书，就开始住校了，也不怎么回家。这次是抽空闲时间回家看看父母。

一会儿，杨贺云和苏显金一块进来了，苏显金一边和杨贺云聊天，一边对我们说，"其实咱们村的人生活水平都一样"。杨贺云也坐在旁边听我们聊天，有时候也插话补充。

苏显金17岁高中毕业后，就回到家里，在生产队干农活。务农一段时间后，就开始跟一个叫张怀诚的老兽医学习，他说，"当兽医其实不难，跟着师傅边学边干就会了。"就这样跟着张怀诚干了十多年。当时，在生产队当兽医并不需要什么学历，由于每个生产队都养很多猪，所以需要有相应的防疫人员，让他们专职管防疫，给牲畜看病，每年打两次防疫针，生产队里给工分。当时的安达石村，猪、羊、鸡、牛、驴都养，耕地的牛、驴由生产队集体养，因为当时牛和驴相当于现在的拖拉机，可以耕地，所以生产队很重视。猪、羊、鸡是村民自己养，但不是养了就能自己吃，国家是有任务的，上级政府会根据村庄大小、人口、劳动力的多少给分配任务——往国家交多少育肥猪、羊，国家会给一些钱，但价钱比较低，“就跟公益粮类似”，等于低价收购，村民没有选择的余地。

那时当兽医并不给工资，只是给工分。大队实行的都是12分制，早上起床需干一早上活才吃早饭，这一段时间给2分，白天午前午后总共给10分，所以一天是12分；苏显金做兽医每天只能挣10分，如果也想挣12分的话，还需要早上参加生产队的劳动。所以当兽医并不比普通的劳动力多挣工分。当时大队的赤脚医生也是如此，包括大学生也就是知识青年下乡也是挣工分，并没有什么特殊待遇。各个大队都有药社（现在叫卫生所），用大队的钱购来的药都放在药社里，各个生产队的兽医从药社拿药，再到生产队给村民家的猪打针，收上钱来再交给药社，那时不让多收钱，所以并不能赚钱。在大队当兽医，大队把工分拨到生产队，比如一天记10分，一年就是3600分左右，拨到生产队后，生产队再根据生产队里的收成、人口分配粮食。

生产队的所有收入包括主业副业，除去交给国家的公益粮和储备粮，其他的都先折算成钱，比如玉米0.15元或0.16元、鸡蛋0.5元等，所有粮食都算成钱加总之后，再根据村里所有劳动力的工分总和进行分配。粮食折合的钱除以工分总和就是每工分折合的钱数，每工分的钱数乘以每户所挣工分就是该户应得的钱。但大队并不给钱，而是把钱折合成粮食分给每户。由于村里每户的劳动力不平衡，有的人多劳动力却少，有的相反，如果根据工分来分粮食的话，人多劳动力少的户粮食就不够吃，所以分配粮食还得根据每户的人口来平衡。这样的话，人多而劳动力少的户可能分得的粮食比应得的多，就需要给生产队补钱，相当于欠了生产队的，有钱的时候再还给生产队，称为“缺粮户”；也有劳动力充足的户分得的粮食少于应得的，生产队就补给这户相应的钱，称之为“余粮户”。有时一个村的粮食不够吃，也会到附近粮食较充足的其他村去借，下一年收成后再还回去。“道理跟以前的地主借粮食差不多，不过不用给利息。借一斤还一斤，不用还一斤二两。”苏显金上学的时候，家里就他父亲一个劳动力，所以家里异常困难，年年都是村里的“缺粮户”。苏显金当兽医后，姐姐也在家挣工分，只有弟弟和妹妹在上学，家里才稍好了一些。从那时起，他一直就是本村的兽医了。

改革开放之后，分田到户了，每个人得七分地，就跟生产队脱离关系了。大家都开始自己干自己的，差距自然就拉开了。劳动力多的户除可以种地外，还可以到其他地方打工去。苏显金无奈地说，现在当兽医，事情少也赚不了多少钱，所以就可以花一些时间到矿上做工赚一部分钱。但他还得自己往劳动保障局交养老保险，原来苏显金在村里做兽医实际上是自负盈亏，但名义上还是属于崖（读聂）门子兽医站的正式员工，现在的名义工资（根据工龄、文凭涨）是 1400 元，需要交名义工资 28% 的养老险，每年得交 3800 多元的保险（但根据苏显金提供的数据，每年得交 4000 多元才对）。有时一个月挣不了这么多钱，就得自己往里面贴。

2005 年以前情况稍好，大致还能挣到基本工资。但谁知，2005 年之后治疗和防疫又分开了，苏显金只负责村里的治疗，境况每况愈下。现在苏显金用的药都是从畜牧局买的，各个兽医站都从那里进。买进和卖出的价钱都是定好的，比如一盒安乃近从畜牧局买来 1 元，卖 1.2 元，赚 20% 的利润，不许超过这个比例。但规定可以收诊费、注射费等，这些虽是国家物价局的规定，但在村里却根本没法实行，村里都是熟人，给人家的猪打一针也不好意思多收钱。比如给猪打一针，可能药费就 0.5 元，但可以收注射费两元或者一元、诊费一两元，可是彼此都是熟人拉不下面子，就不用给注射费、诊费，收一点成本费就行了。为了避免麻烦，苏显金会把诊断结果说清楚，把药给户主让他们自己按时打针就可以了。有时候，可能诊断的结果就是一些小毛病，不用打针吃药，就不收钱了。兽医站还有好多的规定，也都没法实行。比如，出诊费按里程算，给猪诊断还要开处方，“和现在大医院里一样”，但这些在农村根本就不可能实行。

不过，兽医站认为在村里负责治疗，也可以卖一些药，有足够的收入，所以还得靠自己交养老保险。但劳动保障局并不知道，还认为是兽医站在为其员工交保险。苏显金说，“没办法，反正交了自己老的时候有保障，也值得”。目前，宽城县的各个兽医站都是实行的这种制度，绝大多数兽医也都挣不够，就只能自己掏钱交养老保险了。现在苏显金才 51 岁，也就是说，还得交 9 年的养老保险。60 岁退休之后，就开始发退休金。退休金的多少也是根据交养老保险的年数来定，比如交了 30 年以上的养老保险，就发工资的 95%，不到 30 年的发给工资的 80% 多；苏显金是从 1990 年开始交的，退休的时候就交了 29 年的养老保险金，至于按多少比例发退休金，苏显金也不了解，他显然有些担忧，但他安慰地说，“至少也得 80% 多吧，不可能 70% 多，不可能差一年就差那么多。”

现在各个地方都已经规模化养猪了，散养的很少。规模化养猪户都自己请人专门负责防疫检查，安达石村没有规模化养猪的，所以苏显金并没有多少生意。苏显金告诉我们，规模化养殖后，为了节省成本，一般的猪育肥时间都比较短，几个月养到一百多斤就卖了，如果养时间长了就不挣钱了；而自己家养的话，一般会养一年，猪长的也比较大，猪肉也相对比较好吃一些。由于猪贩子来回运输，猪肉流通很广，宽城本地养猪很少，村民们现在吃的猪肉都可能是江苏运过来的，为了避免有死猪病猪肉，都需要进行严格的防疫。已经打过防疫针的猪会在耳朵上打上标记，以示安全。

目前，苏显金当兽医并没有多少事情，听他讲，自从村里有了铁矿之后，村里的好多人跑到铁矿上去工作了，有了稳定的工资收入，就没有多少人养猪了，而且上班也没多少闲暇时间。无奈之下，苏显金也跑到矿山去上班了，现在从事的工作是看管磨（把铁矿石磨成粉状）。

苏显金除了有一个女儿（前面介绍的和我们聊天的便是）外，还有一个儿子，于2005年毕业，已经工作四年。苏显金说，在儿子大四的时候，女儿也上大学了。所以当时家里负担很重，两孩子每人一年都得花一万多。现在负担可轻多了。但儿子又在宽城买了房，首付需要9万元，都是苏显金给的（单位住房公积金出了13万元，月供都从儿子的工资中扣）。我们就问，“儿子房子也买了，两孩子都毕业能自理了，家里就应该没什么负担了吧？”但苏显金却说，“哪里哪里，这9万元中有8万元都是在亲戚家借的”，苏显金家以前从来没借过钱，送两个孩子上学，自己又盖房子都没有借钱，但儿子又在宽城买房子，家里就实在掏不出钱了。现在借的8万元还没开始还，本来今年可以还一些的，但没想到儿子大病（小肠套叠）了一场。为了确保安全，就选择在市里的医院治疗，相应的医疗费就比较高，花了好几万元，单位报了80%，自己也花了不少其他的钱，不过还好现在儿子已经完全康复了。这时候苏显金无奈地说：“现在这些孩子啊，父母掏钱让他们上大学，他们也乐意上，毕业后本可以自己挣钱了，但实际也不是这样，还得父母掏钱，你看这搞对象、结婚要花钱，买个房子还得掏钱，我看这也没有个头，没法说。”旁边的杨贺云也边点头，边应和着表示赞同。

这时，阿姨（苏显金的妻子）进来了，跟我们打招呼之后，就坐在一边听我们聊天，一边翻我们带过去的书看，我们也抽空给她讲讲书里的内容。

苏显金这时感叹地说：“不管怎么讲吧，现在这个社会给了每个人一个自由发挥的平台，有什么能力都能显现出来，可改革开放前就不可能。”现在，医疗款、农业税、有线电视款都是由村里掏，村里通向各家各户的水泥路也是村里四年前掏钱修的。现在村里的书记都已经连任三届了，“这个领导班子挺厉害的”，自从这班人上台之后，村里变化特别大，以前跟现在根本没法比。

苏显金家里也种地，不过地很少，不到四亩地，大约就三亩半多一点。听苏显金讲，村里的地也是分等级的，一等、二等、三等，各等级差别很大，一等地能产 1000 斤，三等地就只能产五六百斤左右。除了种地外，家里还有栗子树 100 多棵，山楂树 50 多棵，“其实树的棵数都没有准确数字，因为栗子、山楂树都是很分散的，到处都有，也没有去点过数。”村里的地分了山也分了，大家都可以在山上任意发挥了，所以安达石村的板栗树也主要是改革开放之后种的。因为我们没有看见过山楂树，苏显金就让我们往窗外看，他指着窗外的一棵树说，“那就是一棵山楂树”。因为看见山楂果实很小，我们就好奇地问是不是摘的时候很麻烦。苏显金耐心地解释说，不麻烦，到八月十五接近九月，山楂熟了，全都是红的，一打树全都落下来了，然后在下边捡起来就行了。

去年，苏显金家的 100 多棵树收了板栗 300 多斤。由于价钱很不稳定，但也都在五元左右，所以去年板栗的收入大概为 1500 元左右。因为树有的大有的小，小的树刚种二三年，所以收的板栗很少，而大的树有二十年，甚至上百年，树干两三个人才能合抱起来。听到这里，我们异常兴奋，要求苏显金有时间带我们去参观下这棵树，他也答应一会儿带我们去，但后来由于时间太紧也就失去了这个难得的机会。山楂树的收入比较少，苏显金讲，以前有一段时间山楂的价钱很贵，大家都争相种山楂树，但后来山楂变得贱了，就把种的山楂树砍掉了，现在山楂也很便宜，所以也都不怎么管理。

这时候，杨贺云说，“一会儿，公书记开车过来接我们回去”，其他几组也都结束了。我们很遗憾地说：“完了，时间不够了，我们还想去参观下板栗树呢。”苏显金笑着说，“你们随时都可以过来嘛，要不你们秋天过来，我给你们留一些板栗。只要你们来，我们肯定给你们留着”。然后我们赶紧把调查问卷中未完成的部分抓紧时间给填了，主要是一些细节的内容。填表时，我们问他们家在村里算什么水平。苏显金说，不算好的，就连一般的都赶不上。他说：“你看，改革开放之后，主要是哪些人富了起来呢？主要是那些敢于抓住机遇的人，比如说开铁矿的。”自己家里本还算凑合，但由于有两个孩子上大学，所以就不怎么样了。我们又问“那咱们家的房子修得算很好的吧？”苏显金回答说：“其实咱们村里都差不多。”

填表之后，我们邀请苏显金一家人和我们一块合影，他们欣然同意。走的时候，苏显金一再要求我们秋天的时候再到村里来，他给我们留板栗。而且还说，如果我不嫌弃的话，也可以住他家里，他家里有地方。我们非常感激，一一道谢。然后坐着公书记的车奔向下一个目的地。

高中毕业的苏显金，也算是村里文化水平比较高的知识分子。虽然毕业后在生产队里干农活，但他仍然希望能让自己学到的文化知识有所用处，于是他选择了学兽医——这在当时的大队里并不能挣更多的工分。改革开放之后，便自己经营，才有了自己发挥的平台。不过又由于村里的客观条件限制，利润的空间也就相应越来越小了。苏显金就只能抽空闲时间到铁矿上班，赚一部分收入。尽管家里并不是很富裕，苏显金还是选择了让自己的孩子都上大学，这与他的上学经历也有关系，现在两个孩子都上班了，有了稳定的收入，也证明他的选择是正确的。

十六、企业管理者

（一）大开大合、勇于开拓的乡村企业家段秀合

泰丰矿业有限责任公司总经理段秀合出生于1956年，11岁时才开始在安达石村上小学，到了小学五年级，赶上开展“文化大革命”，他告诉我们当时也不发书，每天就是背个小红兜装着毛主席语录和老三篇，念过语录后就是学大寨。1971年段秀合开始下地挣工分，成为一名普通社员。之后段秀合在村里做了两年现金保管，又到崖门子公社做了将近一年的管理员。他告诉我们那时候能到外面当工人就很不错了。这个管理员很不好干，当时分国家干部、正式工人、半脱产工人、亦工亦农、民办教师等，有些人有细粮，有些人没细粮，当时公社党委书记（后来任县人大办公室主任直至退休）要把这事统一起来，好几十人吃饭，国家干部吃馒头，公社的一般工作人员没有细粮，就得吃高粱米，这使得段秀合很难做。当时粮站、供销社都是好单位，

有一次他给粮站的一个扛麻袋的工人做羊汤和高粱米饭，自认为做得不错了，可那个工人把羊汤给泼了一地，当时粮站的员工不是吃烙饼、就是吃馒头。当时段秀合作为管理员，待遇还算不错，每月给五斤面，一般的工人就是吃高粱米。后来一吃面食，没有细粮的人就不去吃饭，因为大家在一起排队打饭，有打馒头、有打高粱米，通过所打的饭就可以看出打饭人的身份，所以好多人就不去集体食堂吃饭了，自己从家里带，后来食堂做了高粱米饭，没有人去吃。为此，段秀合找到公社书记，说自己干不了要回去。

段秀合回村里开了一年拖拉机，后来又在村里开的药房里当了 3 年药剂师，卖药。段秀合说自己之所以现在还能拿起笔就是得益于那 3 年的药房生活。小学念了 5 年的老三篇，现在离开学校已经 37 年了，都已经忘了，但是在药房学了不少文化。刚开始在药房工作时，根本认不得药方，本来医生的字就不好认。药房里 400 多味药材，段秀合死记硬背了 3 个月后，摸着都能知道各味药材的具体位置。

后来安达石村和西村分家，段秀合是安达石村人，正好村里缺少年轻干部，1982 年他做了安达石村的副书记。原先村里 13 个生产队，分成了 30 多个生产组。两村分开后，安达石村还有 16 个生产组，当时村里 1470 多口人。一直做到 1989 年的 11 月。上任之初，段秀合就开始抓计划生育，当时允许生两胎，段秀合他们往往大半夜的去抓生三胎的大肚孕妇，拆房子。有些搬迁的村民，在库区里居住，好多孕妇去库区躲避，没办法，公社里去个拖拉机，到库区寻找。经段秀合的手往县医院送了好多引产的孕妇，没少挨骂。

后来村里成立了经联社（当时乡里有经联社），其实就是一个组织，具体效益还要看企业的管理水平，有的办得不错，但大多效益不行，糟践了老百姓的钱。段秀合做了 2 年经联社主任。1989 年在村里当了一年书记，到 35 岁时，段秀合到了北大岭铁矿。刚开始去主要做销售，卖了 40 天铁精粉。拉出去到果子沟火车站和凌源火车站，当工人干的是体力活。

北大岭铁矿属于国有企业。因为潘家口水库的修建使得一批居民搬迁，政府给移民一部分发展再生产资金，这样拿出 800 万元建立了北大岭铁矿。1987—1989 年共建了 3 年，1989 年投产，县移民迁建办的，当时段秀合属于占地户，占 1 亩 4 分 2 给一个指标，给矿上交 800 元安置费。西村面积小，3 个生产队，10 多个生产组，和矿上的关系比较僵，建矿时从西村抽水都不让用。因为段秀合曾在村里当过书记，矿长就找到他帮忙，他给过他帮助。段秀合到矿上上班，属于国有企业合同制工人。做了40多天工人后，段秀合被提成了基建队队长，在队上干了两年，修了尾矿库，建了机修厂，干了些工作。当时的尾矿库是河北省冶金设计院设计的，比较保守。段秀合考虑到造价太高，觉得有些地方不必要，就和一个核算员商量减了一些造价。另外由于施工环节中土建和水暖的造价较高，段秀合当时也不明白相关知识，为此，从早到晚地学习相关方面的资料，学过后找他们谈，半个月后这两项就省下了200多万元。矿长相当满意，聘请他做了助理工程师，并把段秀合提成基建科科长。做了两年科长后，来了一个大学生做矿长助理，助理当了副矿长后，把段秀合提成了企管科长和劳资科长，直到1996年段秀合做了副矿长。2001年5月份，成立了宽丰公司，由宽城的七家国有企业（其实真正的国企就两家：北大岭铁矿和三道河铁矿，剩下的是村办企业，被冶金公司收购后成了国有企业）和唐山钢铁公司组建一个联合公司，对方出资3800万元，宽城这方实际是负债将近2600万元，由于对方有60%股份，宽城方占40%股份。

2001年5月份段秀合被调到宽丰公司做副总。当时宽丰公司下面有七个企业，这个公司究竟要如何管理还是个未知数，是紧密型的还是松散型的，说是松散型可由股份集团控制，这个很难管理，是个空架子，办的营业执照年检时都通不过，需要找工商局长协调，还要找农行行长资产保全才能通过。后来一个常务副总是从冶金公司调过来的，原先曾做过政府办的秘书，他是搞行政的不是办企业的，想法不同，下面的人对公司不满意，这么大的集团公司解决不了困难，还要好多人出钱养。段秀合去找国丰董事长反映这个问题，说咱们集团要想管事就要能为下面人办实事，这样下面的人才能信任集团，有事找集团。国丰的董事长问段秀合有什么思路，段秀合要求可以给他拨出200万元，下面缺电费了咱们给交上电费，那时一个月几万元的电费，没钱发工资了咱们借钱给它发工资，它出了铁精粉帮它卖掉钱就收回来了。（国丰控宽丰60%的股份）国丰的董事长认同段秀合的想法就给他拨了款。段秀合拿到了那笔资金，开始帮助下面的企业解决困难。由于下面七个企业中有五个是从村办企业中转变而来，好多人不懂管理，段秀合在北大岭铁矿做企管科长时曾去邯钢学习过模拟市场、成本倒推。段秀合决定在成本管理这块研究下如何帮助下面企业搞好成本核算。为此，专门在公司成立了一个企管处，企管处对下面企业从成本管理这块入手，从选厂的各项费用、费用如何设置、控制、管理到采区费用如何控制管理，设立一整套模式，慢慢灌输，七个企业统一口径，一套模式。这样管理了一段时间，下面企业都很服气，公司这块也比较满意，加上市场回升，一天比一天好。到了2003年，段秀合又收了两个矿，这两个矿也是社办企业，负债累累，资不抵债，信用联社收购以后想变卖。当时段秀合所在公司的总经理是县冶金公司的经理，他要求段秀合把这个项目争取过来，经过段秀合的努力，花费2480万元为宽丰公司收了这两个矿。现在那两个铁矿价值超过一个亿。

到了2004年，这些做企业的从个人角度来看，宽城好多比他们发展晚的，没经历过困难的都成了大老板，而段秀合这样在国有企业奋斗的员工一直挣着固定工资，发奖金还需要经过董事会的批准，段秀合想真正为自己挣些钱。他去国丰公司请示董事长，想在安达石村办个精选厂，董事长说原则上不允许，但是你们都有心去做，那就做吧，但是必须公司控股，个人参股。2003年下半年开始建设，在那里投了500多万元，公家出一部分，好多矿长都不敢投，5万元都不肯拿出来，后来建了精选厂，当年就见了效益。2004年的时候，段秀合认为买矿个人要入股。当时有人经营不了，收购的矿想出售，段秀合听说后和几个朋友张罗着买了矿，花了4200万元。当初买矿时，段秀合看了矿比较满意，后来他去省里开会，当时董事长召集这些矿长开会，问大家愿意投多少，大部分人都不愿意投，只有5个人愿意投资，董事长说大家能投多少投多少，剩下的他去借，给段秀合写上100万元。当时段秀合刚在安达石村盖了房子，手头没钱，没办法，向外甥借了50万元，从银行贷了50万元。入股的全是集团内部的干部、个人和社会上的人，属于个人股份，在买矿时预期一吨铁精粉能赚50元，能有15%左右的收益，比存款利息要高。买过来以后一个月铁精粉价格下降，落到330元/吨，天天上火着急，7月份以后，铁精粉价格上涨，当年收益了50%。

2005年的5月份，又买了2个矿，还是个人集资，但没有那么多钱，公家43%的股份，个人57%的股份，之后又从建平买了2个矿，从唐道河买了2个矿，由最初的7个企业经过五年多的时间发展到了23个。2006年上半年形势不大好，开始赔钱了，董事长也不想干了，换了个总经理，从国丰公司来个经理，兼宽丰的董事长，他看宽丰是个包袱，就开始张罗分家。

2006年7月7日，成立了泰丰公司，段秀合做总经理。现在泰丰总资产将近5亿元，其中段秀合有400万元，股东人数非常多，原则上不允许外部人投资，但由于泰丰效益很好，集团内部人的亲属往往人托人往里投资，每年分红，前年分了1.5亿元，去年分了2.5亿元，在这投资的人都收回了成本，而且年年有红利，管理比较正规，大家都很信任泰丰。现在段秀合如果说要买铁矿，过不了几天就能筹到上亿的资金，大家托人把钱往这里送，信誉非常好。泰丰内部员工不到1500人，集团公司才26人，下面的分公司、矿场共有13个，去年总产值将近7个亿，利润2.7亿元。做资源型企业往往比做别的利润丰厚。去年后半年金融危机以后，考虑到资源型企业不大好干，而且宽城没有矿山机械，都上遵化、唐山去购买，于是投资1600万元建立了一家机械厂，究竟要选择什么做主导产品呢，考虑到山西尾矿库出事以后，国家非常重视尾矿排放问题，于是决定研究尾矿干排，段秀合跑了两趟烟台，与烟台的核工业部、烟台实业公司（由于对方是做这个的）谈判，给对方25%的股份，对方出技术，我方出资金建立机械厂。现在看，出的产品相当不错，使用之后安全系数非常高，对电力、采空区填充都有一定的效益。主要是基本消除了尾矿库的不安全因素。缺点是成本较高，现在正在研究。段秀合谦虚地说，办企业需要知识，像他们这些搞铁矿的，都是傻大笨粗的，没有科技含量，但是要真想把企业做大、站住脚，就得有知识、引进人才。

段秀合现在还是宽城的政协委员，每年开会时向政府提意见，要求政府支持引进人才和项目，培养宽城县的后续发展力量。人有了一定钱之后，就想着要发展事业，充分验证了邓小平的话，“让一部分人先富起来”。现在看似乎造成了社会的不和谐，但是没有敢冒风险的，则大家谁都富不起来，一起受穷。

段秀合在青龙县做了两家企业，花了1300多万元，而当地的老百姓联合起来受穷，自己不挣钱，也不能让企业挣钱，两地从投资环境、领导思路、民间的氛围根本不是一个思路。干部非常关键。百姓不怕自由，但政府不约束就不能更好发展。段秀合在开办企业过程中积累了丰富的管理经验。段秀合做副矿长时，县里非常穷，财政管饭都管不起，利税大户保这十家企业，县委、县政府、纪检委、监察局都有明文保护，不允许乱收费。那时这十个企业一个月一次调度会，有什么困难向上汇报，如何发展，什么思路，到什么程度，都向政府汇报，政府思路非常清晰，知道应该保护哪些企业，这十户抓住以后，就可以抓住宽城财政的76%。这些企业在发展之初，得到了政府的大力保护，想尽办法给这些企业优惠政策，谋求它们大的发展。现在抓十二家集团，基本都是由那十家企业发展而来的，去年后半年尽管遭遇了金融危机，段秀合所在的泰丰公司去年依然交利税达 1.7 亿元，去年宽城县财政收入 13.6 亿元，泰丰公司占十分之一，原先上边领导不重视工业，主抓农业，搞桑蚕养殖、三位一体养猪，结果越抓越穷，而转向工业之后，情况得到了好转。上级领导把工业抓上去，谁给重点项目捣乱，就重点整治。金融危机导致各县财政收入大幅缩水，而宽城县依然上涨，因为钢厂的存在，铁精粉价格下降了，钢厂的利润增长了，县里依然有利税，领导有才敢干，目光长远。把最初的矿场一点点发展成了一整条产业链，能源枯竭了依然可以发展。

段秀合先后到清华、北大、中央党校学习过。但培训和学习只能学些精细的东西，而大方向、决策力、胆量都是学不来的，段秀合个人总结说。他非常重视人才的引进，前几天去石家庄请了一个铸造工程师、一个模型工程师。他说现在教育是个问题，条件好的孩子不想学习，条件差的上不起。北大岭铁矿矿主的孩子高中毕业的都很少。段秀合的收入基本上就是工资、奖金和红利。由于金融危机的影响，月含税工资由 1.2 万元降到了 1 万元，办企业时约定好企业盈利的 10% 用于给管理层发奖金，每年奖金大概在七八十万元之上，分红 200 多万元。

“机会就像小偷一样，来的时候悄无声息，你抓住了就抓住了，你没抓住就没抓住，但失去的时候让你后悔莫及”。段秀合的成功就跟他每次抓住了很好的发展机会有关。“无能者失去机会，观望者错过机会，等待者永无机会”。一个真正的企业家对机会的把握就像猎人对猎物一般敏锐，该出手时就出手。

（二）寓情于管的矿业管理者郭明军

按照村委会的入户访谈安排，我和杨怡同学在村民小组长苏纪海的协助下访谈了郭明军夫妇。

俗话说，三十而立。出生于 1970 年 5 月的郭明军以其聪明、干练经营着他的这个幸福之家。临近主人家时，笔者发现两个大大的“福”字倒贴在两扇大门上，似乎向人们暗示着他们的幸福生活和乐观心态。走进院子里，主人栽种的黄瓜、豆角、角瓜、葫芦等蔬菜长势喜人。蔬菜所呈现出的绿色似乎在展示着主人的健康生活。我们走进屋子时，郭明军八岁的女儿正在看动画片《奥特曼》。小姑娘稚嫩的小脸上洋溢着奥特曼精彩的表演所带来的乐趣，她还不时地挥舞着手中的迪加分身器向我们表明她的“小超人”梦想。在奥特曼与怪兽的战斗声和小姑娘咯咯的笑声中，郭明军却睡得正香，释放着连日来工作的疲劳和压力。他的妻子一看见我们进屋便边起身下炕边叫醒郭明军。不满四十岁的郭明军头顶秃得很厉害。面色有些苍老，但双眼却流露出他那颗富于进取、敢于拼搏的年轻心态。幽默风趣的郭明军讲着一口流利的普通话，交谈中他不时地流露出对三农问题的一些前瞻性观点。郭明军毕业于宽城满族自治县板城镇职业中学，早年背过煤、淘过金、挖过铁矿石。谈及此事，他眼神有些暗淡。他说，那时候家里困难，咱这个地方经济发展慢；在矿山打工挣些玩命钱是个上等的出路。不过，如果没有那几年在矿山打工的经验，现在也就不可能拥有矿山管理经验。今天郭明军夫妇养育着一儿一女。儿子已经 16 岁，现在上学。家庭收入主要来源于种植业、工业等。宽敞明亮的砖瓦石房约有 150 平方米，由郭明军夫妇花费约 26 万元在老房宅基地上翻建而成。2008 年全家总收入达 43000 元，其中本镇就业工资约 38400 元，种植业收益约 5000 元。郭明军家有 4 亩承包田，都是依赖自然降水才能耕种收获的旱地。由于农产品市场疲软以及耕种条件的限制，4 亩承包地都被郭明军种上玉米。2008 年共收获玉米 1200 斤，当时的市场价格 0.6 元／斤，约收入 2000 元；明军家有 100 多颗栗子树，2008 年板栗收入约 3000 元；以 2008 年的市场价计算，他家的羊价值约为 900 元。他家的年总支出很大。2008 年，他家的总支出约 39800 元；其中生产性支出约 1000 元，衣服类支出约为 15000 元，食品类支出约 5000 元，医疗费用约 600 元，教育费用约 7000 元，占总支出比例较大的红白喜事支出约为 4000 元，交通费用约 3000 元，通信费用约 4000 元。郭明军家的耐用消费品种类相对丰富，其中电视机 2 台，电冰箱 1 台，洗衣机 1 台，照相机 1 部，影碟机 1 台，电话 1 部，组合音响 1 套，摩托车 1 辆，自行车 1 辆，手机 3 部。安达石村的福利是走在宽城满族自治县前列的。安达石村村民的有线电视费全部由村里支出，就这一项，郭明军家就能节省 400 元左右。另外安达石村还为全体村民支付了新型农村合作医疗的保险费。按照新农合政策规定，保险费为 30 元／年；郭明军家四口人，每年能够节省 120 元。郭明军家盖房子就花费了 26 万元，全年总支出约四万元。相对于总支出，4000 元的种植业和养殖业收入是杯水车薪。那么，郭明军又是怎么赚钱的呢？

宽城满族自治县是矿产资源大县，众多矿产资源中尤以铁矿最为丰富。截至2007年8月，全县现已探明铁矿石储量30.5亿吨①。隶属于宽城满族自治县板城镇的安达石村铁矿资源颇为丰富。大规模的矿山开发自20世纪90年代起兴盛不衰。2003年以前，郭明军一直从事农业生产和经营果木。但由于农业和林果业收益较低，甚至有时农业生产入不敷出，聪明干练的郭明军便把眼光投向了近在咫尺的铁矿业。2003年，他与宽丰公司协议承包其采区。双方在合同中约定：承包期限为三年；承包期内，郭明军要按照约定开采铁矿石、雇用采矿工人、采区管理的权利；同时郭明军负有为工人交纳工伤保险、对伤亡事故负责的义务以及按合同约定向宽丰交售矿石的义务。合同还约定，郭明军自行负担与采矿有关的一切费用。当郭明军谈到承包合同时，他和妻子表现得都非常激动。他们说，这样的承包方式俗称“大包干”，发包人基本上不承担任何义务；如果说发包人有义务的话，也就是保证采区中有可供开采的铁矿石；而承包方几乎要承担所有的义务。就这样的承包条件，没有胆量的人可能就要退却了。而郭明军不但没有退却，凭借他那聪明的头脑在三年承包期内还赚了20多万元。当然，赚钱的过程也并不是一帆风顺的。在承包期的第一年中，郭明军没有赚到钱。这与他的管理方式和当时的铁矿石价格较低有很大关系。2004年，铁矿石价格飙升，郭明军赚了10多万元。2005年，郭明军与他人合伙经营采区，最后他分了约4万元。郭明军承包、管理采区长达三年时间。三年里，他不仅经济收入颇丰，而且积累了丰富的矿业管理经验。后者成为他进入利君矿业有限责任公司做管理人员的必要资本。2006年至2007年，郭明军夫妇养起了貉子。当时貉子的种子市场价格高而皮毛价格较低，那两年赔了些钱。访谈中说到这件事时，郭明军脸上现出一种无可奈何的苦笑。他说，好像命中注定的：要想赚钱，就必须涉足矿业。2008年郭明军被利君矿业公司聘用为管理人员专司矿区的火器、人事和安全管理。公司的待遇较为丰厚，郭明军2008年的工资为3000元/月，全年收入高达36000元。与宽城满族自治县的最低工资标准比较，他的工资水平已经名列前茅了。按比较流行的话，我们可以称这位土生土长的矿业管理者为“白领”了。然而好景不长。金融危机爆发后，钢铁业受到严重打击，

① 《宽城满族自治县概况》编写组．河北宽城满族自治县概况［M］．北京：民族出版社，2009：6.

铁矿石价格急剧下降。市场化管理的利君矿业公司把郭明军的工资由原来的3000元/月下调至2400元/月。当然，管理的过程也并不是一帆风顺的；不但需要丰富的经验，更需要适宜妥当的管理方法。谈到管理，他的眼睛中流露出非常自信的目光。他说，咱们这里管理的精髓是人情化。

郭明军是个土生土长的汉子。他深知在宽城满族自治县这块经济热土上做一个成功的矿业管理者最需要的是人情。因为，尽管市场经济的大潮已经涌入中国的每一个角落，但这个群山环绕的山城里的人们仍然是那样的纯朴、善良。在他们的眼里，人情大于法治，公正大于规矩。郭明军深谙其道。在承包宽丰公司采区期间，他与采区所在地双庙村小庙梁村民们建立了深厚的友谊。村里礼节多，每逢村民们有红白喜事、生孩上学、生病有贫等大事小情时，郭明军都会无一例外的解囊相助、送贺慰安。光走人情这一项，郭明军每年的支出就高达万元。郭明军的人情经不仅念到了村民的心坎里，还念到了他工人的心坎里。在承包宽丰公司采区期间，他给工人上了人寿保险和财产保险。当时人寿保险费是约1000元/人，雇工约30人，人寿保险费总额约为30000元。财产保险费约400到500元。这样，他为工人解决了可能发生的生产性事故给工人带来的负担，同时也加强了他与工人之间的人情纽带。郭明军情系村民、情系工人的做法赢得了人们的好感。在人们的眼里，郭明军不仅是一个矿业管理者，更是一个与他们一道脱贫致富的同行者。正是这种金钱所不能替代的认同感，在郭明军排忧解难、定纷止争中发挥了重要作用。郭明军说，做矿业管理者必须处理好方方面面的人际关系；否则，矿业生产将无法顺利进行。必须妥善处理与发包方的关系。譬如，他与宽丰公司曾在协议中约定：他必须每月向宽丰公司交售矿石4000吨；超额生产予以奖励，生产不足予以罚扣。采区的正常生产能力是能够实现这一要求的。但生产中难免会出现许多意想不到的情况。譬如，机器故障、机器检修、火工器材缺乏、矿脉分布畸形、生产价格下降、汛期停工，等等。这些情况可能延误生产，无法实现合同规定的最低产量，宽丰公司就要按合同规定罚扣郭明军。然而，这些事情并没有发生在郭明军身上。因为，宽丰公司管理层都认为，郭明军是个明理、讲情面、很仗义的汉子。每当因故延误生产时，郭明军都主动向发包方宽丰公司说明缘由，请求宽丰公司理解。当然，这仅仅是郭明军与宽丰公司交往的冰山一角。在承包期中，他们之间发生过许多分歧，但都依赖双方互信和郭明军的好人缘逐一化解了。当郭明军谈到这里时，他非常感慨同时面露自信。他说，在咱们这里呀，人们可能不太懂法，却都懂礼节、人情。办起事来，人情好比依法顺当得多。如果全部按照法律规定和合同约定办理的话，我就没钱盖起这幢新房子了。

必须处理好与矿山所在地村民的关系。郭明军承包的采矿区位于板城镇双庙村小庙梁村民组。解决采矿所诱发的环境污染、噪声污染、占地问题等都需要与村民协商。在处理这些事情时，对村民给予补偿是必要的，但仅仅经济补偿并不能解决全部问题。解决大多数问题还得需要讲人情，与村民处好关系。郭明军不但看到了这一点，更做到了这一点。在承包采区期间，他通过各种方式与村民形成了较为稳固的人情纽带。这样一来，解决采矿给村民带来的问题就容易得多了。现在郭明军虽然不承包宽丰采区了，但是他与双庙村小庙梁村民的来往没有断。他很自信地说，他现在去小庙梁办事时，村民们还都是认可我的，举凡大事小情，人们都会给他面子。后来，郭明军在利君矿业有限公司做管理时，仍然用走人情的办法，为公司排忧解难。

必须处理好与矿业管理部门的关系。矿业管理是一项综合性业务。对于郭明军这个土专家来说，积极学习先进的矿山管理经验、及时掌握先进的采矿技术以及安全管理技术，必须依靠包括地矿局、安监局以及公安局等各职能部门的指导和配合。为此，郭明军以寓情于学的谦虚态度，在工作中逐步建立了与相关部门的技术骨干的联系，经常向职能部门的管理人员和技术人员学习，增长了他的矿业管理知识，提高了他的矿业管理水平，促使他成为一名合格的矿业管理人才。抚今追昔，郭明军感慨不已：自己能成为一名矿业管理人员，不仅是用心干出来的，更是用情攒出来的！要念致富经，先念人情经！

郭明军向笔者透露，这些年宽城满族自治县境内矿业开发力度很大，前来宽城县投资的企业也有很多。它们中不乏矿业投资的成功案例，但也有因投资矿业失败致使企业巨亏的情形。宽城满族自治县一视同仁地对待本地投资者和外来投资者。而且它们面对的是基本相同的市场和具有同样资源条件、同样的法律制度支持，但企业发展的结果却有天壤之别。有的企业的软环境很好，而有些企业却因生存环境不好而纠纷不断。郭明军将此归结为处理纠纷的理念不同造成的，但凡与当地百姓、村委和政府关系比较好的企业，它们的生存空间都很大。相反，则生存很困难，有的甚至企业无法正常运转。郭明军以亲力亲为证明了在宽城满族自治县板城镇做矿业管理者必须要与其他经济主体建立信任、感情，形成互助。这种信任和互助能够有效地减少因社会转型出现的摩擦而产生的成本。俗话说，要做事，先做人；先成人，再成才，最后才可能是成功。郭明军成功了，他的成功之道在于寓情于管。

（三）立志脱贫、直言仗义的农民企业家李满

在板城镇安达石村，有一个远近知名的农民企业家——李满，不仅因为他多次当选为先进致富人物、先进党员、致富带头人，也因为他白手起家，贫而思进，富不忘邻。

一滴水可以折射太阳的光辉。走近李满，他话语不多。清浅而真诚的笑，传递着讷于言而敏于行的人格魅力；平凡质朴的话语，彰显了一个新时期农民党员企业家身上的光华。

李满出生于1956年农历十一月十六，小岔沟人，今年53岁。有两个哥哥，四个姐姐，他是家里最小的孩子，同时也是整个李家最小的。刚出生没多久，就赶上了“大跃进”，父亲也是在那个时候（1957年9月20日）去世的。对于这个上有老下有小得多子女家庭来说，本来并不富裕的家庭一下子失去了顶梁柱，生活的重担一下子就落到了45岁的母亲和18岁的大哥身上，生活变得更加拮据。在李满儿时记忆中，平常就只能摘点儿柠椤叶碾碎贴在锅边烙大饼吃。偶尔家里也会弄点儿橡树粉倒锅里熬熬，然后放凉水里冰一下捞出来，打出豆腐状的东西吃。但是，在李满的眼中，这也算是一顿美食了。1960年的李满开始记事了。因为是家里最小的，最受照顾，只要有一碗粥也都是分给他的，其他人只能喝米汤。

9岁，李满上学了。就是在这一年，大哥、二哥都娶了媳妇，从家里分了出去，从那时起李满就开始跟着母亲、三姐、四姐一起过（那时大姐、二姐也已出阁）。穷人的孩子早当家，跟母亲一起过的李满非常懂事，毅然担起了家庭的重担，帮着母亲耕作、干家务，毫无怨言。每天，李满还会去山上打柴。三年级时，12岁的李满已经能够挖药卖钱自已赚学费了，这为家里减轻了不少负担。虽然学费一年只有5元，买支笔0.05元，买个转笔刀0.1元，但是对于这样的一个家庭来说，却是一笔很大的开销。懂事的李满为了给家里省钱，从来只买0.02元的小刀削铅笔用。在生活与学习的夹缝中，李满上到了初一。那时是安达石自已村办的初中，西村和双庙还是一个村，孩子们

都在安达石村上学，李满因此认识了不少的朋友。初二的时候，学校搬到了崖门子。初三——文化大革命中期，李满由于家里困难无法再继续学业。“那是 1970 年秋，初中都没毕业（年底毕业）。”李满低着头喃喃地说。

上学的时光令李满终生难忘，那段时光让年轻的李满感受到了人间的真情与温暖，也对他今后扶困济贫性格的形成产生了深远的影响。在那里，李满遇到了对他一辈子有重大影响的人——班主任袁瑞强老师。这是一位受到文化大革命冲击、从北京发配到这个小乡村来教书的老师，同时也是一位心地善良、关爱学生的老师。袁老师的工资一个月只有 37.5 元，但当他得知李满是他们班最困难的学生交不起学费时，他不仅在平时生活、学习中给予李满无微不至的照顾，而且初二、初三一直帮他缴学费。后来，当他得知李满因贫辍学时，深感惋惜。遗憾的是，这位袁老师 1971 年就调回了北京。唯一的一次见面是在宽城一中，由于那时通信不发达——没有电话（村里是到 20 世纪 80 年代才有电话，但是个人没有，90 年代个人才装电话），对袁老师心存感激的李满就一直通过书信联系。

谈起自己的创业史，李满淡定从容：“穷不能耗，富不能等。”

初中辍学后，15 岁的李满就去了生产队干活。生产队的日子是艰苦的，常常吃了早晨的没晚上的，午前十点多钟吃饭，午后就得等四五点钟开饭。如果赶上下雨，一天就吃两顿饭，就是一些瓜、玉米粒碾碎混起来熬粥，“那时候的东西不像现在那么有滋有味，很清淡，就放点盐、味精，像花椒（虽然生产队有花椒，但都摘了卖给供销社不给个人）这些香料是不会放的。”

一年后，村里组织了一个林业创业队，想利用村里的那些山林栽些果树，发展一下集体经济，大家都赚点儿钱。当时的李满只有 16 岁，但脑子里却有自己的想法：家里尚有老母需要赡养，穷是耗不起了，那么到底从事哪个行业才是自己的出路呢？给人打工毕竟是低薪阶层，做生意又没有足够的本钱，想进入企业又没有合适的技术。“有一技之长方能立足。”精明的李满意识到自己一定要拥有一技之长。想到这儿，李满心头一亮，这儿不就是机会吗？于是，年仅 16 岁的生产李满加入村里的林业创业队，决定跟队里的长辈、技术能手好好学习学习。

在边干边学中，一年的时间很快就过去了。林业创业队给李满带来了机遇与挑战，也为李满迈开人生第一步奠定了基础，李满在创业队很快得到成长。这时，生产队买了个柴油机（据李满说还是承德市生产的）。大家看着这个怪头怪脑的庞然大物，都觉得不好摆弄，而且脏乎乎的，谁都不愿意开。吃得苦、有头脑的李满却看准了这是一个好差事——终于可以在实践中学技术了，于是李满主动向队里申请开柴油机。队里正发愁没人开，听到有人肯开很高兴地就答应了。“其实那是最幸福的差事了”，李满哈哈地笑了起来，“生产队种麦子，往那儿一待，搭个棚子，看着浇麦子。”一边说还一边比画着，好像又回到了当时。“在当时，开拖拉机的是技术能手，是有文化的人干的活。”我们看到李满兴致勃勃，不禁也被带动了起来。但李满却谦虚地说：“其实也不需要什么技术，坏了就找人修。”

1978 年，生产队又买了个拖拉机，懂技术的李满自然担起了队里开拖拉机的担子。但没想到得是，这拖拉机一开就是 21 年。拖拉机开始是生产队的。随着政策的放开，1981 年村里允许村民自己单干。听到这消息，“不安”的想法又在他脑子里出现了。安达石村正处宽凌公路和承秦出海路交界处，四村八乡的中心地带，具有得天独厚的区位优势。这难道不是天时、地利、人和中的“天时”和“地利”吗？目光敏锐的李满看到了这一难得的致富机会。然而，自己白手起家，缺少资金，“人和”是必须解决的问题。胆识过人的李满并没有被眼前的困难吓倒，横下一条心说干就干。于是，李满四处借贷资金——找亲戚、找朋友，终于购买到了自己第一台拖拉机，做起了跑运输的生意。虽然那是一段艰苦创业的时期，但是谈到这段回忆，李满立刻精神奕奕，心里泛着别样的甜蜜：“那时我都开到保定去了。毕竟是自己的‘老战友’，现在这拖拉机还在老家放着呢。”说着，李满低下了头，似乎在怀念他一个久违的老友。坐马车、开拖拉机，那是一段专属于他们的回忆，是我们这代人无法体验的经历，在我们眼里是一张张已经泛黄的老照片，像一幅幅浮雕永远定格在那个年代。偶尔，我们也只能在某个旅游景点、在刻意中去寻找、体会，感受那赶马车的师傅挥舞着马鞭、马蹄噔噔的气势。“那感觉可真比坐奥迪还好。”正当我沉浸于他的故事、思绪飞扬的时候，李满质朴的话语把我拉回了现实。

李满开拖拉机一直到 1988 年北大岭铁矿建矿。面壁十年图破壁。赶上大好时期了，头脑灵活的李满自然也不会“专项经营”。1983 年，村里搞了个兵工厂，于是李满又在兵工厂找了个差事。这可是个相对稳定的差事，平常还可以照看着自己的副业，何乐而不为呢？李满在那里干了四年。当时，李满的好友段秀合在村里当副书记，主管村里的一些集体企业——兵工厂、果园等。兄弟俩平常一有时间就聚到一起，有说有笑，日子过得很是滋润。1987 年北大岭建矿，心怀理想的李满又去到北大岭铁矿包了两年工程。积累一点儿财富的李满，1989—1999 年又回到村里，安顿了近十年。这可能是李满“休养生息”的一段时间。

安达石村是片生机勃勃的土地，社会前进的步伐永远不会将这片土地遗弃。44 岁的李满正值壮年，30 年的风风雨雨铸就了李满精明的头脑、过人的胆识、豪爽的性格和广泛的人脉。2000 年，李满计划与段总等 4 个朋友合伙建一个小规模的铁粉精选厂，但是手续怎么也办不下来。李满这下犯愁了，这可是个很具有盈利能力的项目啊，难道就要这样算了吗？执着的李满心有不甘，跟其他合伙人一商量，横下心决定先建了再说。可能就是因为李满的这股子劲儿，小选厂办得很成功，第一年就盈利 20 多万元，每人分到了 5 万元。当拿到这一摞子钱时，李满百感交集，心里又兴奋又激动：能买个楼呀！然而，好景不长。2001 年，县里为了建龙军球团厂，开始征地征山，而且当时的铁粉价格含税价才 203 元/吨（征 30% 的税；不含税价 185 元/吨）。面对这样不景气的形势，合伙人都陆续退了出去。看到这样的情景，李满犹豫了——究竟有没有必要冒这么大的风险继续经营下去，还是像其他人那样赚足了一笔就走人？最终，李满还是选择了坚持。也许是李满的执着与坚持终将迎来回报，也许是 30 年的浮浮沉沉造就了李满的一双火眼金睛，2002 年铁粉价格暴涨，最高飙升到含税价 890 元/吨。铁矿业终于迎来了自己的春天，李满也沐浴在这场春风中——一年赚了 130 多万，挖到了人生中的第一桶金。

钱在手里只贬不涨，李满非常善于投资，手中一有资金就想办法进行投资，进行资金的第二次甚至第三次增值。

掘到了第一桶金的李满开始谋划更大的发展。2006 年后半年，李满决定成立一个矿业公司，即现在的满兴矿业有限公司。打定了主意，李满于 2006 年开始着手厂子的基础建设，2007 年 10 月份开始生产。建这个厂子不容易啊，李满说道：“征地都不给了。”当时看好一块地后，就开始跑手续。手续都跑完后，投资者之一的翁总，由于正值北大岭铁矿建尾矿，投了 700 万元后，就没有资金往他这边投了。后来，李满觉得，如果自己要建这个尾矿，征地征山就得 1000 多万元，建起来至少得 2000 万元，资金占用太大不说，风险也极大，这么大的项目很容易将资金全部套牢，因此，他就想重新寻找投资的机会，想来想去，李满决定也去投资北大岭铁矿尾库，这样一来，风险相对小，资金投入也不会太大，然后，就去找项目的直接负责人宽丰公司的经理——翁总的弟弟商量，看看能不能一起，翁总的弟弟开始不答应，后来翁总出面协调才达成一致，李满和他弟弟一人建一个，这样，尾矿就不用李满自己掏钱了，公司投资了 870 万～900 万元，负债 400 万～500 万元。“这靠的是人际关系，”李满介绍说，经商没有人际关系不行，有什么好的投资项目，很多都是好朋友在一起聊天聊起来的，投资也一样，说哪里哪里有机会，光靠自己一个人，投资风险是很大的，投资的效率、质量也不会很高。干了一年，到 2008 年，由于铁粉没有市场，精选利薄，也不能偷税漏税，收入也有限。现在，一吨铁粉挣 20 多元，一天产出 300 多吨，一天挣五六千元，还要去除一些事业单位有些活动让企业家捐点钱，一年纯利润也就 70 万～80 万元。李满认为这样不行，得重新找投资机会。随后，他又在唐家庄竖井投了 200 多万元，又往以前建的小选厂投了一部分资金，按照李满的说法，不能将鸡蛋放在一个篮子里。虽然李满很有经营头脑，但是受经济形势的影响，这几年厂里的经济效益已大不如以前。矿石的收购价不断在涨，抬高了成本：原来是 40 多元/吨的矿石，收 2 万多吨，四吨精选出一吨，生产成本 160 多元，还能剩 300 多元；现在就剩不了多少利了，去年干精选一年也就挣个 170 万～180 万元。并且开支比较大，一年走礼节就得 10 万～20 万元，造成了营运费用较高。所以，一年下来利润就很薄了。

要创业不要守业，几年的经营，让李满知道了很多农民企业做不大甚至倒闭的原因有两个：一个就是搞家族企业。李满极力反对搞家族企业，首先，这样不仅会破坏企业的发展，给企业内部形成多头领导，各亲戚们钩心斗角，不容易管理，也会使人才流失，他们不愿意待在一个全都是说了算的，只有他一个人是干活的这样一种环境。其次，古训说，富不过三代，二代守业，三代败家。李满的儿女们都是靠自己奋斗，他们都是自己挣工资，经济独立。小儿子，李成东，2003 年毕业于华北减震减灾抗震救灾学院。原来在宽丰公司上了 5 年班，然后今年又托人到了县政府苇子沟乡政府，先兼着团支部书记马上要去组织部搞档案；儿媳妇，在县环保局工作。李满的女儿，1985 年生人，天津工业大学计算机专业 2005 年毕业。原来当过老师，后来到了李满公司帮忙，现在在公司管现金、财务，2000 元/月，与公司普通会计一样待遇。而李满的二哥现在李满的企业里看门，李满的大哥现在在家养老，都不是在管理层上。虽然李满的大哥、二哥小的时候因为李满最小，对李满特别好，但是李满主张家族是家族，企业是企业，家族有家族的感情，企业有企业的规矩，儿女要靠他们自己奋斗，没有其他别的权利。另一个就是，在于人才的缺失。人才是企业发展的保障，也是企业资源整合最关键的部分。李满认为，个人企业发展艰难的症结之一，就是留不住专业技术人才，留不住真正对企业发展有战略贡献的管理人才，所以企业的发展战略一直得不到转型，始终处于粗放型的生产。而要做大做强，突破农民企业的发展瓶颈，就必须引人引资。但是，在安达石村，在李满企业里由于环境原因，总是留不住人，这让李满感到很头疼。

李满是一名优秀的共产党党员。在安达石村委会的墙上，我们看到了那些闪闪发光的荣誉——先进致富人物、先进党员、致富带头人。在这些荣誉的背后，是对他半生努力的肯定，对他所做贡献的赞赏。当人们不再为生计奔波，考虑的更多的是自我价值的实现。回报，就是一个人实现自我价值最好的方式，是一个人社会属性最好的体现。懂得回报，就是懂得承担个人在社会中应有的责任，就是懂得享受社会成员给予的赞美。

正是由于这些，李满知道，作为党员，要服务群众、服务乡里，作为致富带头人，也责无旁贷，要始终想着怎样带领全村乡亲共同致富。生活好转后，他不满足于自己的成功，时刻将村子的利益放在第一位，在自己富裕的同时，时刻不忘帮助村子，对上门寻求帮助的乡邻，他总是热情接待，尽力帮助，他常说："我作为一个农民，现在致了富，但靠的是各级领导的支持和乡邻们的帮助，我要感谢回报他们。"

在李满的企业里，共有30名工人，其中，6名女工、9名男工都是本村的。李满介绍说，农业机械化程度的提高使村里的剩余劳力越来越多，想出去打工又放心不下地里的庄稼，想自己做生意又害怕赔本。李满看透了村民的想法，本着共同富裕的原则，就给村民讲，如果他这里需要人手，第一个条件就要安达石村的人；有技术的，可以直接到这里来干活，通过简单培训直接上岗；没有技术的，可以到这里来学习，学习结束后考核合格也可以上岗，只要肯干，他就敢收。自己村的人，比较好管理，有时候是靠关系。在很早以前，李满介绍说，"雇人"称为"叫人"，"叫人"是他们当地人的说法，即请他人来帮忙或和他人换工；"雇人"则是指支付工钱请他人帮忙从事生产劳动。两者之间最大区别在于："雇人"是一种金钱上的利益关系，一般不太讲究人情；"叫人"则讲究人情，而对利益不是看得太重，用安达石村人的说法，叫得着的人才会叫，叫不着的人是不会叫的。在村中企业，人情是很重要的。在李满这边，由于企业在村子里，既要考虑到企业的发展要大力吸收人才，又要满足村民共同富裕的愿望，并且最重要的是不能因为经济利益破坏村子的和谐，在有劳动合同作为农民跟企业经济利益保障的前提下，请人的时候尽量称之为“叫人”。李满认为，在帮助村民的同时，不能给他们留有负担。简单的一个称呼，体现了他对于村民的关心与照顾，体现了他对共同富裕精神的诠释。因此，用他的话讲，村子和谐才是一切工作活动的标准。

“村子里也没有多少钱”，李满如是说，“但村民的日常生活必须保障”。修路、安路灯等福利事业要管，一年有线电视费就十万、二十万的，还要解决村里一些日常活动的开支，并且要对一些低保户进行补助。但是安达石有路灯，很少能在农村村子里看到路灯，这让其他村子的人羡慕不已，路灯对于安达石村子的生活至关重要，据村民们介绍，农民没有什么夜生活，没有路灯的时候，他们只能待在家里看新闻联播，看完后早早睡觉，有了路灯后，大家就可以在灯下打打牌，聊聊天，特别是夏天，一根路灯就成了一个小型广场，带给村民生活习惯的改变是巨大的。但是，一段时间，由于村子财政的困难，为节省开支，村委会决定关闭路灯，引起村民的不满，李满知道后立即决定每年出资两到三万元用于路灯及有线电视的开支。这些捐款已经持续好几年，并且还会继续坚持下去。李满介绍，只要自己能过得去，就不会让乡亲们的日常生活受到影响。

安达石村有条河，但是没有堤坝，每到雨季，河中水满，都漫到路上。当时李满手头比较宽裕，于是决定跟隆鑫集团合资给村里修条坝。李满出了3万元，隆鑫出了6万元，总共9万元修了一条2000多米的大坝。这项工程由李满跟隆鑫共同负责，李满负责人工，隆鑫集团负责水泥、石头等原材料。“干活那场景看着就带劲儿，用的全都是装载机、吊车等，呼隆呼隆的，工人干得热火朝天的。”李满说着挽了挽袖子，仿佛他又投入了那场“战斗”。坝修好了，这下给村子里解决大问题了，不但下雨天不用担心河水漫出，而且在堤坝上，还有钓鱼休息的地方。

要想富先修路。李满从没忘记自己的承诺。安达石村地处矿区，人流、车流较多。村里的主路是前面修了后面补，“晴天一身土，雨天一身泥”。村委班子打算修路，但是苦于资金短缺，李满看在眼里，急在心上。于是，李满前去与隆鑫集团商量，双方出资，合伙将安达石村的路修平整了。李满为村子做的事还有很多，但他总是谦虚地说："村民好了，我才心安"。

李满说他这个人没有什么优点，就是重情重义，直言直行。对自己的妻子，风里雨里这么多年过来了，李满总是充满了感激，从没做过对不起她的事。在县城里给她买了栋交警队的家属楼，两层，152 平方米。现在她在家看孙子，孙子已经两周岁了。2002 年，李满 88 岁高龄的母亲去世。李满从 9 岁就开始干活，为家里分担农活，十几岁时比较困难，后来 26 岁成家立业了，由于比两个哥哥生活得好，就一直养着老太太。谈起老人，李满眼中充满泪花，从 9 岁开始，母亲就是李满生命中的一部分。据李满说，母亲去世的时候，这么大个人哭得死去活来的。

李满也是个很重情义的人，年轻时的好哥们、帮助过他的人，他都记着。其中有这么一个人：1982 年好闯荡的李满跑到了唐山的劳改烟厂干活，往烟池子拉砖。认识个工友，马上乡人，两个年轻人比较谈得来。后来，李满一问，果然投缘，这个工友也是 1956 年生人，与自己同岁，不过是农历十一月十五日，比李满大了一天。在聊天中，李满得知，他父亲是唐山国民党特务连的连长，后来被判无期徒刑，他在那儿接班当保管，管往烟池拉砖，在那儿已经干了 3 个月。虽然李满干了没多久就离开了烟厂，但这位朋友他一直记在心里。在以后的岁月里，李满一直没跟这位朋友断了联系。李满说，他家经济一直比较困难，所以每年李满都会送去两筐苹果、一筐梨。只要李满去唐山，都会跟这位老朋友见上一面。听说这几年这位老友得脑血栓了，一听到这个消息，李满马上去了唐山，知道没钱医治，给了他 5000 元，告诉他不够就说。李满重情义，先前对他好的人，李满每个人都记在心里，一有困难找到李满，李满一定鼎力帮忙。

说到现在农村的风气，李满颇有微词。认为村子里风气不好，有两方面问题比较严重。一个就是，人都好逸恶劳，比较懒，宁愿在家待着也不种地。李满觉得有些人可能觉得种地不挣钱，既找不到合适的挣钱方式，又没有技术，整天寻思挣大钱，但是又不努力学习，怎么能挣到钱。李满认为，农民就应该有个农民的样，要不就把地种好，要不去外边闯，闯出来点名头，这样什么都不干，觉得种田苦，整天风吹日晒的。李满觉得干什么不苦呢，吃不了苦的人是干什么都不成的。

另一个就是养老敬老问题严重。李满说现在在有些家里，老母亲上山砍柴，儿女在家里玩儿，一点都不帮父母分担不说，还嫌母亲砍柴回家晚了没做饭。李满还说了这样一件事，前几天有个65岁的老人被车撞了，经过协调车主给老人陪了6000元，药费花了3700元，还剩2300元。老人有三个儿子，从医院回来后，儿女们就说，这几天儿媳妇侍候了，要老人给点儿钱。来找李满协调，李满听了后非常生气说，“这倒好，2300元，你们哥仨一人分七百，最后两老人只剩200元。这钱来得倒容易，那你们还不如把老人直接拉到马路上撞，撞一下就有钱！”李满这一说谁都不要了。李满认为，老人把儿女养大就很不容易，老了被车撞一下，要忍受皮肉之苦，最后还要给儿女照顾费。谈到这种不孝的事情时，李满显得很激动。李满认为这是一个社会问题，现在社会没有美德了，并认为直接的原因就是太金钱化了。党中央在搞和谐社会，现在农村太不和谐了，说到这里，李满音调升高，心中满是气愤。有次在县里开座谈会，有县长参加，李满就提出现在老人养老问题怎么解决。李满认为，光是搞低保是不够的。低保户分袋米、分袋面，儿子给拿去吃了，还是解决不了根本问题。建议村子经济比较好的，各级政府和各企业共同出资建敬老院，收养无儿无女或子女不供养的老人，但是必须要有法律手续，要求子女一年给敬老院交钱。若子女不给，就诉诸法律。

这两个问题是影响农村和谐发展的主要因素，李满认为，只有将这两个问题解决了，农村才能有长足的发展。

（四）巾帼不让须眉的女企业家刘翠芹

宽城惠丰石油销售有限责任公司是一个正在筹备成立的股份有限公司。一大早，我们就乘车从县城赶往安达石村，今天的安排是走访安达石村的几个企业的负责人，所以我们并没有进村，提前在一个路口拐进了一条羊肠小道，虽是水泥路，但路很窄，而且路面的质量也很差，似乎很久没有人维护了。在路上还要经过一条小溪，但是没有桥，而是直接趟过去，幸好水不太深——不知是为了节约成本，就在旱季的时候横跨小溪修了马路；还是先修了马路，然后被小溪给淹没了。过了小溪后，路的两边都是山和树林，并没有人家，假如没有提前通知我们今天的安排的话，谁也猜不准这条小路会通向何处。大约过了十多分钟，我们来到了厂区，发现公司仍在施工中，一块不大的坝子上凌乱地堆满了各种建筑材料，泥沙、水泥、木板等，有几个建筑工人正在材料堆里寻找自己想要的东西；坝子的一边是一排矮矮的活动房，主要用于办公和建筑工人的临时住宿，为了引导水流，门前有一条水沟；工人为了进出方便，都在门口处搭了一些木板，以免不小心掉进沟里；另外一边是正在建设的厂房，框架已经成型，但还没有开始装修。

我们赶到公司的时候，董事长不在。等了大约10多分钟，惠丰公司的董事长刘翠芹才匆匆赶过来，出乎意料的是这么大的一个公司，董事长竟然是一个年龄不算大的女士。刚见到我们的时候，刘翠芹满脸疑惑，并不知道我们的来意，也许村里的领导也没有跟她解释清楚。开始她似乎有所顾忌，问我们从哪里来，主要目的是什么等，不过等我们说明来意之后她便释然了。亲切的问候之后，刘翠芹便招呼我们进办公室坐——其实就是一间活动房，房间里很简陋，约二十平方米，里面就摆放着两张桌子，一张沙发和几把椅子。说了几句客套话之后，我们便开始了采访。

刘翠芹，1960年出生，近50岁了，但从外表上看很年轻，不过就40岁左右。刘翠芹有一姐一妹，小时候因为家里比较贫困，三姊妹都没怎么上过学。姐姐比她大四岁，没有上过一天学。刘翠芹成绩很好，但也因为家里实在太穷而负担不起学费，而且父母重男轻女的思想也比较严重，无奈之下她也只上到初中毕业，不过刘翠芹对此并没有什么后悔的，她觉得一个人能否有所成就，主要还得靠自己的努力奋斗。但她仍然很羡慕那些能上学的，也很尊重有文化的人，在我们的谈话过程中，刘翠芹曾动情地告诉我们，她非常关心一些由于家庭困难而上不起学的孩子，因为她觉得家里再穷也不能苦了孩子、苦了教育，所以刘翠芹每年都会拿出一两万元给一些贫困的学生，资助他们上学。

毕业之后不久，她在交通局找了份工作，在交通局一直干到1999年。刘翠芹的丈夫当时也在交通局上班，是工程队的，由于政策比较宽松，赚钱比较方便。刘翠芹讲，当时在交通局上班她一个月才30多元的工资，1984年时是36元/月，而她的丈夫每月就能挣五六百元。

后来，刘翠芹觉得在交通局上班很无聊，有时闲着没事干，1999年她便决定出来干一番自己的事业，于是在交通局申请了停薪留职。就这样，刘翠芹开始了自己的创业之路。1999年时，刘翠芹在交通局的收入是每个月1040元，这在当时可是一笔不少的收入，刘翠芹能够做出这样的决定，得需要多大的勇气，但是刘翠芹只是一笑而过，说“这有啥嘛”。现在刘翠芹每年会给交通局交 1200 元，可以保留其在交通局的职位，如果有一天想回去继续上班，刘翠芹只要写个申请就可以了。

离开交通局之后，刘翠芹便开始经营铁矿。由于我们对矿山的占用权方面不是很了解，她便给我们细心地讲解。首先，矿山、土地的所有权是属于国家所有，由国土资源局负责管理，所以占用矿山需要到国土资源局的“矿建”申请批准，批准也并不是从老百姓手里买，因为老百姓拥有的只是占有权，而不是所有权，比如说，这矿山上种的庄稼是老百姓的，但种庄稼的地却是国家的；要采矿，还需要有开采证，她告诉我们，开矿山最难办的就是开采证。以前，板城这么一个小镇，铁矿就分了好几个区，划给你多少铁矿你就只有多少，但现在不一样了，政府开始实行招标制度，价高者得。需要跑很多部门去办证件，根据资源的多少花的钱也不一样，资源丰富的矿山可能需要几百上千万。采矿获得的利润主要通过交税的方式上缴国家，比如卖铁精粉需要交 17% 的税，今年又开始征收资源税，大约是每吨一元，税很高所以一个铁矿一年也赚不了多少钱。刘翠芹在青龙县和宽城县都开过铁矿，经验非常丰富。她认为现在大多数开矿的都是倒矿的，因为近年来铁矿比较火，跟房地产似的，很多外地的投资商根本不了解当地的行情，“拿着钱就往上砸”，有的赚了，也有很多人亏了一大笔钱。刘翠芹告诉我们，她曾经在一个村买了三个铁矿，总共花了 780 万，自己经营了一年之后，卖了 3000 万。现在刘翠芹家的铁矿基本上都处理给其他人，只留有一个铁矿，不过因为投资并不算大，所以她也并不怎么管理，几乎任其自由发展。后来刘翠芹又自己开办了两个加油站，由于自己忙不过来，就专门雇用一些人来经营。

不过，现在刘翠芹几乎不再过问矿山和加油站的事情，而是一心一意地筹建惠丰石油销售公司。她说，目前公司建设方面的事情都实行了包工制度，因为这样可以省掉好多麻烦。可以看得出来，因为要筹建惠丰公司，刘翠芹已经很少能抽出空闲时间了，就在我们访谈的一个小时内，她接了四五个电话，并时时有公司的人过来找她。惠丰公司的各个施工项目都承包给了相应的公司，为她省了好多事，但她显然有些不平，她讲到，请的这些公司都是相应的有资质证明的公司，而这也是她不得已的选择。这些所谓的有资质证明的公司都是跟政府部门有合作关系，或者甚至就是政府某个部门的子公司，其他的公司都不可能拿到相应的资质证明。如果不把相应的项目承包给这些公司，不论其他公司建的质量有多么好，政府部门都不会发给相应的合格证。

比如，惠丰公司的消防建设本来只需要花50万~60万元，但由于必须得请有资质证明的公司，就得花掉130多万元，价格相差有一倍多。虽然很不平，但刘翠芹也只能屈服，她无奈地说，如果请其他公司的话，公司建好后，还得到处去跑合格证明，这样太累了，虽然自己在各部门有熟人，但也得花好多的钱。

聊天中，当我们提到前一天刚去了另外一个公司（老林桥）采访了其负责人时，刘翠芹笑了一下，表示他们彼此都很熟悉，并告诉我们，其实他比较省心，因为他只是公司的管理者，拿工资就行，不涉及太多的风险，就算干得不好可以换个地方换个岗位继续干；而刘翠芹自己就不一样了，因为她负责筹建的是自己的公司，花的都是自己投资的钱，风险太大，所以必须得操心，她几乎每天都早上6点到公司，晚上8点多才能回家。

虽然比较累，但刘翠芹觉得很值，她认为现在筹建的这个石油销售公司应该是她经手的企业中最有前景的一个。这个公司是前期投资型的，前期投资很多，到目前为止就已经投资五千万了，不过等公司建好之后，就只需要一些员工的工资、设备的维修费用等少量支出，除此之外没有其他大的支出，而且整个地区几乎没有同行竞争对手，所以利润是绝对可以保证的。而且惠丰公司也能跟附近的一些企业建立合作关系，附近各大企业（大多数跟铁矿有关）所用的大型机械耗油量都挺大，合作可以互惠互利。由于刘翠芹以前就是经营石油的，很多业内人士都很熟悉，她说，只要惠丰公司一运营，大家都会知道，肯定不会愁没有业务。而且如果对方用油量大的话，惠丰的油价是可以协商的，相对国有企业来说，这就是她的优势，因为国有企业如中石油的价格是全国统一的，没法与惠丰竞争；私有的企业可以比较自由调整价格，比如可以比国有企业的价格低0.05元，这样就可以拉到更多顾客，只要不越过国家物价局规定的物价范围即可。

目前公司的主要投资，一部分依靠自己的家底，另外一部分则主要靠银行。本来政府也有一些相关的项目，但刘翠芹并不愿意去申请政府的项目，她觉得银行比较合适，而且银行也比较愿意和这样的企业合作，因为这种公司虽然资金周转量大，但都是短期贷款，用不了多久就还上了，这属于优质资产没有任何风险。而且刘翠芹也能找到一些政府部门给做担保，虽然以后运营可能需要上千万甚至上亿的周转资金，但刘翠芹显然早已胸有成竹。

惠丰公司大约会在10月份建设完成，整个公司占地150多亩，其中包括

70 多亩山地。这些地和山都已经被刘翠芹买下来，总共花了 70 多万。按规定这 70 多亩山地是消防需要，并不能当工厂用地，虽然很无奈，但刘翠芹仍然看到了希望，她说以后能够在这些山地上发展林业或者经营果园。为了保证安全，建设完成之后还需要一两个月的验收，包括土地、消防、安检等，然后才能发给所有证件。

刘翠芹认为，惠丰公司建好后，可以考虑在适当的地方建加油站，这样自家的几个公司可以配合起来运行。但她又说，不过还得看经济情况，因为目前的金融危机对整个行业影响还挺大的。

惠丰开始运行后，大约会雇用员工 50 人，主要是一些管理人员和采购员，除此之外，还有一些保安、司机等。由于公司并不需要太多的员工，而且对体力劳动者要求更少，所以村里能到公司上班的人会比较少，很多员工需要专业人士，“得要大学生”，都得面向社会招聘。惠丰公司的输油并不打算使用管道，主要用车，约需要五六台，所以得招一些司机，计划每年销售十万吨石油。虽然在村里雇用的工人少，村民在这方面获益不多，但刘翠芹表示公司会给村里的其他企业带来方便，而且每年也会给村里分一部分利润。

在谈话中，刘翠芹表现出对宽城政府的感激之情。她说，整个宽城县，包括安达石村的企业之所以发展这么好，还是得益于政府的支持，主要是县政府的政策得力。比如现在筹建的惠丰石油销售公司最早是准备建在龙须门镇，但龙须门镇的政府不支持，征地没批下来，一个坟都得好几万，于是就放弃了，这时已经投资了20 多万，只能白白浪费了；幸好后来找到了板城镇的赵书记，赵书记立马就答应下来了，不到三天安达石村的公书记就联系上了刘翠芹，让她过来看地方，于是就看中了现在这块地方。刘翠芹说，第一，这里环境好，从现在的厂区往里面走有一千多米的沟，以后发展空间足；第二，当地政府大力支持，而且交通很方便，将会有一条铁路从附近穿过，目前正在建设中。谈到隔壁的青龙县，刘翠芹显然不满，她很不情愿的表示她曾在青龙县吃过几次亏，后来再也不敢去投资了。事实也确实如此，宽城县曾经是承德市的贫困县，而现在一跃成为名列前茅的富裕县，之所以发展如此迅猛，这主要得归功于政府对企业的大力扶持。

刘翠芹又给我们介绍了她的家庭情况。刘翠芹有两个儿子，都已经上班。大儿子在交通局上班，现在已经是一个四岁孩子的父亲了。目前大儿子一家人都住在秦皇岛，他们在那边买有房子，孩子在那边上幼儿园。大儿子虽然在交通局有工作，但并不去上班，也停薪留职了。二儿子今年26岁，去年刚结婚，现在在电力局上班。两个儿子小的时候学习成绩都不算好，所以就选择了当兵，服役两年回来之后，就可以上班了。刘翠芹说，在九几年的时候，当兵回来是可以分配工作的，但现在可能连大学生毕业都未必能找到一份好工作；那个时候当兵真是一条出路。

两个儿子不愿太辛苦，并不希望和母亲一块做企业，只想在机关部门里挣工资，比较悠闲。本来刘翠芹还拥有三家加油站，儿子也都不感兴趣，不得已只有雇人经营。不过，提到这么大家业接班人怎么办的问题时，刘翠芹一方面并不担忧，但也很无奈，她说，儿子看见自己这么辛苦都不愿跟自己走；但看得出来，刘翠芹也希望孩子能清闲一些，不要让他们太累。没有儿子的帮助，刘翠芹只能雇用一些人负责，但也不愿意雇用亲戚，因为刘翠芹觉得雇用亲戚还不如外人，外人好说话。刘翠芹讲，以前她也在自己的企业里任用自己的亲戚，但不好管理，很多事情不经过她，亲戚就帮自己做主了，这样企业就乱套了，但这是外人不敢做的，“家庭企业管理不了”，也许还没怎么管理他们，一些不好听的话就出来了。尽管刘翠芹拒绝在自己的企业里任用亲戚，但还是有一些亲戚朋友要求进自己的企业，每当遇到这样的情况，刘翠芹就直接给他们钱，亲戚朋友也不好意思说什么，自己也省事，可以抽出精力干其他事情。

刘翠芹无奈地告诉我们，家里的其他人都是享受型的，只有自己不是，也许天性如此吧，如果没有事情干自己倒会觉得不舒服，甚至还会生病。倒也不是想赚钱，反正想找点事干。钱多了就是数字，也没感觉了，怎么花都花不完。总觉得带着一帮人做事情，挺有意思的。有时实在没事干，就开着车，到家里的几个加油站溜达，一天就过去了。刘翠芹平时也不出去旅游，除了办业务的需要。她觉得旅游没什么意思，就连大连、围场自己都没去过。只去过秦皇岛，那边有自己的企业比如煤气站，也有房子，没事到秦皇岛去待待，但也一年也去不了两趟。

刘翠芹还有一姐一妹，姐妹三人过得都不错，刘翠芹骄傲地说，其实只要她稍微帮帮她们，她们就能够过得很好了。

刘翠芹属于改革开放后先富起来的一批人。20世纪80年代，刘翠芹的丈夫在交通局工程队的收入颇丰，这为她后来的创业奠定了基础。虽然刘翠芹没有什么优厚的学历，但她凭借自己的能力和勤奋闯了一条自己的路。

在我们的谈话中，刘翠芹对政府既有不满，同时也对政府充满感激之情。一方面，企业的发展需要政府的扶持，而宽城县政府对企业的优惠政策为很多企业提供了方便，刘翠芹也深有感触；但另一方面，刘翠芹也对一些制度不满，比如政府授予自己的公司或者有合作关系的公司一些特权，获得垄断利润，对于企业来说，这是不可抗拒的。不过总体来讲，政府和企业应该是一种互惠互利的关系，政府对企业进行扶持，企业才能良性发展；而企业的发展壮大，对当地的经济做出贡献，不管从政绩，还是从实利，对政府都有极大的好处。而宽城县就是一个典型。

（五）少数民族优秀女企业家王益娟

王益娟，女，满族，1970 年生，现任安达铁精选有限公司总经理。

1988 年，板城镇西村要建北大岭铁矿，当时王益娟属于办矿移民（宽城县和唐山市交界修建水库）中的移民，被作为一般工人招进工厂。那时的北大岭铁矿还属于国有企业，王益娟主要从事劳资工作，主管工厂工人的薪资、福利、劳保，日常主要负责全厂工人工资总额管理、各项福利费的发放工作、各项工资报表统计工作等各项事务，现在属于人力资源管理性质的工作。进厂之后，王益娟并没有停止学习，一边上班，一边在电大进修，学习财会知识，随后又在宽城党校进修企业管理。在北大岭铁矿从事十多年劳资工作后，王益娟已经干到部长一职。2001 年 7 月由原宽城满族自治县冶金工业局以北大岭、三道河等七家小型铁矿的全部资产，并采取捆绑式转让股权的方式与唐山国丰钢铁有限公司合资组建了宽丰矿业集团有限公司。唐山国丰钢铁有限公司成立于 1993 年，是一家集制氧、烧结、炼铁、炼钢、轧钢为一体的大型钢铁联合企业，具备年产铁、钢、材各 800 万吨的综合生产能力，拥有总资产 186 亿元，职工 15000 人。在 2009 中国企业 500 强中名列第 218 位，在中国制造业 500 强中名列第 111 位，河北省百强民营企业第一名。因此，宽丰矿业集团有限公司成了实力雄厚的唐山国丰钢铁有限公司的子公司。

随着北大岭铁矿的重组，王益娟进入宽丰矿业集团有限公司工作。2003 年，宽丰矿业集团旗下的十余家铁矿企业投资入股，在安达石村建立了第一家股份制企业——安达铁精选有限公司。因此，安达公司成为隶属于宽丰矿业集团的分公司。同时，宽丰矿业集团公司内部进行领导班子调整，王益娟被调到安达公司工作，担任经营副经理一职，主要负责企业内部的经营管理。2004 年 5 月，开始正式成为安达公司的总经理。

安达铁精选公司将宽丰公司统一购买的低品位的铁粉进行精加工，再将其提炼成含铁量达到 65% ~66.6% 的高品位铁粉，然后再进行统一销售。由于安达公司是宽丰公司的分公司，宽丰公司又隶属于唐山国丰钢铁有限公司，因此安达公司内部的存货首先要保障唐山国丰和盛丰两大钢厂的使用，其余的存货再通过市场销售。一旦市场行情比较好的时候，国丰钢铁有限公司在市场上购买铁精粉比较困难而且价格比较贵，此时安达公司的精加工的铁精粉大部分不再对外销售，而作为库存以备国丰钢厂的使用。国丰钢厂有安达公司在原材料供应上的保障，就能顺利生产热轧卷板、热轧带钢、热轧带肋钢筋等主要产品，企业的效益就能大大提高。只要铁精粉的价格上涨，安达公司的利润就直接增加，但为了保证国丰钢厂的生产，安达公司还必须留足铁粉保证钢厂的生产。由于存在这样的关联方关系，安达公司的营业利润会受到市场行情和国丰钢厂产量的影响。但是国丰、宽丰和安达这三家公司仍然都是独立核算、自负盈亏的企业。

据王益娟介绍，2008 年上半年安达公司实现盈利 700 多万，而下半年由于受到经济危机和北京奥运会的影响，铁精粉的销量逐渐下降，库存增多。即使是这样，安达公司 2008 年也实现产值 3.2 亿元。

谈到安达公司为什么在安达石村选址建厂，王益娟回答说，首先，由于安达石村的地理位置较好。因为宽丰总部就建在宽城县的旁边，距离安达石村也就十多分钟的车程，交通比较便利。其次，工厂的选址要求在地形上要有一定落差，而安达石村也具备。更重要的是，王经理谈到，安达石村的投资环境不错。因为村里的领导逐渐意识到，企业在村里投资建厂并不是坏事，不仅能为村民提供更多的就业机会，还能带动村里其他副业的发展，间接增加农民的收入，因此对宽丰公司选择在安达石村建厂都非常支持。安达公司现在 123 人中有 40 多人都是安达石村本地的村民，占了安达公司现有职工的 1/3。

村支部对企业几乎没有任何要求，即使企业和村民发生了纠纷，也无条件帮助解决，因此王益娟感慨道，整个宽城县的投资环境都非常好，相对于别的县甚至是最好，各级政府领导对企业都非常支持。而近几年企业和村民之间也没有什么矛盾，如果企业征地，都会对农民进行合理补偿。

在谈到王益娟在安达公司待遇这一敏感话题时，她毫不避讳，快人快语道，她在安丰矿业集团并没有股份，她的收入由工资和年终奖组成，一年大约在20万到30万之间。她的工资一方面跟企业的效益挂钩，一方面根据她在公司工作的效率决定。企业每年都会根据预算给她下达各类成本核算的具体指标。如果超额完成，她就会受到奖励；如果完不成，她就会受到惩罚。她谈到，安达精选相对而言还算一个小公司，下设财务科、质检科、涉外办公室、安全保卫科和综合办公室，其中综合办公室负责企业管理、人事等工作。公司的内部管理相对还是比较简单，成本也比较容易控制。自从宽丰集团公司组建后，引入了国丰公司先进的管理体制和管理经验，产权关系逐渐清晰明确，经营管理也不断科学完善，就连安达精选这样的小公司的管理也开始正规化。

王益娟住在宽城县里，平时司机开车送她上下班。老公和自己的哥哥在承德也投资建有铁矿公司，便住在承德市里，两个女儿也都跟着父亲住在承德，自己只有周末才能过去陪陪丈夫和孩子。大女儿现在在承德高中上二年级，二女儿还小请了保姆在家帮忙照顾。因为是两个女孩，王益娟比较省心，所以能够比较安心在公司干自己的事业。对于这样的生活，她已经很满足。

在安达石村像王益娟干到总经理一职的女企业家并不多，她通过自己不断学习，不断摸索，才逐渐掌握了管理企业的方法和技巧，实现了由移民到企业管理者的身份转变。

（六）兆丰经理赵宝刚

兆丰钢铁厂位于河北省承德市宽城县板城镇安达石村附近，其规模效益位居宽城第一、承德第二。作为当地铁矿资源企业的典型，兆丰的口号是："先做大、再做精、再做强"。也就是说，刚建厂的时候，企业处于起步阶段，单纯依靠开采铁矿、出售铁精粉积累资金，等企业有一定的实力以后，再进一步延伸产业链、加强管理以提高企业效率。

赵宝刚经理从1985年开始从事企业管理，1997年参加中国人民大学的MBA培训，在企业主抓财务、经销。赵经理认为，资源开采、加工行业，生产相对单一，企业成败的关键在管理。多年来，他一直坚持看书、看报，采访的时候，他桌上还摆放着厚厚的报纸和杂志，有《经济日报》《冶金报》

《卓越》等。赵经理告诉我们，开放管理已经不适合当今企业了，应该花更多心思在细节上，把企业的每个细节紧密的串联起来，规范生产程序，形成闭路管理模式。

2005年，赵宝刚在京西钢铁厂退休后被兆丰集团老总返聘到宽城任钢铁厂经理。当时，兆丰只有两个120吨的小高炉。经过四五年的经营，到2010年年初，兆丰集团已经发展成一个具有四个矿山、两个650吨的高炉、一条新上的轧线，企业年产值达60亿元。我国的铁矿大都是磁铁矿，制造钢铁大致要经历选矿、烧结、转炉炼钢、脱氧成坯、再进加热炉，达到一定温度后上轧线轧钢。扩大规模以后的兆丰钢铁厂单纯依靠集团内部的矿上开采难以满足铁粉供应，开始从本地一些小企业手中或是国外购买铁粉。兆丰集团的矿上年产铁粉100万吨左右，然而钢铁厂的铁粉需求每年都在300万吨以上，这样每年钢铁厂只有1/3的铁粉由自己供应，其余2/3依靠购入。依据这个数据可以推算出，兆丰集团对本地资源的依赖程度不高，即使将来宽城县的铁矿采光了，兆丰集团的钢铁厂仍会继续运行。

在生产上，赵宝刚着眼于扩大规模、延伸产业链，增强企业生命力。在管理上，他最注重的则是塑造良好的企业文化，进而提高员工的素质。从领导做起，树立良好的企业价值观和企业精神，保证企业的员工都能够有个良好的价值观和行为准则，激励员工为了实现企业的目标不断奋斗追求，形成强大的企业凝聚力。多年来，赵经理一直坚持周五下午召开企业领导层会议，总结工作的同时贯彻新思想、新观念。此外，他还要求中午不许喝酒，以保持开会时的清醒。赵经理不断告诫领导层，工人是企业的主力军，对工人的管理不应采取敌对的方式，要积极贯彻工人的主人翁意识，调动工人的工作热情，发掘工人的创作潜能。领导要与工人抱成一团，互相体谅，共同为企业的发展贡献自己的力量。

2007年，为方便管理，赵宝刚把矿山分离出去，形成矿业总公司，独立核算。赵经理认为采矿模式相对固定，只要按部就班、规范生产就不会出乱子，他要把更多的精力放到钢铁厂上来。这时的钢铁厂有9个车间，14个处室，中层干部52人，员工1000人以上。不断学习的赵宝刚深知知识的重要性，自己走不开，就安排中层干部定期去培训，学习新的理念，帮助他们不断提高进步，当机会和条件合适的时候要对他们晋升，实现他们的价值。企业最主要的资源还是人才资源，民营企业要想能够可持续发展，也必须要建立一个科学的人才管理制度，要重视企业的人才资源，重视人才，爱惜人才。要选择那些能够提高企业效益的人才，不能被传统家族观念所束缚，建立合理有效的管理制度和用人制度。在薪金方面，兆丰钢铁厂副总经理以上的领导拥有企业的股份，除分红外还按其工作享有一定金额的年薪。中层干部实行工资加奖金制，其中，奖金的高低依据职能大小和业绩考核（具体包括产量、成本、质量、安全等）两大方面。

兆丰钢铁厂发展企业的同时不忘振兴当地经济、服务当地人民。企业开矿山、建工厂，占用当地百姓的土地，经双方协商每年按照预计农作物产量支付一定金额的租金。此外，钢厂雇用工人基本也都从本地招募，从一定程度上解决了从农业中赋闲下来的农民的就业问题。企业盈利了，遇到逢年过节或是当地村里修水利、铺路、装路灯什么的，企业就帮忙分摊一些，捐给村里一部分红利建设村庄。

虽然民营企业得到了快速的发展，在社会经济生活中起到了越来越重要的作用，但是由于各种因素的制约，民营企业的发展也受到了很大的阻碍。民营企业要想取得可持续发展，除了企业本身要采取合理有效的治理措施外，政府还应该给予融资等平等的政策支持，以促进民营企业不断改善管理、不断提高创新能力，实现可持续发展。

十七、多种经营致富人

（一）开矿致富的小组长杨贺云

在到达宽城的第二天上午，我们就在大学生村官赵亮的引导下来到了大山环绕的安达石村。说这里的山大不是因为高不可攀，而是因为连绵不断，早晨的雾气还没有完全散尽，一座座山起伏绵延，险峻威严。汽车沿着承秦出海路穿过一个又一个从山中间凿开的关口曲折前行着，在一个大山的转弯处，路边出现了几个水果摊点，农民叫卖着刚从果园摘来的新鲜水果，赵亮指着路边一根电线杆说："过了这个电线杆，就是板城镇境内了。"

进入板城镇后见到的第一个村庄便是我们此行的目的地——安达石村。赵亮尽地主之谊，给我们介绍着路边的矿山、铁石加工厂、油库，等等。如数家珍！这些工厂有的正在建设中，有的已投产使用，看着路边一排排整齐的厂房，巨大的机器设备，运转有序的翻斗车，让人怎么也不能把眼前的景象和电视里看到的穷山沟沟联系到一起。这里是怎么发展起来的呢？带着惊奇与疑问，我们来到了村支部楼下。这是一栋白色的二层小楼，一楼是村里的卫生所，上到二楼左手边是办公室，分里外两间，右侧则是一个大的会议室，里面摆放着椭圆形的红木会议桌，很是气派。

因为在来之前镇里的赵书记和村支部公书记已经简单介绍过我们此行的用意，大家见面也就没有太多的寒暄。公书记和村里的韩会计把我们让进办公室坐下后，就忙着打电话叫村里的小组长过来开会。大约 15 分钟以后，陆陆续续来了四位小组长，他们将在接下来的几天中带领我们进入农户开展调查。

碰头会议在上午九点半的时候就结束了，时间尚早，我们各自采访了带队的组长。带领我们入户的是十组组长——杨贺云，在入户的几天里，我们一直称呼他为杨叔。

我们的访谈是在村支部办公室靠里面的一间屋子里进行的，因为我本身就是河北人，家在廊坊，距离承德不是很远，所以沟通基本没问题。重庆来的杨郑军可就没那么幸运了，很多方言他都听不明白，问了一遍又一遍。

杨组长今年 47 岁，初中学历，因长年露天劳作，有着黝黑的皮肤，一米七五的个头，稍稍发福的身材依旧显得很结实，自来卷的短发，方脸，浓密的眉毛下一双不大却炯炯有神的眼睛，始终带着笑意。他的鼻梁很挺，立在方方正正的脸上，宛如平原上隆起的山峰。也许是为了配合宽宽的下巴，杨组长有一张大嘴，嘴唇很薄，一看就能说会道，是个健谈的人；嘴上方蓄着短而整齐的胡须，使整个人看起来更加成熟稳重；厚厚的耳垂，按照村里迷信的说法是有福气的象征。

俗话说靠山吃山靠水吃水，安达石村民致富的最好办法就是深挖大山的潜力，依靠大山自身的优势搞好经济建设。安达石村周围的山铁矿藏丰富，山上种满了杨树和板栗树，听村里人说，因为土里铁元素的含量高，所以板栗都生得特别甘甜。1984 年安达石村实行土地改革，包产到户。村里为方便管理村务，将原来比较大的生产队一分为二，成立了村民小组，每组选出一个比较有成就、有威信的人担当组长。截止到我们采访的时间，村里共有村民小组 17 个。

1986 年，考虑到拥有铁矿藏的大山属于村里，开采时向村里征地会比较麻烦，为方便管理，避免与村里产生土地纠纷，原由国家统一开采的铁矿山，也开始无偿给周边的四个村每村分配一个采矿点，也就是矿井口，然后由村里有偿承包给个人开采。杨贺云当时 24 岁，刚结婚不久，凭着一股年轻人的冲劲和村干部的信任承包了村里的铁矿，每年向村里支付 5000 元的承包费。那时的村干部在 2003 年换届时就全部退休了，杨贺云告诉我们他大哥就是当时的老主任，大哥家的两个儿子都很有出息，一个还当了厂长，所以大哥退休以后生活得很好。

年轻人有激情，可年轻人却缺少积累，刚刚成家的杨贺云承包铁矿没有经验，更没有积蓄。村里的租金可以到年底再交，雇的工人都是本村或邻村的，工资也可以拖上一段时间再发，可是开铁矿总要买设备的，一个矿压机就一万多元，还有风枪什么的，当时物资流通不像现在这么发达，所有的设备都要自己去北京购买，是不可能赊账的。杨贺云最先想到了贷款，可当时国家也困难，信用社尽最大努力也仅仅贷给了他一万元。实在是没办法，杨贺云又到亲戚家去借。要说那个年代，谁家也不富裕，不过还是民风淳朴，又是亲戚关系，大家就都尽力而为，就这样东挪西凑的总算把设备买回来了。万事开头难，有了设备并不能马山采到铁矿石，还有一项重要的任务就是开井口。村里承包给杨贺云的只是近 20 米宽的一趟铁矿线，铁矿不是露天的，开采之前必须要修个安全的井口出来。这就要先选个点，把石头炸下来，修整成一个整齐结实的洞口，然后再把路铺平，方便车辆进出。值得庆幸的是当时的铁矿很浅，而且矿线比较宽，不用修轨道什么的，所以省了不少物力财力。就这样，杨贺云前期大约投资 2 万元开起了自己的小铁矿厂。

一切准备就绪，剩下的就是采矿了。那时候铁矿还没有完全放开，杨贺云的铁矿厂经营很简单，开采用的炸药是定点供应的，要凭着从公安局办理的开采手续去炸药库购买，采出来的铁矿也需要按照相关协议卖到一公里以外的北大岭铁矿上。杨贺云要干的事情主要就是指挥从村里雇来的临时工开采、运输，定期给工人发工资。铁矿开采要先用风枪打眼，一面铁矿石墙要横着画出几条线，再在每条线上选几个点，这些点构成围棋棋盘模样，选好点后用风枪钻进 3 米多深，装好炸药引爆，铁矿就被炸成碎块散落下来。有的铁矿石块头比较大，不方便运输，就用大锤砸碎，然后人工把矿石装到一种改装过的翻斗车上，运到北大岭铁矿销售。这些运输用的翻斗车在市面上是买不到的，我们采访过一个开车的年轻人，听他讲，这些车都是从县里某个地方订购的，要先支付定金，两个月后取车。村里人给这种车取了个形象的名字，叫“四不像”。

铁矿石卖给北大岭铁矿并不是一手交钱一手交货，一般都要累计半年才给支付一次货款，杨贺云认为这是因为国家困难，是可以理解的，他自己也是半年才给工人发一次工资，工人也没有抱怨什么。那个时候大家都不容易，可是大家都能吃苦、肯吃苦。

当年铁矿石价格低，15 元左右一吨，每吨铁矿利润最多也就 5 元，铁矿厂一年的利润大约在 10 万元左右。铁矿厂办起来两年以后，资金开始慢慢回流，把贷款和债务还清以后杨贺云自己在年底还能有点盈余，生活也就容易多了。一般来讲，承包铁矿只是一年的合同，可是杨贺云费了好大的力气才把井口开出来，村里其他人就算有心要承包，也不好去争，所以基本上不存在什么承包人变更的问题，也就是说，杨贺云只要每年年底向村里缴纳 5000 元的租金就可以一直开采下去。

那个井口开采了 12 年以后就没有铁矿了，井口废弃，杨贺云和村里的承包合同也就自动取消了。铁矿厂关闭以后，矿压机、风枪等设备卖给了别的矿厂，在这 12 年期间，铁矿开采的设备并没有太大的变化，那些设备还有一定的利用价值，所以基本没有什么大的损失。

那时杨贺云 37 岁，已是两个儿子的父亲。靠着多年开矿的积累，家里买了小汽车，有数目可观的存款，在村里也称得上是少有的富裕户。闲下来的杨贺云想着要为村里办些事情，毕竟自己今天的富裕离不开村里的照顾。说来也巧，村里当时正在选小组长，杨贺云赶紧去村委会报了名。前面已经提到安达石村的小组结构，考虑到杨贺云自身条件不错，人热情，又算是村里的致富带头人，开铁矿时雇用村里的人，从一定程度上解决了村里闲置人口就业问题，改善了部分村民的生活质量，村里选他当了十组组长，这也是我们采访时他的第一身份。

村里的组长没有实际的工作，说出去就是打打杂，跑个腿什么的，协助村干部处理一些村务。可熟悉农村的人都知道，麻雀虽小五脏俱全，村虽然只是半级行政单位，可是管理的事情一样也不比其他单位少，有时甚至还要多，包括调解邻里纠纷，家庭矛盾，等等。上级单位来人调查水利、电力，组长们要给人家做向导，带着人家去实地考察，有时还要负责招待工作；村里要修路、安路灯、清理垃圾，搞村庄建设，组长就变成了工长，监督指导村里雇来的人把活计做好，有时组长也会把工程承包下来自己雇人做；没事的时候要多去村民家走走，看看谁家有困难，谁家有矛盾，都要及时反映给村里，由村里对其进行帮扶；村里引进企业要租用或购买农民的地，组长也要到农户家里座谈，积极协调，避免产生纠纷。

组长的工资不高，一年村里发给500元~800元不等，因为这不属于财政开支，是村里依靠集体收入来支付的，所以工资会多少和村里经济情况挂钩。当然，这并不是全部，组长做类似监督垃圾清扫这样的具体工作的时候，另外会有具体的工资报酬，一般和村里打零工的农民工资相等，采访时的行情是60元一天。此外，村里没事的时候组长还可以种地，做些生意什么的，均可获取收入。事实上，好多组长都有自己的生意，几乎没有只靠工资收入生活的。杨贺云告诉我们，这几年村里引进的企业多，村里给企业提供良好的投资环境，企业赢利了到年底的时候都会或多或少捐给村里一些钱，这样村里就富裕起来，帮村民免费安装了有线电视系统、支付农村合作医疗费用，此外，有钱了就可以搞村庄建设，改善村民居住环境，组长也就要比前几年更加忙碌了。

看着两个儿子一天天长大，杨贺云开始考虑孩子的婚事了。农村孩子结婚一般都要搬出去自己住的，男孩家想娶个漂亮媳妇就要先盖好房子，这样才会有人家愿意把女儿嫁过来。2003年，杨贺云花费将近20万元在村里盖了六间新式的房子，每个儿子三间，中间的一间是大客厅，左右两侧的一间房可用隔断将其分成两小间，做卧室、厨房使用。

房子盖好的第三年，也就是2005年，21岁的大儿子把媳妇娶进了门，又过了一年儿媳妇生了小孙子，现在由杨贺云的妻子照看；二儿子至今还没找到合适的对象。两个儿子都只读到初中就退学了，杨贺云表示自己很希望孩子能上大学，家里条件也有足够的能力供他们到毕业，可是孩子实在不是那块料，一看书就头疼，最后只能作罢。现在，大儿子夫妇都在1.5公里以外的宽丰矿业有限公司上班，大儿子负责运输车辆的调度，儿媳妇看地磅，每天工作8小时，三班倒，即8:00~16:00、16:00~24:00、24:00至次日8:00各一班。小两口一个月的工资加起来将近4000元，公司还给上了意外伤害险(每人每月100元，如发生意外，最高赔付金额为3万元)，过年过节发米、发面，有时候也发色拉油什么的，生活也算富裕。小儿子在村里给一家个体户当保安，工作时间和大哥相同，只是工资少了点，每个月1200元左右。家里的汽车因为使用时间太长已经处理掉了，目前孩子们上班都是骑摩托车去。在村里摩托车是最常见的交通工具了，上班的工人几乎都是骑摩托车出入的。我们曾在村里的兆丰钢铁公司见过一个很大的车棚，里面停满了工人的摩托车，很是壮观。不过，一家人外出的时候摩托车就没那么方便了，最近杨贺云的大儿子正在谋划去北京买一辆小汽车，因为担心会后悔，所以需要一段时间仔细考虑考虑，毕竟买车还是一笔不小的开支。

房子是盖了六间，可老二心气高，看到村里很多有钱的人都去城里给孩子买楼，自己也想去县城买楼房，要把自己那三间房子留给爸妈养老。这几年房价涨得厉害，县里的楼房每平方米也要 3000 多元，买一套差不多的房子，再装修好了大概需要 60 多万。虽说孩子有了稳定的工作可以使用分期付款，但杨贺云不打算那么做，他说无论哪个儿子想买楼房，自己都支付大部分，儿子自己支付少部分，一次付清房款。

清闲了那么长时间，房子盖好了，孩子们眼瞅着也都成家立业了。2007 年，杨贺云又发现新的商机，在离家 1.5 公里的村边上开起了采石厂。说起采石可是比采铁矿容易多了，首先不用办理烦琐的开采手续；其次，开采石头的大山已经卖给北大岭铁矿修建尾矿库，修尾矿库一般是在山腰修建大坝，和大山围成漏斗式容器，来放置矿业废渣，少量开采山地的石头不会造成任何危险，这样，就不存在购买原料的费用；最后，采石都是露天开采，流程简单，成本也相对较低。有着 12 年采矿经验的杨贺云开办采石厂简直就是轻车熟路，没用多长时间采石厂的运作就上了轨道。近几年村里引进了不少企业，大企业要建厂需要石头来铺地基；村民们去厂里上班，能挣到工资，生活也就富裕起来，很多人家开始盖新房子，这也需要石头来打地基，因此杨贺云的采石厂生意一直很好，轻轻松松一年就有 4 万元的收入。

采石厂雇的都是隔壁尖山村的村民，没有招聘广告，大家都是靠别人介绍，电话联系。杨贺云先把自己需要工人的消息告诉朋友，或者是某个在村里打工的人，消息就会传到隔壁村子里，有些打算干活的人就过来看一下情况，如果觉得报酬合适就会来工作，这样一直招满为止。工人是临时工性质，分三种类型，一是破块的，炸出来的石头一般块都比较大，不方便运输和使用，需要工人用大锤破成小块，这些工人的工资是按天支付的，一天 80 元；二是装车的，因为是小作坊式经营，没有大型吊车，石头都是工人搬到车上去的，他们按劳动量收费，也就是计件工资制，每装满一车石头 30 元；三是运输的，杨贺云的采石厂并不购买运输车辆，也就是上面提到的“四不像”，而是雇用一些自身有车的司机来运输石块，他们是结合运输次数和运输距离收费，随油价涨落而上下浮动。这些工人一个月下来都能挣到2000元以上，好的时候还能挣到2500元。

刚干采石厂的时候，要先用风枪打洞，再买村里修尾矿库剩余的相对安全的炸药填到洞里引爆，把石头炸下来，工人破块以后出售。到我们采访的时候就不用那么麻烦了，直接用大锤就可以把石头凿下来。杨贺云每天早上骑摩托车去厂地看一下，安排一下工作，检查是否存在安全隐患，剩下就是联系销售什么的。杨贺云一般不会整天待在采石厂，他不在的时候就由带山的班长管理工人，帮助计数。因为石头销售都会有发票，只要月底把带山班长记的总数和月销售额核对就可以了，所以不会存在骗取工资的可能性。

山区平地少，耕地就是少之又少，杨贺云家目前只有2亩地，种玉米，一年一季，收成除去自家吃的能卖1000多元。近几年村里引进企业需要建厂房，杨贺云家有的耕地被规划到厂区，经村里协调就出租给了铁粉精选厂建厂房。刚开始的时候一亩地的租金是500元/年，近二三年物价上涨，租金也随着涨到800~1000元。在我们走访的人家中，只有少数人家将耕地出租，从言语中，能看出来大部分人都很愿意把自家地租出去。现在种庄稼都赔钱，远不如将地租出去收入高，还省得受累打理。只是因为村里有区域规划，工厂建厂房并不需要租赁那么多地，农民又怕土地会因闲置而荒废，即使赔钱也坚持耕种。

杨贺云是安达石村第一个依靠铁矿资源致富的人，在很多人都观望的时候，他果断承包铁矿，抢占了先机，挖到第一桶金。不过细心的人可以发现，当时的村干部是杨贺云的大哥，这在一定程度上也帮助了他战胜其他竞争者。在村里，甚至在整个中国，成就某些事情，关系也是很重要的。铁矿挖没以后，杨贺云已经有些积蓄，当时宽城县铁矿正炒得火热，他本可以收购其他的铁矿来开采，不知什么原因，正值中年的他却退出铁矿领域，做了一名收入低微的小组长，而且一干就将近十年，直到最近几年才又开了采石厂。

采访结束的时候已是中午，虽说已经聊了将近两个小时，可总觉得意犹未尽，村里有太多东西值得我们探索，幸好还有几天时间入户，我对此行充满了期待！

（二）安达石综合商店的老板田桂兰

为了便于我们能够更好地开展访谈工作，安达石村委会悉心地为我们每个调研小组配备了一个生产组长做向导。巧的是这次我们的访谈对象正是向导张叔叔的弟媳——安达石综合商店的老板田桂兰。尽管有张叔叔的引荐，我们却很明显地感觉到田桂兰并不大乐意接受我们的访谈。从张叔叔向她介绍我们开始，她就用带着疑惑、戒备、探寻的目光打量着我们，又就我们此行的目的翻来覆去地问了几遍，之后很无奈地告诉我们快点问，她还有事情办。我们猜想可能是长期做生意的经历，练就了田桂兰泼辣的行事作风和伶俐的口齿。

她较为瘦削的脸庞面色微黄，褐色的眸子透着那么一丝精明。出生于1957年的她是个地地道道的满族人，曾就读于安达石初级中学，1981年嫁给了本村青年张德坤。

1982年这里实行了家庭联产承包责任制，田桂兰家分得了1亩8分地，家里的生活开始有了起色。为了补贴家用，1985年田桂兰就开始在村里的主干道旁边经营一家小卖店，不仅方便村民，还可以服务于来往的车辆。生意一直挺红火。田桂兰现在的店面依旧在主干道旁边，经营面积只有20平方米，店面后有个占地约12平方米的卧室，主要供中午休息用。这是在2003年翻盖的。由于属于临时占地，每年需要向县地税局缴纳50元的土地使用费。我们疑惑的是既然是临时占地就没有必要盖新房子，万一哪天被收回土地就会亏损很多。田桂兰说如果政府要收回，她肯定配合工作。说得不痛不痒。因此我们猜测或许田桂兰很有财力，盖房子的费用对她而言不算什么；或许由于商店所在的位置正在主干道旁边，公路又是2003年新修的，毗邻好几家农户住宅，没有理由被政府或企业征用土地，她才肯这样大费周折。这家商店经营的产品就是日常的烟酒副食，进货非常方便，主要是通过打电话从宽城县订购。每周一承德烟草公司会打电话访烟，周三县里就可以送货上门。访谈中不时有人来买东西，还有两次被送货的物流公司打断，一次是送酒，一次是送矿泉水，田桂兰做事非常麻利，一副游刃有余的样子。物流公司来卸货的时候，田桂兰不时地询问我们问完了没有。我们小组只好尴尬地冲她一笑，“阿姨您先忙，一会我们继续聊”。可能受我们在场的扰乱，物流公司的车走了以后田桂兰才发现酒的数目送的不对，转身就拨了进货单位的电话，说明原委后又继续我们的访谈。

2008 年的金融危机严重影响了小店的经营。由于村里有铁矿，每天都有运输铁粉和钢铁的车辆进进出出，田桂兰的店开在他们的必经之路上，生意火爆。而金融危机的爆发一度使铁矿经营不景气，运输车辆少了，田桂兰的客源就没了，只能倚重村里的农户。而现在经济情况好了很多，小店的经营又有了起色。

她告诉我们经营这个小店进货成本需要 10000 多元。当我们问她每月盈利多少的时候，她就不肯说了。再三追问之下，她含糊其辞地告诉我们就 100 多元吧，也就够自己花。我们继续追问她的日常开销，她无奈地讲小卖部挣的钱也就是用于自己的一日三餐。我们组员很疑惑，就故意问她一日三餐花多少钱，于是这个问题陷入了循环论证。最终也没解出来。

田桂兰的丈夫原来在三道河子铁矿做岗位工，现在该铁矿被盛丰钢铁有限公司收购，他就成了盛丰的员工。他的工作是看机器，每天工作 8 小时，实行三班倒，每月工资有 1700 元。盛丰钢铁有限公司给员工买了五险一金，逢年过节还会发些米、面、油。

田桂兰还有一部分收入来自 8 棵栗树，每棵栗树可收入 200 元左右。由于在 2006 年修铁路时家里的大部分地以每亩 3000 元的价格被买断，现在只剩不到半亩，也就随便种些苞米、蔬菜供家里吃。我们问她耕地被占用的补贴标准是否合理，她立马警觉起来，说这哪说得清，似乎是怕我们向上反映对她不利。

2000 年田桂兰家盖起了建筑面积达 240 平方米的二层钢筋水泥小楼，非常整洁漂亮。由于村里没通自来水，田桂兰自家小院装了一台水泵，平时做饭主要用煤气液化气。家里最主要的家电是三台电视，两台冰箱，对于一些新的东西，她也不是没有能力置办，而是不感兴趣。

在访谈中还发现一个很普遍的现象，问收入时含糊其辞的村民在提到支出情况时却往往能打开话匣子，这点田桂兰也不例外。2008 年田桂兰一家支出情况如下图所示：

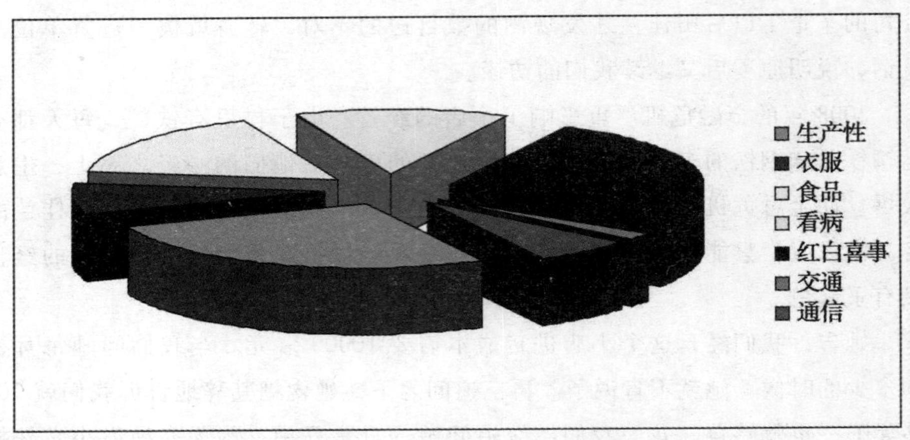

图 17－1　2008 年田桂兰家支出情况

表 17－1　　2008 年田桂兰家支出明细表　　单位：元

总支出	生产性	衣服	食品	看病	教育	娱乐	红白喜事	交通	通信
37000	10000	3000	6000	5000	0	0	10000	600	2400

由于之前纠缠于食品支出问题，让她戒备。我们就从交通、通信这些无关痛痒的项目问起。我们发现，本地村民之间因红白喜事随份子所占的家庭支出比例偏大的现象很普遍，这也从侧面反映了当地村民的生活水平水涨船高。由于田桂兰的子女已经就业，家里不存在教育费用的开支。在娱乐方面，田桂兰讲家里去年的支出基本为零。当然这点我们调研小组并不认同。早晨来小店的时候，我们就曾遇到呵欠不止的张德坤，说是打了一晚的麻将。关于这个，田桂兰自然是闭口不谈的。我们问她是否喜欢旅游，田桂兰告诉我们前年矿上组织过，她和丈夫一起去的，丈夫公费，自己自费，出去一趟挺开心的。去年单位没有组织，自己家又挺忙，就没往外跑。医疗方面，尽管田桂兰有村里支付的新型农村合作医疗，张德坤有盛丰集团办理的医疗保险，2008 年他们也不曾患过大病，依然花了 5000 元的医药费，尽管在我们看来他们显得比实际年龄年轻，田桂兰说他们两个的身体都不大好。很自然地，我们又提到食品开支问题，谈得极为顺口的田桂兰似乎忘了之前我们的口舌之战，告诉我们大概一年要开销 6000 元。我们小组不由得心中窃喜。在问明去年一年的总支出后，我们默默核算了下，觉得支出超了收入很多。不便明讲，

只好问她每年挣的钱能否剩余一部分，田桂兰说当然能。我们继续深入这个问题，是花的多还是存的多，她顺口告诉我们当然存得多了。我们后来重新核算，认为她的小店一年收入应不少于三万。

问及田桂兰将来的打算，是否考虑扩大经营规模或者从事别的行业，她表示否定，说这个店就已经耗费了她的全部精力，她年纪也大了，健康状况又不是很好，守着这个小店就可以了。我们问她家里近三年是否接受过政府、社会补贴救济，田桂兰说她家这条件怎么可能领政府补助。

田桂兰和丈夫育有一儿一女，儿子张玉良现在是承德赛文广告公司的法人，女儿张玉蕊在旺旺集团承德办事处工作，现在家里没有什么负担。田桂兰也并不打算将来去市里同儿女一同生活，说不愿成为他们的负担。

在访谈过程中，我们发现富裕起来的村民往往不愿暴露自家真实的经济情况，藏富心理非常普遍，大家都很懂得韬光养晦的道理。除了大家心知肚明的一些基本打工收入，别的总是能回避就回避，能隐藏就隐藏，生怕人知道，还有一些在谈到敏感问题时，比如说土地征用的补偿标准，有相当一部分人避而不谈，讳莫如深，有趣的是，有的家庭还会出现这样的情况，一个家庭成员刚刚抒发对某项事情的不满，立即就有人阻止他讲下去，说你可别讲，让他们把咱们给告了。当然也有愿意细谈自家家庭收支情况的，这些人往往是贫困户，希望能够得到更多帮助。在走访途中，会遇到很多村民，村民之间相互都比较熟悉，尽管我们调查组中有一部分人也是来自河北省，但是聪明的村民们很快能辨别出我们，其中大部分人都很好奇，很愿意窥探我们此行的目的。还有一些村民主动和我们搭讪，希望我们能够去他们家访谈，说还有什么问题得不到解决。

宽城满族自治县是国家扶贫开发工作重点县、少数民族自治县和全省移民大县。为改变贫穷落后面貌，大力实施工业强县和城镇化战略，我们所走访的安达石村随着公路、铁路的修建和企业的不断进驻，失地和半失地农民不断增加。这里建立起了民、企双赢互利安置模式，解决了土地被征占的失地农民就业问题。针对征占中失地农民的安置问题，从“双维双赢”的理念出发，一方面帮助企业协调解决征占过程中产生的问题，另一方面要求企业特别是对文化技术条件要求不高的劳动密集型企业在招工时要优先安排本村失地农民就业，获得稳定的工资收入。农民变成了企业职工，原来矛盾对立的两个主体变成一个利益整体，企业征占障碍排除了，农民也得到了实惠。

比如我们这次访谈的村民田桂兰家，她的丈夫就先后在三道河子铁矿、盛丰钢铁有限公司上班，与土地征用前相比，家里的收入水平有增无减。

（三）头脑灵活的致富能人张志文

和谐家庭万事兴。塞外七月，虽是炎热夏季，但宽城这个山城却已隐约有了一丝秋天的凉意。放眼望去，一片片绿色呈现在眼前。群山环绕，松青柳绿。今天是 7 月 26 日，计算起来今天已经是我们在板城镇安达石村调研的第五天了。几天来，板城镇领导的热情接待和精心安排、安达石村委会的盛情陪同和大力协助、安达石村民的热情欢迎，使笔者感到此次调研的意义和责任，同时增强了笔者一定要把此次调研做实、做细、做精的信心和决心。

通过几天的调研，使笔者感受最深的是安达石村和谐、富庶的景象。在笔者的建议下，村民小组长苏纪海把我们带到和谐、富裕家庭张志文的家里。张志文，满族，1981 年 2 月 21 日生，2000 年毕业于峪耳崖高中。其妻耿浩旋，1983 年 10 月 25 日生，满族。张志文夫妇 2005 年喜结良缘，育有一子，孩子今年已经四周岁了。婚后分家另过。父母身体健康，与未婚的弟弟住在一起。当调研组到他家时，耿浩旋正在上网浏览信息。她的儿子正在看动画片《喜洋洋与灰太狼》。张志文则非常悠闲地坐在沙发上抽着烟。看到我们的到来，夫妇二人非常热情，拿出饮料、水果和香烟招待我们。笔者感到，夫妇二人肯定都是见过世面的人。在这种融洽的气氛中，我们对张志文夫妇进行了详细的访谈。张志文不擅言谈，但一谈起他和谐的家庭、他的致富生意经、他熟知的矿业来就打开了话匣子。张志文家现在住的房子是他前几年结婚时修建的，该房子建筑类型是典型的砖瓦石房。除去他的那个大院套，住房建筑面积约为 140 平方米。房子的附属设施土暖气、水井和卫生间等一应俱全。屋子是比照城市里的楼房设计的，设有客厅、厨房等。客厅内的家具和电器也都比较现代化。其中，客厅中宽大的老板桌上安装着一台台式电脑，并配有音响系统。张志文的妻子每天都要上网浏览商业信息，及时给张志文出些做生意的主意。家里做饭时主要使用煤气灶、电饭锅、电炒锅等。现在的年轻人的生活观念与老一辈人不同了。他们更喜欢简单、舒适，最突出的反映就是年轻人做饭不想像他们父母那样蹲在火灶前烧火，喜欢既不闹烟又简捷、快速的电器和煤气灶。张志文家只有一亩地，因平时开出租、倒卖矿粉等比较忙，就包给别人家种了。这样一来，张志文一家就变成了村里的“非农业”。事实上，张志文的生活水平比一般城里人还要高。从张志文的耐用消费品数量和质量就可窥其一角。他家有电视机1台、电冰箱2台、洗衣机1台、影碟机1台、小轿车1辆、电话1部、组合音响1部、手机2部和空调1台。尤其是他家的小轿车更是他富有的象征。2008年，张志文家总收入为26500元。其中，从种植业收入500元；从事运输业收入20000元；其他经营性收入6000元。当年的家庭总支出为18100元。其中，衣服类支出约为4000元；食品类支出约为8000元；教育支出600元；娱乐项支出为2000元；通信费用约为1500元；红白喜事支出约为2000元。张志文夫妇及孩子的身体素质比较好，所以去年基本上没有医疗费用支出一项。但张志文一家都参加了新型农村合作医疗保险，每人每年的30元保险费都是由村里统一支付。现在的张志文一家过着富裕、和谐的生活。

头脑灵活致富经。俗话说，一分耕耘，一分收获；天上掉不下来馅饼。张志文的幸福生活也是源于他那精明的致富头脑。张志文夫妇婚后，如果仅凭那一亩承包地，那就得去要饭喝西北风。为了使妻子过上幸福生活，头脑灵活的张志文通过各种渠道探索致富路径。他曾经想去大城市打工，但那又不是长久之计；想过在家里搞养殖业，但这几年猪、羊、鸡、牛的市场不稳定；想过从事种植业，然而板栗、山楂的市场价格又很低。最终，张志文把目光投向了矿业。在板城镇，做矿业主要有开矿、运输矿石、加工铁精粉、做居间人联系铁精粉销售业务赚差价。前三种方式都需要大量资金投入。刚刚成家尚未立业的张志文没有那么多钱去做。对于他来说，做居间人赚取报酬可能更现实。2000年高中毕业后，张志文就开始一直在他叔叔的矿上打工。在矿山打工的过程中，聪明精干的张志文逐步熟悉了与矿山有关的业务和生意，并凭着诚信结识了许多做矿业生意的老板和一些矿业公司的销售、采购人员。这为他日后做运输矿石和铁精粉生意打下深厚的人脉基础。2006年，张志文离开矿山，开始自己筹划做铁精粉生意。虽然张志文在矿山打工五六年挣了几万元，但是要想买矿山、办选厂或买八轮跑运输还是远远不够的。但是几年矿山生活，张志文积累了深厚的人脉。在矿业这个圈子里，他的朋友多、信息来源广、关系网密集。聪明的张志文懂得如何规避自己缺乏资金的劣势和如何发挥他的人力优势。于是，他选择了做委托代理人给球团厂联系铁精粉购销业务。笔者是法律专业毕业生，对《中华人民共和国合同法》

中规定的委托行为比较熟悉。于是，便与张志文详细地分析他在铁精粉购销中的委托行为来。在委托法律行为中，存在三方当事人，即委托人、受托人和第三人。在张志文的生意中，他就是委托法律关系中的受托人。委托人是委托张志文去联系铁精粉采购业务并根据委托人的要求代委托人签署买卖铁精粉合同的球团厂或烧结厂。第三人是出卖铁精粉的铁选厂。委托人给张志文的报酬以他所签订的合同标的即铁精粉的吨数计算，以每吨铁精粉提成12元作为报酬。张志文在接受委托后，就要通过上网、朋友提供以及考察等方式去搜集有关铁精粉的价格、品位、水分和货源等信息。谈起信息来，张志文非常感慨。代厂家去采购铁精粉赚取中间报酬，最关键的就是信息。可以说，他所在的这个行业的竞争实质就是信息战。张志文在这方面总结了很多经验。由于球团厂或烧结厂的原料是含铁量高的铁精粉或铁矿石，所以必须注意铁精粉和铁矿石两个市场的相互作用。宽城满族自治县及周边的青龙、迁安、迁西、遵化等县的铁矿石的品位都比较低，只有通过铁选厂，将铁矿石打碎、磨细后通过磁选、重选和浮选等方式祛除矿石中的非铁成分成为铁精粉才能为球团厂或烧结厂用于锻造钢铁。这样一系列程序会增加成本。与铁精粉形成强烈竞争的是澳大利亚矿石。因为澳矿石的品位较国内矿石品位高得多，我国国内铁矿石的品位达50%的就是上品了；而澳矿石的品位一般都能达到60%，有的甚至达到70%。宽城本地的铁精粉的品位比较好的能够达到60%多。可以说，澳矿石拿来就可以用来炼钢冶铁。这两年，我国大量进口澳矿石已经对国内的矿业造成很大的冲击。所以，张志文在做采购业务时必须掌握大量相关信息，然后判断市场价格后是否为委托人采购。另外，宽城本地铁精粉市场竞争也比较激烈。这主要体现在市场价格方面。张志文是一个负责的受托人，他要为委托人考虑铁精粉的市场价格是否合适。可以说，买高了就有可能给委托人增加很大成本。那样的话，委托人也会失去对张志文的能力和信誉的信任。所以，张志文深深懂得做一个让委托人满意的受托人不是那么容易。由于张志文头脑灵活，他在这方面把握得还是能够让委托人相对满意。除了要严格掌握市场价格外，张志文还要严格把握铁精粉的质量。铁精粉的质量主要体现在品位方面。每次与铁选厂谈交易时，张志文都会认真仔细地查看铁精粉状态，认真地对铁精粉进行取样然后到权威部门去化验。再按委托人的要求，他负责签订完合同后就算履行了义务。其他的任务，譬如装车、运输、过磅等都属于委托人的事项。外行可能认为张志文的钱赚得很容易，其实不然。这样的采购业务的核心是必须要有灵活的思维和充分的信息源。信息为人所掌握，所以归根到底做一名成功的采购员必须要有灵活的头脑。张志文就是这样的人。金融危机爆发之前，他一直在做这种生意，而且还比较成功地赚了好几万元。在这期间，如果发现铁矿石赚的话，他还会倒卖铁矿石赚取差价。就这一项，他就赚了大概三四万元。俗话说，成功属于有准备的人。张志文凭借他那对矿业敏锐的嗅觉和对铁精粉市场的熟悉和把握，实现了他的致富之梦，为他们一家三口人赢得了幸福、富庶、和谐。

危机袭来生机现。2008 年史无前例的金融危机自美国爆发后迅速席卷全球。在金融危机爆发之前，自 2003 年以来矿产品价格一直持续高速攀升，2008 上半年又有新的大幅攀升，综合价格指数达到 141，为五年新一轮增长开始以来最高的一年。国际铁矿石价格已连续上涨了 6 年，澳大利亚和巴西矿石的累计涨幅分别达到了 410% 和 376%。金融危机给我国矿业带来了阵痛，矿产品价格大幅度下跌，很多企业纷纷出现资金链断裂。张志文回忆道，去年十月份后，宽城县的矿业企业基本上都停止了开采，铁选厂停止生产。以矿业为主要产业的板城镇安达石村，有相当一部分人从事矿业，有的做矿业管理者、有的倒卖矿石、有的也像张志文一样倒卖铁精粉或做采购业务，有的在铁选厂做临时工等。矿业大萧条后，这些村民基本上都失业在家。为数不多的正在生产的矿业企业也对工人工资进行大幅度削减。张志文所从事的行业受到的打击最大。然而，张志文并没有在危机面前失去致富的信心。他在与妻情况子耿浩旋认真研究了市场情况以及村里状况后，发现了致富的商机。村里许多村民都没有事做，他们把目光投向了村民娱乐行业：在村里开办了一个台球厅。自台球厅开业后，耿浩旋和她的婆婆轮流看管台球厅。虽然每天下来收入不多，但十个月下来也给这个小家庭增加了近六七千元的收入。开台球厅一方面可以赚些钱补贴日常开支；另一方面也给一直打理家务的妻子和母亲找些活做。这就是张志文一举两得的想法。除开台球厅外，聪明、勤奋的张志文又考虑到跑出租车这个行当。前两年，张志文就买了小轿车。但那时他买小轿车仅是用作自己的交通工具，没有考虑开出租车拉客赚钱。如今，台球厅由妻子和母亲照管，矿业又很不景气，闲不住的张志文决定开出租车。虽然安达石村是山城中的一个小村，但由于当地经济较为发达，出差、办业务、村民探亲或到周边县市去看病等客流量比较大，所以客运业还是比较有市场的。自去年跑出租以来，张志文又小有收入。

（四）养猪大户张德财

下午出发前，韩俊志（村会计）得知我们要去采访张德财，掏出手机说，他家路不好走，先打个电话问他有没有空，免得你们白走一趟。电话接通了，张德财正好在家，也有时间，韩俊志顺便给他简短地介绍我们此行的来头与目的。这才让我们随领队赵亮（村官助理）前往张德财家。赵亮跟我们说，去张德财家有两条路，一条近一条远，近的路不好走，远的那条是公路好走一些，但要绕很远，问我们想走哪条。我们有点偷懒地选了近的。张德财家在小学后面的山沟里，走过小学后是庄稼地里的荒草路，快到目的地的时候，是一段看起来很平坦的湿泥地，我们尽量挑着硬实的地方走，走得很慢，但还是有几脚踩在软泥里，鞋上粘了些黄泥，随行的另一个女生袁薇不小心陷在软泥里，两只鞋塞满了黄泥，裤脚也湿了，只好低着头小心翼翼地走着，我们搀扶着女生绕过张德财家后面的围墙，才到了他家大门前，没见人，顺着大门往里看是一片工地，八九排水泥小隔间还未盖顶，赵亮领着往前走了约 50 米，只见左边有两间临时工棚，里面有一对夫妇，正是张德财夫妇俩。见我们脚下满是泥，夫妻俩明白是怎么回事，从屋里打来一盆干净水，找了个凳子，让袁薇坐下洗脚换了鞋，笑着跟我们说，怎么不走大路呢！前几天下雨，后面的泥没干，不好走。

这是张德财临时的家，一间厨房和一间卧室，厨房很简陋，只有一台液化气灶、一台冰箱、一个简易圆桌以及一些零碎餐具，卧室紧挨厨房，里面有两张床，一个办公桌。因为旁边正在建养殖场，所以生活条件相对艰苦一些，特殊时期特殊对待，他们一心只想把养殖场办好，日子过苦点，都没往心里去。

张德财，1956 年生，汉族，无宗教信仰。妻子叫刘翠清，今年 52 岁，有 15 年工龄，在好几年前就开始领退休工资。之前夫妻俩都在潘家口水库移民迁建办公室上班，张德财当司机，刘翠清作食物保管员。

张德财家原是安达石村坐地户，家里两个儿子，为了孩子上学方便，1992 年搬到县城，大儿子 1981 年生，毕业于承德财校，现在四川新希望集团（百万头养猪基地）养猪专业合作社为地方养殖户服务；二儿子今年 25 岁，湖北警校毕业后在宽城公安局干了七年，去年回村帮父母办养殖场，两个孩子都已经成家了。在县城有两套房子，两个儿子一人一套，而产权都在张德财名下，一套100平方米，一套130平方米，统一供暖，村里还有一套1960年盖的房子，有六间房，没有暖气，100多平方米，如今老母亲住在里面。

张德财初中毕业后，正赶上“文化大革命”，1988年在北大岭铁矿上班，1991年张德财被调到移民迁建办公室当司机，2002年，迁建办公室被私人买断，大批员工失业，每人只给了5000多元补贴，养老保险上到这年为止，到2008年养老保险满20年。潘家口水库移民迁建办公室，之前属于事业单位，主要为库区移民服务，移民搬家，哪怕是一块石头，说要带走的就得带走，有七艘大船，搞旅游，养猪加养鱼，效益很好。后来调进一个经理，中途办了个营业执照，转制为企业，变成了私有企业，职工原来的编制没了，不再享受退休养老保险，说解聘就解聘了。照理说应该享受失业补助，但是当时县里穷，享受不到这些。2002年后他就变成了自由人。

失业后，张德财买了几辆车，两辆解放车（20多万元一辆），一辆半挂车（40多万元），我们问，搞这个运输行业好经营吗？张德财直爽答道：“不好经营，不好经营”，妻子在旁边忍不住笑了。我们说，您买了三辆车，收入应该很不错的。“不行，那也不挣钱。”当时请了三个司机，主要运一些钢材什么的，和当地企业合作，比如兆丰集团。有时候把县里的半成品钢铁往外运到唐山，有时候从唐山拉成品钢材回来卖。按吨计运费，企业有什么拉什么。到唐山有150多公里，载货的时候拉一趟要六七个小时，要是空车三个半小时就到了，基本上每天要跑一次。跑单程90元/吨，双程来回140元/吨。重卡规定一次能拉55吨，但实际上能拉100吨，最怕路政，有时候一次罚款上万元，2007年、2008两年最少交了四五万元罚款，罚单是以公路维修费的名义开的。

还有一大笔开支是油费。2008年汽油供应紧张，买油需要办卡，托关系才能办到，半挂车满载跑一趟唐山的油费需要1500多元，解放车单程跑一趟唐山的油费需要700多元。给司机的工资：2007年2700元/月，2008年3000元/月。2008年，半挂车税费：营业税7800元/年，养路费5350元/月，车船使用税8300元/年，工商费8000元/年。两辆解放车，卖得比较早，记得不是太详细，跑一趟唐山运费大概800元，油费三四百元，相对半挂车来说，收入和开支要少很多。张德财感慨道，养车不挣钱。（可是按照他说的最低标准，只算半挂车，每天跑一趟，单程，满载100吨，一吨运费90元，一车能挣9000元，一年只算360天，一年的总收入也有324万元，相对支出来讲，收入要多出很多，户主说养车不挣钱就不得而知了）

2008年由于市场不景气，县城有不少企业减产甚至停产，下半年，张德财把半挂车卖了，转手养猪。问及当初怎么想到要养猪的时候，他说，一是通过看电视，国家扶持“三农”，国家政策好，对养殖户有保障，有地方政府的大力支持，二是年纪大了，想往家走，老母亲在村里没人照顾，几次接她去城里，她都没去，因为不习惯，所以想着在村里办个养殖场，办好以后把老人接过来，方便照顾。

为什么选在山沟里，而不选择在公路旁办养殖厂呢？张德财说，1988年以前在村委会干过，任安达石村治保主任，四口人三亩多地，当时听说县里有政策，鼓励农转非，农村人可以购买非农户口，他花了一笔钱把家里的四口人中的三个转成非农户口，就剩二儿子没转，后来跟他母亲一起都转非农了。按照国家政策，农转非的，原有土地应该保留，可是，县里的政策不同，2004年家里的三亩多土地都被收归集体。因为那时候，种地要交农业税、土地税等各种税费，种地不仅不挣钱反而赔钱，所以没争执就把地交给了村组织，也就是现在办养殖厂的这块地。当时张德财在这里栽了不少苹果树，想尝试多种经营，经营一些树种，但后来发现这个地方不适合生产，苹果树得腐烂病都死了。由于国家政策扶持，于是转到养殖来了。

现在猪场还在建，估计10月份竣工，立项的时候，先通过国土局的批准，才开始建厂，原来申请项目计划养6000头。今年形势紧张，原计划一次建成的，由于市场需求萎缩，加上建设资金不足，只好改成分期建设，一期工程预计今年投产。张德财打算先养2000头，等经济好转再扩大规模。

销路怎么样？现在有两种方案，一是与新希望合作，张德财正在和公司洽谈，如果新希望对养殖厂的扶持、技术和服务都好，而且能直接见到效益，就跟他们合作。如果他们的政策出台后，跟他们合作对养殖厂没有什么利益，那可能就自己做，自己繁殖，自己育肥，自己联系销路等。现在还没同新希望签合同，因为猪场还没建完，等建完以后，新希望过来验收合格了，他们再拿政策给我看，如果说政策合理，猪场有效益那就签合同。但从博弈层面来讲，张德财第二种方案（不合作）对新希望并不构成有效威胁，因为他不掌握全套养殖技术，建厂之初就是依靠新希望的技术，依靠对方供应饲料，提供种猪，负责销路，养殖厂这边只出场地和人工，所以，在猪场建成之后正式谈条件时，张德财并不具备要高价的优势。

常看中央七台，张德财感觉国家对农村的扶持政策是再好不过的了，但是到下面的实际实在太难。到目前为止，国家的资金养猪场一分钱都没争取到。张德财开玩笑地说："政府从精神上给我一定的资助，但是从经济上享受不到，小赵你别不爱听，你看昨天县人大的领导到这里看看，我说，杜书记，您到我这里就给我精神支柱，您应该给我带点钱来呀，哈哈！"

现在土建钢材开支能给钱的自筹给钱，实际上大部分都没给呢。自筹的钱一部分从亲戚借，一部分想通过信用社和银行贷款，但是信用社贷款需要折子，"有折子还需要什么贷款，本身因为没钱才去贷款"，去农行又需要公务员担保，可是，家里没有亲戚是公务员，实际上国家的扶贫政策变成了人情政策。说到这里，张德财显得有些愤怒："比如说，我需要贷款，你是国家公务员，你不认识我，我找你担保，你肯定不会愿意。最起码你和我是直系亲属才能担保。实际上，公务员一般也不缺钱，何必要去贷款呢，都是那些困难地想搞企业上项目，资金紧张才去贷款！"听张德财说起这些很是无奈，刚从工地回来坐在旁边休息的老主任忍不住也感叹几句，安达石村这么多需要资金的村民，能贷到款的几乎没有，就听说一个叫刘元复的贷到了，是真是假还不确定呢。

之前宽城县只有农村信用社和农业银行两家金融机构，最近工商银行刚进入宽城，希望它的放贷条件能宽松一些。不过，从张德财和老主任的口气中听得出来，他们并不抱很大希望。

因为手里资金紧张，贷款又困难，之前设计的很多项目能省的都只好先搁下，把重点放在必要的建设上，比如说，猪舍、水库等，而配套的生活区和综合办公楼暂时先搁置在一旁。说到这，张德财从办公桌的抽屉里拿出一张大图纸，上面画的是整个养殖厂最初的规划草图，整个养殖厂坐西朝东，东临村里的柏油马路，中心有五排猪舍，每排两栋，共十栋，每栋十间猪舍，总共一百间猪舍，占地面积 4000 平方米。猪舍西面有个 100 立方米蓄水池，西北角是一套 300 平方米库房，西南角是个卫生间，东面是 600 平方米生活区和一栋综合办公楼，再往东临近马路处准备建一个 100 立方米沼气池，总建筑面积约 4900 平方米。

我们问整个猪场计划投资多少？张德财说，猪场的立项投资 560 万元，配套100立方米沼气池，投资403万元，计划由中央政府投资100万元，地方政府配套100万元（由县财政出），自筹资金203万元，省里已经通过沼气项目可行性报告。整个猪场原计划总投资是963万元。看着办养猪厂需要办理的手续，如立项备案书，建议书，营业执照，专家评审表，项目可行性报告等，坐在旁边的老主任感叹道："现在办个企业，手续这么多，为了办这些手续跑来跑去，腿都跑麻了！"

到目前养猪场已投入多少资金？仅厂房建设已投入50万。整个养殖厂由两个大坝围成，西面一个，东面一个，西面大坝30多米长，3米宽，全部由钢筋混凝土砌起来的，东面大坝50多米长，也是钢筋混凝土的，就这两个大坝投资将近50多万。在对面山头（二里远）打了个机井，通过管道把水引到养殖场的蓄水池，打机井花了将近25万。从村里马路到养殖厂修了条水泥路，花了将近30多万，土地征用费33000元一亩，征了2亩6分地。老主任同张德财的关系不错，办猪场期间经常过来帮忙，他对建猪场的开销了解很清楚，在张德财细算一项项投入的时候，坐在一旁若无其事地笑着说，"我只知道到现在已经投进去270多万了。"他给张德财办猪场的投资记着一个总数，张德财每向猪场投入一笔钱他就加在总数上，所以对猪场的总投入记得很清楚。主要是垫底，开山，用钩机，放炮，基建包工费，人工费，材料费等。（砖石瓦块都张德财自已买，钢筋，上次拉了个10万的，昨天又拉了个13万的，砖还没算呢，水泥花不少钱，三天一车，每车20吨，没有50万下不来）

张德财夫妇俩平时没有娱乐活动，"每天早上6点30起床，准备等工人过来开工，工人散工吃完晚饭走了之后，都快8点多了，再做做家务活就9点多了，哪里还有时间出去参加什么娱乐活动。"刘翠清无奈地说。办猪场搞基建先后请了这么多人，伙食开支都没细算，包括他们的工资等都没细算。

介绍完猪场的投资后，张德财跟我们聊起2008年全家的收支情况，由于两个儿子已经分家，家里劳动力只有张德财夫妇俩，去年两口子一直在忙养殖厂的建设，没有工作，因此2008年全家只有支出没有收入。

2008年全家没有人得大病，但小病不断，老伴有高血压，心脏不好，类风湿，经常吃药，平时有什么小毛病，两个儿子就过来接她去医院，花多少钱不清楚，也没算过，刘翠清开玩笑地说："我瞅着还挺好的，其实满身都是病，呵呵！"平时买衣服都由儿子儿媳妇打理，或者是他们穿剩的，张德财提了下衣领说："这件衣服还是前两天我大儿子拿给我的，我们一年的衣服也花不了多少钱，1000 元足够了。"

老母亲跟大哥一起生活，张德财 24 岁结婚后，因为家里经济条件比大哥好，老母亲的细粮、零花钱等开支全都是他出。从去年开始建猪场，对老母亲经济方面的照顾不如以前。但是必要情况下再忙也要过去帮忙，前几天，老母亲住的房子有点漏雨，张德财在工地找了几个人，抽出一天专门去修房子，把漏雨的地方补好，顺便把柴火劈好才回来。这些事如果他太忙不能亲自去，也会找人做好。

去年张德财花在红白喜事随礼的钱超过 10000 元，其中有三份大礼，每一份都上千元，平时吃饭穿衣花不了多少钱，花钱多的地方都在送礼上。对比我们采访的几家农户，家庭收支与红白喜事开支有一定的联系，一般是，家庭每年收支大的，相应的人脉多，红白喜事随礼的钱也就多。

张德财一年的手机费在 6000 ~ 7000 元，去年办猪场花 80000 多买了辆桑塔纳，大儿子也有辆车。两年来，张德财夫妻俩就住在猪场旁边这两间简陋的平房里，一间房用来做饭，一间房是睡觉和办公的地方。有台电视机，已经坏了，落地电风扇是 20 年前买的，没有洗衣机，冰箱和电磁炉是二儿子拿来的。

像张德财这样在自家土地上投资建厂的，在安达石村屈指可数，我们称其为未来的养殖大户，养殖场除了养猪还包括废物的综合利用，既符合国家的环保政策，又能给猪场带来可观的收益，这样的投资模式有别于传统单纯上项目的盲目性。采用专业合作的经营模式，确保猪场有最新的技术和优良的肉质，加上销售环节的合作，大大减少了猪场投资风险。这种投资理念的转变得益于对国家政策的理解与信任。

在投资猪场之前，张德财主要靠运输业走上致富的道路，因为行业本身的高风险与高费用，跟张德财一样从事运输行业的不乏亏本的，甚至血本无归的。张德财经营运输的时候出过车祸，赔过钱，但总体还是赚钱的，总结他的经验：首先，要有稳定的人脉，尤其是与企业的关系，保证货源充足是赚钱的前提；其次，聘请好的司机，一个熟练的司机和一个生手对车的磨损差别很大，而且熟练的车手可以减少车祸的概率，张德财深有感触地说："经营运输，一定不能出事，遇到车祸准赔。"最后，张德财经营运输业的时候，买了三辆汽车，其中一辆大车，是主要收入来源，两辆小车，生意不好的时候也可保开支。

说起当初为什么选择回安达石村投资，张德财深有感触地说，原来没想这么多，就想搞点什么东西，再说岁数大了也想有个归宿，手头资金往哪里投，之前在猪场选址征地的时候，北沟那边的村里小组给他提供过很诱人的条件："你上我们这建猪场来，这边的地随便占（应该是指定的范围内），一年给村里交200元就行。"这样的条件是再优惠不过的了。张德财想，他是安达石村的人，要把一切经济效益带到家里来，将来岁数大了，亲戚间方便见面，也方便照顾老母亲。老母亲平时跟大哥生活，张德财办猪场回村里后，至少能减轻大哥的负担，最起码，老母亲有什么事找他，他在跟前。要是在外地办企业去，可能永远都扎根不到这个地方来，家里有什么事他更帮不上了。"国际金融危机，不能老想国家帮咱们。从村里到镇里到县里各级领导对我们都很关心，领导过来看我们就是对我们精神上最大的鼓励。"

（五）个体经商致富的杨海江

宽城的平均气温要比承德避暑山庄低几度，来安达石村三天，我们发现这里的天气比县城还凉快，走在午后的阳光下并不觉得很热，前一天采访过老主任杨海云，今天我们找到杨海云的哥哥杨海江家。从村委会沿着村里的主干道往东走不到一百米，有一家商店，是二层钢筋水泥楼房，看起来比旁边的房子宽一些，外镶白色瓷砖，给人耳目一新的感觉，这就是杨海江家，走进商店，老板娘正坐在柜台里面，见我们不像是来买东西的，站起身来，不解地看着我们，没等她开口，张德林给她解释说："他们是从北京来的大学生，来这边作调研，你爸在家吗?"老板娘知道我们是学生，迷惑的表情变得自然许多，微笑着对张德林说，在家。说完让旁边一个小伙子到里屋去传信。我们顺便在商店里逛了逛，货架上摆满了各种日用品，布局跟超市差不多，顾客可以先挑好自己需要的东西，再到柜台结账，显得很自由也很方便，我们随手买了几瓶矿泉水解渴，在柜台面前跟老板娘闲聊了几句。传信的小伙子从里屋出来告诉老板娘，杨海江在楼上，让我们到屋子后面的院子里等。

张德林带我们穿过商店，走出楼梯间的小门，外面有一块很大的圆形水泥地，旁边紧挨着楼房搭建了两间小屋，里面这间是厨房，外面那间摆放着零碎东西，厨房和正屋形成一个直角，正好挡住午后的烈日，形成一块阴凉地，院子外面是一片玉米地，不远处有座小茅屋是厕所和猪圈。我们在院子里乘了会凉，这时从楼梯间走出一个中年男子，中等个子，打着哈欠，慢慢走过来，像刚睡过午觉，一副未睡醒的样子里透着一种沧桑与麻木，听张德林介绍完，他带着困意推辞道："我不会说话，也说不出什么名堂来。"我们笑着说，"没关系，叔叔，咱们就是来聊聊天，我们问什么您答什么就行了"。杨海江这才勉强答应，从外面那间小屋搬来几张凳子，让我们先坐下，然后在离我们 2 米远的地方放下凳子，漫不经心地坐着，我们建议说，"杨叔，您坐太远，我们听不清，这次采访的内容可能会写成一本书。"见我们一股认真劲，杨海江略微提了提神，往我们这边挪了几步，但还是有一段距离。采访刚开始，他的话很少，我们问一句他才答一句。

杨海江，1949 年出生，坐地户，满族，无宗教信仰，家里 6 口人。厨房里传来一阵阵菜刀落在案板上的声音，杨海江顺着声音传来方向指着那个背影说，那是他老伴，也是满族，身体不好，得了糖尿病，平时在家只能做点家务活，带带孙子，去年病发还住过一次院。我们安慰道，这不过是常见病，不用太放在心上。杨海江宽心地笑了笑，脸上的困意渐渐烟消云散。儿子，儿媳妇和他 3 个人是家里现在的主要劳动力。两个小孙子，大孙子 13 岁，在宽城二小读五年级，小的才 4 岁，待在家里玩，没上幼儿园。经营商店的老板娘是他的儿媳妇。

杨海江自己介绍说，他小时候比较困难，有一个弟弟一个妹妹，一家子在公社劳动，那时候勉强能吃饱饭。9 岁上小学，在安达石小学读书，那个时候 9 岁上小学算早的，15 岁上板城中学，18 岁初中毕业。因为当时公社缺少林业管理技术，杨海江被推荐到承德蚕校读了一年书，学习养蚕，学完回崖门子公社分站管理公社的林业。主要负责推广林业技术，教社员怎么育苗、如何嫁接、怎么修剪果树、如何发展农业致富，等等。这样一直工作到 1973 年，之后到崖门子供销社工作。

在供销社头几年还是管着原来的林业推广工作，后来农业推广效益越来越差，供销社有了商店，才开始管供销商品。刚开始一个月能挣 38 元，每年涨一点，社里效益好的时候，还给员工上养老保险。之前崖门子公社和板城公社各是一个乡，由于机构臃肿，后来两个乡合并成为一个镇，叫板城镇，杨海江的编制统一归板城供销社管，到 1989 年，供销社效益下降，没再给员工上养老保险，由员工自愿选择个人上保险。今年杨海江正好 60 岁，到了退休年龄，但是最近10年都没交保险，要领退休工资还需把这部分保险补上才行。

在供销社工作一直干到1991年，国家允许供销社转包给个人，杨海江在供销社工作10多年，有一定的商店管理经验，再盘算了商店平常的收入与开销，决定把商店承包下来，当时的承包主要是把供销社的存货一次性买过来，不再单收转租费，杨海江利用家里的一点储蓄加上从亲戚家借的一些钱，一口气把供销社的商店转包过来，租了个小门市，开起自己的小商店。刚接手过来的几年，商店生意一般，每个月的盈利跟杨海江在供销社工作时的收入差不了多少，大约800元一个月。

因为门面租金一年加起来是一笔不小的开支，杨海江想攒点钱，自己在马路旁边盖栋房子，用自家的门面经营商店，这样就算生意不好，也不用为门面费而发愁。2002年杨海江拿着手中的5万元，准备盖新房子，设计的是总面积500多平方米的二层小楼房，2003年竣工，总共花了40多万，我们惊讶道，“多花了这么多，钱从哪来的呢？有从信用社或银行贷款吗?”杨海江毫不含糊地说，“信用社和银行的钱不好借，都是从亲戚朋友那借的!”

杨海江还欣慰地告诉我们，2003年盖新房子欠的债，到2007年已经全部还清了。之前的十多年他才攒了5万元积蓄，盖起新房子以后，经过短短4年的努力就还了35万元外债，这里的反差大的有些惊人，我们不禁想了解他是怎么做到的。

杨海江的儿子在北大岭铁矿当岗位工，去年每月挣2000元，因为经济危机影响，今年一个月只拿1700多元，有五险一金。当我们问他儿子什么时候开始在铁矿上班时，杨海江一时答不上来，掐着手指细算起来，从20世纪70年代算起，口中咕噜着：“69，70、71、72……”我们坐在旁边忍不住笑了起来。杨海江的儿子今年40岁，1995年结婚，第二年进入北大领铁矿工作。儿媳妇嫁过来以后，一直看着门市，过去有专门的公司，副食有副食公司，百货有百货公司，门市部只能从专门的公司进货。后来这种体制解体，可以从宽城的批发部自由进货，坐车到县城只需半个小时。到现在进货更方便了，批发部配有送货服务，店里缺什么货，打个电话订好货，到时候就有人把货送上门来。

每年养4头猪，过年自己杀一头，卖3头，一头猪卖2000多元，平均每年养15只鸡，卖1000多元，30多只兔子，卖800多元。自己开荒，加上村里分的山地，总共有六七亩多地，种了100多棵栗子树，每年能产1000多斤栗子，板城镇的栗子一般售往日本，过去卖8元/斤，去年日本那边的需求少了，加上村里种栗子的人多，产量大增，价钱降到5元/斤。家里还种了苹果树，过去每年产的苹果能卖七八千元，后来苹果树得了腐烂病，才改种的栗子树。

1982年家里分到4亩2分旱地，一直种到2007年，铁路征用了3亩多地，记得当时1亩地只得了5700元补贴，而当时村里修学校占地和企业占地一般都给35000元/亩，杨海江说起这些显得有些愤怒："这事还没处找人评理去!"家里剩下不到1亩地全部种玉米，加上自家山地土质好的地方也种了玉米，每年一共能产3000多斤玉米，每斤0.8元多。在安达石村采访这么多家农户，一般农户家的玉米只卖每斤0.6元多，而杨海江家卖的玉米价钱最高，我们称赞了他一声，杨海江给我们解释道，玉米在刚出的时候只卖0.6元/斤，在家搁过半年价钱就能涨到0.8元/斤，往年也是这个规律。但是玉米搁在家里时间长了会变干，比刚打出来时轻，不过杨海江算了算，还是卖干的划算。

冬天取暖烧锅炉，院子里有水井。平时做饭用煤气，有时候烧柴火。家里农用生产机械一样都没有，开荒种地种树都是人工。家里的家用电器只有2台彩电，1台冰箱，1台洗衣机。家里有1辆摩托车。闲时看电视。

2008年生产性开支：买了4头仔猪，560元/头，共2240元；3袋尿素，100元/袋，氮肥200多元，肥料共500元；农药和种子需要300元左右，生产性开支总共3040元。

伙食费，一天一个人吃4两米，5个人吃2斤米，将近5元，吃一斤肉8元，蔬菜差不多4元，加上油盐酱醋，一家人平均一天的伙食开支大概要20元，一年按365天算，全家每年的伙食费需要7300元。

衣服开支，主要是儿媳妇和孙子买衣服花钱，一年不超过1000元。每年红白喜事3000元左右。手机费一年720元，平时坐车一年约400元。大孙子在板城镇上学，学费加生活费一年要花将近2000元。

以后有什么打算吗？打算继续经营小卖部，多种点栗子树。

杨海江抱怨最多的是铁路占地，路旁边的大栗子树一颗只补了500元，平时光打栗子，每年也能卖400多元。现在家里只剩半亩多良田，杨海江除了种地，没有别的事可做，现在还能种地，想种点地，却没地可种，无奈只好在自家的山地里多下功夫，比如在栗子树之间有阳光的地方种玉米，但是在山地种玉米比在良田种玉米要用更多的人力、物力，产量也要低很多。

十八、劳动致富人

（一）年轻党员张立国

张立国，满族，1984年出生，初中学历，2004年结婚，目前和父母住一块。家有六口人——父亲张树存、母亲都在铁矿上班，他自己也在铁矿上班，妹妹张立叶刚从铁路学院毕业，正在实习，妻子在家闲着，照顾四岁的女儿张蕊，女儿现在在村里上幼儿园小班。

杨贺云带我们去张立国家的路上，便遇到了他，他正开车帮着姨家拉石子（姨家正在修房子）。杨贺云远远地看见他开车拐进了一个小巷道，就大声叫他，并对他说，把沙石卸了回来下，我们找他有事。张立国应了一声，就消失在巷道里了，不过等了好久他也没有回来。

杨贺云笑着说可能是车的声音太吵了，他没有听清楚。说着自己就往那条小巷道里走去，让我们在路口等会儿。大约等了十多分钟，张立国便和杨贺云一块出来了。他不算高，一米六多一点，身体微胖，上身里面穿着一件红白条纹相间的T恤，外边再套一件旧的迷彩服，由于刚才在劳动，迷彩服上还带着沙土的痕迹，下身穿着一条灰色的裤子，全身都是耐脏的、适合劳动的衣服。看见我们便和我们打招呼，并带着我们往他家走去。进院子时，张立国的父亲张树存正在洗东西，看见我们进来了，便站起来和我们打招呼。张立国比我大一岁，我便叫他大哥，张树存看起来也很年轻，第一眼见到的时候我们并不知道他就是张立国的父亲，又不好意思直接问。为了避免弄错了辈分，我们就没有叫“张叔叔”，只是点头微笑着招呼一下，就跟着张立国进了屋子。进来时大概看了下各屋子，都很干净宽敞，各种家具、电视、冰箱、洗衣机等也都一应俱全。他让我们坐在舒适的沙发上，他自己坐在炕上和我们聊天。调皮的女儿看见家里有陌生人来了，也跟着进来了，一会儿认真地听我们聊天，一会儿又朝我们做个鬼脸，有时候还打断我们的话，帮助纠正说错的话。

我们问张立国小时候有没有什么特殊的经历，他不好意思地笑着说，小时候成绩不怎么好，也就不爱学习，读到初中就再也不想上了，“跟不上”，然后就回家干农活了，也没有什么特殊经历。

张立国毕业回家后，在家也没事干，就琢磨着到外边打工去。2001 年，一个为了方便在附近村铁矿上班，在村里租房子住的人告诉他，可以到唐山当学徒，学习做家具，并介绍他过去。张立国“一听就中”，刚过完年，正月十六便高高兴兴地去了唐山。不过在唐山只干了两天，他说：“工资太低，一年才两千，还得年底才给；不过，如果只是工资低也中，只要能学到东西就行，但说是让他当学徒，可师傅好多东西不让他看，就把自己当小工使。”张立国觉得这样下去根本就学不到技术，而师傅又是南方人，说话还听不太懂，所以就对师傅说自己不干了，回家找别的活干，于是就回家了。

在回家的半路上遇到了一个老爷子，他看到张立国拿着好多行李，便问他是不是打工回来的，张立国边把自己的经历告诉了他，老爷子就让他跟自己一块干。一问才知道老爷子是东北人，现在洒河（宽城附近的一个地方）做豆腐卖，他给自己开的工资是 350 元一个月，管吃管住，并让自己在村里再找一个人一块去。所以张立国回到村后，又找了一个和他年龄差不多的人一块去。

张立国边做手势边说，煮豆腐的锅特高，差不多有他站着时脖子那么高，所以他只能站在板凳上干活。做豆腐的活很累，每天凌晨一点就开始做豆腐，一直忙活到早上七点，豆腐做好之后，马上就往外摆豆腐摊，开始卖豆腐。忙完后就差不多 9 点多了。稍作休息，下午又得忙一下午。睡觉时间只有上午 9 点到中午 12 点，晚上 8 点到凌晨 1 点，由于生物钟被打乱了，大多数时间都睡不着，张立国和另外同去的朋友根本无法适应。后来一个经常来店里的倒运油、面之类的人对他们说，在他们那里也有做豆腐的，有六个和他们一样的小工，干的活也差不多，每人每个月 600 元。张立国和同去的小伙子觉得老爷子在糊弄他们，就决定不干了。这时他们已经干了五天了，由于干的时间很短，老爷子就不给工资，所以两人只能放弃工资回家了。

回来后，张立国在家里闲了一段时间，后经过老姨介绍，到老姨家附近的一个种板栗的果园干活，一天 10 元，一个月发一次工资。张立国觉得，反正在家也是闲着，也就去了。果园里管吃，但地方住满了，他就住在老姨家里。早上六点半就上班，果园是在山上，老姨家离果园还有一段距离，所以每天六点就得出发，工作到晚上 7 点才能回到家。中午在果园吃饭，休息一个多小时。早饭、晚饭可以自己选择在家或果园吃，早饭如果赶得上就可以在果园吃。中午饭的主食是米饭，菜比较差，一般就只有海带丝，有时会有白菜，天天吃海带丝都吃腻了。果园是水利局的，如果局里的人过去了，就会改善改善生活，炖肉吃，大约半个月才有这样一次机会。

在果园干的活是刨苇根（称“苇肠子”），果园正在建设中，山上有很多苇子，苇根很深，需要先把苇根挖掉，才能种果树。早上去的时候，每个人分一块地，刨完了就算完成了。张立国是上班的三十多人中的年龄最小的，所以其他人都会照顾他，让他先挑，于是张立国就照好刨的地选。但苇根很难刨，有时怎么也刨不完，如果刨不完的话工资就会少发，关系好的朋友就帮着他刨一些。也有时运气好，选上了沙地，用不了一天就刨完了，剩余的时间就可以休息了，如果有关系好的朋友刨不完他也去帮忙，礼尚往来。

那时在果园里有很多黑拉鼠，非常好看，尾巴跟松鼠相似，毛都是立起来的，所以看起来很粗，又因为全身是黑色，故当地称之为黑拉鼠。黑拉鼠是一种药材，能治骨伤，可以卖十元一个。由于黑拉鼠吃板栗，它爪子很锋利，能用爪子刨开板栗外面带刺的外壳，所以园主鼓励大家抓黑拉鼠。张立国和朋友们如果看到黑拉鼠，就向它扔石头，黑拉鼠害怕被砸到就会往一些石头洞里钻。那时正在建果园，很多地方是用石头垒的，黑拉鼠就钻进了这样的洞里，把头埋里面，怎么都不出来。只要在外面烧火，用烟一熏，黑拉鼠就在里面被熏晕了，然后把石头搬掉，黑拉鼠就躺在里面。把黑拉鼠交给负责的人，记着数，每个月底发工资的时候一起算账。但黑拉鼠并不是经常能碰着，如果下班早，就可以到处转转，碰到了就抓，而且必须是在石头垒的地上才能抓到，要是在苇很高的山上根本没法抓，黑拉鼠往苇子里一钻就看不见了。

在果园总共干了 11 天，正好轮到每个月要放假两天。放假时张立国便想家了，于是回村里了，就不想再去果园了。干的时间很短，可能拿不到工资，但由于张立国上班的时候跟其他人关系都不错，所以也就把工资给他了。总共挣了不到 150 元，刚好把前面两趟外出的路费给挣回来了，还送了一双胶皮鞋。

回到家里，张立国的二叔（住在宽城）听说自己的侄儿在外边干活挺累的，就琢磨着给买辆车开，就问他“是要买三马子还是四不像（当地的俗名，三马子是三轮农用车，四不像一种自己组装的四轮车）”。一般情况下，买四不像的话就会在矿山里拉矿石，而买三马子的话就是在外面的大道上跑。因为当地的矿多，张立国就选择了买四不像，后来就在矿山上班。四不像就是我们在来时的路上，看到张立国开的那辆车，斗是可以翻的，方便卸载货物。它不像拖拉机，也不像翻斗车，是通过组装而成，当地人称之为“四不像”。需要的人先在宽城一个店里预定，四不像不是品牌车，在店里是没有现成的，预定之后才开始组装。2002 年张立国买这辆四不像花了 12600 元。

预定后，需要半个月才能做好。这段时间张立国就跟着村里的一个在矿上拉矿石的师傅学，因为是邻居，也不用给钱。师傅去哪里他就坐在车上跟着去，这样可以熟悉周围的路，闲的时候师傅就告诉他各个装置的作用，过一段时间就慢慢让他试着开。头一次开车的时候张立国差点撞树上了，越着急就越慌张，本应该踩刹车，却踩到油门了，把师傅给吓坏了。学了半个月，也就差不多能自己一个人开了。这个时候张立国自己的车也买回来了，就能随便练习了，他就开着车到处跑，开始还胆怯，跑多了也就熟练了。

之后就到北大岭铁矿拉矿，从矿洞里把已经打碎了的矿石拉出来，加工的地方也是在北大岭，所以不是很远。洞很深，幸好有灯，一般空车进洞需要二十多分钟，载着矿石出来则大约要一个小时。那时按吨给钱，一吨三元（距离是平地一里，下山和进洞各一里多地），张立国的车一趟能载 4.7 吨到 4.8 吨，一天能跑五六趟，挣六七十元。油钱由自己付，开始的时候走的是平路，一天要烧 2.8 元的油。后来要下洞，经常上下坡，烧的油就多了，铁矿为了平衡价格，如果洞越深，钱就越多，最远的有每吨六七元。

就这样，张立国钻了六年左右的洞。因为觉得在矿洞里比较危险，2007 年就决定不干了，在外面跑一些路面的活，哪里有活就跑哪里。谁家盖房子，需要拉一些石头、沙子的，就会找他。2007 年的时候拉一车石头是 80 多元，现在已涨到一百四五元了，价格也会根据跑的距离双方协商调整。石头都是现成的，河套发水冲出来的，到处都有，不过得自己搬，也挺累的，所以他父亲空闲的时候也会帮着去捡石头。

虽然拉石头价钱挺高，但是经常没有活干，就只能在家里闲着，所以张立国就决定到铁矿上班，抽空闲时间也帮别人拉石头赚些钱。张立国开了六年的车，自然而然也掌握了修车的技术，矿上机器的运行原理也很清楚，于是他就应聘做了泰丰利华精粉加工公司的技术工人，负责维修机器。与利华签合同的时候，公司为了防止员工犯错、闹事，每人都得交2000元的押金，张立国也只得交，到现在也一直没有退，听说要走的时候才退。这时，旁边的杨贺云一语道破天机，走的人退了2000元，新来上班的人再交2000元给补上，对公司来说就等于没退，如果你在厂里犯了什么错，被开除了这2000元就不给你了。

泰丰利华公司以前属于泰丰集团，是国有企业，去年金融危机公司效益很差，就卖给个人了。购买者是宽城的一个老板，购买了公司的55%的股份，掌握了公司的绝大多数股份，他便有了决定权，但现在公司名字还没有改。杨贺云插话道，“一般情况下，国有企业变私企后，工资会降低，而且会把一些岁数较大的员工裁掉。”利华公司被收购之后，停工了一段时间，张立国和他的父母今年上半年都没有上班，现在刚上了一个多月班；工资从每月1800元降到了1200元，公司的理由是由于受到金融危机的影响铁粉降价了，大多数员工们也知道确实如此，也都接受了；现在利华公司虽没有直接裁员，但由于工资降低了1/3，好多人就自动离开了，公司便变相的达到了裁员的目的。张立国说，将来铁粉涨价之后，工资肯定会涨，如果不涨价的话工人肯定会全跑了。当我们问道，现在的利华公司还会不会给工人交养老保险，张立国也不清楚，他说，现在上班不久还不清楚，如果交的话应该是从工资里扣掉100元，剩下的厂里掏。不过，张立国说，感觉上现在的利华和以前的利华并没什么大的变化，除开老板换了、工资低了，公司的管理人员、工人都是原班人马。

以前公司有8个负责维修的技术工，而今年只有5个了，张立国是其中一个。每天上白班，早上七点半上班，中午十一点半下班回家吃饭，下午一点半上班到晚上五点下班。以前有8个技术工就8天值一次夜班，后来7个人就一周轮一次夜班，现在就每五天上一次夜班了。他们负责维修的主要是加工铁精粉的机器，因为机器一天二十四小时都不停地转，很容易坏。公司规定他们有活就干，没活干就可以自由休息，但机器老坏，所以也没有多少闲暇时间。上夜班的时候，一天二十四小时就待在公司，如果有机器坏了，别人就会过来找他过去修。晚上没机器坏也就可以睡觉，但机器运作的声音太大，吵得根本睡不着，而且还老有人过来叫去维修。不过欣慰的是，值夜班的第二天就不用上班了。如果夜班的时候睡了一段时间的觉，第二天就可以多一些时间自由安排，要么出去帮别人拉石头，要么在家干点农活。夏天时白天时间长，五点下班回来天还没黑，张立国就会再干点活，再吃晚饭。晚饭后看看电视，有时也找人打打牌，他说，如果睡太早就睡不着，一般十点左右睡就行，早上六点左右起床。

因为姨家盖房子，今天需要拉一些石子之类的，张立国就在公司请假了。我们便问，请假会不会扣工资，他说请假只是没有这个班工资，反正就是上多少班就给多少班的钱，也不会从应得的工资里扣钱。听到张立国这么说，我们很不好意思，就请假一天回来给姨家拉石子，却被我们拉回来采访。张立国笑着说："没事，应该能拉够。"我们便说，如果拉不够的话，我们采访结束之后也帮着去拉些石子去。张立国开心地笑了，说"能拉够，能拉够"。

刚才来的路上看见的，就是张立国帮姨家拉的石子，他说，如果是别人应该是 20 元/车，因为是自己的三姨就不用给钱了。石子都是在北大岭铁矿那边拉的。每趟来回差不多二十多分钟，如果北大岭铁矿那边料多的话，每天能拉二十来趟，料少也能拉十来趟。来回都是水泥路，所以也烧不了多少油。

我们问，他们住的房子是什么时候建的，是不是他自己也拉了一些石头沙子。张立国想了想说，房子是 2002 年建的，当时他刚定亲，妹妹张立叶在上初中，父母都在矿上上班，自己也在矿上拉矿石，很忙，就把整个房子的建设承包给了大队。那时物价很便宜，所以花的钱不多，四间房一百五六十平方米总共花了不到 8 万。

房子修好之后，2004 年张立国就结婚了，那时他才 21 岁（虚岁）。我们不由得感叹，这么早就结婚成家了。不过，在农村都如此，只要不上学了，就会很早结婚，父母也抱孙心切；也有结婚晚的，但一般都是因为家庭情况很不好，不好找媳妇，对方看不上。结婚的时候请客，因为亲戚朋友很多，张立国家收了礼金一万多元，除开花掉的钱，还能剩下三四千元。后来女儿出生，家里又请了一次客，不过请客的范围就小了，主要是一些要好的亲戚朋友，就没那么多的礼金了。张立国说，其实这都是礼尚往来嘛，得的多，送的也多，自己家有事的话，亲戚朋友就鼎力相助，当亲戚家有事的时候，也得送很多礼，比如去年，红白喜事的送礼得有 6000 多元。张立国现在和父母还没分家，所以送一份礼金就行了，如果分家了就得分开送礼。

安达石村是满族村，国家的政策是村里一对夫妻可以生两个孩子，如果再生第三个孩子就会被罚款。张立国现在就一个女儿，他说还会生一个。杨贺云说，村里的好多人都想要儿子，如果前几胎都是女儿，总想再生个儿子。

张立国家三口人在铁矿上班，我们以为他们就不会再种地了，但事实却不是这样。他说，他们家也种地，而且很多，有八亩地。我们很奇怪，为什么村里人都地少，而张立国家地这么多呢？他告诉我们，他们不但种自己的地，爷爷奶奶的地也都让他们种了。地多活也多，不过现在有了高科技就方便多了，播种玉米的时候先打除草剂（二十多元一瓶，五六瓶就够），把杂草杀掉，再用农用肥就够了；等到收割的时候，就先人工收回来，晾干后用机器打。张立国说，也不用买机器，只要你把棒子卖给人家，人家的机器就可以白使。去年，张立国家共打了玉米1万多斤，以0.6元/斤的价格卖了一半，收入了3000多元，剩余的都换大米白面了，也留一些养猪，现在张立国家养着一头猪。

当我们问张立国家的收支状况时，他说，自己和父母没分家，账是一块算的，钱也都存在一起。去年，父母上班的工资最高有一千五六百元，金融危机来了效益不好就少一些，而且父母都轮班分别有三个月放假时间，自己高峰时工资有1800元，但也放了三个月假。加上种地等，全家收入应该有3万多元。支出主要有女儿的花费、每人一部手机和电话座机的话费；有时也买些菜，因为家里人多，种的菜很单一；还有父亲喝酒、自己抽烟的钱、“四不像”的油钱等，张立国想了好多，最后他说，除去开支，应该剩了1万多元吧。这里，张立国还提到了一个细节，他和母亲都有摩托，但父亲没有，他说，因为父亲喝酒，担心他喝酒骑车就不让他买了。

由于考虑张立国很忙，我们不想占用他太多的时间，就加快时间结束了访谈。然后我们邀请他们一块到门口合影，才发现他的父母都出去干活了，只有张立国的女儿和妻子在，假如刚来的时候合影就好了。张立国这时发现自己穿的仍是迷彩服，他就不好意思地脱掉了，穿着T恤出来了。这时调皮的小张蕊要我们给她和家里的小狗合影，照了四五张仍要照，张立国的妻子就把女儿拉开了，说“好了好了”。合影之后我们就离开了。

当我们走出还不到50米，就见张立国穿着来时那件迷彩服骑着摩托又匆匆出去了。

（二）种地为生、打小工挣钱的张德林

我们7月底来到安达石村调研，入户采访部分的计划时间是3天，因为挑选的农户样本量大，调研时间紧，为了提高采访效率，同时考虑到每个生产小组的组长对本组的情况最为了解，村委会请来村里的各组组长，给我们带路，避免我们入户时不必要的麻烦。我们组抽样的农户主要分布在村委会附近，这一带归第九生产小组管。通过村支书的介绍，我们找到了第九生产组的组长，他叫张德林，是个话不多，但骨子里透着热心的人，简单的握手寒暄之后，他爽快地答应了我们的请求。

张德林，平头，高耸的鼻梁上面是一双炯炯有神的眼睛，额头上两道长长的皱纹同眉毛齐平，泛红的皮肤从脸上一直红到脖子，像是刚喝醉酒的样子，在安达石待久了会发现，这种肤色在当地中老年男子中很常见，可能与北方的水土有关。张德林平时穿件淡蓝色长袖衬衫，衣袖扣得很紧，左手袖口露出一块黄色的机械手表，透过衬衫看得见里面穿了件军队迷彩T恤衫，银灰色的西裤配一双黑色皮鞋，腰间围着一条黄色皮带，脚踝时而露出棕色袜子的颜色。

入户采访这些天，我们和张德林约好，每天早上8点在村委会见面，并前一天跟张德林商量好第二天要采访的名单，一般情况是上、下午各采访两户，有时候农户离村委会近，下午可能安排三户。确定好采访名单后，张德林还要把入户的顺序想好，免得串门的时候走重复路，耽误了时间。次日早上7点左右，张德林就到了村委会，坐在旁边一边聊天，一边等我们，为我们带路的几天都是如此。早上，我们的调研团队在村委会找到各自的组长后，便分成小组各自去找自己的农户。

入户期间，组长除了给我们带路以外，还有一项不被人提起却很必要的任务，那就是挡狗。在安达石村，每家每户基本上都养看家狗，有些人家的狗用绳子拴着，有些人家的狗根本没拴，只要有人进院子，狗就会叫个不停，陌生人不知虚实，一般不敢随便进别人家大门。尤其是在城市生活惯了的学生，除了听过鸟叫，很少听过其他动物的声音。张德林带我们采访的第一户是村里为数不多的贫困户刘凤庭家，刚要迈进院子，大门内突然传来一阵狗吠，把我和另一个调研同事吓得速退好几步，在这种关键时刻，张德林往往

挺身而出，挡在前面，他先打探好院子里的情况，再领我们进去。

挡狗的任务并不是一帆风顺的，记得有一次，我们去采访一位老党员，他们家正在盖新房子，院子里堆着零碎建材，大门还没砌好，用几根木头柱子撑着，我们同样在院子门口听见狗叫，张德林照旧走在前面，正要穿过柱子时，突然跑出两只小狗围着他又是叫又是咬的，吓得我们慌了手脚，一直等到主人发现后才得以解围，所幸，有惊无险，狗还小，没咬伤人。看着张德林憨厚的样子，我们心里有些感动。

每到一个农户院子里，户主见是张德林，便省去了不必要的顾虑，总是很热情地招呼我们进屋。张德林很少给我们和户主做相互介绍，他进屋后，自己挑个不显眼的地方站着，把舞台全权交给我们。有时候，碰到很熟的人家，他会向户主介绍我们的来历，但往往不超过三句话而且要想很久：他们是北京来的大学生，来问问家里的情况，你有什么就说什么。我们和户主聊天的时候，张德林就在一旁静静地听着，偶尔补充几句，这样直到采访结束。采访完一户，张德林跟户主道别后，接着带我们去下一户，在路上他要么用并不熟练的普通话和我们聊农户的情况，要么不和我们搭讪，一个人专心地走着。第一天我们很不适应，聊的话题很少，慢慢地跟张德林混熟了之后，才知道他平常就是这样，喜欢多做事，但不爱多说话，因为小时候念书少，很多事情心里明白，但嘴里说不出来，所以他宁肯多出力，也不愿上台多说一句话。知道他的性格后，我们和张德林的沟通默契了很多。虽然他不善言辞，但遇到不懂的事情，我们还是常去问他，听他吞吞吐吐地答着，我们总能找到一些有用的信息，并笑着把他心里所想的话猜出来，猜对的时候，张德林微笑着点点头，不对的时候，他也并不在意，一直到我们猜出他的意思为止，他每次都很耐心地给我们解释，久而久之，语言变得简洁了许多。

我们入户调查的名单里有张德林，但是他一直忙着带我们采访别的农户，直到一次偶然的机会，我们正好经过他家门口，在我们的再三建议下，他才答应带我们进屋做一次对他的采访。

张德林的家离村主干道不远，院子外面是很简陋的围墙，走进院子大门，一栋耳目一新的小平房映入眼帘，外镶白色整齐的瓷砖，多少有些出乎我们意料。我们没想到的还有，张德林家不像平常家庭一样养狗，只养了一只机灵的小猫。院子里围墙旁边摆放着一些零碎的砖头和木板，另一边用铁网和砖块搭建了一个简易鸡窝，里面养着五六只鸡。房子前面台阶上一个年轻女子正在包饺子，旁边摆了张小桌子，上面有擀面棒、面团、饺子皮、一小碗水、一盆饺子馅和十多个包好后整齐摆放成一圈的大饺子，这么大馅的饺子在南方很少见，显现出北方人豪放的性格，女子向我们微笑了一下，张德林对我们说这是他的儿媳妇，说完带我们走进屋里。家里共有六间房，雪白的墙壁和光滑的地面给人一种很整洁的感觉。张德林带我们先进了间大的屋子，招呼我们坐在炕上，这是他和老伴的卧室，平时招待客人也在这间房里，跟其他家庭一样，屋里一个很大的火炕，几乎占了房间一半的面积，靠墙正对着火炕有一台彩色电视机，老伴正在屋里闲着，我们主动打了声招呼，等张德林介绍过后，老伴热情地走出屋子说给我们洗水果去，我也跟着一起出来，随她走进厨房，厨房的面积只有卧室的四分之一大，很简陋，靠窗户的角落砌了个大锅灶台，对面角落放着一个大水缸，里面是满满一缸清澈的井水。灶台上放着一些青苹果，阿姨从水缸舀水倒在灶台上的盆里，把苹果一个个洗干净，先给我拿了一个，笑着说："尝尝，刚从山上摘下来的新鲜苹果。"说完，端着其余的苹果往卧室走。我们咬了口青苹果，夸奖一番后，和张德林聊起他的经历来。

张德林，1951 年出生，当问起民族，他好像提前有准备，总结道："在我们这里，姓'袁'和姓'苏'的一般都是满族，其他姓的一般都是汉族。"张德林不例外，也是汉族，他 9 岁上小学，原来安达石村、双庙村和西村都是一个村，叫安达石村，归崖门子公社管，当时村里唯一的一所小学叫安达石小学，他在这里读到 5 年级就辍学了，回崖门子公社劳动挣工分。家里的劳动力除了父母和他还有个哥哥，在公社劳动一全天可以挣 12 个工分，家里 4 口人都很勤快，每天早出晚归，拼命地挣工分。他还记得，1964 年，全家 4 口人一年挣了 10800 个工分，这是家里挣工分最多的一年，当时一个工分折合人民币是两毛七分八，有钱的人可以不劳动，用钱买足公社规定的工分就行了，但当时，大家清一色的穷，只能靠劳动挣工分。一年挣下来的工分扣除口粮折算的工分，多出来的可以换成钱，也可以换更多的口粮。那一年，张德林的父母把多出来的工分全部换成口粮，以备不时之需。

1966 年，赶上"文化大革命"，张德林从公社出来，当了"红卫兵"，16 岁进入战备团当预备兵，主要负责管理枪支，由于工作调动，去过辽宁，走过黑龙江，还上过内蒙古。当过副连长，这是张德林最引以为豪的荣誉。这让我想起他常穿的迷彩 T 恤衫来，人在一个地方生活久了，难免会沾上那里的一些习俗，张德林从16岁入伍到37岁退伍，在部队度过了21个春秋，部队里的生活习惯早已根深蒂固。

1988年，从部队出来，组织上没有安排工作，因为当时的兵太多，副连长也成堆，国家哪里有这么多岗位！张德林曾经想回家做点副业，在自家土地上烧过砖瓦，由于土质的原因，烧不出好砖来，后来不得不改种庄稼。也曾试图在山里种植经济作物，种山楂树，由于品种的原因，果子不好卖，又不得不放弃。这些尝试失败后，张德林年纪大了，守着家里3亩多耕地，过着安稳日子。

张德林有3个孩子，2个儿子，1个女儿。大儿子初中文化，今年37岁，在村头开了家机械修理所，看起来，好像效益很一般。二儿子33岁，也是初中毕业，在县城开出租车，收入情况不详。女儿初中未毕业就去了天津打工，今年30岁，至今未嫁。两个儿媳妇都是满族，可以享受少数民族的照顾政策，比如允许生两个孩子，孩子考大学加分等。

两个儿子结婚后都分了家，在填我们设计的调研问卷时，他在“你家16岁及以上劳动人口数”一栏写了个“1”，这显然不包括老伴和在天津打工的女儿在内。我想这里有他自己的考虑：两个儿子分出去了，老伴身体不好，平时不能下庄稼地，不算劳动力；女儿到了嫁人的年龄，不能指望她一门心思为家里挣钱。所以算来算去，家里实际劳动人口只剩他一人。

在20世纪80年代初，土地分包到户，让农民空空的肚子里有了粮食可填，是农村翻天覆地的进步，但人还有进一步的追求，填饱肚子后的农民，开始想除了吃饭以外的需求，而仅靠种地并不能满足这些需求，这就促使农民从事种地以外的副业，尤其是当一项除吃饭外的需求成为刚性时，这种转变也就成为必然。张德林平时的家庭开支并不多，有钱时买点新衣服穿，没钱时穿旧衣服，没有孩子上学花钱，不出远门旅游，花钱的娱乐活动不参加，但是有种需求让他不得不出去挣钱来支付，那就是老伴病多，每年看病都需要不少钱。去年老伴得了一场大病，住进医院，花了1万多元，这是一笔很大的开支，两个儿子分担了一部分，剩下的张德林出，这些钱靠种地挣回来几乎不可能。很简单，看看去年种地的收入便一目了然了：家里2亩地（原来3亩地，有1亩退耕还林）都种玉米，亩产1200斤，市价0.64元，全年的种地的收入也就1500多元，这还不包括化肥种子农药开支以及人工费。

为了维持家庭的正常开支，张德林被迫出去寻找另一份收入。这些年，村里的经济发展起来，伴随着一种职业也活跃起来——做小工，包括企业用临时工和家庭请工。2003 年他被推荐当生产小组组长，当组长事情不多，收入也很少，对此他并没有打退堂鼓的意思，今年还是 9 组组长，我想主要原因并不是因为收入，而是年迈后，一种为群众服务的意愿。家里的地并不多，平时除了村委会的事和种地外很闲，从老伴生病后，张德林做起小工，只要有需要小工的地方，张德林随时待命。

在村里当小工，平均 60 ~ 70 元一天，一般都管中饭，但毕竟不是每天都有活干，所以去年一年张德林打小工挣了 5000 多元，对这样的收入，他觉得已经相当可观了。这种例子，在安达石村并不少见。在本地打小工有它独特的有利面：首先是离家不远，免去了城里昂贵的房租费、交通费、生活费等费用；第二是工作时间上比较灵活自由；第三是避免了在城里那种背井离乡、人生地疏的感觉；第四是技术含量低，以体力活为主。但缺点也富有特点，概括起来是：工种杂、工时短、工资低，跟资本主义萌芽阶段的劳动力市场有得一比。

（三）励志脱贫的苏继奎

苏继奎，男，1955 年 5 月 22 日生，曾在安达石中学上学，初中毕业。当村民小组长苏继海向苏继奎夫妇说明我们调研组的意向后，苏继奎那张布满沧桑但刚毅的脸上呈现出疑惑犹豫之色。见此情形，笔者马上向苏继奎夫妇解释说：我们是在作调研，而不是调查。这时夫妇二人才放松下来，我们的交谈便自然地开始了。苏继奎兄弟姐妹八人，五个弟兄，三个姐妹。当时在安达石村也算是人口大户，自然更是数得着的困难户。据他回忆，当时家里吃的饭以糠渣子为主，甚至有时母亲为了让孩子多吃一口，就用铁铲子使劲地刮锅底试图把那些糊糊嘎刮下来吃掉。后来，苏继奎的大哥在家里盖房子时积劳成疾去世。谈起大哥，苏继奎夫妇心里不是滋味。由于家庭人口多，排行老二的苏继奎 15 岁时就开始在地里干农活，帮助父母种地、锄草、翻薯秧子、收割庄稼、打场、刨庄稼茬子、起粪。每天日出而作，日落而息，每天吃完晚饭后就睡觉了。为了能让几个弟弟和妹妹喝碗粥，为了减轻父母的劳动负担，他默默地用他那还没有发育成熟的脊梁承受着这一切。这种状况一直持续到苏继奎去县物资局做合同工时才结束。谈起那时候的贫困，对比今天丰衣足食的生活，苏继奎感慨万分：是党的政策让我们填饱了肚子。

如今，苏继奎的家是个标准的温饱型家庭。现在苏继奎一家五口人，苏继奎夫妇、儿子、儿媳、还有一个小孙子。现在的砖瓦石房是2002年在老宅基地上翻建而成，住房建筑面积约140平方米。冬天取暖设施基本以火炕为主，辅之以土暖气。安达石村地下水资源比较丰富，村民每家都在自己的院子里挖了口井，配备一台水泵及一根内径约为5厘米的塑料输水管，输水管一端接在水泵的出水口并随同水泵一起置入井底，另一端被置于屋内的水缸处。村民用水时，只要合上电闸就可以把水从井里抽到水缸里。访谈之间，笔者感到口渴就喝了几口凉水，感觉这井水比城市中的自来水好喝多了，口感甘甜、纯正。这也许是因为安达石村所在地地下水源没有被污染的缘故吧！苏家做饭有时使用电饭锅、电炒锅，有时使用旧式以柴火做燃料的大锅。此次调研中，笔者发现安达石村各户都有自己独立的厕所，厕所或被建在院内或被建在院外。这种现象是新农村建设中农民的卫生观念较为进步的表现。苏继奎家共有3.5亩承包地，由于这些地大部分都是山地，无法修建管灌等水利基础设施，所以这些地都是靠自然降水才能耕种的旱地。这就是山地的劣势。这几年，每年苏继奎都在3.5亩地上种玉米。因为种玉米好经营，只有耕种、打除草剂、秋收三个环节。去年苏继奎为种这3.5亩地的玉米，花费700元买了化肥、二铵、农药、除草剂和种子等生产资料。秋收后，按当时的市场价计算，3.5亩地产出了价值约2000元的玉米。苏继奎除了经营那3.5亩旱地外，还栽种了几百棵栗子树和山楂树。就2008年而言，苏继奎家就收获800余斤板栗和2400余斤山楂。去年板栗的市场价是5元/斤，价值约4000元；山楂的市场价较板栗低多了，去年的价格是0.5元/斤，价值约为1200元。此外，勤劳的苏继奎还养了三头牛，以2008年市场价计，价值约为15000元。苏继奎的儿子和儿媳都在本镇的矿业公司工作，去年他们为这个家挣了约34400元的工资收入。去年苏家的总支出约达17500元；其中除前面提到的700元生产性支出外，还有1000元购买衣服类支出、约2000元的食品类支出、1500元医疗支出、300元教育支出、1000元红白喜事支出和5000元通信支出。访谈中，笔者与苏继奎夫妇计算了一下去年的收支结果。去年苏家全年总收入约为41900元，总支出约为17500元，结余为24400元。这个数字使苏继奎非常兴奋，因为那是苏继奎年轻时想都不敢想的数字。苏继奎家的耐用消费品都是这些年添置的。他家有2台电视机、1台电冰箱、1台洗衣机、1部照相机、1台影碟机、2辆摩托车、1部组合音响和3部手机。对于苏继奎来说，电视机使他更多地了解信息；洗衣机免去了手洗衣服的费时和劳动；摩托车使他出行更方便；手机使他信息更迅速、更通畅。在苏继奎介绍家庭经济状况后，笔者对比今昔，感到苏家的变化真是翻天覆地呀！不过，一分收获的背后，必然有一番耕耘！感慨之余，笔者向苏继奎问起了他的致富经历。

1971年，苏继奎到县物资局做合同工，这一干就是八年。八年中，他的眼界开阔了，他的管理经验丰富了。八年的物资局工作和生活把苏继奎由一个小伙子打造成了一个智慧能干的汉子。1980年冬从物资局回到了村里做合同工，同时任小队队长，组长。当时规定，每个合同工每个月必须向小队交30元，一年到头基本上剩不下钱。上有老、下有小的苏继奎开始思考如何填饱肚子、怎样才能盖上新瓦房，盘算着干什么才能赚钱以备将来娶儿媳妇、给女儿准备嫁妆。中国的老百姓是最实在的，他们的眼里虽然没有远大的战略，但却有脚踏实地、辛勤耕耘的品格。思路开阔的苏继奎开始把他的致富经念向了木工。1980年下半年，苏继奎在担任生产队队长同时，又在村里做起了木匠。苏继奎花费了多年的积蓄置办了做木匠必需的工具。譬如，锯、刨子、奔子、米尺等。木匠是一种职业，更是一门技术。做个木匠容易，但做个好木匠难。一个好木匠要有效率，活做得要精细。苏继奎做事非常认真。在他的骨子里，他必须做一个优秀的木匠，做一个对得起人家付给报酬的木匠。为达到这两个标准，苏继奎虚心向老师傅求教技艺并勤奋钻研做木匠之道。功夫不负有心人，在师傅的悉心指导和他自己的勤奋实践中，苏继奎实现了他的目标。20世纪80年代正处于改革开放之初，经济发展正处于起步阶段，那时候的钱含金量高。刚开始做木匠时，工资较低，每天才5元，另外东家每天还要管三顿饭。从1985年开始，工资由每天5元提高到每天10元。经过五年的历练，苏继奎的木工技术日渐精湛，同时他的声誉也为乡邻所称道。谈到这，苏继奎不无感慨：做木匠不仅要有好技术，还要有一颗责任心，一颗真正为东家着想的责任心。只有这样，才能赢得人们对你的信任，才能有更多的人找咱来干活。苏继奎在给每家做活时，他都会仔细琢磨使用哪种木料最合适同时还能为东家省钱，认真安排工序，仔细测量每一个部件的尺寸以尽最大努力为东家节省木料。不仅如此，就连家具上应该喷哪种油漆、喷到何种程度，苏继奎都会精心考虑。随着经济体制改革的逐步深入，承包制开始在经济领域中的各个行业全面展开。这时候，在村里做木工也由原来的协作制演变为承包制。2005—2006 年，苏继奎与其他一些村里的手艺人组织了队伍揽活。这时候，苏继奎挣的钱比以前多得翻了倍，每天 100 元。由于苏继奎及其家人的辛勤劳动，他们有了一定的积蓄。2002 年，苏继奎花五万元在老宅基地上翻盖了新房。笔者听完苏继奎凭借手艺的奋斗史后，感到苏继奎是一个有志气的汉子、有头脑的汉子，更是一个技精业勤、自食其力的汉子。

作为一名木工匠，苏继奎是非常成功的。拿一句时髦的话来说，苏继奎在木工这个行当里挖到了他的第一桶金。致富心切的苏继奎并不是小富即安的人。2002 年他盖完新房后，把目光投向了当地矿业。当时板城镇安达石村的矿业开发正处于迅速发展阶段。一些村民买了小碾子办起了选厂加工铁精粉。苏继奎拿出了盖完房后剩下的积蓄，并从板城镇农村信用社贷款五万元，与他人合伙办起了选厂加工铁精粉。当时，铁精粉的市场价很高，苏继奎用小碾子加工铁精粉，是一条致富快速路。但他未考虑到国家已经明令禁止小碾子加工铁精粉。没过多久，小碾子就被县相关职能部门禁止使用。对于苏继奎来说，这是一个非常大的打击，因为，还没来得及收回投资。说到这里，苏继奎夫妇神色黯然。现在，那些被禁止使用的小碾子等铁选设备就放在他家的院子里。如果不开铁选厂，这些设备就是一堆废铜烂铁毫无用处。这一次，苏继奎一共赔了五万多元，而这五万都是苏继奎从信用社贷来的。更可怕的是，这五万元贷款都是长着腿的，每年光利息就得还几千元。如果苏继奎还年轻的话，他不会有这么大的压力。可现在苏继奎是个年过半百的准老头，他已经没有了当年那健壮的体格。况且他的右手骨处因长年做木工而患有骨病鼓出了大包，年龄和健康状况已经不允许他再拿起相伴半生的锤子、凿子、刨子、锯等木工工具了。但倔强能干的苏继奎并没有失去信心。此时，恰好有一个正规铁选厂招工，苏继奎经人介绍进入铁选厂加工铁精粉。厂里给他的待遇是 100 元/天，包吃包住。经过两年，苏继奎不但还清了贷款，还有了些积蓄。

然而天有不测风云，人有旦夕祸福。苏家经济状况刚有些起色，孩子和妻子的病将苏继奎拽入了窘境。苏继奎夫妇膝下一儿一女，女儿早已出嫁，儿子与夫妇俩一起生活。儿子在 17 岁那年外出打工时，不明缘由地患上白癜疯这种痼疾。为了给儿子治病，苏继奎带着孩子走了许多知名的大医院求医问药，全都无济于事。无奈之下，他们决定给孩子在宽城县人民医院做植皮手术。术后，孩子的病痊愈了。苏继奎掰着指头算了一下因给孩子治病发生的医疗费、交通费、住宿费等，大概花了五六万元。然祸不单行，苏继奎刚刚治好孩子的病，他妻子的甲状腺低下症加重了。原来，苏继奎的妻子 36 岁的时候就患上了甲状腺低下症，但因初病症状还不是很严重，平时吃些药就可以控制住病情，一年到头医药费也就是千元左右。随着年龄的增长，苏妻的病也呈现了加重的趋势。更为复杂的是，苏妻又患上了腰椎间盘突出。这种病虽然不会有太大的影响，但会给生活和干农活带来不便。而且，此病与甲状腺低下症一样必须长年服药才能得以控制。苏继奎粗略算了一下，妻子得病当年的医药费又达到了 3 万元左右。这两种慢性病只能控制，不能根除，所以每年的医药费也得个三四千元。人生不易，不易人生。写到这，笔者心生同感：我的母亲和小弟都患有终生不能治愈的疾病，为了控制病情，所付出的医疗费又何止五六万元？为人不易，农民更不易。可以说，疾病、贫穷是伴随农民一生的两大痼疾。

访谈中，苏继奎与笔者提到了搞养殖业的想法。2007 年，宽城县出台了发展养殖业的相关政策。板城镇安达石村委召开村民大会建议村民发展养殖业。苏继奎认为这是一个契机，开始盘算养哪种家畜能比较挣钱。最初，苏继奎打算养驴。为此，他曾经不惜花费三千元的差旅费去山东省某养驴基地去考察。考察后发现，饲养驴的效益并不高，而且市场不稳定。苏继奎打消了养驴的想法。但苏继奎没有放弃搞养殖业的念头，年初他又琢磨起养牛来。他通过对辽宁凌源某屠宰厂和养殖厂的认真考察，认为牛的市场前景看好。于是，他花了 15000 元买了三头肉牛。果然，半年的工夫，苏继奎就看到了养牛的效益很好。现在，苏继奎打算建一个养殖厂扩大养殖头数，再买二十到三十头牛。根据苏继奎的设想，他想把养殖厂建在河套附近，范围大概由他家的半亩地和河套边上的一片杨树林地组成。这样做能够既能解决养殖厂的占地问题，又能解决水源问题。但是，这个计划的实施并不顺利。镇土地管理所以此地属于自然保护区为由拒绝批准他的耕地占用计划。苏继奎为此甚是焦急。苏继奎不仅对养殖业有所思考，还对安达石村林果业的发展有所研究。前些年，村里各户都栽种苹果树，但腐烂病造成大部分果树死亡。后来，村民们改种栗子树和山楂树。起初，栗子和山楂的市场都很景气。但这几年，板栗价格下降，山楂价格上升，所以村民就砍掉了栗子树改种山楂树。

结果是板栗产量大幅下降，市场价格大幅上升；相反，山楂树产量大幅上升，市场价格大幅下降。经过几番市场波动，现在的山楂价格低得可怜，去年每斤山楂才0.5元；板栗价格也由前两年的每斤八九元下降到四五元。谈到板栗价格较低的原因时，苏继奎认为，板栗价格低不是因为供给大于求，而是经营机制造成的。安达石村的栗农，乃至板镇城，直至整个宽城县的栗农，是一盘散沙，没有形成团体与买方竞争的形势，导致栗农之间相互杀价，造成板栗价格较为低廉。苏继奎等人曾到宽城的邻县兴隆考察板栗市场，他们发现，虽然兴隆的土质不如宽城好，但兴隆的板栗市场价格比宽城要高1元多。他把原因归结为：兴隆板栗产业的一体化。在兴隆，板栗产、供、销形成完整的组织结构，没有卖方相互杀价的情况。这种模式具有很强的竞争力，往往造成板栗价格在高价位徘徊。苏继奎说，现在村委也认识到本地板栗销售中的低价问题，曾经召开过村民大会讨论如何形成严密的生产和销售网络的问题，但最终没有形成统一意见和决策。与苏继奎的访谈历经两个小时，虽然时间短暂，但苏继奎励志致富的决心和敏锐的市场洞察力给笔者留下了深刻的印象。让我们祝福这条紫塞汉子能够如愿以偿。

（四）工农两栖老电工苏显明

我们与苏显明的访谈是在非常欢快的气氛中进行的。苏显明，满族，1956年6月6日生，宽城满族自治县农业广播技术学校机电专业毕业，中专文化，乡电管站合同制电工。苏显明育有二子，老大结婚后分家单过，经济上与老两口各自独立，现在板城镇安达石村的兆丰钢铁集团公司当临时工；老二也已结婚，婚后与苏显明夫妇一起过。老二会开装载机，现在是安达精选厂临时工。

板城镇当地的企业用工相对比较规范。企业在聘用工人时，都要给工人上医疗保险、人身保险；为了使工人能够安心为厂里效力，安达精选厂还给工人上了养老保险，缴纳了住房公积金。一般来说，在当地矿业企业中开装载机师傅的工资都能够达到2000多元，但由于安达精选厂给每个工人缴纳三险一金，所以工资相对低一些。老二的工资每月1400元左右，年收入约16800元。按照当地的习惯，虽然他们在一起过，但经济上也基本上相互独立。但按照调研的要求，我们在计算经济收入时仍然要把苏显明夫妇与老二两口视为一个经济单元。苏显明的老伴在家里做些内务，农忙时节种些地。苏显明在乡电管站做农电工，除去三险一金，每个月工资大概 900 元。2006 年苏显明家花费了 13 万元在老房宅基地建了新房。苏显明家的住房是砖瓦石房，面积大约为 124 平方米。比较而言，他家的房子还是比较好的。他家没有安装暖气设备，冬天主要以烧火炕的形式取暖，天气特别寒冷时他们就再加上电褥子来取暖。笔者出身农家，对火炕取暖深有体会。睡火炕有利于劳累了一天的农民好好休息，能够舒筋活血。风湿病人睡火炕，将会有利其控制病情和身体康复。与大多数安达石村民家一样，院子都有独立的厕所。苏显明家的饮用水源是井水，并给水井配备水泵一台。据他介绍，夏天天气炎热，他家基本不烧火炕，做饭时使煤气液化气和电做能源。冬天做饭时基本以柴火为主，以煤气液化汽和电能为辅。

土地承包到户后，苏显明家分得了 2.5 亩承包地，这些地基本上都是旱田。前两年，安达石村招商引资、企业落户。当时企业建厂时占地约 0.5 亩，以每年 800 元/亩的价格予以补偿，占地期限以企业生存期限为准。去年，苏显明把这些地都种上了玉米。他家有一台播种机，种平地时用播种机比较有效率。秋收后按当时的市场价格计算，这些玉米约值 2000 元。为了种这几亩地，苏显明买了价值 200 元的二铵；价值 160 元的尿素；价值 30 元的除草剂和 120 元的种子。总算起来，这些农业生产性投入约为 1600 元。秋收后把成本和收益进行比较，种玉米的纯收入才 400 元。如果仅凭这几亩地养活这几口人，那这一家人就得去喝西北风了。前些年板栗和山楂价格比较高，安达石村建议村民都种些果树。苏显明也种了几十棵栗子树和山楂树。前两年板栗的价格高达 8 ~ 9 元 / 斤，而这两年板栗价格降了将近一半。去年，他家的板栗总共才卖了 300 元。去年山楂的市场价才 0.5 元 / 斤，1500 斤左右的山楂才卖了 300 元。去年，苏显明的老伴还养了两头猪，年终卖完猪后，他们又赚了约 3300 元。去年苏显明家的总收入约为 31600 元，其中包括从事种植业收入 2000 元；在本乡镇就业工资 27600 元；从事畜牧业 1600 元。苏家的去年总支出达 8500 元，其中生产性支出约为 500 元；衣服类支出约为 1000 元；食品类支出约为 3000 元；红白喜事支出约为 2000 元；通信费用约为 2000 元。苏显明性喜安静，不爱打牌、打麻将，平时只是看看电视，所以没有娱乐性支出。苏显明一家人身体都比较健康，医药费用也很少。这些年苏显明置办了一些家电及其他耐用消费品，主要有电视机 1 台、电冰箱 1 台、洗衣机 2

台、影碟机 1 台、摩托车 2 辆、电话 1 部、组合音响 1 部、手机 4 部、电脑 1 台。另外，村里给苏家五口人都上了新型农村合作医疗保险，每年 150 元的保险费都是由安达石村报销。从年终纯收入和家里的家电等消费品来看，苏显明家已经符合小康家庭的档次了。

在访谈苏显明的过程中，使笔者最感兴趣的是他的双重身份：农业合同制工人。与大多数同龄人相比，苏显明是比较幸运的。因为，他初中毕业后有机会去宽城满族自治县农广技校机电专业学习技术。上学期间，勤劳、踏实的苏显明刻苦钻研电工技术，虚心向老师和电工师傅学习，很快掌握了电工技术。这为他以后在村里、镇里当电工，甚至说为他这一辈子生计打下了基础。1989 年到 1991 年期间，苏显明在安达石村做电工。基层的工作虽说量不大，但都是非常琐碎、与村民日常生活息息相关的事情，做电工更是如此。当访谈中聊到这儿时，苏显明非常感慨，他说，在村里做电工与在镇里、县电力局做电工有很大不同。电力输送、电费缴纳、电力改选升级等工作中，县电力局把工作规划和工作任务分解到村里，由村里电工具体操作和执行。所以，村里的电工是与村民打交道的排头兵。除上级分配的任务外，村里的电工还要负责维修各家各户的电力内部线路。甚至，有时村民的电视机、水泵、冰箱等日常电器出故障了也会找电工来维修。苏显明是一个受过专业训练的技术人员，相对一般的农电工来说，他懂得多、维修技术专业，除基本的电力技术外，他对家用电器还有所钻研，所以村民都非常信任他。并且，苏显明性格开朗、做事热情、工作认真，两年中不但本村村民都找他来帮忙，就连邻村的老乡们也都会请苏显明给自家的电器看病、施治。1989 年至 1991 年期间，有些村民的经济状况不好，生活很困难，有的甚至连饭都吃不上，这就给苏显明收缴电费出了大难题。谈到这儿，苏显明表现出无奈的神情。点灯交费是天经地义的事，但个别生活特别困难的家庭的确交不起电费。而乡电管站要求不交费就必须掐电线切断电源。这可难住了在自己村里做电工的苏显明。收缴电费是自己的职责，若收不足电费无法向乡电管站交差；对于交不起电费的困难户，如果强行切断电源，他家的生活会非常不方便，家里上学的孩子晚上在昏暗油灯下或烛光下写作业有害孩子的视力。处于两难境地的苏显明，最终选择了垫付电费，等到那几个家庭有了钱再去收缴。苏显明此举赢得了众乡邻的爱戴和尊重。两年的村农电工经历，为苏显明去镇里做合同制电工打下深厚的技术基础和较强的工作能力。

1991年，宽城满族自治县电力局为镇里招聘合同制农电工。技术过硬、工作踏实的苏显明被推荐到镇电管站做电工。工作岗位的转变要求工作思路的变化。在村里做电工，苏显明的工作都是些细致活、琐碎活儿。在镇里电管站做电工可就不同了：镇里电工重在管，村里电工重在做。为了做一名合格管理型电工，刻苦勤奋的苏显明通过读书、进修、培训和向县里电力管理人员请教等不同方式，虚心学习相关业务和接受理论知识。在他心中只有一个工作信条，那就是不管在什么工作岗位上，都要做得硬、做得实、做得好。20世纪90年代初中期，板城镇的工业并不发达。90年代末，板城镇的矿业迅速崛起。有人说，石油是工业的血液，其实电力也同样是工业的血液。矿业的迅速崛起极大地增加了当地的工业用电量，更增加了镇电管站的工作任务。为了保证矿业生产的持续平衡进行，苏显明与电管站的同事尽职尽责，踏实工作、默默奉献。2009年是全国电力系统作风建设年，上级电力系统转变工作作风，树立电力为企业、为民服务的意识，建立供电有效率、供电有质量的工作理念。这对于苏显明来说，是百尺高杆，再进一步的战斗号角。苏显明和他的同事们数次深入企业检查线路，多次向上级争取整改线路资金。在他的眼里，服务就是一个农电工的生命；如果服务不到位，服务没效率，服务没有质量，那么他的农电工也就该辞职了。就这样，苏显明在镇电管站的工作岗位上一干就是二十年。

截至2009年，年过半百的苏显明在农电工的岗位上整整工作了二十年。二十年，使他由一个年轻的小伙子变成了年过半百的中年人。谈起这二十年，苏显明感慨中仍有一丝遗憾：截至目前，他仍然是一个农村合同制工人。所谓农村合同制工人，企事业单位通过签订合同招收的短期性工人。1986年中国进行用工制度改革。从此以后，各企事业单位招收的各类工人一般都是合同工。1986年7月12日，国务院发布《国有企业实行劳动合同制暂行规定》和《国有企业招用工人暂行规定》两个规范合同制工人的政策性文件。文件规定：企业在国家劳动工资计划指标内招用常年性工作岗位上的工人，除国家另有特别规定者外，统一实行劳动合同制。合同工与所在单位固定工享有同等的劳动、工作、学习、参加企业民主管理、获得政治荣誉和物质鼓励等权利。国家对劳动合同制工人退休养老实行社会保险制度。退休养老基金由企业和劳动合同制工人缴纳，退休养老金不敷使用时，国家给予适当补助。与城镇合同制相比较，农村合同制具有双重身份：农民与工人身份并存。作为农民，苏显明仍然是农业户口，拥有他自己的承包地；作为合同制工人，他与企业有聘用协议，他有为企业工作的义务，同时企业有支付工资、医疗保险、失业保险、养老保险的义务。2007年《劳动合同法》颁布之前，企业、事业单位中正式工（固定工）、合同工的待遇是不一样的。正式工的待遇比合同工的待遇要高得多。《劳动合同法》颁布后，按该规定对正式工、合同工应该同工同酬。但现在全国只有少数单位做到同工同酬，大多数单位并没有落实该条规定。就电力行业来说，合同工比正式工的待遇低多了。正式工的工资有时要比农电工工资高出四倍。以苏显明每月900元为标准，他们那的正式工大概一个月能挣4000～5000元。但在工作中，正式工与农电工没有任何区别，有时甚至农电工的工作量、危险频率要比正式工高得多。付出与回报相差如此之大，怎能不让一个农电工遗憾、心酸呢？与电力行业存在的这种农村合同制相比，网通、交通等行业也存在相似问题。去年，宽城县的交通行业的农村合同制工人因待遇问题上访，后经有关部门批准，落实了这些工人的待遇。现在，宽城县的交通行业的农村合同制工人与交通行业的正式职工享受同样的薪酬待遇。

但求光明不求名。访谈结束时，苏显明感慨地说，现在已经五十多岁了，再有几年就可以办理退休手续。虽然他的待遇比正式工待遇低得多，但他还是会把最后几年的工作做好，为自己的农电工生涯画上圆满的句号。

十九、不同境况的老年人

（一）曾经的技术人苏显富

根据村委会的安排，我和杨怡于7月26日访谈了安达石村的果树技术员苏显富老人。虽然与苏显富老人访谈的时间才一个多小时，但他却给笔者留下了深刻的印象：爽朗的性格、清晰的思维和和蔼的面孔。

苏显富生于1937年阴历12月21日。对于自己的出生年份，苏显富记得特别清楚：因为那年是“七七卢沟桥事变”、日本人进中国的年份。那时候家里贫穷，他上完小学四年级就辍学在家。今年73岁的苏显富虽然血压有些偏高，但身体还算硬朗。如果患小病，他在医院住上两三天就会康复。这种身体素质得益于他年轻时经常从事体力劳动和开朗的性格。其妻赵素芹今年73岁，19岁时与苏显富结婚。那个年代正是物资短缺时期，家里连个像样的小被子都没有。结婚时，苏显富的父母给他们小两口盖了三间草房。赵素芹身体较弱，长年患有慢性气管炎。慢性气管炎是一种终身不能治愈的呼吸系统疾病，患者虽然没有性命之忧，但却承受着病痛的煎熬。而且每年夏季和冬季是这种病复发的时候。前些年，家里比较困难，很难拿出钱来打针、输液来缓解慢性气管炎所带来的痛苦。现在安达石村给村民都上了新型农村医疗合作保险，一般的住院及医疗费用都可以按比例报销。所以，临近夏季或冬季时分，苏显富都会陪着赵素芹去输液预防气管炎的复发。仅赵素芹住院治疗气管炎的费用一项，他家每年就得花3000多元。前些日子，赵素芹老人站在小板凳上拿放在高处的东西时，不料板凳很滑，就从板凳上摔了下来。老伴苏显富当即叫了辆出租车把赵素芹送到了宽城县人民医院。经过用药治疗，赵素芹的病基本康复了。住院期间的医疗费用3000多元，宽城县新型农村合作医疗管理中心通过微机系统核销了1000多元，苏显富夫妇实付医疗费用2000多元。苏显富夫妇膝下有两子，现都已分家另过。大儿子今年已经53岁了，育有两个女儿；二儿子育有一儿一女。提起老二，苏显富说，他们现在住的这个房子就是老二家的。虽然与孩子们分家另过，但由于经济困难没钱盖房子。如果要是年轻的话，还可以去外面打工。可是现在这么大岁数了，哪个工厂、矿山还敢接收他们打工啊！七十多岁的时候，苏显富在经营他那一亩多承包田的同时，有时还做些散工，一年到头还能赚500~600元。现在自己挣不来钱了，除了通过种地收获些粮食维持生活以外，两个儿子、孙子以及孙女每年都会给他们一些生活费和医疗费。谈到这儿，赵素芹就指着刚走进屋子的小伙子对我们说：“他就是我的侄女婿，是从县职中毕业的，现在在兆丰做技术员。这孩子对我们老两口很好，经常周济我们。”去年苏显富家的总收入约1400元；其中，种玉米收入700元；卖板栗收入了700元。相对于总收入，苏显富家的总支出却较大。去年他家的总支出约为4450元；其中，生产性支出即购买化肥、农药、种子、除草剂的支出总和约为400元；购买副食等食品类支出约为500元；医疗费用约为3000元；红白喜事支出约为550元。从这几项支出中笔者意识到：老两口的生活仅仅就是在维持自己的生命。苏显富除了一台电视机和一台水泵以外，没有其他的电器。有线电视费用由安达石村统一支付。但这样的贫困家庭，却没有被列入最低生活保障的范围。

笔者看到苏显富老夫妇的生活这么困难，便聊起他们的人生经历来。苏显富结婚那年是1955年。那时候，中国农村正在发展互助组。所谓互助组，是中国劳动农民在个体经济基础上组成的带有社会主义因素的集体劳动组织。土改以后得到广泛发展。以自愿互利，互换人工或畜力，共同劳动为原则。有农忙临时互助和常年互助之分。在农业生产合作化运动中，逐步发展成为初级农业生产合作社。在当时那个政治环境下，婚后的苏显富自然也是互助组中的一员。苏显富在生产队中的劳动形式基本上互相帮工、种地锄草等，以记工分的形式评价劳动者的贡献。当时，苏显富家里人口多，家里的粮食不够用，想向生产队要些储备粮，但生产队对储备粮的管理非常严格，在生产队严格查看了他家的柜子等储存粮食的柜子后，确认他家确实断粮才给他家发了储备粮。谈到这，他非常感慨。那时候，年轻力壮正是发家立业的好时候，但当时那种环境下就是不允许像今天这样做。而如今国家政策允许个人发家致富了，但岁数大干不动了。1952年后，苏显富在村生产队任队长一职。1958年他在村里做果树技术员。1982年12月，党的十一届三中全会的召开，极大地调动了农民的生产积极性。1982年年底，全县全部实行了家庭联产承包责任制，安达石村也按苏显富家当时的人口数分给他家承包地。当时苏显富家里共六口人，村里按每人七分地，共分给苏显富家四亩二分地。每年秋收后，苏显富都要从收获的粮食中按每亩四十多斤的定量到乡粮站交公粮。据苏显富说，向国有粮库交公粮的制度一直持续到20世纪90年代初才结束。改革开放之初，整个宽城县的经济不太发达，农民想经营些副业都是很难的。1991—1993年，苏显富到县水利局林场去做果树技术员，在那里主要任务是给果树剪枝、看果及预防苹果腐烂病等。1994年后，苏显富就做些小工，有活计的时候每天能收入20多元。同时，他在村里做果树技术员工作、给刘井贵家做果树技术员。一直做到66岁，就不干了。

访谈中，苏显富谈得最多的是他做果树技术员的经验。纵观苏显富的人生经历，他曾做过三次果树技术员。在安达石村里，苏显富在果树技术这方面也算得上是个村里的“土专家”了。做一名合格的果树技术员需牢记两个字：精和勤。精，指技术精湛。苏显富做果树技术员的主要任务是施肥、剪枝、嫁接和防病等。对于其中的每一项任务，苏显富都尽职尽责。他在做果树技术员过程中，一方面从管理果树的实践中吸取教训、总结经验，另一方面自费买来果树技术方面的书籍自学如何管理果树。在果树成长过程中，最主要的管理环节、也是技术中的难题是如何防治腐烂病。苏显富在几十年的果树管理中体会并总结了防治腐烂病的经验：固本、清源、标本兼治。苹果树一般在春季发病，防治腐烂病却不能等到春季，而是在冬季就应该采取预防措施。他认为，防治腐烂病的第一步就是固本。所谓固本，就是增强果树的抗病能力。宽城满族自治县位于华北北部，境内大部分苹果园土壤有机质含量很低，不利于抵抗腐烂病菌的侵蚀。为了提升土壤肥力，每当采摘秋果之后，苏显富都要给果树施用大量的有机肥料，以增强树势，提高果树抗病能力。防治腐烂病的第二步是清源，即刮除病斑并涂药杀菌。苏显富是非常细心、有耐心的技术员。每年9~11月份时，他都要查看果园中的每一棵树，看其是否长有腐烂病斑。如果树体上长有病斑，他就小心翼翼地先刮去病灶，然后再涂上腐必清可湿性粉剂10~20倍液或5%菌毒清30~50倍液以消除病灶杀死残留病菌。对于腐烂严重的果树，剪除病枝。及时剪除病枝、病桩，带出果园烧掉，以减少病源。对于有大病疤的树，要实行桥接或脚接，以补充树体营养的供应，恢复树势，等等。访谈中，这位年过七旬的老人兴致勃勃地讲述了他几十年的果树管理经验。笔者虽然生于农村、长于农村，对此却一窍不通。苏显富老人简直就是给我们上了一堂管理果树的技术课。

面对家庭经济困境，年过七旬的苏显富开始计划如何增加家庭收入，走出贫困奔向富路。对于他们老两口来说，较少的土地资源和较低的土地收益使他们不可能在土地资源方面谋划致富路。老两口年龄都比较大，已经过了在企业中做工的年龄。现在现实可行的增加收入的方法是搞养殖业。但他们又没有足够资金。苏显富初步计算了一下，搞养殖业至少得投入一两万元。如果去贷款的话，家里又没有可供担保的财物。资金问题难住了这位年逾七十但仍想干事业的老人。苏显富也曾想过向政府请求援助，但考虑到比他更需要救济的人还有很多。访谈结束时，苏显富老人提出了两个心愿：政府能不能把他们老两口列为最低生活保障对象？政府能不能支援老两口盖两间房子？这使我们甚是感动。有了这样的进取之心，又有什么事做不成呢？我们衷心祝愿他的计划顺利实现！祝福他家的生活走出贫穷，永迎富裕！

（二）与儿子相依为命的王瑞莲

那天中午在镇里吃完午饭，我们一行去了椴树沟村参观古老的清代计庄头大院，还赶上了阵雨。站在古老的大房子里，听着村民细致传神的讲解，院子里不时传来雨滴洒落的声音，有那么一瞬间我似乎回到清朝，看到了庭院当时的繁华与威严。

从椴树沟村回来的路上公书记给我们重新安排了一下，因为我们组原定的采访对象都上班不在家，所以下午我们组就近改去北沟采访，明天再去大庄子。下车以后进胡同，转了几个弯，杨叔把我们带到一户人家，屋里只有一个年轻的女人正要哄孩子睡觉。看来我们采访的人又不在家，那女人是回娘家探亲的女儿，她告诉杨叔，爸爸在村里另一户人家喝酒。杨叔招呼我们先在屋里等一下，就出去找人了。

小男孩看来了陌生人，任他妈妈怎么哄也不肯再睡觉。我们和小孩玩了一会儿，就见杨叔领回一个醉酒的老汉，五十多岁的样子，穿件白色的汗衫，只扣了两三个扣子，走路歪歪斜斜，有点耳背，我们说了三遍才大概明白我们的用意。虽说酒后吐真言，可人都醉成那样，实在没办法采访，只好作罢。

从那家走出来，杨叔也不知道该带我们去哪了，只好去找北沟村的负责人——苏显金组长。我们站在路边等苏组长的时候，路边的小卖店门口或坐或站了几位乘凉的村民正在聊着家常，见杨叔领我们过来，很是好奇，想要问我们是做什么的，又不好意思唐突，只在那边以我们听得见的声音猜测，希望能得到我们的肯定或否定。反正还没见到苏组长的影子，我跟杨郑军就和那些人攀谈起来，给他们解释我们的工作。但当我们提出谁愿意主动接受采访时，大家都不好意思起来，纷纷说自己没什么好说的，不值得采访。

说话期间，杨叔已经把苏组长找来了，我们跟随苏组长沿路边的斜坡直上，没走几步来到一个绿色的大铁门前。这个铁门和我之前见的不太一样，它由三部分构成，上面是两扇门，其中一扇敞开着，供人们出入使用，一般的铁门只有这两扇门就好了，它还有一个将近 0.25 米高的活动门槛，如果有车辆进入的时候，这个门槛可以取下来。我们跨过有点高的铁门槛，进到院子里，右侧一条两人宽的水泥通道一直通到阳台，通道的左边种满了蔬菜，蔬菜再靠里的地方是两间临时搭建的小棚子，分别是厕所和猪圈。沿通道斜上，阳台上铺的是水磨石板，与菜园相接的地方用砖砌了半米来高的花墙使阳台显得更加干净。房子一共三间，100平方米左右，房屋的正面都镶有白色的长方形瓷砖，搭配银色的铝合金窗户，显得异常明亮。房屋门口放着一个盆架，用来洗漱，家里自己打有水井，用电抽上来的水存储到水窖里供生活使用。

苏组长把我们带到右手边的屋子，和村里大多数人家一样，对着门口的墙上挂着一面大镜子，镜子下面一只年代久远的红色长方形躺柜是屋里唯一的家具，和屋子一般宽的土炕砌在靠近窗户的一侧，另一侧靠墙放一个茶色玻璃电视柜，摆放着屋里唯一的家电——六成新的25英寸球面彩电。屋子里还不规则地摆放着两个黄色的木凳子，上面铺着手工的砌花棉坐垫，显然是女主人担心凳子太硬太凉，自己做了垫子铺上去的。

屋子里土炕边上坐着一老一少两个农村妇女，炕上一个20岁上下的男孩子睡得正香，也许是说话的声音吵醒了男孩，我们进去不久男孩就下炕离开了。苏组长进屋以后称呼年长的妇人婶子，这就是我们这次的采访对象了。这里还有一个小插曲，老人是苏叔叔的婶子，也是杨叔叔的舅母，苏叔叔和杨叔叔是表兄弟，村里有好多这种情况，表面上大家是邻居，细追究起来都是亲戚。苏叔叔先和老太太说明了情况，老太太刚听说是采访的时候很紧张，一直说自己什么都不知道，没什么好说的，又问我们是不是政府派来暗访的，如果困难是不是给发钱什么的。老太太耳背，情绪又比较激动，我们几个人费了好大的力气才把这次采访的用意讲清楚。还好，不是第一次，我们也就没什么困惑，毕竟你跑到人家里问东问西，人家防备一下总归是人之常情。等我们聊上几分钟以后，大家就都放松下来，畅所欲言了，这一次也不例外。

安排好以后，照例苏叔和杨叔去外面了。屋里另外一位40多岁的阿姨是老太太的妯娌，也许是好奇，她留了下来，旁听我们的谈话，采访过程中她也着实帮了不少忙，在这里表示感谢！

老太太叫王瑞莲，今年69岁，穿一件紫色、蓝色相间竖条针织上衣，宽松的黑裤子，布鞋。虽说已将近七十，老人的短发依旧乌黑，只是发根的地方有些发白，皮肤黑红发亮，面容慈祥，一双不太大的眼睛总是流露着善良的神色，嘴有些鼓鼓的，却看不出有掉牙的迹象。

王瑞莲老人的丈夫叫苏显艺，原是村里小队会计、工长，还在村大队兼任什么委员，老人记不太清了。因为经常要起早贪黑地出去开会，处理村里的一些繁杂事务，那时的队长即使不下地干农活，仍然很忙碌，一天除了睡觉，也在家里待不了多长时间。既然是为村里服务，又身兼数职，比别人费心费神，苏显艺当小队长的时候每天可以挣得两个普通的男劳动力的工分。在村里当领导，威望很重要，苏显艺凭借自己刚正不阿的办事作风，和为乡亲服务的精神和能力，赢得村民的尊重与爱戴。一般村里开会的时候，大家都会你一言我一语的争论或聊些什么，会场很是喧闹，可等苏显艺去了就立刻安静下来，大家都专心听他讲话，觉得他见的世面多，说出话来也有道理，具有说服性，愿意听他的。

1983 年，苏显艺感觉身体不太好，总是觉得头痛，疼起来的时候连呼吸都变得困难，这样没过多长时间就卧床不起了。那时候交通不便，更没有什么像样的交通工具，乡亲们感念苏显艺对大家的好，硬是你一把我一把用小推车把他推到了板城医院。经医院检查，苏显艺得的是脑炎，需要住院治疗，可是去哪找住院费呢？当时苏家孩子们都还小，平时就苏显艺一个人挣工分，除去一家人吃饭，一年也剩不了几个钱。面对不低的治疗费用，王瑞莲把家里的钱全都拿出来还是相差甚远，情急之下她想到了贷款。当时还没有农村信用社，村里的公款由村主任管理，可以按一定的借贷规则向村民发放贷款。几乎没费什么周折，王瑞莲从安达石村村主任杨俊如那里贷到了 600 元，这才凑够医疗费用。也许是当时的医疗条件有限，也许是发现的太晚，医院用尽全力都没能留住苏显艺年轻的生命，全村人都黯然了。医院下发病危通知单那天，家里人考虑村里也不富裕，不想再浪费村里的钱，打算把他接回家里。可是，乡亲们舍不得苏队长离开，都纷纷表示就是死也要让苏队长死在医院里，不到最后一分钟决不放弃。就这样，又过了几天，年仅 43 岁的苏显艺抛下妻子和四个儿女，在板城医院与世长辞了。当时还没有合乡并镇，安达石村隶属于崖门子乡，乡里看孤儿寡母的生活不容易，给送来了 20 元的抚恤金，王瑞莲就用这些钱买点盐，交电费什么的，勉强维持家用。

苏家有三个儿子，一个女儿。苏显艺去世的时候，老大苏纪云 21 岁，刚结婚不久，眼看弟弟妹妹都还小，如果自己分家单过的话，家里没有好的劳动力，母亲和弟妹们的生活就会更加艰辛，也就没有提出分家。生产队时期，大家统一劳动，按劳得食，一个成年男劳动力一天的工分是八分，成年妇女是六分，到收获的时候大家根据工分多少分粮。别的人家劳动力多分好几麻袋粮食，王瑞莲家劳动力少，能分到几十斤粮食就不错了。虽说可以借粮，可借来的东西总是要还的，不到万不得已是不敢去借的。一家人经常是吃了上顿没下顿，玉米熬粥连玉米皮都舍不得剥下去，就这样还是熬得特别稀，有的时候就是喝水喝饱的。当然，这也不光是苏家困难，那时候大多数人都吃不饱饭，老人都感叹没有现在的猪吃得好，只不过苏家因为缺乏劳动力就愈发难熬了。

1984年土地分到个人，情况稍微好转，大孙子也出世了，老大就分出去单过。安达石村分地是这样的，先将土地分成三等，大人小孩都包括在内，每个人每等地三分，合计下来王瑞莲和两个儿子，一个女儿共分到了四亩八分地。按说地是不少，可因为家里没有成年男子，在村里就受气，处处遭人欺负，分的地也都是荒地，长满了杂草。王瑞莲看看荒地，再看看尚未成年的儿女，想起去世的丈夫，不禁热泪盈眶。可哭又有什么用呢，为了填饱肚子，再荒的地也要种不是。王瑞莲从本家侄子那里借来毛驴，在侄子的帮助下把地里的草用犁犁下来，用耙子把草清理干净，这才撒上种子。杂草的生命力特别顽强，没有清理干净的草种或草根，在粮食生长期间，还会长出来，16岁的老二苏纪文就去地里用手把草拔下来。这样过了好几年，土地才慢慢变得好起来。山里地少，一个人一亩二分地收的粮食还是很难填饱肚子，村里就把大山也分给个人，让村民去山上开荒、挖粮壕。这样，村民可以在山上栽树，树的缝隙还可以种庄稼，再收点粮食，就能吃上饱饭了。

包产到户以后，饭是吃饱了，可还是缺钱。那年二儿子没有衣服穿，村里来卖旧衣服的，王瑞莲想给他买条两元的旧裤子都拿不出钱来，只好向村里苏纪满借了一元，过年的时候把自己家里养的猪卖了去还钱，苏纪满没要。老太太感叹，还是好人多啊！

孩子们一天天长大，儿子要娶媳妇，老房子实在是没办法将就，王瑞莲又开始张罗盖房子的事情。1993年冬天，老二苏纪文没带一分钱就去了北京，经亲戚介绍给人家烧了整整一冬的锅炉，到过年的时候挣了3000元回家。那个时候东西都比较便宜，有了这3000元，再加上平时家里人省吃俭用攒下的钱，差个千八百元的再找亲戚借借，1994年，苏家把老房子拆掉，在原宅基地上盖起了新房。

新房子是盖好了，可苏家还是穷困潦倒，按王瑞莲的话说就是家不衬人不值，孩子们的婚事也就被耽搁了。直到1999年，30多岁的苏纪文才娶回个再婚的女人，还带了个女儿，现在在板城镇中学读初中二年级。娶媳妇要给新娘子彩礼，还得办酒席，王瑞莲又一次向亲戚求助，借了 20000 元的债才把二儿媳妇娶进门。

婚后老二也要分家，王瑞莲本打算分给他们一些债务，苦苦哀求希望他们像热心人帮助穷苦人那样帮自己一把，可还是被儿媳妇拒绝了。这时女儿也已出嫁，王瑞莲就和小儿子一起种田度日。农闲的时候，小儿子就去给别人打零工，挣钱还债。

2002 年的时候，王瑞莲娘俩儿刚把欠的债务还清就又有麻烦了。老二结婚以后虽然分了家，可因为没有房子，仍然和王瑞莲住在一个屋檐下。自古婆媳是冤家，两个人住在一起，抬头不见低头见的，免不了会产生矛盾，矛盾积累多了就要爆发出来。2002 年的一天，老二媳妇突然提出要王瑞莲和儿子搬出去。王瑞莲顿时就傻了，自己又没有别的房子，搬出去不就露宿街头了。于是请来村里有威望的人调解，希望儿媳妇不要赶自己走。调解的人费了大半夜的口舌，苦口婆心地劝，还是没能打动儿媳妇，王瑞莲娘俩儿只得搬了出来。

没有地方住怎么行呢，王瑞莲只好又张罗着盖房子。首先是宅基地，也就是要有一块土地，这不是问题，苏显艺生前已经买下了。那是村里一个老光棍儿的房子，考虑自己没有后代，房子盖得很差，也没有装修，墙还是泥墙，也没有刷石灰。老光棍儿得脑溢血去世以后，房子就经村里卖给了苏显艺。房子买来没多长时间，苏显艺就去世了，王瑞莲带着几个孩子自顾不暇，哪有钱收拾屋子，只能任其破烂下去，最后只剩一片土地。其次就是钱，这是最让王瑞莲头疼的，家里刚把债务还清，上哪儿找那么多钱去啊，只有再借了。回忆丈夫苏显艺去世这段时间，王瑞莲一直奔波在借债、还债之间，要不是亲戚、乡邻的帮助，她都不知道怎么支撑下来。

2002 年的时候，随着人民生活水平的提高，村里盖房子也有了建筑队，有钱人家一般都会把房子承包给建筑队，那样会比较省心一些。王瑞莲舍不得那笔承包费用，就自己和雇来的工人一起盖。根据干的活计不同，雇的工人分两种：一种是大工，也就是技术工人，一天 30 元；另一种是小工，就是普通工人，一天 20 元。

当时家里一分钱都没有，东家一千，西家几百的，借了两万元，其中一万元是从外甥女家赊借来的。屋漏偏逢连阴雨，六十多岁的王瑞莲既要下地种庄稼，还得帮盖房的人打打杂，给他们做饭吃，没过多久就病倒了。一天下地回来，王瑞莲就觉得手痒的厉害，晚上就长满了水泡，过几天水泡破了，流出黄水，手就开始脱皮，最后手上的皮都脱光了，粉红的肉露在外面，洗菜、烧火都要大儿媳妇帮忙。家里好不容易有点钱，本打算给盖房的木匠工钱，可王瑞莲治手也需要钱啊，还好木匠体谅老人艰辛，主动提出先不要工钱了，让老人先去找医生治手。

已经出嫁的女儿过得并不富裕，可心疼母亲和弟弟，隔三岔五地给买米、买面，逢年过节的时候家里来客人，还给送来蔬菜和猪肉。王瑞莲得手癣需要喝中药，也全靠姑爷去抓药，花了将近2000元才治好。

2002年9月份的时候，王瑞莲带着年近30岁的小儿子搬进了新家，等待他们的并不是幸福生活，而是高达30000元的债务。小儿子还没有结婚，一是年纪大了，找不到合适的；二是家里贫穷，再花不起娶媳妇的钱。到我们采访时，37岁的老三还是一个人。

近几年村里引进的企业多，王瑞莲的小儿子也在南丰矿业公司找了份相对稳定的工作，2008年开奥运会之前，月薪能拿到1700元，除去自己抽烟、喝酒、摩托车油钱，一个月还能剩1400元。仅去年一年就还债6000元，这样，到采访时家里只剩下3000元的债务了。开奥运会的时候因为考虑铁粉加工污染环境，承德又距离北京比较近，公司停产一段时间，老三就散假（放假）了。过年以后，经济危机影响了铁矿石的价格，铁矿石开采受到影响，铁粉加工的生意自然就不好做了，这样老三也就到上个月才开始上班，前几天发了半个月的工资——560元。

常年艰辛的生活造就了王瑞莲老人勤俭持家的品格，就是现在还总是吃小米、玉米什么的，不舍得买大米白面。小儿子上班的时候，如果是白班，赶上饭点回不来吃饭，就在外面买点吃；如果是晚上小夜班，就不吃晚饭了，等十二点下班以后再回家煮包方便面凑合一顿。用土灶做饭，烧的柴火大都是老人和小儿子从山里捡回的树枝杂草。冬天靠土炕取暖，没有暖气，老人说这样的条件装暖气，别人会嘲笑自己不会过日子的。

老人上了年纪就容易生病，王瑞莲这两年得了慢性肠炎，还一阵一阵的头晕、犯迷糊，眼睁不开，只能在床上躺着。这样的状况已经持续了两三年，王瑞莲只在附近小的诊所里医治，并没有去医院做过细致的检查，所以至今不清楚为什么会头晕。王瑞莲每天吃从卫生所买来的5元/瓶的脉通片，每瓶能吃一个月。如果头疼得厉害，再吃些安乃近、头痛丸止痛。这样，一年300

元的药费，王瑞莲都觉得多，要知道这在城市也就是一次体检的费用。

家里还有一亩二分地，王瑞莲身体好的时候依然坚持下地干活，去年收的玉米除去自己留下的十小袋，还卖了700元。山上有四棵板栗树，一年收四五十斤板栗，也能卖200多元。当然这些并不是纯收入，种地也是有投资的，这包括化肥一袋——150元；尿素两袋——一袋115元，一袋95元；春天雇人修剪板栗树一次——240元。其中，板栗树并不是每年都要修剪，而且修剪当年不结果实，如果自己不会修剪，就需要雇用专门的技术人员，这里的费用就是支付的劳动报酬。

前面已经提到，王瑞莲在院子种了很多蔬菜，因为家里就两个人，收的菜就够吃，也省了不少菜钱。平常日子家里没有客人不会买肉吃，到过年的时候把院子里的猪杀了，再痛快地吃上几顿。家里现在有电视，小儿子有手机，去年还买了新洗衣机，王瑞莲觉得生活比以前强多了。

王瑞莲一直很坚强，困难的时候也有人劝她去和村里要点补贴什么的，苏显艺生前给村里做了那么多事，现在村里也应该帮帮你们孤儿寡母的，可她深知村里也不容易，就自己一个人支撑了下来。直到现在，没有要过村里一分补助。

生活好了，老人和二儿子苏纪文的关系也有了很大程度的改善，苏纪文现在在兆丰矿业有限公司上班，工作五年了，去年冬天上班的时候被铲料的铲车碰了，小腿、脚踝多处骨折，公司每月给600元的生活费，让他在家养伤，等病好了再回工厂上班。老人前几天刚去看过，用钢钉固定的地方已经长得差不多了，可以下地走路，只是还不能干活，应该还要养半年吧。

农民工在附近的工厂上班，老板不是村子里的乡邻，就是村干部招来的投资商，对村民都很照顾，工人的权益也就更能得到保障。类似苏纪文这种情况，如果在城市最多支付一笔医药费打发了事，根本不会有后期的安排。所以，我们维护农民工的权益不应仅仅依赖社会的呼吁，要采取更多行之有效的措施，就近解决农民工的就业，让工厂受当地政府的制约，老板就再不会毫无顾忌地欺压工人了。

（三）子孙孝顺、安享晚年的赵德仁

赵德仁一家，教育户，原有五口人，赵德仁夫妇和一个儿子，两个女儿，

全是满族。赵德仁68岁，妻子64岁，种有玉米和蔬菜以供食用，其余开支主要依靠儿女孝敬。赵德仁的儿子赵长青，47岁，高中学历，现任安丰矿业责任有限公司总经理，已婚，有两个女儿，均在大学毕业，大女儿赵乐乐在宽城县电视台，小女儿刚刚考上村官。相比儿子赵长青，赵德仁的两个女儿学历比较高些。赵德仁的大女儿39岁，毕业于承德师范学院，现在宽城县第一中学教语文，已婚，有一个16岁的儿子；小女儿33岁，毕业于石家庄师范学院，现在宽城县第二小学执教，已婚，有一儿一女，女儿12岁，儿子4岁。

2009年7月24号，也就是到宽城的第三天，我们正式入户调研。早上不到八点，司机王师傅把我们送到安达石村以后，先去村支部集合，各小组组长早已经领了名单等在那里了。因为一上午要采访两户，时间比较赶，公书记在我们来之前已经和小组长交代清楚，所以我们没耽搁几分钟就出发了。

安达石村是一个行政村，由四个自然村组成。公书记安排杨贺云带领我和杨郑军采访大庄子，杨叔自己就住在这个村里，和村民都比较熟悉。这是相对比较富裕的一个自然村，村里大部分人都在附近的工厂上班，还有几位是村里很有名气的民营企业家，不过都已搬到县城居住。

我们采访的第一家就是村里著名企业家、承德安丰矿业有限责任公司总经理赵长青的家。赵长青夫妇和孩子们前几年就在县城买楼搬出去住了，我们采访的时候只见到了他父亲——赵德仁老人。老人说自己和老伴不习惯城里的生活，只要身体壮实就在家住着，等身体不行了再去城里让孩子们服侍。我们采访的时候，赵长青的女儿赵乐乐正在筹备婚礼，老太太去县城帮忙打理去了，我们也没能见到。

我们看见赵德仁的时候，他正站在自家大门外盘算着上午做点什么。见我们走来，老远就和杨叔打招呼，询问我们在做什么，这是村里的习俗，大家见面不会互相问候，只是询问彼此去哪里，在忙些什么。这种询问并没有目的性，如果赶时间的话，可以不回答或说有点事，对方也不会追问；相反，如果彼此都不赶时间，那就可以停下来闲聊一会儿。村里没有专业的媒介，信息交流的主要方式就是聊天。空闲的时候，村民三三两两聚在一起聊聊家常，不仅能加深彼此的感情，还对找工作、解决儿女婚姻大事等有一定的帮助。

赵德仁皮肤黝黑，不胖，穿一件黄色的立领纯棉T恤，黑裤子，脚下穿一双敞口黑布鞋。满脸皱纹，苍白的头发整齐地贴在他的后脑勺上，围成一个半圆形，头顶上却没有一根头发，在阳光的照射下越发光亮。宽宽的眉毛下一双小眼睛，始终神采奕奕。赵大爷爱笑，笑起来的时候眼睛就眯成了一道缝，那颗下岗的门牙留下的空位也异常明显。

我们简单地和赵大爷说明调研情况后，便被热情地让进了屋里。赵大爷家的前院很小，全都铺了砖，水磨石板的阳台打扫得特别干净。院子的一角用木头做了一个狗窝，一只活泼的短毛小狗拴在旁边。房子建于 1997 年，一排 6 间，分成 10 个小屋子，共计 160 平方米，其中，西边两间是赵长青的，目前闲置，东边两间则由赵德仁夫妇居住。墙面镶了白色的长方形瓷砖，银色的铝合金门窗，门口两侧各装了一对白色的球形壁灯。仔细看，这三间房子并不一边大，东边一间特别大，被隔成里外两间，外间有土炕，是卧室，里面一间是厨房，有灶台用来烧炕。中间的墙并不完全堵死，上面留下两平方米左右的空隙镶着两块大玻璃，为方便通风，玻璃是可以推拉的。门口的地方是走廊，刚够两个人并肩通行。西边的一间比较小，放了床，供客人和回娘家的女儿居住。穿过屋子，后面还有一个院子，大概 0.3 亩的样子，里面种了蔬菜和玉米，这些一般都是自己食用或拿给儿女，并不用来出售。后院有一个用砖砌的小屋子，是锅炉房，冬天用来烧暖气取暖。另外有一口井，用石头盖了井口，装了电水泵，定期从井里抽水储存到一个铁罐里满足生活用水需要和浇灌蔬菜。

赵德仁今年 68 岁，1962 年初中毕业，在家务农至今。赵德仁上学的时候，安达石村还隶属于青龙县，读的是板城镇初中，现在学校早已拆除重建了。那年县里只有他和北大岭西村的一个人初中毕业，那个人还因为某些原因没有拿到毕业证，也就是说，1962 年，青龙县只有赵德仁一个人顺利拿到了初中毕业证。当时，赵德仁的父亲是宽城县供销合作社的会计，初中毕业后，赵德仁本可以去供销社上班，可母亲生病，常年卧床不起，弟弟妹妹又都比较小，还在上学，家里缺少个男人主持家事。他一出门，母亲就难过得掉眼泪，赵德仁舍不得母亲落泪，无奈放弃了那份工作，也就放弃了走出农村的机会。赵德仁的弟弟上学毕业后去了宽城县银行工作，现在住在承德市里，接待我们的大学生村官赵亮就是赵德仁弟弟的儿子。当我们采访的时候，问起他是否遗憾当年没去县社工作，他坚定地告诉我们：不遗憾，他觉得自己服侍老人，孝敬父母，一切都是应该的，没有什么值得遗憾的。

毕业以后，赵德仁就在村里生产队当起了实实在在的农民。没过几年，结婚生了一个儿子，两个女儿。读过书的赵德仁明白知识的重要性，知道读书能使人开阔视野，提高个人能力和素质，头脑里有东西，说话有分量，办事也就令人信服。如果一个人没有文化，就算自己的亲戚朋友中有人当官或做了大老板，想提拔自己当个领导，自己也会因难以胜任而失去机会。因此，赵德仁对子女的教育很重视，家里的孩子们也都学习认真，除儿子高中毕业外，两个女儿都大学毕业。

儿子赵长青高中毕业那年，没能顺利考上大学，赵德仁希望他再复习一年，赵长青考虑家里困难也就没有复读，直接去铁矿打工了。赵长青在铁矿干了几年后，就自己出来单干，一手创办了承德宽丰矿业公司，采访时他正在内蒙古忙收购铁矿的事情。虽说赵长青自己没能读成大学，他的两个女儿可都是大学毕业，一个在宽城县电视台工作，一个刚刚考上了村官。赵德仁的大女儿毕业于承德师范专科中文系，现在在宽城县第一中学教毕业班的语文，有一个刚刚初中毕业的儿子；小女儿毕业于石家庄的一所师范学校，在宽城县第二小学教书，现已是两个孩子的妈妈。

回忆当年自己在生产队工作，一天最多也就挣 0.40 元，除去穿衣吃饭，还要供孩子们上学，赵德仁一家生活异常艰辛。为了孩子们能交得起学费、书本费，赵德仁偷着开了一个加工作坊，帮助村里人把谷子加工成小米，一个月挣 200 元左右。有了这份收入，赵家的生活也就过的好多了，用赵德仁的话说就是比上不足，比下有余。

现在虽说上了年纪，赵德仁还是坚持种着家里的三亩多地的玉米。每年春天的时候，赵德仁先雇来拖拉机耕地，接着播种、施肥，等中秋的时候再雇几个工人把玉米摘回家，放到专门的机器里直接打出玉米粒，当然这种机器也是租用别人的。因为当地比较冷，一年只能种一季农作物，收完玉米以后，土地就撂荒了，等待来年开春，再继续耕种。去年，赵家的 3 亩地产了 5000 斤玉米，全部卖掉，收入 3000 元。我们在采访的时候还听到了小鸡的叫声，问了才知道炕头一个盒子里放了刚刚孵出来的小野鸡，那是赵德仁从地里捡来的野鸡蛋孵化的。赵德仁告诉我们，只要把鸡蛋放到炕头，用棉花包起来，每天利用做饭的热气给它加温，一段时间以后就可以孵化出小鸡。

儿女们都已成家立业，赵德仁也算苦尽甘来，在家享起了清福。孩子们住在县城里，距离家里也就十多分钟的车程，周末有时间就会回家看望赵德仁夫妇，家里老人吃的、穿的、用的什么都给买回来。赵德仁的妻子时不时地也去孩子们那住几天，赵德仁则因为不习惯城里的生活，一直住在家里。一般时候，赵德仁的小女儿回来的比较频繁，大女儿因为教的是高中毕业班，高考的压力比较大，一个月才放两天假，回来的时间就相对比较少，儿子更是忙于生意，即使回来也是很快就又走了。幸好是三个孩子，这次你来，下次他来，倒也不是很冷清。现在虽说上了年纪没有收入，赵德仁夫妇的生活却是过得比前些年好多了，整天大米白面不说，孩子们知道孝敬老人，给家里买回的东西堆跟小山似的，从来没有缺少过什么。谈话间，赵德仁的女儿还打来电话，询问妈妈是不是去县城了，爸爸什么时候去参加孙女的婚礼，赵德仁告诉女儿自己打算结婚那天再去。

虽说年近七十，赵德仁的身体很好，除了偶尔的感冒以外，没生过大病。赵德仁的妻子今年64岁，身体却没有赵德仁那么乐观，腿上有风湿病，还头痛，脑血管硬化，长年吃药，也全靠孩子们给买回来。赵德仁戏称孩子们是自己的后盾，后备力量。

闲下来的时候，赵德仁喜欢和村里的老兄弟们打打扑克，聊会儿天什么的，很少看电视。他告诉我们现在的媒体都是唱颂歌，很少有揭露事实的好节目。赵德仁觉得现在的中国政府对坏人的惩治力度不够，司法部门制定的法律不完善，让很多人钻了空子，就算有的地方法律完善，钱权交易，腐败官员还是会使一些犯罪分子逍遥法外。当年读初中的时候班主任曾想介绍赵德仁入党，当时新中国刚刚成立，社会还比较动荡，社会上流行一句“先杀党，后杀团，杀完党团再杀贫民老社员”，赵德仁担心入党会带来杀身之祸也就没有同意。现在，赵德仁的孩子们都已是党员，他总是叮嘱孩子们要做个正直的人，好好为国家做贡献，不要做违法乱纪的事情。

为了描述的更加具体，赵德仁还给我们举了例子：有一个制造假人民币的，一段时间内挣了1万元，如果他被公安局查出来了，罚款5000元，那么他还有5000元的盈余。如果他够幸运，没有被公安局查到，他的收入就是全部的1万元。这样，造假者一直处于盈利状态，也就一直具有造假的动机。赵德仁觉得如果实行更严厉的法律，或者说是对造假的人执行死刑，那么这个人的儿子肯定就不会再造假了。

再说现在的腐败，有些共产党官员有法不依，违法不究；欠债不还钱，杀人不偿命；穷人和富人、有权的人和没权的人不平等。赵德仁的大孙女大学毕业以后，参加宽城县电视台的招聘考试，考了第一名却没被录取，录了一个考第七的孩子，原因就是那人有后台，电视台特殊照顾。伴随我们国家的成长，走过风风雨雨的赵德仁感谢中国共产党，因为是党让他过上了现在的幸福生活，可他也很担心，他想不明白现在的社会怎么变得这么不公平。作为一个普通的农民，他认为杀人偿命、欠债还钱是最基本的法律，可现在很多事情都表明只要有钱有权，即使犯了罪也能逍遥法外。有些钱权交易严重损害了党在人们心中的光辉形象，赵德仁告诉我们这在毛主席的时候是不可能的，有些时候他甚至怀念那个为人民服务的年代。

赵德仁告诉我们，他知道人无完人，都有自私的一面，而且一定程度的为私也是可以容忍的。毛主席教导大家，看问题要懂得一分为二，党员、官员也是人，他们在某些时候为自己谋点好处并不是不可以，比如一个领导者带领大家办企业致富，挣了钱，领导者多分点，这是可以理解的，也是可以包容的。只是不要做得太过分，超出了人们的底线。还是说那个带领大家致富的领导者，如果他把挣得的大部分钱放进自己口袋，老百姓的生活不仅没有改善，甚至更糟糕了，人们就会憎恨他、声讨他。

我们入户采访之前，曾受公书记之托询问村民对本届村领导班子的看法，既然赵德仁说到贪污腐败的事情，我们就想听听他是怎么评价村领导的。面对具体问题，赵德仁也没有充当老好人，一味称赞，而是发自肺腑地说道："村里干部还是可以的，不能说是没有一点私，但是为公的成分很多，给村里修路、装路灯、安有线电视，还引进企业给村民提供了就业机会，很多方面做得比邻近的几个村都好。"

我们很好奇，赵德仁整天待在村里，又很少看电视，更不会上网浏览信息，怎么会知道这么多社会的事情呢？相比之下，我们都显得很闭塞。赵德仁则觉得我们是因为整天在学校里，接触不到社会，才不知道现在的社会到处都是怎样的事情，他根本不用费心去找，只要生活中稍微留意一下就会发现问题。既然我们采访时问到了，他就把自己对社会的看法都说了出来。

（四）爱读书爱思考、情励后人的苏凤莲

当村支书把我们带到苏凤莲老人的家中的时候，因为类风湿病，还躺在床上的她，显得热情而又谨慎，一再询问我们来的目的。"咱们到这来都两天

了，没有什么其他的意思，就是想了解一下咱们这边的经济生活情况”，在我们的一再解释下老人稍微松了口气。

苏凤莲，1940 年 10 月 27 日出生，属蛇，今年 70 岁。有三个儿子，一个女儿。大儿子属兔，今年 49 岁；二儿子属蛇，47 岁；三儿子属猴，45 岁。苏凤莲现在自己一个人居住，一个人过了十年，老伴三年前去世了，在世的最后七年都是跟二儿子过。苏凤莲的老伴喜欢孩子，觉得跟孩子们一起过热闹。他生前是当兵的，退伍回来后，别人给介绍的对象。那年代也不讲搞对象，苏凤莲觉得他这个人老实，关键是艰苦朴素，就结婚了。苏凤莲认为两个人在一起，就要像董永跟七仙女，一心一意过一辈子，不要想东想西，要相互宽容，相互理解。苏凤莲说，她跟老伴的想法不一样，她不愿意到孩子们家里去，俗话说“久病床前无孝子”，平时也没有什么事，跟孩子们久了很容易造成依赖。自己有手有脚，能够自己照顾自己，不用麻烦儿女。要是自己过，他们得轮着伺候，也得轮着出钱。

苏凤莲喜欢读书，没事的时候最大的乐趣是看书。说到看书，老太太似乎有很大兴趣，她直了直身子，抬起头，捋了捋额头前的刘海，因为生病而苍白的面容变得红润起来，眼睛里也闪烁着先前没有的光芒。她一再告诉我们要好好学习，多学文化，这与一般的老人不太一样，在农村，像苏凤莲这个年纪的人有很多依旧觉得上学没什么用途，觉得学习既不挣钱又花钱，后来随着访谈的继续进行，我们明白了老人为什么对学习情有独钟。

在 1960 年，由于“大跃进”造成了国民经济比例的严重失调和对生产力的破坏，也由于遭遇到严重的自然灾害以及苏联撕毁合同、撤走专家、停止援助等因素的影响，我国遭遇到新中国成立以来最严重的经济困难。苏凤莲共有五个哥哥，四个姐姐，她最小，但是由于生活的贫困跟医疗水平的低下再加上这次的自然灾害，只有她跟一个姐姐活了下来。

少年的苏凤莲，学习聪明而又努力，懂得生活的艰辛与不易，更加渴望摆脱贫困，从小学到初中，她一直是班里学习最好的。然而就在临近考试的前两个月，父亲去世，给她造成很大的影响，但是悲痛没有将她打倒，反而带给她巨大的动力，两个月后，她以全校第一名的成绩考入了青龙县师范学校。进入 1960 年下半年以后，教育“大跃进”暴露出了教育事业的发展大大地超出了国民经济的承受能力，特别是超出了还比较落后的农业生产发展水平，也超出了教育事业发展本身所允许的条件。为了扭转这种局面，中央文教小组根据中共中央北戴河会议的精神，于1960年11月24日至12月12日在北京召开了全国文教工作会议。会议提出要正确处理文教事业建设和生产发展特别是农业生产发展的关系，要在发展文教事业过程中解决好质量和数量、政治和业务的关系，还要解决好教育事业发展过快、战线过长、占用劳动力过多的问题。会议特别强调要在教育工作中进行调整。1962年4月下旬至5月中旬，教育部在北京召开全国教育工作会议。会议根据以调整为中心的"八字"方针，提出了进一步调整教育事业的意见。根据前两条，宽城县的招生数量也大幅度减少，全校四百名毕业生，只有两人能够去上学。可是，当录取通知书来的时候，没有带给苏凤莲太多的喜悦，更多的是难以抉择的痛苦。苏凤莲的姐姐就在她考试那一年远嫁他方，父亲也在那一年去世，家中只剩她跟母亲相依为命。母亲没有给苏凤莲选择的权利，劝她放弃学习。在母亲的眼里，似乎还有封建思想在作祟，依然认为女孩上学不是正道，针线刺绣、相夫教子才是女孩应该做的。家里只有苏凤莲一个女儿了，母亲更希望给她招个上门女婿让她留在家里，这样老了也有个依靠。再者，生活的窘迫也使得母亲无暇顾及女儿的心情，养家糊口才是最重要的。此时的苏凤莲倔强而又懂事，她难以放心的是母亲还在病中的身体，如果她走了，农活谁干，谁来照顾母亲，谁来挑起家中的大梁。有选择，就有放弃，思量再三，苏凤莲毅然决定放弃学业。在从学校回家的路上，苏凤莲从小的理想就在这条路上被现实一条一条的撕裂，直到现在，苏凤莲回忆说，每当走在那条路上，那时候的心情仍然在脑中徘徊，依然清晰。

苏凤莲不去上学了，这个消息很快就传遍了整个安达石村，有人觉得可惜，有人觉得高兴——剩下一个去读书的名额。结果，由于苏凤莲的一位同班同学家庭情况比较好，乡里又不想浪费这得来不易的名额，就将所有关于苏凤莲的考学信息全都改成那位同班同学。由于苏凤莲考试成绩是第一名，去师范读书只读两年就可以，并且国家有政策，师范生管吃管住还有补助，但是即使这样，顶替的人还是因为吃不了学习的苦没能坚持下去，刚去几天就退学了。正如苏凤莲说的："当时上学真不容易，要是能去，让我干什么都行!"其实，只有通过努力才会真正珍惜这得来不易的上学机会。年轻时候的苏凤莲，聪明而又专注，上课的时候从不溜号，坐着好好听，这种专注使她一听都懂、都会，学得快而且轻松。凭着苏凤莲的才华，如果当初选择去上学的话肯定不是现在这个样子，那时候人才稀缺，大部分人上完师范后都去了县政府，有比现在更好的发展空间，会有更好的作为，即便到现在退休了也还有退休金。

苏凤莲有位特别孝顺而又懂事的孙女，二儿子的女儿，现在在上大学，在孙女小的时候苏凤莲发现这个小女孩很像小时候的自己，特别倔强并且聪明，学什么都快。因此从小就特别疼她，特别教育她要好好学习，遇到事情要学会自己解决，要有主见，不要什么都跟别人学。苏凤莲的孙女遗传了苏凤莲的作风，孝顺而又懂事，每逢暑假、寒假，都到苏凤莲家里帮忙干活，照顾苏凤莲，做饭、喂猪、收粮食样样都行，并且知道苏凤莲一个人在家里，就经常到老人这里陪着聊天，给老人讲学习上遇到的困难，生活上有趣的事。对此，苏凤莲觉得甚是自豪，觉得小时候的愿望终于通过自己孙女实现了。这也算是一种补偿吧。

生活总是让人很意外，聪明的人总是有着传奇的故事，后来的一场民事诉讼让苏凤莲的智慧再一次有了用武之地。这件民事诉讼源于苏凤莲现在住的这个屋子的房基地归属。安达石村在 1947 年土地革命时，根据土地大纲，打倒地主，将土地分给贫困老百姓，按人口分土地，分到苏凤莲家里时，由于苏凤莲的哥哥姐姐们都在，人口多，所以分的也就多一些，但是安达石村的土地有限，分到苏凤莲家时可耕种的土地不够，就将苏凤莲现在住的这块地基分给了苏凤莲家。后来，村里有人要建厂说这块地原本就是他们的，现在要回去。苏凤莲是倔强的，她当然不会妥协，这样谈不拢就打起了官司。虽然苏凤莲觉得自己有理，但是毕竟没学过法律，不懂到底自己哪里在理，因为对手请了律师，苏凤莲觉得自己也应该搞清楚怎样去打这场官司。苏凤莲觉得自己不一定会输，考虑了再三，决定去北京找一位懂法律的人问清楚。可是找谁呢？苏凤莲犯难了，自己去都没去过，谁都不认识，更别说去找懂法律的人了。但是，聪明的苏凤莲想到了北京的信访局，那里不是解决群众困难的地方吗，肯定有能帮助她的人。想到这一点，苏凤立马动身去北京。可是毕竟是第一次去北京，又一个人，一路上吃了不少苦，还没到信访局就没有路费了，坚持着，靠着好心人的帮助终于找到了信访局。到了信访局，开始接待苏凤莲的是一位女办事员，是天津人，比苏凤莲大很多，胳膊上戴着红袖章上面写着“值日”。苏凤莲就将来的目的说了说，刚刚介绍完情况，办事员就说苏凤莲错了，让回去，她认为这个房屋必须得一排排的建，认为苏凤莲的屋子建得不是地方，认为这个屋子应该算作耕地。苏凤莲解释说，她们这个屋子在山上盖房子不能一排排的盖，天津大港的地是平的，在安达石村的地势一家比另一家低，要是发水了全都给冲跑了。再说，她想问的是法律上的规定，想问清楚国家对于这方面的土地是怎样规定的。直到苏凤莲将问题重新说了一遍，她才答应重新找一个这方面的人问问。等了一会儿，另一位男办事员说他懂这方面的法律，苏凤莲就将事情的起因经过，原原本本地说了一遍。办事员就将土地法分段地念给苏凤莲听，并且教苏凤莲说如果对手律师说这个你就用那段，提那点你就用这段。念完后，苏凤莲说记住了，小伙子不相信，就说一遍就全都记住了？苏凤莲自信地回答说都记住了，然后回家了。回家后，苏凤莲就用这些现学来的土地法将这场官司打赢了。“您就用这一段一段土地法打败了律师?”我们惊讶地问。苏凤莲高兴地说，那事一辈子都记着。老人没有用过多的言语讲述在法庭上的过程，但是这个过程一定充满了传奇，一位年过半百的老人再一次用自己的智慧和勇气证明了她的与众不同。其实一开始苏凤莲就觉得她会赢，因为她觉得土地是农民的根本，是农民赖以生存的根本。对于土地，苏凤莲有自己的评论：她认为，这人都得吃粮食活着，因此这个地对老百姓来说非常重要，虽然种地不挣钱，但是如果农民要是没了地的话，国家的形势会非常不稳定，像农民工，到城市里去打工，厂子要是经济效益好的时候，开账开得就快，要是经济效益不好，没钱开，多少人回家没钱又没地。另外一点，苏凤莲认为现在农民最主要的收入就是地，毛主席打下那个地他也得分，用土地就把农民的心给拉拢过来了。苏凤莲说安达石村老老少少不能都当中央委员，肯定还得有庄稼人，大部分还是得靠劳动，只有一小部分人才能走出去，是有出息了才能走出去，像她们这一家子，都是在家种地，只有孙女，将来找个好工作，不用靠种地吃饭。苏凤莲说的对，其实土地政策五十年不变是基本国策，就是为了保证农民的利益不被侵犯，保证农民享有更多的权利。

苏凤莲老人觉得现在的社会风气很不好，一是缺少艰苦朴素的精神，喜欢外国人的东西，不喜欢自己创造，凡是外国人的东西都是好的，其实有些东西是好的，比如说高科技应该利用，充分利用来发展科技；有些东西特别不好，会破坏中华民族的传统精神。二是缺少人与人之间的关心与爱护。讲和谐社会，和谐家庭，现在有很多人看见人打架非但不上去劝反而在围观看热闹，对自己的家庭不负责任，三心二意。其实国家实行和谐社会真是应该，咱们这农村的风气也应该好好整整了。

苏凤莲他们这一代人，都不愿麻烦别人，在他们眼里讲自力更生才值得说道，就算自己的老伴再有钱也不愿意花他的，觉得自己劳动来的那多好；认为中国人自古以来就有艰苦朴素的特点，尊老爱幼的习惯，珍惜每一分自己劳动所得，热爱劳动，自己照顾自己。因此每个月的补助，老人执意不要，她觉得自己还能干活，还有收入，这些钱应该分给其他需要的人。对于已经七十多岁的人来说，难道真的只有劳动才是她唯一的乐趣？她回答说这是一种习惯，要是老是在家里待着真的就感觉自己老了不中用了，要是让去干活，看着自己种的那些个玉米，看着自己开荒开的地上面不是草而是庄稼，心里边乐着呢。其实，别看苏凤莲年纪大，要是比起干农活来，我们这些年轻人还不一定比得上她呢，可能一开始比她有劲，能比她快些，要是论后劲，我们可不行了，"要不咱比比试试?"说到这，老人爽朗地笑了。确实是，其实劳动不只是一种乐趣，更多的是一种习惯，如果不做，就感觉少了点什么，感觉过得不完美，感觉自己在虚度时光。在老人身上，我们看到的更多的不是劳动的艰辛，而是幸福，是期待收获的满足，是战胜年龄带来的喜悦，这是一种乐观，一种到七十岁还能够战胜自然的自豪感。就像海明威笔下的老人圣蒂亚哥，在七十岁时，还要出海捕捉鲨鱼，为自己的船报仇。

说起经济上的话题，老人介绍说，大儿子的两个孩子都结婚了，都有重孙子了，经济上也都是一般吧，比上不足比下有余。关于收入：家里的自留地已经很少了，大部分种的是玉米。除了种玉米还种高粱、大豆，都不多，这些都不敢种，种了都让山猫子给吃了，差不多就一分地，这一分地都是自己开荒开的地，都在山上。去年打了 1000 斤玉米，去年的价格就是 0.71 ~ 0.72 元/斤，总共是 700 元左右，小米只有四五十斤，2 元/斤，不卖，自己吃，现在小米比大米贵多了，高粱很少，也就二三升，都是自己吃。种地的收入也就 1000 元，还有就是那个玉米粒得自己留着点喂猪，这就增值了，连着栗子钱四五千元吧，其中栗子钱两三千元。有时候还匝扫帚，拿出去卖，卖个十元八元的也离着近，有时候闲着没事就干点这个；还有国家的低保收入，一个月 50 多元，一年 600 元。接着就是支出：平时一袋子二胺 150 元、一袋子尿素 115 元，种的时候使二胺，苗的时候使尿素，除草剂 30 元、种子得 10 斤，有贵贱，也分地好坏，往好的种，大概得 50 元，生产性支出 345 元；一年的红白喜事最少得 500 元，有时候给三十元、五十元的，比如说结婚的给 100 元，要是去看个病人给个几十元行了；衣服也不买，不爱穿新衣服，现在穿的这个就是三儿子的，他穿剩下的我就穿；平时吃的大米都有，油也不用买，卖猪，将那些猪油炸了，到了过年喜欢炸油炸糕。去年有两袋子大米，两袋子面敞开吃，还有高粱还有小米，掺着吃，大约300元一年就够了。

“您记得也够清楚的，我们去过好几家了您这算是记得最仔细的了，像您表达这么仔细的没有，也很有条理，肯定与您的文化水平有关系”，我们确实被老人敏捷的思维打动了，富有条理而且有吸引力，思维能力，语言表达能力还有考虑问题、表述事情都比别人清楚而且快。当我们离开老人的屋子，我不仅重新打量了一下老人，老人精神而又乐观，又是一个“硬汉”，我们笑着说。老人家的经历平和了调研的枯燥，留给我们更多的是对今后生活的思考。

（五）供销社退休老职工孙福

2009年7月24号，我们正式去安达石村入户调查。上午从村委会出来，杨组长带着我们首先找到的是老干部孙福家里，很不凑巧，孙福去别的村子医治腿病去了，只有他妻子在家，我们和她约好下午再来，便匆匆赶去别家了。

为节省时间，我们中午是不回县城的。在村里吃过午饭，公书记安排我们在一个小旅馆午休，下午两点半再继续访谈。前一天夜里下了一夜的雨，直到早上八点多才停，中午的时候却出了很晒的太阳，照得人睁不开眼。村里的小组长都很准时，两点半我们睡醒的时候他们已经等在楼下了，几分钟以后，我们一行人就顶着烈日出发了。

因为已经约好，我们下午还是先去了孙福家里。这个时候，村里人的午休已经基本结束，但因为太阳晒得厉害，路上的行人还是很少。我们到孙福家的时候，老人在整理门口的狗窝，弟弟家的孙女拿来一个大的新纸箱，正把破得不成样子的旧纸箱替换下来。应该是妻子已经和孙福说了我们下午会来，他见到我们也就没有太多惊讶，只是招呼我们先进屋等一下，说自己很快就弄好了。

趁着孙福忙碌的时候，我们得以仔细观察一下这座房子和两位老人。孙家用石头砌起来的院墙，蓝色的大铁门敞开着，门的左侧就是孙大爷在整理的狗窝。孙家的狗用一根铁链子拴在旁边的树桩上，我们早上来的时候它跳来跳去地直叫，把我们都吓坏了。现在有孙福在旁边，它可能意识到我们不是坏人，也就老实了很多。小狗长得不到半米高，全身的毛很短，棕色、黄色相间，耳朵上的毛却特别长，左边的耳朵还因为受伤少了一块，露出白色的狗皮。院子什么都没有铺，露着土和沙子，因为刚刚下过雨的缘故，还有些泥泞。西面靠近院墙的地方放着砍来的树枝，捆得很整齐，屋门口几株红色的指甲花开得正艳。孙家的房子建于 1972 年，柱子等主体框架是用青砖垒的，墙的下半部分用石头砌成，上半部分用的是土坯，外面刷了白灰，石头和土坯的连接处用一趟青砖隔开。正房一共三间，中间是装着老式木门的堂屋，右侧砖垒的灶台被熏得漆黑，铁锅刚被洗干净，还没来得及盖好锅盖；另一侧墙角放着几袋粮食，一口水缸。之所以称作堂屋，是因为它有前后两个门，夏天的时候全部敞开，让风自由的吹进来，特别凉快。东西两间是卧室，对着堂屋的门口上挂着粉色的门帘，正面墙的上中部各有一个长一米、宽半米的长方形窗户，背面墙的窗户则比较大，大概占了半面墙的样子。和门一样，这些窗户也都是木头做的。穿过堂屋是一个院子，种了玉米和豆角、黄瓜、茄子等蔬菜，还有和前院一样美丽的指甲花。

1933 年出生的孙福，今年 76 岁了，头发花白，宽阔的额头上爬满了皱纹，稍稍上扬的眉毛，神采奕奕的眼睛，不算高的鼻梁，稍瘪的嘴角总是挂着慈祥的笑容。听说我们要拍照，老人还特意换了件银灰色的汗衫，显得愈发精神。孙福的妻子叫苏玉兰，今年 78 岁，是村里比较正宗的满族人，属于八旗子弟。听老辈人说，安达石村苏姓的前辈还是供应清朝皇帝食物的 365 位庄头之一。苏玉兰比孙福略黑，也要更瘦一点，稍长的短头发整齐的向后梳着，只有几缕变成了银色，眼睛和嘴巴都很小，因为上了年纪而有些凹陷。和很多满族人一样，苏玉兰喜欢银饰，带了圆形的耳环和雕花的手镯，上衣穿黑白底，红花的针织衫，黑裤子。大概是有点紧张，拍照的时候，她的右手轻轻攥了起来。

孙福一家兄弟四个，他排行老三，大哥几年前已经去世，二哥孙书丰住在承德市，弟弟孙荣五年前得脑血栓留下后遗症，现在也不能干活了。1941 年日本鬼子打进安达石村，平静的山庄再也没有了往日的安宁。战乱给人民带来了灾难，也磨炼了人民的意志，在战火中长大的孙家兄弟更是个个好汉。抗战时期，孙福的大哥在村里组织年轻人成立“民兵连”，与八路军一起抗击日本鬼子，保卫村庄百姓安全。

1945 年，日本人投降。1946 年，作为解放区的坂城区实行土地法大纲，废除一切地主的土地所有权，将乡村中一切地主的土地、公地及其他一切土地，由乡村农会接收，并按乡村全部人口统一平均分配，使全村人民获得同等的土地，并归各人所有。被没收财产的地主和伪满警察不服从共产党的政策安排，组织几千人的土匪，到村里抢东西，破坏当地人民的生产生活。为与之对抗，板城区派出一名武装干事到各村组织农民成立“翻身连”，一个村组织 36 个人构成一个排，当时的建制是 12 人一个班，3 个班组成一个排。保护家园义不容辞，村里的年轻人差不多都参加了。当时，孙福的大哥当着村里的民兵连长，又是家里的重要劳动力，要照顾老人和年幼的弟妹，实在走不开，只能让年仅16 岁的老二孙书丰去参加“翻身连”。在“翻身连”，孙书丰因为年纪比较小被安排给连长当通信员。土匪剿灭以后，“翻身连”改编入正规军，孙书丰也被调到战地医院工作。

1950 年 6 月 25 日，朝鲜战争爆发，美国为了维护其在亚洲的利益，立即出兵干涉。10 月 8 日，朝鲜政府请求中国出兵援助。中国根据朝鲜政府的请求，做出“抗美援朝、保家卫国”的决策，迅速组成中国人民志愿军入朝参战，孙书丰所在的部队也在第一时间开到了朝鲜战场。当时孙书丰已是师卫生队队长，属于团级干部。朝鲜战争打了四年，孙书丰跟随部队就在朝鲜待了四年，直到 1953 年抗美援朝胜利才回到阔别已久的家乡。几年后，孙书丰复员，被分配到承德市担任承德钢铁医院的院长。如今，年近八十的他退休在家养老，因为在朝鲜的时候一直住在山洞里，腿受凉落下病根，现在已无法下地走路，整天坐在轮椅上。这样，老人还是坚持在每年春天回一次家祭祖上坟，看看兄弟们，在外面这么多年，老人无论如何还是舍不了家乡的根啊!

说完孙家的大哥、二哥，再来说一下采访对象孙福和他的孩子们。孙福上学时间很短，不到两个月，现在认识的很多字都是参加工作以后才学的。当时家里穷，哥哥当兵走了，家里没人打柴火，孙福只好辍学回家帮忙，长大以后便在村里生产队务农。孙福 20 多岁的时候，因为头脑灵活，办事能力强，当了安达石村的村主任。1960 年，也就是高级社时期，安达石、北大岭、双庙沟三个村大队组成一个高级社，勤勤恳恳为集体服务、表现出色的孙福村主任被批准加入中国共产党，成为安达石村的第一位农民党员。

1961年，承德地区地委书记王克东戴着草帽，骑辆自行车来村里暗访。在村支部，王克东找到当村干部的孙福，问他村里面哪个食堂搞得好。那时候媒体不发达，小小的村官孙福不认识地委书记，没想太多，就照直说七食堂搞得好。带到那里去看，当时正值午饭时间，饿得又黄又瘦的社员在排队领一碗精稀的粥。王克东当即便问大家食堂搞得好不好，能吃得饱吗？一连问了好几遍，社员都回答食堂好，能吃饱。接着他又问大家食堂散了好吗？社员马上改口说，还是散了好啊。王克东知道这才是百姓的真心话，随即便亮明自己的身份，允诺大家会尽快解散食堂。王克东说话算话，当天下午就去县里开会，宣布全县解散食堂。解散了食堂自己做饭吃，社员们可以去山里挖点野菜，熬到粥里充饥，情况有所改善。地委书记王克东还告诉大家，如果吃不饱，可以搞点小开荒，也就是农民自己开发荒地种粮食。听孙福说，“文化大革命”时期，王克东因为支持解散食堂、小开荒被批斗搞“四大自由”，平反后被调到中央任职。孙福认为王克东是好干部，给人民带来了生的希望，老人至今都很感谢王克东书记。

说到小开荒，孙福还提到了当时的县长高英。那年高英来村里，中午时候孙福在家里熬粥、炖酸菜，便叫县长回家吃饭。吃饭的时候，高英告诉他，现在社员生活很困难，小开荒一定要坚持下去，不能听上边的指示把小开荒的地全部收归集体。高英知道社员们的要求不高，只要能吃饱就不会再有什么意见了。当时正值“文革”批“四大自由”，区里、县里不停地开会，要求各村把小开荒的地都收上去，禁止农民私自开荒。迫于形势，好多村都禁止了小开荒。孙福听高英县长支持小开荒，就有了主心骨，每次到县里开会都装作认真的样子，可任他怎么说，回到村里就是不禁止小开荒。那时候大山里荒地比较多，有些能干的村民，小开荒收的粮食比队里分的还多。

1964年，峪耳崖大地供销社负责赶马车的人生病了，找孙福过去帮忙。一年以后供销社买了汽车，孙福改做业务，负责进货。孙福在供销社工作了两年以后，也就是1966年，“文化大革命”开始了，在村里当干部不仅要自己清白，还要社会关系干净。如果某人家里有亲戚因为某些原因被批斗了，这个人的社会关系就不纯洁了，不能当领导干部。当时仅一个小小的安达石村就有36个人挨批斗，乡里再找不出合适的村干部人选，想到孙福的哥哥都当过兵，社会关系比较干净，便把他从供销社要了回来，继续担任安达石村的村主任。

孙福回到村里，发现被批斗的大多数人都是村里的贫下中农，很替他们抱不平。说到这的时候正巧杨叔走进来，孙福便给我们讲了杨叔爷爷挨批斗的故事。那年，杨叔的爷爷不知从哪弄来一个空的无线电外壳放在家里，被村干部李长栓发现了，硬说那是敌台，杨叔的爷爷是给敌人通风报信的间谍，把老人揪到村里的台子上弯着腰批斗。当时，孙福刚从峪耳崖回来，认为空壳子也不能是敌台，和上面的领导解释了一下，两天后就把老人放回家了。

孙福觉得那些地主老财在旧社会搜刮民脂民膏供自己享乐，做尽了坏事，现在被批斗无可厚非。可怜的是那些贫下中农，他们在旧社会受地主欺负，新中国成立后人民当家做主人，还要因为一些莫须有的罪名被自己人批斗，实在是很无辜。回忆起那些日子，戴了红袖章的激进分子整天不好好劳动，在村子里面胡搞，看谁不顺眼就造反谁，批斗谁，搞得村里乌烟瘴气，鸡犬不宁，孙福至今还很气愤。

那时候土地是集体的，社员都在生产队统一劳动，靠挣工分换取粮食维持生活。一般来讲，一个男劳动力一年挣4000分，按照4毛钱10分计算，一年也就有160元的收入。生产队打的粮食不少，可大部分都交了公粮，多的时候仅一个大队就要交46万斤公粮，社员排一晚上的队也就分到三四斤粮食，平均每人每天分3两6钱9的粮食，根本就吃不饱。那些挨批斗的人如果不参加劳动，也就挣不到工分，当然就分不到粮食。孙福觉得在那个食不果腹的年代，政治批斗是没有实际意义的，况且挨批斗的人也要吃饭，谁家都没有余粮，饿出人命肯定会出乱子的。考虑再三，孙福便将被批斗的30多个人派去村东边拨财沟挖果树埝子，也就是把树的根部用土围起来，防止水土流失，给他们也照样一天开10工分。

“文化大革命”后期很混乱，戴红袖章的疯了似的瞎搞，孙福毕竟一个人能力有限，眼见形势难以控制，他便辞掉村主任的职务，又回到大地供销社工作。1969年，孙福在大地供销社跑业务，一月挣44.4元，这在当时来讲算得上高工资了，一个供销社20多个人，能拿到这么高工资的也没有几个。只是大地供销社距离安达石村将近25公里，除去孙福整天在外面跑业务不说，即使他回到大地也很难回家吃饭，只能在外面买着吃，这样他的开销就比较大，一个月最省也要18元。

那时孙福已经是一对 5 岁龙凤胎的父亲，妻子苏玉兰在家一边带孩子，一边去生产队干活，一年也就挣 1000 多个工分，分的粮食实在难以维持生活。孙福挣了工资，却没地方可以买到粮食，只能每月向生产队交 20 元买工分，等生产队分粮食的时候再按照国家供应分给孙福一份。可这仍然不同于在生产队干活，原来一个男劳动力在生产队干活除能得到供应粮外，还能得到一定分量的劳动粮。从这不难看出，集体经济时期，在农村钱远远不如劳动力重要。

苏玉兰最了解当时家里的情况，老人觉得那段时间是最困难的，村里饿死了好多人。家里的双胞胎上学了，要交书本费，买衣服，没有多余的钱买食物。可孩子们正是长身体的时候，吃的比较多，家里没粮食，就弄来树皮、树叶充饥。秋天的时候，趁叶子还没有枯萎，苏玉兰摘来杏树叶放到缸里用盐腌上，留着给孩子们冬天熬粥吃，一个冬天能吃整整两大缸的杏树叶。1970 年孙福的小儿子孙秀军出生，苏玉兰吃不饱，孩子没有足够的奶水吃，几乎全是靠小米糊糊喂大的，更别说零食、玩具了。老人告诉我们，孩子们从小到大就给他们买过三斤饼干，有的长到好几岁还没有裤子穿。

孩子们一天天长大，孙福的两间房子显得拥挤起来。在 1972 年，孙福便在原有房子的旁边又盖了三间新房，也就是孙福现在住的房子。孙福要上班，没时间在家盖房子，他自己先买了砖和木头，然后找到村里，希望村里给出工盖房。村主任让他给盖房的人一天做一顿饭吃，那样他家用多少人村里就来多少人。在那个粮食少得可怜的年代，孙福实在没有多余的粮食给盖房的人吃，就和村主任商量给钱。最后，孙福答应秋天的时候给村里 130 元，村里人帮他把房子盖了起来。2007 年，孙福又花了 1500 元把房子装修了一下，包了屋里的墙面，还装了暖气，老两口住着也算舒服。

1984 年，邓小平实行土地包产到户政策，孙福因为在供销社上班，非农业户口没有耕地，苏玉兰和三个孩子每人七分耕地、一分五自留地，一共分到三亩多地。当时孙福还在大地供销社上班，妻子在家种地，孩子们也都长大了，已能帮家里做些事情，农忙的时候孙福也请假回家帮忙。当地农作物一年一季，种些玉米、谷子之类的，播种以后就等着收获就好，比较容易打理。包产到户有利于加快生产进度、抓住季节，收的粮食多了，公粮却交的少了，孙家人这才能吃上饱饭，孙福至今都很感谢邓小平。

孙福的大儿子孙秀有结婚以后，一直和老人住在一起。到 1986 年的时候，孙女、孙子都出生了，一大家人住在一起有很多不方便的地方。孙福就攒钱在村西头用砖和土坯盖了四间新房，让儿子一家搬过去住。

在那个年代，工人子女是可以接班的，也就是家里老人退休以后，孩子可以去老人所在的单位上班。山里穷，除了种地就没有别的收入，供销社照顾孙家困难，1992 年，孙福还没有退休，就让孙秀有去接班了。孙秀有在供销社干了将近两年，供销社就承包给了个人，他也被分配到了离家较远的花间村工作。考虑孙子、孙女还小，孙福觉得儿子在那么远的地方难以照顾家里，就找人帮忙把他调到了北大岭铁矿工作。在铁矿干了 7 天，孙秀有又被调到兆丰钢铁厂销售处，一直干到现在。最近几年，村里引进企业，儿媳妇也在铁矿找了份不错的工作。现在大儿子的工资是一个月 3000 元，年底还有数目可观的奖金，大儿媳妇的工资也有千八百的，生活比以前好多了。更让人高兴的是，在孙秀有的悉心教导下，两个孩子都考上了大学。孙秀有的女儿孙文超毕业于承德卫校，目前在承德附属医院工作。去年腊月的时候，孙文超嫁给了一位山东的小伙子。那小伙子是内蒙古大学毕业的，在承德疾控中心工作。结婚的时候男方家里出了 17 万元，孙家又添了一些，给小两口在承德买了新房。孙秀有的儿子孙文月要小一些，还在湖北读大学，学的是财经专业，再开学就大四了。为了明年的求职多一份成功的把握，孙文月暑假也没能闲着，跑去承德学开车了。

1994 年，供销社承包给个人，孙福给儿子换了工作，自己也退休回家了。因为是正式职工，供销社每月还发给一定金额的退休金。最开始两年，供销社处于转型期，一个月只有 180 元退休金。后来，供销社改制完成，职工的退休金由财政拨付，情况才有所好转，一个月能拿到 330 元。后来随着物价上涨，退休金也在一定程度上增加。到我们采访的时候，孙福的退休金已经涨到 1000 元了。

孙福老两口现在上了年纪，已经不种地了，靠退休金和儿女们养老。老人的儿女都很孝顺，大儿子经常过来看望二老，给老人买米买面。女儿孙秀莲嫁到了当地，现在在家带孙子，也经常过来帮老人做些家务。只有小儿子孙秀军不经常回来，他从石家庄机电学院毕业以后分配到承德市委工作，现已是市委办公室主任，工作忙，又离家远，一年也就回一趟家，给老人送些钱什么的。

生活好了，人却老了，孙福的胯骨股骨头坏死，走路时间稍微长一点就疼得厉害。现在医药费都贵，光是孙福治腿病一个月就要花 800 元，再加上老伴苏玉兰生病输液，孙福的退休金全用来买药都不够，儿子们还要再给买一部分。除去生病吃药，老人的生活也还幸福，每天就是做点饭吃，喂喂家里的鸡和狗，闲下来就看看电视，和人聊聊天。家里有电话、冰箱，今年还花了 600 元买了新洗衣机，生活比过去好多了。

当过干部的孙福虽然上了年纪，仍不忘关心国家大事，每天都坚持看新闻。他告诉我们，现在中央政策不错，自古以来的农业税取消了，农业特产税也不要了，农民种的粮食自己都能留下不说，国家还给补贴，这是自己做梦都想不到的好事。不过现在也有一些不好的地方，比如说管得太松，打砸抢的事都发生了；贫富差距太大，就拿工资来讲，铁矿主任 7000 元，普通员工 3000 元，工人 1200 元到 2000 元，更别提农民一年的粮食也就卖 3000 元。

（六）老伴儿已经去世的杨素霞

2009 年 7 月 25 日下午，我和杨怡访谈了因病致贫户杨素霞一家人。使笔者感到惊喜的是，在宽城满族自治县板城镇安达石村居然遇到了一位与笔者老家仅有一梁之隔的老乡。初见面时，我们向杨素霞说明了来意，同时笔者又向杨素霞透露自己的老家是青龙满族自治县草碾乡。杨素霞听完后，高兴地说她原来也是青龙满族自治县塔山人，我们之间自然亲切了许多。访谈在这种纯真、和谐的气氛中开始了。

杨素霞今年 53 岁，满族，小学毕业。老伴因病已于今年 3 月份去世了。她膝下一儿一女。女儿今年 20 岁，初中毕业后就到镇里打工，每个月能挣 400 元左右，因工作忙基本上不在家里住，只是每个星期回来一次看望杨素霞。儿子已经结婚，在安达石村的一个建筑队干小工。儿媳妇给她生了一个孙子和一个孙女。儿子结婚后虽然与杨素霞分开过了，但有时还是会请老太太去家吃饭。分家后，杨素霞与儿子在经济上各自独立。有时候，儿子手里宽裕了，会给老太太买些点心吃。

谈话间，杨素霞向我们讲述了她来到安达石村的经过。杨素霞一家原来居住在青龙满族自治县牛心坨乡塔山村，家人世代为农。1978 年，河北省一号工程桃林口水库工程上马。塔山村距离青龙河很近，政府部门考虑到一期工程竣工后，水库蓄水要淹没该村，所以必须实施搬迁。政府在当地发布搬迁公告后，村里那是哭声一片呐！一想到要从这祖祖辈辈居住的地方搬走，谁的心里会好受呢？并且，那次搬迁是成建制的搬，但不是成建制的安置，这将意味着许多亲属乡邻会地隔一方。他们在这块土地上形成的团结互助的纽带将成为历史的遗迹。说到这儿时，杨素霞眼窝儿转泪。这个纯朴、孱弱的山里人在回忆着她在那个村子里留下的足迹。几个月后，杨素霞一家搬迁到了宽城满族自治县板城镇安达石村。作为对搬迁户的补偿与慰藉，青龙满族自治县人民政府给杨素霞一家按人口数拨发了搬迁费及其他费用；宽城县政府还给杨素霞一家盖了新房并分配了三亩地。1978 年时，当时女儿还没有出生，杨素霞家里只有三口人：杨素霞夫妇、儿子。山里人都是很勤劳的，她们一家来到安达石村后，非常勤劳地耕种着那几亩地。平时，她丈夫到外面打工赚些钱。一年到头，这个家庭的生活也算过得去。然而，经济富足、生活宽裕，并不能完全弥补他们精神上隐约的思念。虽然青龙与宽城两地人民的风俗习惯基本相同，但他们的心里总有些异地为家的感觉。好在杨素霞夫妇是一对老实人，对人真诚友好，搬迁到安达石村后，他们与人为善，逐渐地融入安达石村这个大家庭中。现在的杨素霞也变成了地地道道的安达石村人了。不仅她和她的家人适应了安达石村的一切，更使她的心与左邻右舍的心联结在了一起。

从 1978 年到 2004 年，杨素霞夫妇在生活上虽说没有什么积蓄，但也没有亏空。正当杨素霞夫妇进入安度晚年时节，2004 年杨素霞的丈夫突发脑溢血住进了医院。脑溢血是重症，幸好她的丈夫得的不是急性脑溢血，在医院住了三个月左右就康复出院了。住院期间，杨素霞才突然感到经济上的拮据。为了给丈夫治病，她从要好的老妹妹那里借了将近 4 万元付了医疗费。4 万元是一个什么概念呢？对于官商巨贾，可能就是一顿饭钱；而对于农民，一个土里刨食的农民，那可能就是一辈子都还不上的债务！写到这，笔者还要顺便提一新型农村合作医疗保险。杨素霞的丈夫得病的时候是 2004 年，而那个时候还没有新农合这种医疗制度。如果按现在新农合的计算标准，4 万元的医疗费至少能够报销 2.5 万元；那就会很大程度上减轻杨素霞家的经济负担。对于脑溢血这种病，即使病人康复出院，每天还得服用适症药物以控制病情。从 2004 年到丈夫 2008 年去世四年期间，杨素霞的丈夫一直服用安宫丸控制病情，这期间的医药费都是杨素霞从她的老妹子那里借来的。此时，笔者有一个疑问：她的儿子就没有为父亲支付医药费吗？杨素霞解释，自从分家后，他的儿子每年虽然在村建筑队干活有一些收入，但家庭日常开支较大。更糟糕的是，他儿子的手有毛病，现在已经干不了重活了，也就不能在村建筑队干小工了。现在儿子想去医院看看手都没有钱，更不用提周济老人了。

丈夫去世后，杨素霞家的债务已经达到了6万元。对于没有任何经济来源的杨素霞来说，这就是一个天文数字，是一个绝对贫困数字。儿子身体有病不能干活，女儿的微薄工资是杯水车薪，年老的杨素霞陷入了绝对贫困。访谈中，她说她家的房子已经破旧不堪了，更糟糕的是每年夏天下雨、冬天融雪时，房子都会漏水，整个夏天满屋湿气，冬天寒冷无比。但就是没有钱修房子。年迈的杨素霞整天愁眉不展，她惦记那6万元如何还；什么时候有钱修缮房屋。如今的物价飞速上涨，而农产品价格相对低廉，仅凭那几亩薄田维持生计是不够的。2008年，杨素霞在那三亩旱地上种植了玉米，由于那三亩都是劣等地，加上没有钱买化肥、农药、尿素和优质种子，秋收出售后才卖了420元。板城镇的社会保障是比较完善的。杨素霞向村里、镇里申请了低保。这样，她每年能够得到大约600元的政府补贴和社会救济。另外，安石达村还给村民都上了新型农村合作医疗保险，一般地住院的医疗费也能报销50%以上，这在一定程度上使杨素霞稍微安心。除此之外，与安达石村较富裕户相比，她家没有电视机、电冰箱、洗衣机等现在一般家庭都有的电器。这个债务累累、收入微薄、生活艰辛、瘦小孱弱的老太太，独自承担着这一切。

穷则思变。杨素霞面对着丈夫给她留下的巨额债务和破旧不堪、只能遮风不能避雨的土坯房，一度忧心忡忡。然而，面对着村庄经济调研组，她却寻回了重返宽裕生活的自信心，她向我们说出了她在乡邻面前不敢说也不能说的计划，同时一再请我们针对她家的贫困状况给出些致富的好点子。杨素霞为了偿还债务，想到外面去打工，譬如去酒店做刷盘子、刷碗、择菜等活计。但酒店经理考虑她的年龄大了、身体又不好，如果发生意外，很不好办。所以都不敢留她干活。她也曾想过养猪，这两年活猪、猪肉的市场价格都很高，养几头猪是个赚钱的门路，但由于没有场地、没有资金，难以启动这件事。种地又不赚钱。杨素霞还考虑向县扶贫办和畜牧局争取扶贫资金来发展养殖业，譬如养肉鸡、牛。谈话中，杨素霞有时面露难色，做养殖业必须具备三个条件：一是资金，二是技术，三是市场。不会技术，她可以去学，这不是问题。但争取资金和掌握市场行情是两个大难题。县里的扶贫资金比较少，一般都是以救济的形式发下来。而如果去养肉鸡、牛等，初次投入至少也得三四万元，几百元的救济款怎么能够办事呢？当笔者问及当地有没有小额贷款公司时，杨素霞说有，但从小额贷款公司贷款必须提供担保；像她家这样的，除了两个人以外，还有那三间破土坯房。三间土坯房值不了几个钱。村里人都知道她家债务负担重，谁又敢出面为她们做保证人？所以，借贷款这条路是走不通的。要是县里有养肉鸡、牛的专项资金就好了。最难掌握的是市场行情。这几年，不论是粮食、栗子还是鸡、牛、猪、羊等，但凡与农业有关的东西市场价格都很低且变化太快。现在老百姓种地不用交税了，但农业生产资料的市场价格上涨了。一年下来，卖掉那几百斤粮食刚刚够买化肥、农药、除草剂。如果把劳动力工钱算进去，种地就是个赔本的买卖。所以，安达石村里的青壮年除耕种家里那几亩地外，有的在镇里打工，有的在附近的几大矿山打工，有的在跑运输。只有这样，才能满足家里的经济需要。对于杨素霞母女来说，那些凭体力、耗资金的生意不适合她们做，只能种她们那一亩三分地糊口。猪、牛和羊的市场价格波动得快而大。前些年，养猪是个赔钱买卖。谁想到，南方一场雨雪冰冻大灾就把猪肉的价格从五六元提高到十几元的天价。那年，一头 200 多元的肥猪就能卖 3000 元左右。可是，现在猪肉价格又降下来了。中国的老百姓的文化素质很低，尤其像杨素霞这样年已快60 岁的老人，她们从小到大所经历的不是“大跃进”、“文革”就是改革，没有念过几天书，她们根本就不懂市场行情，更何谈掌握市场行情。在这方面，笔者认为相关政府部门应该成立专门为经济发展提供信息的机构，着重解决本地相关产业市场行情不畅等问题。尤其是政府应该多提供与农业相关的市场行情指导本地农业、农村和农民的发展。另外，政府部门应该在地方大力发展金融业，尤其是完善小额贷款公司的信用贷款制度。建立社会信用体系，树立人人讲诚信、人人守诚信的良好人际环境，是信用制度的可靠保障。政府财政部门建立风险补偿机制，对于本地小额贷款公司的意外金融风险予以补偿，促进小额贷款公司的发展。

访谈中，杨素霞谈得最多的就是两件事：一个是钱，一个是房子。的确，她家的土坯房如果仅是漏雨的话，还可以将就着住。但那土坯房年久失修，经不住夏天的大暴雨，如果遇到连续几天的大雨，土坯房就有可能坍塌。那时就有可能威胁人身安全呀！杨素霞的担心引起了安达石村村委会的重视。村支书公培海与班子成员、村民小组长商量了一下，决定以修建新民居为切入点再次推进新农村建设。安达石村已经将村里危房户上报到了板城镇政府，并得到镇党委、政府领导的高度重视和大力支持。随同协助我们调研的安达石村大学生村官赵亮向我们介绍了安达石村新民居建设规划。按照新民居建设计划，杨素霞等危房户安居的愿望将快实现。

后 记

河北省少数民族自治县共有6个，包括满族、回族和蒙古族。在这些少数民族自治县中，一部分县的产业结构在近些年发生了剧变，主要表现在随着近年宏观经济发展和能源需求的扩大使得铁和金等资源价格迅速上涨，带动了相关行业的发展。在一些资源丰富但未开发的少数民族地区，由于资源开发，带动了当地经济的发展，推动了产业结构的调整。在这个过程中，也出现了环境污染、收入差距拉大以及社会矛盾加剧的问题。宽城满族自治县是铁矿资源丰富的地区，十余年的发展，探索出了产业集群的发展道路，已经成为河北省经济增长较快的地区之一。

本次调研是中央民族大学“985村庄”调研的一部分。调研组于2009年7月20日至8月1日、2010年1月3日至7日，两次赴河北宽城满族自治县安达石村，调研组与当地县领导、科局和乡镇领导、村干部、村民、企业主以及教师等社会各界人士进行了广泛的交流，尤其是深入到村中与农民进行了详细访谈，直接入户填写调研问卷150份，调研户数占到安达石村1/3以上，所获取的资料和信息能够反映安达石村发展的基本状态。

调研组成员主要由中央民族大学经济学院的博士生和硕士生组成，调研当地的青年村官以及相关工作人员也参与了调研。调研得到了宽城满族自治县各级政府的支持，时任宽城满族自治县党委办公室主任的苏永民同志在各方面为调研组提供了便利，宽城满族自治县财政局刘正道副局长、人事局姚乃兴局长、承德市政府信访局郭德启副局长、教育局史荣军副局长、民政局门玉生副局长为调研组各方面工作的展开付出了辛苦劳动；尤其是村干部郭亮同志，自始至终地参加了调研活动，为我们的工作提供了积极的支持。

对于政治经济学专业的师生，调研过后，需要我们进行更多的理性思考，对矿区农村的经济结构演变规律和存在问题进行总结，这也是下一步我们要进行的工作。